Dieter E. Kilian

Kai-Uwe von Hassel
und seine Familie

Zwischen Ostsee und Ostafrika

Militär-biographisches Mosaik

Kai-Uwe von Hassel und seine Familie

Zwischen Ostsee und Ostafrika

Militär-biographisches Mosaik

Dieter E. Kilian

2013

Carola Hartmann Miles – Verlag

CIP-Kurztitelaufnahme der Deutschen Nationalbibliothek

Dieter E. Kilian: Kai-Uwe von Hassel und seine Familie. Zwischen Ostsee und Ostafrika. Militär-biographisches Mosaik

ISBN 978-3-937885-63-6

Titelbild: Dieter E. Kilian

© Carola Hartmann Miles - Verlag,
(www.miles-verlag.jimdo.com;
email: miles-verlag@t-online.de)
Herstellung: Books on Demand GmbH, Norderstedt

Alle Rechte, insbesondere das Recht der Vervielfältigung und Verbreitung sowie der Übersetzung, vorbehalten. Kein Teil des Werkes darf in irgendeiner Form (durch Fotokopie, Mikrofilm oder ein anderes Verfahren) ohne schriftliche Genehmigung des Verlages reproduziert oder unter Verwendung elektronischer Systeme gespeichert, verarbeitet, vervielfältigt oder verbreitet werden.

Printed in Germany

ISBN 978-3-937885-63-6

Inhalt

		Seite
Einleitung		7
1.	**Vater Friedrich Julius Hassel**	
	1.1 Die Herkunft	8
	1.2 Zur preußischen Armee	9
	1.3 Im Krieg gegen Dänemark und Österreich	13
	1.4 Der Aufstieg	30
2.	**Die beiden Söhne**	
	2.1 Friedrich von Hassel, der Erstgeborene	38
	2.2 Theodor von Hassel, Offizier in der Ferne	45
	2.3 Hochzeit im Heimaturlaub	88
	2.4 Gemeinsam nach Afrika	94
	2.5 Vom Offizier zum Farmer	116
	2.6 Wieder in Uniform	131

	2.7	Neuanfang in Deutschland	152
3.	**Enkel Kai-Uwe von Hassel**		
	3.1	Schul- und Lehrjahre	163
	3.2	Rückkehr nach Afrika	173
	3.3	Im Zweiten Weltkrieg	177
	3.4	Kommunal- und Landespolitiker	185
	3.5	Verteidigungsminister	201
4.	**Ur-Enkel Joachim von Hassel**		279
5.	**Epilog**		319

* * *

Anhang

Danksagung	328
Literaturverzeichnis	329
Bildnachweis	333
Personenverzeichnis	335

Einleitung

Am 9. Januar 1963 - vor 50 Jahren - wurde Kai-Uwe von Hassel zum Chef auf der Hardthöhe, dem damaligen Sitz des Verteidigungsministers, berufen, und im April 2013 jährt sich sein 100. Geburtstag. Sein Leben und das seiner Familie waren geprägt von mehrfachem Aufbau und Abstieg, von Schicksalsschlägen und auch immer wieder von hoffnungsvollem und tatkräftigem Neuanfang. Der dritte Verteidigungsminister der Bundesrepublik Deutschland hatte nicht nur die engsten und längsten familiären Beziehungen zum Militär, sondern er war auch der einzige, dessen Familie direkt und indirekt einen hohen Blutzoll für den Dienst in und mit der Bundeswehr gezahlt hat.

Der Untertitel „militär-biographisches Mosaik" wurde aus zwei Gründen gewählt: Zum einen, weil die Verbindungen der Familie zum Militär im Vordergrund stehen sollten. Seit 1853, dem Eintritt des Ur-Großvaters Friedrich Julius Hassel in die preußische Armee, bis zum Jahre 1970, dem Fliegertod des Ur-Enkels Jochen, war die Familie von Hassel - trotz mehrfacher Unterbrechungen durch „zivile" Phasen - über ein Jahrhundert lang durch das militärische Leben in der preußischen Armee, der Kaiserlichen Schutztruppe, der Wehrmacht und der Bundeswehr beeinflusst. Zum anderen, weil die einzelnen Lebensläufe nur aus kleinen Mosaiksteinen - wie Berichten, Chroniken, Reden und überlieferten, bereits veröffentlichten Aussagen Dritter - aus einem anderen Blickwinkel zusammengesetzt werden konnten. Die vorhandenen Originalquellen der Familie standen dem Verfasser nicht zur Verfügung. Deshalb kann und möchte die skizzierte Darstellung auch nicht die Anforderungen einer, allen Verästelungen gerecht werdenden wissenschaftlichen Studie erfüllen.

Viele Wegbegleiter, Mitarbeiter, Kameraden, Freunde und selbst Familienangehörige, deren Namen und Wirken bereits in den Schlund der Vergessenheit geraten schienen, werden mit dieser Darstellung - sofern dies möglich war, auch bildlich - der Anonymität entrissen. Von daher ist diese Familiengeschichte ein Stück weit auch eine kleine, wenn auch selektive Historie der Region Schleswig-Holstein und der Bundeswehr, vor allem ihrer Truppenteile im nördlichsten Bundesland. Sie spiegelt mit ihrer Spanne von fünf Generationen die wechselvolle deutsche Geschichte der letzten eineinhalb Jahrhunderte wider, mit all den Höhen und Tiefen, Erfolgen und Misserfolgen. Die Kolonialzeit wird - unterlegt durch eine Auswahl von Zeitungsartikeln - aus damaliger Sicht dargestellt. Es wurde bewusst darauf verzichtet, den heute oft gepflegten, meist belehrend und überheblich wirkenden Maßstab an diese Epoche der deutschen Geschichte anzulegen.

1. Vater Friedrich Julius Hassel
1.1 Die Herkunft

Die Familie Hassel stammt ursprünglich aus Mitteldeutschland. So erscheint der Name z.B. urkundlich erstmals im Jahre 1673 mit Heinrich Hassel in der Kleinstadt Cochstedt zwischen Magdeburg und Quedlinburg in Sachsen-Anhalt; vormals selbständig gehört der Ort heute zur Stadt Hecklingen. Am 26.01.1707 wurde in Cochstedt ein Daniel Hassel[1] geboren, der im Januar 1724 in die lateinische Schule in Halle aufgenommen wurde. Als Beruf des Vaters war Ackermann angegeben. Gertrud von Hassel, die Schwester von Kai-Uwe schreibt, ihre Vorfahren - Juristen und Pastoren - wären vom Niederrhein aus der Gegend um Xanten gekommen, da es zwei eingeheiratete Frauennamen holländischen Ursprungs gäbe.[2] Drei Brüder der Ur-Großmutter, Marianne von Rappard hätten den Feldzug Napoleons gegen Russland mitgemacht und wären dort verschollen. Einer der Altvorderen wäre dann nach Hamm übersiedelt, wo er als „Jurist in führender Stellung" gewesen wäre; bei diesem handelt es sich um ihren Ur-Großvater Heinrich Hassel. Beide Aussagen stehen nur in einem scheinbaren Widerspruch. Vermutlich war die Familie im 18. Jahrhundert von Mitteldeutschland an den Niederrhein gezogen. Wodurch diese Entscheidung hervorgerufen wurde, und wie und wann der Wechsel genau verlief, ist unbekannt.

Die Gemeinde Hassel in Niedersachsen im heutigen Landkreis Nienburg - im Jahre 1298 zum ersten Mal urkundlich erwähnt - steht mit der Familie in keiner Verbindung. Ebenso sind andere Namensträger, wie z.B. der Schauspieler und frühere TV-Kommissar in der Fernseh-Serie „Tatort", Karl-

---

[1] Im Jahre 1695 war in Halle von dem Theologen und Pädagogen August Hermann Francke(1663-1727) zunächst eine Armenschule gegründet worden. Der gute Ruf dieser Einrichtung führte zur Gründung einer Erziehungs- und Bildungsanstalt für Kinder aus dem Adel und des reichen Bürgertums (Franckesche Stiftungen), sowie eines Waisenhauses.

[2] Hassel, Gertrud von Meine Kindheit in Afrika, S. 5

Heinz von Hassel (* 1939),[3] nicht mit dem Flensburger Zweig verwandt. Dies trifft auch auf das ältere Adelsgeschlecht von Hassel zu, das bereits im 17. und 18. Jahrhundert in den Herzogtümern Bremen und Verden erwähnt wird.

1.2 Zur preußischen Armee

Friedrich Julius Hassel, der Großvater von Kai-Uwe und Ur-Großvater von Jochen von Hassel, wurde am 11.Oktober 1833 im westfälischen Hamm geboren. Seine Eltern waren der Jurist Heinrich Wilhelm Hassel und dessen Frau Marianne Friederike. Die Mutter stammte aus dem westfälischen Adelsgeschlecht von Rappard, das seine Wurzeln wiederum auf ein, dem Schweizer Uradel zugehörendes Geschlecht aus dem Kanton St. Gallen[4] zurückführt. Die Familie von Rappard hatte ihr preußisches Adelsprädikat im Jahre 1791 erhalten.

Auf welche Weise Heinrich Wilhelm Hassel seine spätere Frau Marianne Friederike von Rappard kennenlernte, ist unbekannt. Möglicherweise erfolgte der Kontakt über einen Studienkollegen, Caspar von Rappard (1805-1881), der in Berlin, Bonn, Halle, Jena und Heidelberg Jura studiert hatte. Beide waren in einem Alter. Voraussetzung dafür ist jedoch, dass Hassel an einem oder mehreren dieser Orte selbst Jurisprudenz studiert hatte. Noch wahrscheinlicher ist aber, dass beide Eltern - Hassel und von Rappard - miteinander bekannt waren, denn die Orte Hamm, wo Hassels lebten und Unna, der Wohnort des Justizdirektors Konrad Gerhard von Rappard (1778-1863) und seiner Frau Ottilie (1781-1873) Rappards, sind Nachbargemeinden. Dies lässt darauf schließen, dass auch Heinrich Wilhelm Hassels Vater, der Ur-Ur-Großvater von Kai-Uwe von Hassel, dessen Vorname unbekannt ist, Jurist war.

Seit dem Ende des Dreißigjährigen Krieges gehörte die Garnisonstadt Hamm zum Kurfürstentum Brandenburg, während der Besetzung durch französische Truppen unter Napoleon jedoch zum Großherzogtum Berg. Erst 1813 wurde sie wieder preußisch, verlor allerdings zugleich ihren Status als Sitz der Regierung für die Grafschaft Mark. Zum Ausgleich wurde in Hamm das Oberlandesgericht angesiedelt, das bisher seinen Sitz in Kleve

---

[3] Telefonische Auskunft am 06.03.2012.
[4] Johann Heinrich Rappard (* 1410) aus Rapperswyl.

hatte. An diesem Gericht arbeitete Heinrich Wilhelm Hassel als Geheimer Justizrat und Oberappellations-Gerichtsrat.

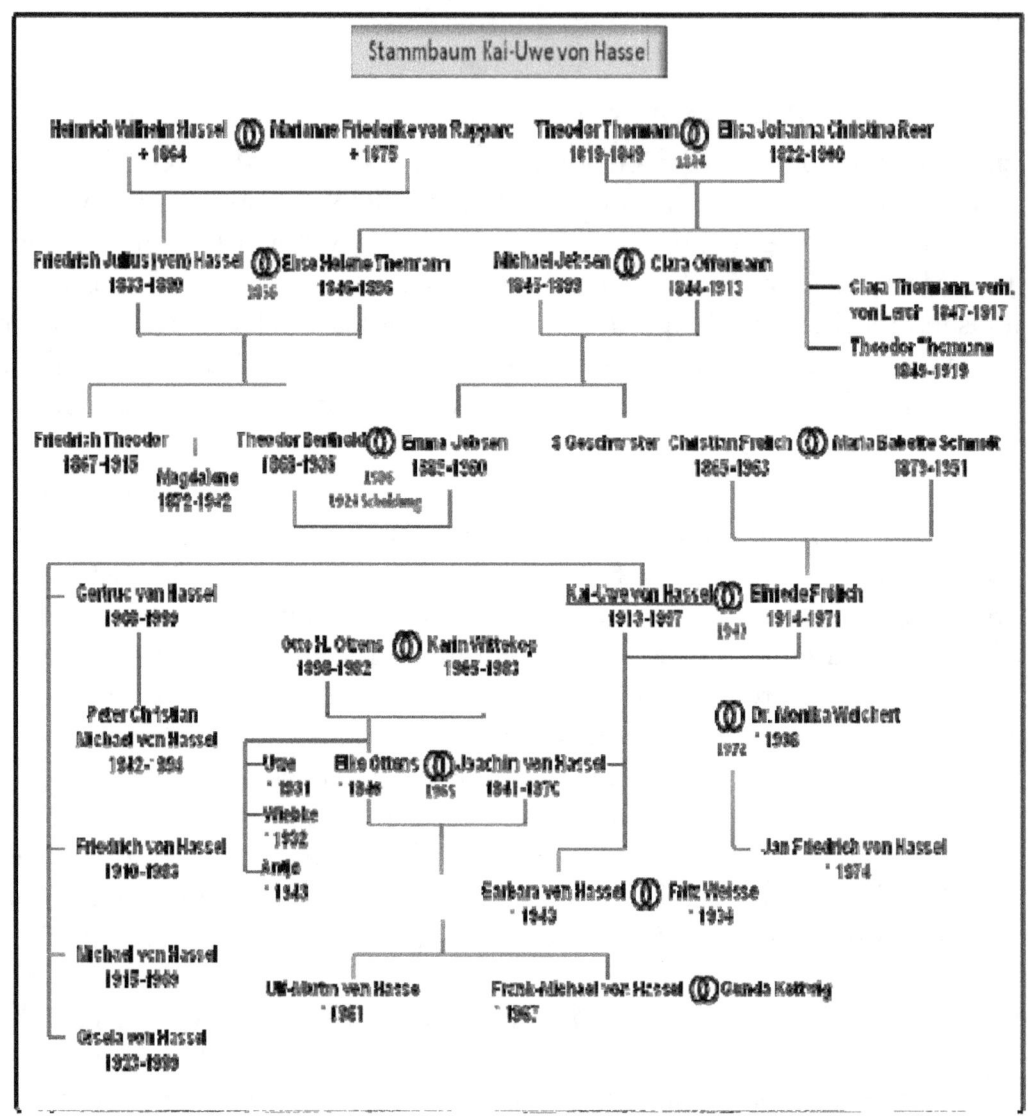

Friedrich Julius Hassel beendete seine humanistische schulische Ausbildung am Hammonense Gymnasium in Hamm im Jahre 1853 mit dem Abitur. Die Schule hatte um 1850 etwa 100 Schüler. Sein Direktor war bis 1852 Dr. Friedrich Kapp (1792-1866).

Am 1. Oktober 1853 trat Friedrich Julius Hassel als Musketier in das in Wesel[5] stationierte II. Bataillon des Infanterieregiments „Prinz Friedrich der Niederlande" (2. Westfälisches) Nr. 15 unter Oberst Freydank ein. Weshalb er die Soldatenlaufbahn einschlug und nicht dem Beruf seines Vaters folgte, ist nicht bekannt. Acht Monate später wurde Friedrich Julius Hassel zum Portepee-Fähnrich und am 16. Oktober 1855 zum Sekonde-Leutnant befördert. Sein späterer Regimentskommandeur, Oberst Friedrich August von Etzel (1808-1888; General der Infanterie) - er führte den Verband von 1857 bis 1859 -, beurteilte ihn am 1. Januar 1858 wie folgt:

> „Bei geistigen Anlagen, sehr guten Schulkenntnissen, Fleiß und großer sittlicher Festigkeit, verspricht er ein tüchtiger Offizier zu werden. Seine dienstlichen Leistungen sind sehr befriedigend, sein außerdienstliches Benehmen gehalten und empfehlend."[6]

Von 1858 bis 1861 wurde er zur Königlichen Kriegsakademie nach Berlin unter den Linden Nr. 74 kommandiert. In seinem Abschlusszeugnis vermerkte sein Kommandeur, der General der Infanterie Eduard von Peucker (1791-1876):

> „Sekondelieutenant Hassel hat als Abiturient eine vortreffliche Bildung mitgebracht und sich auf Grund derselben sehr gute militärische Kenntnisse angeeignet. Sehr ehrenhaft in seiner Gesinnung, einfach und zurückhaltend in seinem Wesen, kann derselbe als besonders für den Generalstab geeignet bezeichnet werden."

Diese Beurteilung sollte sich als treffend herausstellen. Es folgten mehrere kurze Truppenverwendungen: 1859 verbrachte er drei Monate bei seinem alten Regiment Nr. 15, 1860 einen Monat beim Kürassier-Regiment „von Seydlitz" (Magdeburgisches) Nr. 7 in Halberstadt und drei Monate beim Pionierbataillon Nr. 4 in Erfurt. Dadurch wurden seine militärische Ausbildung und seine Kenntnisse der Truppengattungen abgerundet.

---

[5] Das II. Bataillon war seit dem 12.01.1832 in Minden stationiert; von 1850 bis1855 lag es vorübergehend in Wesel.
[6] Priesdorff, Kurt von Generalsbiographie aus Brandenburg-Preussen, S. 446

Eduard von Peucker

Am 15. Januar 1863 erhielt er sein Patent als Premier-Leutnant (Oberleutnant) und wurde zu den Füsilieren[7] seines Stammregiments, in das III. Bataillon des Infanterieregiments Nr. 15, nach Bielefeld zurückversetzt, wo der Verband von 1822 bis 1877[8] stationiert war.

Königliche Kriegsakademie in Berlin

---

[7] Füsiliere zählten zur leichten Infanterie. Die Soldaten waren mit Steinschloss-Gewehren ausgerüstet. Seit dem 19. Jahrhundert war es nur noch eine Traditionsbezeichnung für die III. Bataillone der Garde- und Grenadierregimenter.

[8] Das Regiment war 1813 gegründet worden und hatte an den Befreiungskriegen gegen Napoleon teilgenommen. Von 1850 bis 1855 war das III. (Füsilier-) Bataillon in Münster stationiert; 1877 verlegte es nach Minden.

1.3 Im Krieg gegen Dänemark und Österreich

Als einunddreißigjähriger Premier-Leutnant kam Friedrich Julius Hassel 1864 erstmals mit jener Region in Berührung, die weniger als 100 Jahre später zum Lebensmittelpunkt seiner Nachfahren werden würde: Im Deutsch-Dänischen Krieg 1864 - er wird auch als erster deutscher Einigungskrieg bezeichnet - kämpfte er im Raum Schleswig-Flensburg-Sonderburg an vorderster Front. Sein 15. Regiment, geführt von Oberst Constantin von Alvensleben (1809-1892), unterstand der 26. Brigade unter Oberst August Karl von Goeben (1816-1880; General der Infanterie). Die 26. Brigade bildete mit der 25. Infanteriebrigade, dem Jägerregiment 7, dem Dragonerregiment 7, der 1. Fußabteilung der 7. Artilleriebrigade und dem Pionierbataillon 7 die 13. preußische Infanteriedivision, die von Generalleutnant Adolph von Wintzigerode (1801-1874) geführt wurde.

Die gemischte Besiedlung auf der schmalen Halbinsel Jütland nördlich der Elbe zwischen Nord- und Ostsee mit - sieht man von der breiten Schlei[9] im Osten und der sumpfigen Eider im Westen ab - kaum ausgeprägten geographischen Trennlinien, sich überlagernden politischen Strukturen und sehr alten, bisweilen unklaren Erbansprüchen der Herrscherfamilien, hatten in den vergangenen Jahrhunderten wiederholt zu Spannungen geführt. Bereits im Jahre 1460 war unter dem Motto „Up ewig ungedeelt" (Auf ewig ungeteilt) die Zusammengehörigkeit der Herzogtümer von Schleswig und Holstein, die bereits seit 1386 bestand, vertraglich festgeschrieben worden. Beide Herzogtümer blieben aber unter dänischer Verwaltung. Doch Mitte des 19. Jahrhunderts verstärkten national orientierte Bewegungen mit ihrer Forderung nach größerer Mitsprache des Volkes bei der politischen Gestaltung die potentiellen Bruchstellen und führten 1848 zum dreijährigen Schleswig-Holsteinischen Krieg. Die Probleme wurden nicht gelöst. Dann aber verstieß der dänische König gegen die Auflage nach größerer Autonomie der drei, weit im Süden seines Herrschaftsbereiches liegenden Herzogtümer Schleswig, Holstein und Lauenburg. Nachdem ein Ultimatum abgelaufen war, reagierte der Deutsche Bund unter Führung von Preußen und Österreich mit militärischer Macht - es kam erneut zum Krieg mit Dänemark.

---

[9] Der Meeresarm Schlei hat nur drei schmale Stellen: Bei Missunde, Kappeln und Arnis.

Preußen und Österreicher standen zunächst unter dem Oberbefehl des bereits achtzigjährigen Generalfeldmarschalls Friedrich Freiherr von Wrangel (1784-1877);[10] Chef des Stabes der alliierten österreichischen und preußischen Truppen war Generalleutnant Eduard Vogel von Falckenstein (1797-1885). Die gegnerischen dänischen Truppen wurden von General Christian Julius de Meza (1792-1865) geführt. Das preußische Armeekorps mit der 6. und der 13. Division stand unter dem Befehl von General Prinz Friedrich Karl von Preußen (1828-1885) und das VI. Korps der verbündeten Österreicher unter dem des Feldmarschall-Leutnants Ludwig Karl Wilhelm Freiherr von Gablenz (1814-1874). Mitte Januar 1864 hatte sich die 13. Infanteriedivision, zu der Hassel gehörte, im Raum Minden versammelt und - nach einer Inspizierung durch den Divisionskommandeur auf der Mindener Heide am 16. Januar - den Befehl erhalten, ab dem 19. Januar per Eisenbahn nach Hamburg zu verlegen. Hassels Füsilierbataillon fuhr am 20. Januar um 18.45 Uhr ab; er selbst diente als Zugführer vermutlich in der 11. Kompanie.

Nach Eintreffen im Raum Harburg wurde die Elbe überquert, und die Truppen rückten in mehreren Marschgruppen nach Norden vor. Am 26. Januar erreichte das Füsilierbataillon die Ortschaft Negenharrie bei Bad Segeberg, wo zwei Tage Ruhe angeordnet wurde. Hassels Verband wurde zur Avantgarde (Vorhut)[11] kommandiert, die unter dem Kommando von Oberstleutnant von Hartmann, dem Kommandeur des 60. Infanterieregiments, stand. Sie wurde am 31. Januar zwischen Kiel und dem Westensee bei Groß- und Klein Nordsee zusammengezogen.

Hassels Füsilierbataillon bezog Unterkunft im Raum Annenhof - Schierensee, wo die Mannschaften „nur mangelhaft untergebracht und auf die Magazinverpflegung angewiesen waren", wie die Regimentschronik vermerkt. Es herrschte bitterer Frost, und Schnee war gefallen.

---

[10] Am 18. Mai wurde Wrangel abgelöst und durch den Prinzen Friedrich Karl und Stabschef Moltke ersetzt. General Vogel von Falckenstein führte nunmehr das III. Korps, General Herwarth von Bittenfeld das I. Korps.

[11] Insgesamt bestand die Avantgarde aus: 2 Füsilierbataillonen (des 13. und 24. IR), dem I. Bataillon des IR 60, dem Jägerbataillon 7, den Husarenregimentern 3 und 4, sowie der 5. Eskadron des Husarenregiments 8, 3 Artillerie-Batterien, 2 Pionierkompanien und einem leichten Brückentrain.

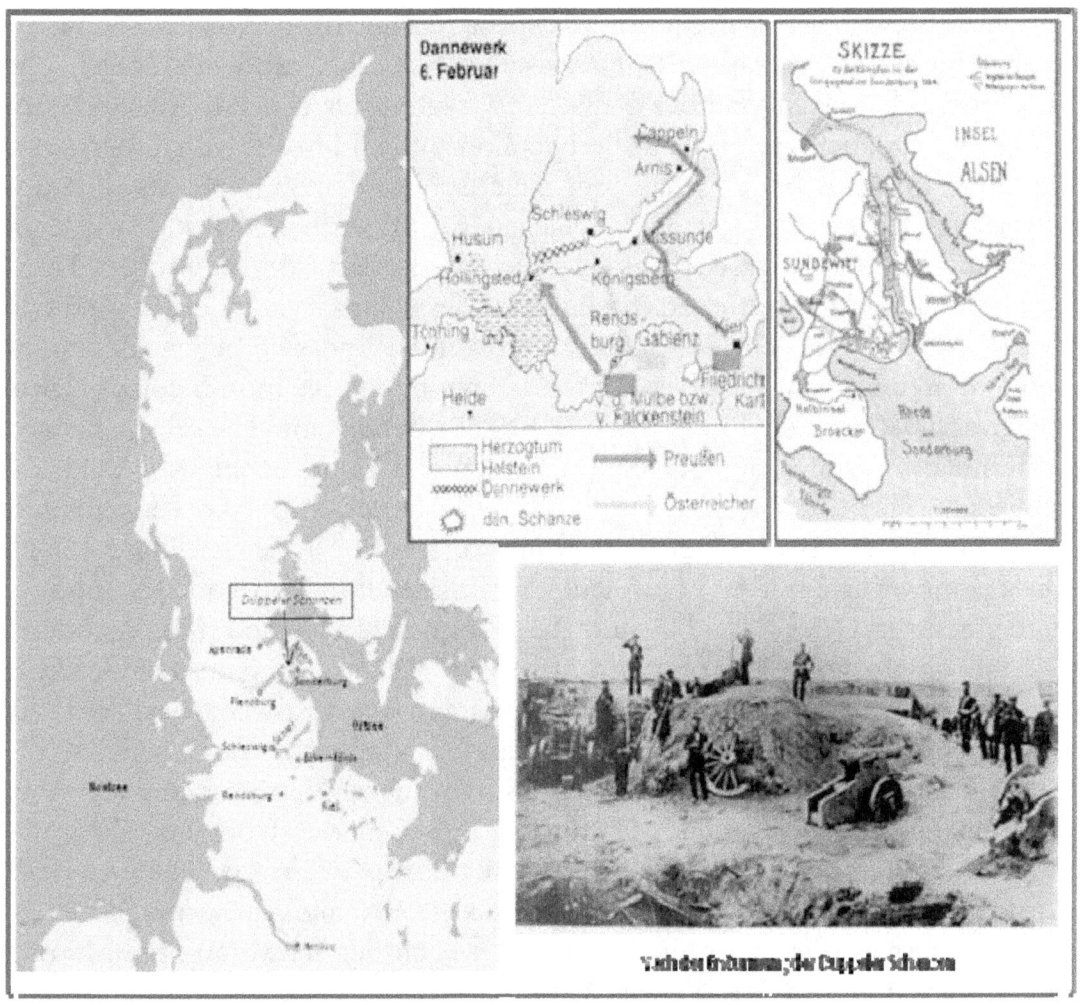

Die Bevölkerung war den preußischen Truppen auf deren Vormarsch wiederholt mit Misstrauen begegnet. Und so appellierte ein Befehl des I. Armeekorps aus dem Hauptquartier in Plön, unterzeichnet vom preußischen Prinzen Friedrich Karl, am 28. Januar 1864 an die Soldaten, dem preußischen Namen - auch dort, wo sie als „unwillkommene Gäste" hingekommen wären - Ehre durch diszipliniertes Auftreten zu machen:

> „Betragt Euch immer, und auch in demjenigen Lande so, das wir befreien werden. Die preußische Waffenehre, ..., besteht darin zu siegen, aber dem Besiegten wie einem Bruder zu verzeihen, das ist christlich, und ein guter Christ kann kein schlechter Soldat sein."

Am 1. Februar begann der Vormarsch der Vorhut nach Norden. Zunächst avancierte sie am rechten Flügel zwischen Schleswig und der Schlei. Die anderen beiden Bataillone des Regiments folgten mit einigem Abstand. Am nächsten Tag stieß Hassels Füsilierbataillon unter Führung von Oberstleutnant von François bei dem kleinen, malerisch an der Südseite des dort nur schmalen Meeresarmes der Schlei gelegenen Fischerdorf Missunde mit dem Fährhaus auf der Nordseite auf massiven Widerstand der dänischen Truppen, die aus tiefgestaffelten Stellungen des Dannewerks unter General George Daniel Gerlach (1797-1865) verteidigten und sich gegen die anrennenden preußischen Truppen tapfer behaupteten. Neunundneunzig Jahre später sollte Friedrich Julius Hassels Enkel, Jochen von Hassel, nicht weit entfernt am Südufer der Schlei in Louisenlund seine Schulausbildung abschließen. Theodor Fontane (1819-1898) beschrieb 1866 die Kampfhandlungen in seinem Buch „Der Schleswig-Holsteinsche Krieg im Jahre 1864". Die Hauptverluste mit 60 Mann trug das Füsilier-Bataillon vom 15. Infanterieregiment mit der 10., 11. und 12. Kompanie. Dessen Kommandeur, Oberstleutnant von François, zerschmetterte gleich zu Beginn des Gefechts eine Kugel die Kinnlade. Hauptmann Constantin von Kaweczynski (+ 1870; Oberstleutnant) übernahm das Kommando. Noch mehrfach gerieten die angreifenden Truppen in verheerendes dänisches Kartätschenfeuer. Vier Tage später, am 5. Februar, glückte den Preußen der Übergang über das Wasserhindernis etwa 17 Kilometer weiter nordostwärts bei der Ortschaft Arnis. Die Truppe hatte in Kiel und Eckernförde alle Boote aufgetrieben, die requiriert werden konnten. Nicht nur wegen der schweren Kämpfe und der Kälte waren es düstere Tage für Oberleutnant Hassel, denn drei Monate zuvor, am 22. Januar 1864, war sein Vater in Hamm verstorben.

Nach Überqueren der Schlei marschierte das Regiment ab dem 8. Februar zügig auf Flensburg zu.

Unter klingendem Spiel rückten die Verbände am 11. Februar in Flensburg ein, und abends ging es in den Wirtshäusern lebhaft zu. Die Offiziere des Regiments waren im Hotel Rasche untergebracht. Noch wenige Tage zuvor hatte dort der dänische Oberkommandierende, General de Meza, logiert. Dänische Soldaten hatten die Geldbörse eines preußischen Feldwebels gefunden und diese an ein preußisches Bataillon zurückgeschickt mit dem Vermerk, der Betroffene würde das Geld sicherlich schmerzlich vermissen.

Hotel Rasche auf dem Nordermarkt 8 in Flensburg

Am nächsten Tag wurde nach Norden in Richtung Apenrade weitermarschiert, dann aber nach Osten auf Richtung Sonderburg eingeschwenkt. Das Regiment bezog Stellungen zwischen Ulderup und Ballegaard und begann mit Aufklärungs- und Erkundungsaktivitäten gegen die dänischen Vorposten und Verteidigungsstellungen (Schanzen), was jedoch durch heftiges Schneetreiben und schlechte Sicht erschwert wurde. Am 20. Februar übernahm Premier-Leutnant Hassel die Führung der 2. Kompanie und wechselte damit vom III. in das I. Bataillon; sein Kommandeur war Major Freiherr von der Horst. Seit 1851 war das Regiment mit dem Zündnadelgewehr ausgerüstet. Ende Februar wurde das Regiment abgelöst und bezog Ruhequartiere; Hassels Kompanie in Altschobüll südlich der Apenrader Bucht.

Am 7. März rückte es wieder vor und übernahm den Vorposten auf dem linken Flügel gegen die Düppeler Schanzen. Das Winterwetter hatte sich weiter verschlechtert. Am 17. März stand Hassels Kompanie im Kampf gegen dänische Truppen in der Ortschaft Rackebüll. Das Dorf konnte kurzzeitig genommen werden, fiel dann aber wieder in dänische Hand.

Der Kampf wogte hin und her, doch schließlich gelang es Hassel nach hartem, siebenstündigem Kampf, unterstützt von einem Zug der 4. Kompanie unter Leutnant Giese, das vorgelagerte Kruggehöft zu nehmen. Die verbleibenden Tage des Monats März wurden zum Ausbau der Stellungen und der Geschützdeckung, sowie zum Heranschaffen von Booten und Pontons für einen Übergang über den Alsensund genutzt.

Das für Anfang April geplante Überqueren des breiten Gewässerhindernisses musste zwar wegen starken Windes und hohen Seegangs abgesagt werden, dennoch gab es vereinzelt preußische Erkundungsvorstöße. Von einem erzählt die Regimentschronik[12] und lässt darin Premier-Leutnant Hassel selbst zu Wort kommen:

> Eine andere Erkundung fand am 17. April durch Hauptmann v. Hoffmüller statt, dem sich Premierleutnant Hassel anschloß. Letzterer schreibt hierüber:
>
> „Hauptmann v. Hoffmüller hatte mit mir verabredet, um 4º Nachm. den Versuch zu machen, in zwei Booten mit wenigen Mannschaften nach Alsen überzusetzen um zu sehen, was in den gegenüberliegenden Batterien zu machen sei. Wir fuhren pünktlich ab und hatten verabredet, an zwei etwa 200 Schritt auseinander liegenden Punkten zu landen. Natürlich konnten wir nicht an ein Landen denken, wenn wir ein starkes Feuer bekamen, was anzunehmen war, falls die dänischen Posten ihre Schuldigkeit taten. — Wir näherten uns indessen immer mehr dem Ufer, ohne einen Menschen zu erblicken. Es war möglich, daß man uns auflaufen lassen wollte. Erst als wir noch etwa 100 Schritt von der ersehnten Alsenküste entfernt waren, sah ich in der etwa 400 Schritt entfernten Schanze einen Dänen in der Geschützscharte auf uns im Anschlag liegen. Doch schoß er nicht, scheinbar weil ihm das Zündhütchen versagte. Da war auch schon Hoffmüller wie das Ungewitter am Ufer und eilte auf die Schanze hinauf; nach einigen Minuten war auch ich gelandet und folgte sofort. Die Mannschaften des anderen Nachens waren bereits in der Schanze, als ich ankam. Hoffmüller setzte gerade einen Nagel in das Zündloch eines eisernen Geschützes. Ich ergriff einen Wischer, um ihn hineinzuschlagen, und nun hämmerten wir drauf los. Das zweite Geschütz wurde gleichfalls vernagelt. Die Wischer und das Geschützzubehör wurden zerschlagen, und nun ging Hoffmüller

---

[12] Cramer, Alfred Geschichte des Infanterie-Regiments Prinz Friedrich der Niederlande (2. Westfälisches) Nr. 15, S. 148 f.

> mit einigen Leuten in die Pulverkammer, um Feuer in derselben anzulegen. Ich beobachtete während der Zeit das umliegende Gelände, um eine feindliche Annäherung frühzeitig wahrzunehmen. Die dänischen Posten sahen aus der Ferne unserem Treiben zu, ohne uns zu stören, sie befanden sich augenscheinlich in großer Verlegenheit und wußten nicht, was sie machen sollten. An Schießen dachte Niemand.
>
> Indessen kamen schon unsere Leute mit Beutestücken beladen aus dem Pulvermagazin heraus. Der eine hatte eine Granate, der andere schleppte mehrere Kartuschbüchsen, Hauptmann v. Hoffmüller eine Sicherheitslampe. Ich hatte mich mit einem Wischkolben bewaffnet, und nun, da das Feuer an zwei Stellen angelegt war, die Dänen aus dem etwa 500 Schritt entfernten Gehölze zahlreich herbeiliefen, ging es im Marsch Marsch zu den Nachen zurück, die beide mittlerweile beieinander angelegt hatten. Wir hatten nicht nur die dänischen Kugeln, sondern auch das Auffliegen des Pulvermagazins zu fürchten und konnten, obschon wir mangelhaft angelegte Wolfsgruben zu überschreiten hatten, nicht schnell genug in die Boote hineinkommen. Kaum waren wir abgestoßen, als sich bereits Dänen in den hart am Ufer laufenden Schützengräben zeigten. Doch auch diese schossen nicht. Ich ließ nun meinen Nachen direkt die Richtung auf unsere 24pfündige Batterie nehmen und rief den Kanonieren zu: ‚Feuer auf die Schanze, die Pulverkammer brennt.' Anfangs wurde ich nicht verstanden, obgleich sich eine große Menge Zuschauer von allen möglichen Regimentern dort angesammelt hatte. Später aber flogen die Geschosse der Batterie hinüber, während wir landeten und mit Beute reich beladen den Strand betraten. Allgemeiner Jubel begrüßte uns natürlich, namentlich war unser Oberstleutnant sehr vergnügt. Er fertigte sofort eine Ordonnanz an den General v. Goeben ab, mit der Meldung, daß vom 15ten Regiment 2 Offiziere auf Alsen gewesen seien, auf der Insel, die seit 200 Jahren kein feindlicher Fuß betreten hatte.

Beim „Vernageln" wurden lange Eisennägel in die Zündlöcher getrieben und dann die Köpfe abgeschlagen, damit die Nägel nicht mehr herausgezogen werden konnten. Mit dieser probaten Methode machte der Stoßtrupp zwei Kanonen einer dänischen Strandbatterie beim Holzvoigthaus - eine 6- und eine 24 Pfünder - für einige Zeit unbrauchbar, da nun das Pulver nicht mehr gezündet und die Geschütze nicht mehr abgefeuert werden konnten. So wurde das Risiko beim Angriff seines Regiments beträchtlich verringert.

Am nächsten Vormittag um 10.00 Uhr ließ Brigadekommandeur von Goeben das Offizierkorps des Regiments vor der Front antreten, verlas ein Telegramm des Prinzen Friedrich Karl, in dem dieser zu „dem glücklichen Coup" gratulierte und überreichte beiden Offizieren den Roten Adler Orden IV. Klasse mit Schwertern.

Gleichwohl scheint die spontane Auszeichnung zu gering für die Tat. Ähnlich herausragende Leistungen wurden seinerzeit mit dem Pour le mérite-Orden belohnt.[13] Hauptmann Hoffmüller war wenige Tage zuvor, nach den Gefechten um Rackebüll, in den Adelsstand erhoben worden. In der Preußischen Amtspresse war zu lesen:

> „(Ein kühner Streich) wird aus Gravenstein vom 17ten, wie folgt, telegraphisch gemeldet: Hauptmann Hoffmüller und Lieutenant Hasselt[14] vom 15. Infanterie-Regiment sind mit 16 Mann heute Nachmittag auf Alsen gelandet, haben den Feind vertrieben, in der Batterie Arnkiel zwei vorhandene Geschütze vernagelt und Zubehör und Munition mitgebracht; sie sind ohne Verlust zurückgekehrt, als feindliche Massen aus dem nahen Gehölz kamen."[15]

Auch im Preußischen Großen Generalstabsbericht von 1866 über den Feldzug von 1864 wurde die Tat im Band 2 erwähnt. Diese beispielhafte Leistung förderte Friedrich Julius Hassels späteren militärischen Lebensweg, denn dem General der Infanterie Karl Eberhard Herwarth von Bittenfeld (1796-1884; Generalfeldmarschall), dem Kommandierenden General des VII. Armeekorps, hatte das bravouröse Agieren des jungen Offiziers ebenso gefallen wie dessen Chef des Generalstabs, Oberst Karl Konstantin Graf von Blumenthal (1810-1900; Generalfeldmarschall). Beide behielten den schneidigen Offizier im Auge und förderten ihn. Hassel stieg danach Schritt für Schritt auf der militärischen Karriereleiter nach oben. Später wurde die Aktion ins Familienwappen derer von Hassel übernommen: Ein Boot mit preußischer Flagge am Mast und dem Danebrog am Heck. Betrachtet man

---

[13] So erwähnt z.B. die Regimentsgeschichte des Westfälischen Infanterieregiments Nr. 13 auf Seite 30 die Erbeutung eines Danebrog, des dänischen Reichsbanners, durch Leutnant von Devivere (+ 1894 als Major) aus der 6. Kompanie gegen Mittag des 18. Aprils 1864, wofür dieser mit dem Pour le Mérite ausgezeichnet wurde.

[14] Anmerkung: Name ist auch im Original falsch geschrieben.

[15] No. 16. Provinzial-Correspondenz.; zweiter Jahrgang. 19. April 1864; der Name Hassel ist falsch geschrieben.

allerdings den Lebensweg der Familie geographisch, müsste neben dem Danebrog eigentlich auch eine Palme im Familienwappen abgebildet sein. Wäre Friedrich Julius von Hassel auch ohne diese Tat so hoch aufgestiegen? Diese Frage ist zu bejahen. Sie hat zwar auf seine Person aufmerksam gemacht und hatte von daher eine gewisse Initialwirkung, aber hätte er sich nicht auch in den nachfolgenden Verwendungen in vielfältiger Weise bewährt, wäre sie singulär geblieben und hätte auf seinen Werdegang keinen weiteren fördernden Einfluss ausgeübt.

Einen Tag nach dem Kommandounternehmen, am 18. April 1864, fand an den Düppeler Schanzen nördlich der Flensburger Förde, wo sich die dänische Armee verschanzt hatte, die entscheidende Schlacht statt. Die drei Kilometer langen Schanzen mit mächtigen Kanonenbatterien, sowie zahllosen Unterständen und Laufgräben, sollten den dänischen Brückenkopf am

Übergang zur Insel Alsen und zur Stadt Sonderburg sichern. Doch die Befestigungen wurden gestürmt, und die alliierten Truppen jubelten.

Auszug von Seite 1

Der „Altonaer Mercur" vom 20. April 1864 vermerkte den Sieg zwar auf der ersten Seite, aber weder optisch herausgehoben, noch sprachlich euphorisch mit den Worten „Eine erfreulichere Nachricht als die heutige ist Ihnen sicher lange nicht zugegangen".

Am 26. April verlegte Hassels Bataillon zur Sicherung der Küstenbatterien nach Apenrade und verblieb auch nach dem Waffenstillstand am 12. Mai dort. Auch das preußische Oberkommando hatte sein Hauptquartier in der Stadt. Hassels jüngerer Sohn Theodor sollte 42 Jahre später, 1906, hier seine Frau Emma Jebsen kennenlernen. Die Kämpfe flammten zwar zwischenzeitlich wieder auf, doch verlor die dänische Krone letztlich die Auseinandersetzung gegen den Deutschen Bund. Hassels Verband wurde am 1. Juli 1864 von Apenrade nach Flensburg und von dort nach Rendsburg verlegt, wo es bis zum 12. November lag und danach in die Friedensgarnison Minden zurückkehrte. Möglicherweise hat Friedrich Julius Hassel seine spätere Frau Elise Thormann (1846-1896) bereits zu dieser Zeit in Rendsburg kennengelernt. Am 25. November 1864 paradierte das Regiment auf der Mindener Heide vor dem preußischen König Wilhelm I. (1797-1888) und Feldmarschall von Wrangel. Ein Jahrhundert später wurde Friedrich Julius` Enkel Kai-Uwe von Hassel für seine erfolgreichen Bemühungen um Aussöhnung von Königin Margrethe II. von Dänemark mit dem Dannebrog-Orden ausgezeichnet.

Ende 1864 verließ Hassel das Infanterieregiment 15 in Minden und wurde in die Topographische Abteilung versetzt; dieser ersten Generalstabsverwendung sollten noch weitere auf den unterschiedlichsten Führungsebenen folgen, die ihn kreuz und quer durch Deutschland führten - von Trier bis Königsberg. Daran schloss sich im Frühjahr eine dreimonatige Kommandierung zum Feld-Artillerieregiment von Peucker (1. Schlesisches) Nr. 6 nach Rendsburg[16] an. Es war das zweite Mal, dass er in der alten Garnisonsstadt an der Eider weilte, der Geburtsstadt seiner späteren Frau Elise Helene Christiane Thormann.

Am 1. Juni 1865 wurde Hassel zum Großen Generalstab nach Berlin versetzt. Nur wenige Monate später, im Februar 1866 folgte eine nur kurze Verwendung als Generalstabsoffizier beim VIII. (Rheinischen) Armeekorps unter General Herwarth von Bittenfeld in Koblenz. Als vor dem sich abzeichnenden Krieg gegen Österreich die Elb-Armee mit dem VIII. Korps und der 14. Division aufgestellt und dem Kommando Bittenfelds übertragen wurde, nahm dieser Hassel mit in seinen Armeestab. Die ad-hoc gebildete Elb-Armee besetzte Dresden kampflos und stieß ohne nennenswerten Widerstand nach Böhmen vor. Am 26. Juni kam es bei der Ortschaft Hühnerwasser zum ersten Gefecht mit sächsischen und österreichischen Truppen. Zwei Tage später folgte bei Münchengrätz (heute: Mnichovo Hradiště in Nord-Tschechien) in Nord-Böhmen die zweite Schlacht, die ebenfalls von der preußischen Elb-Armee gewonnen wurde. Am 3. Juli 1866 fand in der Schlacht von Königsgrätz das entscheidende Aufeinandertreffen statt, das Österreich verlor. Der Elb-Armee gelang dabei der Einbruch in den linken Flügel der österreichischen Truppen. Während des Krieges, am 28. Juli 1866, wurde Hassel zum Hauptmann befördert und mit dem Kronen-Orden IV.

---

[16] Das Regiment war von 1864-1866 in Rendsburg stationiert.

Klasse mit Schwertern[17] ausgezeichnet. Sein Oberbefehlshaber von Bittenfeld sagte über ihn:

> „Ist ein ausgezeichneter Offizier, der seine besondere Brauchbarkeit sowohl vor dem Feinde als auch im Generalstab und Geschäftsdienst dargetan hat."[18]

Am Ende des Krieges gegen Österreich wurde Friedrich Julius Hassel im Herbst 1866 in den Stab der 16. Division nach Trier versetzt. Der Divisionsstab lag im Norden von Deutschlands ältester Stadt am Südufer der Mosel in dem ehemaligen Kloster „Sankt Marien ad Martyres".[19] Divisionskommandeur war Generalleutnant Christof Gottlieb Albert Freiherr von Barnekow (1809-1895).

Mit fast 33 Jahren war Friedrich Julius Hassel als Hauptmann nun auch wirtschaftlich in der Lage, eine Familie zu gründen. Daher bat er seinen Kommandeur, ihm die formelle Genehmigung zur Heirat zu erteilen. Die Erlaubnis des nächsten Vorgesetzten war noch bis ins 20. Jahrhundert[20] unabdingbare Voraussetzung für die Eheschließung eines Berufsoffiziers. Da sein Vater zwei Jahre zuvor verstorben war, benötigte er zusätzlich noch die Einwilligung seiner Mutter in die Heirat, sowie eine Bescheinigung, dass er noch ledig war und einen Impfschein (Vaccination). Nachdem er alle Dokumente beisammen hatte und ihm seitens seiner Vorgesetzten die Heiratserlaubnis am 13. Oktober 1866 erteilt worden war, nahm er Urlaub und reiste per Bahn nach Rendsburg. Dort hielt er bei ihrer Mutter Elisa Johanna Christina Thormann (1822-1900; geb. Reer) um die Hand seiner Braut Elise Helene Christiane Thormann an. Er hatte die junge Frau bei einem seiner zweimaligen Aufenthalte in Rendsburg kennengelernt. Sie war am 3. August 1846 als Tochter des Kaufmanns und Holzhändlers Theodor Thormann (1819-1849) und dessen Frau Elisa Johanna Christina in Rendsburg zur Welt

---

[17] Der Orden war am 18. Oktober 1861 durch König Wilhelm I. gestiftet worden; er ist in der preußischen Ordenshierarchie dem Roten Adlerorden gleichgestellt.

[18] Priesdorff, Kurt von, a. a. O, S. 446

[19] Der Wirtschaftshof des Klosters war mit der Säkularisation zunächst als Zeughaus benutzt worden. In preußischer Zeit diente er bis 1866 als Artilleriedepot und danach als Wohnung des Kommandeurs der 16. Division. Seither wird es „Exzellenzhaus" genannt.

[20] So lautet z.B. der § 27 des Wehrgesetzes vom 21. Mai 1935: „Die Angehörigen der Wehrmacht bedürfen zur Heirat der Erlaubnis ihrer Vorgesetzten."

gekommen und am 6. September getauft worden. Vater Theodor Thormann stammte ursprünglich aus Wismar. Im Jahre 1842 war er in die Holz- und Eisenhandlung „Baurmeister & Ungnad" in Rendsburg eingetreten, die 1846 in „Thormann & Ungnad" umbenannt wurde. 1844 hatte er Elisa Johanna Christina, die Tochter des Spediteurs Andreas Nicolaus Reer (1783-1836) und seiner Ehefrau Magdalene Catharine (1791-1887; geb. Horst) geheiratet. Elisa stammte aus der süddänischen Kleinstadt Tondern; sie hatte drei Schwestern und einen Bruder.

Theodor Thormann sen.

Theodor Thormann jun.

Doch ihr Glück währte nicht lange: Es war ein schwerer Schicksalsschlag für die Hochschwangere, als ihr Mann am 16. Januar 1849 nach kurzer Krankheit mit nur dreißig Jahren starb. Drei Tage später entband sie ihren Sohn, dem sie den Namen des verstorbenen Vaters gab. Elisa Johanna Thormann musste zwei Töchter, Elise (1846-1896) und Clara (1847-1917), sowie Sohn Theodor (1849- 1919) allein großziehen. Ihr Sohn Theodor wurde Kaufmann wie sein Vater und führte später dessen Firma weiter. 1869 trat er als Einjährig-Freiwilliger in die 5. Kompanie des Holsteinischen Infanterieregiments Nr. 85 ein. Im Krieg 1970 kämpfte er als Unteroffizier u.a. in den Schlachten von Gravelotte und Noisseville und wurde zum Vize-Feldwebel befördert. Während der Schlacht bei Orleans wurde er schwer verwundet. Ausgezeichnet mit dem Eisernen Kreuz II. Klasse kehrte er als Sekonde-

Leutnant aus dem Krieg heim und erhielt 1892 das Patent als Premierleutnant. Später wurde er Schwedisch-Norwegischer Vizekonsul und zum preußischen Kommerzienrat ernannt. Er heiratete Sophie Sahr (1858-1934), die Tochter eines Mühlenbesitzers aus Rendsburg. Im Ersten Weltkrieg diente er als Hauptmann und Kompaniechef im I. Landsturm-Infanterieregiment in Rendsburg.

Die zweite Tochter Clara Thormann (1847-1917) heiratete 1867, ein Jahr nach ihrer Schwester Elise, ebenfalls einen Offizier, den späteren österreichischen k.u.k. Oberst Ludwig Edler von Lerch (1830-1903) aus Wien. Auch sie hatte - wie ihre Schwester - den Offizier während des Feldzugs 1864 kennengelernt, als dieser mit dem österreichischen 6. Armeekorps kurzzeitig in Rendsburg stationiert war. Ihr Sohn Theodor Edler von Lerch (1869-1945) brachte später den Alpinen Skilauf nach Japan. 1914 zum Oberst befördert, wurde Theodor von Lerch mit Beginn des Ersten Weltkrieges Generalstabschef des neu aufgestellten 17. Korps und erlebte mit diesem seine Feuertaufe an der Ostfront in Galizien. 1916 kämpfte sein Korps an der Südfront am Isonzo.

Theodor Edler von Lerch

Anfang August 1917 übernahm Lerch das Kommando über die 20. Gebirgsbrigade in Albanien. Von Juli bis September 1918 wechselte er - ebenfalls in Albanien - zur 93. Infanteriebrigade. Im Jahre 1918 zum Generalmajor befördert, nahm er im Oktober im Stab der Heeresgruppe Kronprinz Rupprecht von Bayern an den Kämpfen in Flandern teil. 1919 wurde Lerch pensioniert. Ob Friedrich Julius Hassel seinen Schwager von Lerch und dessen Sohn Theodor kennengelernt hatte, ist nicht bekannt.

Wohnhaus der Familie Thormann in Rendsburg

Am 11. November 1866 fand die Eheschließung zwischen Friedrich Julius Hassel und der zwanzigjährigen Elise Thormann statt, jedoch nicht in der dreischiffigen St. Marien-Kirche in der Altstadt von Rendsburg, sondern im Wohnhaus der Braut auf dem Rendsburger Schlossplatz Nr. 10. Die Trauung vollzog der Hauptpastor von St. Marien, Carl Friedrich Schrödter. Dazu hatte das Brautpaar eine „Genehmigung zur Hauscopulation" bei der Gemeinde kaufen müssen. Grund für eine solche Haustrauung war zumeist die Krankheit von Braut oder Bräutigam oder nächster Angehöriger. Vermutlich lag die Brautmutter krank danieder.

Vierzig Jahre später sollte sich - fast auf den Tag genau - dieser überstürzt anmutende Sprung in die Ehe bei seinem Sohn Theodor wiederholen. Die junge Frau Hassel zog nach Trier an den Standort ihres Mannes und schenkte dort drei Kindern das Leben: 1867, kam Sohn Friedrich Theodor Emil

Ferdinand Hassel zur Welt. 1868 folgte der zweite Sohn Theodor Berthold Paul, und vier Jahre später, 1872, Tochter Magdalene.

Eintragung der Hochzeit im Kirchenbuch St. Marien zu Rendsburg am 11. November 1866

Heute sind die Spuren der Einigungskriege im deutsch-dänischen Grenzland verweht, die Wunden geheilt. Gefallene deutsche und dänische Soldaten ruhen nebeneinander auf den Friedhöfen. Die Aussöhnung zwischen Deutschen und Dänen - im Zweiten Weltkrieg erneut empfindlich gestört - wurde vollendet.

```
                    Umschrift
Hassel, Friedrich Julius Hauptmann im
Generalstab des 8. Königl. preuß. Ar-
meekorps z.Z. in Trier, Ritterorden, ehel.
Sohn des weiland Geheimen Justizrathes Heinrich
Wilhelm Hassel, gestorben zu Hamm
und der Marianne Friederike, geb. von
Rappard, alt 33 Jahre (hieselbst. 11.
Oktober 1833) und
Thormann, Elise Helene Christiane hieselbst
ehel. Tochter des weiland hiesigen Kaufmanns
Theodor Thormann und der Elise Johanne
Christine geb. Reer, alt 20 ¼ Jahre
(geb. 3. Aug. 1846)
Beigebr.: 1. Concession zur Hauscopulation dd. Rendsburg
              Amtshaus den 5. November Geb. 27 Thaler 3 Sch.
           2. Unleserl. schein. dd. Rendsburg. Magistrat
              unleserl. 1866
           3. Tauf- und Konfirmationsschein dd.
              Hamm 1866
           4. Vaccinationsbescheinigung unleser.
           5. Unleserl. u. Heiratsconsensus
              der verwitw. Frau Geheimen Justiz-
              rath Hassel dd. Ort unleserl. 1866
           6. Proclamations- und Ledigkeitsschein
              unleserlich
              unleserl. dd. Coblenz vom 5. November
              1866.
```

1.4 Der Aufstieg

Nach dreieinhalb Jahren im Divisionsstab in Trier erhielt Friedrich Julius Hassel wieder eine, allerdings äußerst kurze, Truppenverwendung auf der unteren Führungsebene: Im März 1870 wurde er Kompaniechef im Füsilier-Regiment „Königin Viktoria von Schweden" (Pommersches) Nr. 34, das in Stettin stationiert war. Drei Monate später, am 16. Juli, kehrte er in den Stab seiner 16. Division zurück und nahm mit diesem Großverband am Deutsch-Französischen Krieg 1870/71 teil. Es war Hassels dritter Kriegseinsatz. Die Division nahm u.a. an den Schlachten von Vionville, Gravelotte und Amiens, sowie an der Belagerung von Metz teil. Hassel wurde am 22. Dezember 1870 zum Major befördert und mit beiden Klassen des Eisernen Kreuzes ausgezeichnet. Mitte April 1872 kam er zum zweiten Mal in den Stab des VIII. Armeekorps nach Koblenz und erhielt dort Ende September 1876 seine Beförderung zum Oberstleutnant. Kommandierender General war August Karl von Goeben, sein alter Brigadekommandeur während des

Deutsch-Dänischen Krieges. In dieser Zeit - am 8. September 1875 - verstarb in Hamm seine Mutter Marianne.

Im Februar 1877 übernahm Hassel in Königsberg die Vertretung des Chefs des Generalstabs des I. Armee-Korps, des Generalmajors Julius von Verdy du Vernois (1832-1910). Kommandierender General war der General der Infanterie Albert von Barnekow, sein früherer Kommandeur in Trier. Barnekow galt als schwieriger Vorgesetzter, aber Hassel verstand es, dessen Eigenarten mit Takt und Geschick abzufedern. Anders wäre es nicht denkbar, dass dieser ihn wiederholt als seinen engsten Berater ausgewählt hätte. Barnekow bezeichnete Hassel als einen Chef des Generalstabes, „auf den man sich verlassen könnte." General von Goeben, Hassels nächsthöherer Vorgesetzter, stellte dazu fest:

> „Hat trotz der großen Schwierigkeiten, welche die eine jede selbständige Tätigkeit erschwerende Persönlichkeit des Divisionskommandeurs ihm schuf, während des Krieges allseitig hervorragende Dienste geleistet."[21]

Erstaunlich und sehr ungewöhnlich ist bei dieser Formulierung, dass von Goeben mit einer negativen Wertung über General von Barnekow die Leistung Hassels zu verstärken sucht. Mitte Oktober 1878 erkrankte Hassel so schwer, dass er aus Königsberg abberufen und dem Generalstab „à la suite" (= heute „zur besonderen Verwendung"; z.b.V.), d.h. ohne Verankerung im Organisations- und Stellenplan, zugeordnet werden musste.

Generalfeldmarschall Hellmuth Graf von Moltke (1800-1891), der Chef des Preußischen Generalstabs, stellte dazu fest:

> „Der Kommandierende General des I. A. K. (= Armeekorps) erteilt dem Oberstleutnant Hassel bei dessen Abgang das Zeugnis, daß er sich dort besonders und dauernd nützlich gemacht hat. Die Beurteilungen aus allen früheren Verhältnissen stimmen durch eine lange Reihe von Jahren überein in Anerkennung seiner Tüchtigkeit, Zuverlässigkeit, Umsicht und Pflichttreue. Es wäre sehr zu beklagen, wenn die Gesundheit dieses vorzüglichen Offiziers sich nicht wieder befestigen sollte."

---

[21] Priesdorff, Kurt von, a.a.O., S. 446

Tatsächlich überwand Hassel die Krankheit. Im Sommer 1879 war er wieder soweit dienstfähig, dass er als Lehrer an der Kriegsakademie und zugleich in Nebenfunktion die Funktion eines Abteilungschefs im Generalstab wahrnehmen konnte.

Am 28. Juni 1881 schließlich endete nach der völligen Genesung die „à la suite-Verwendung", und Friedrich Julius Hassel wurde zum Chef der I. Abteilung im Großen Generalstab berufen, die als eine militärische Schlüsselstellung anzusehen ist. Seiner Abteilung oblagen die schwer zu beurteilenden russischen Armeeverhältnisse. Drei Monate später, am 16. September 1881, wurde er zum Oberst befördert. Am 23. September 1883 kehrte Hassel - zwischenzeitlich ausgezeichnet mit dem Kronen-Orden II. Klasse mit Schwertern - zur Truppe zurück und wurde Nachfolger von Oberst Wilhelm Hermann von Blume (1835-1919; später General) als Kommandeur des

Magdeburgischen Füsilier-Regiments Nr. 36, dessen Regimentschef zu dieser Zeit der General der Infanterie Graf von Blumenthal war.

Zugleich kehrte Hassel in jene Region zurück, aus der seine Familie ursprünglich stammte. Das Regiment war erst wenige Tage zuvor aus dem Kaisermanöver vor Kaiser Wilhelm I. im Raum Merseburg wieder in die Garnisonen eingerückt.

Oberst Friedrich Julius Hassel
als Regimentskommandeur

Betrachtet man das Bild, das ihn als fünfzigjährigen Oberst zeigt, sieht man einen Mann, der - ohne die Uniform - auch Gelehrter oder Beamter sein könnte. Der Regimentsstab und das I. Bataillon wurden per Kabinettsordre vom 4. Juli 1883 am 31. März 1884 von Erfurt in eine neu erbaute Kaserne in die Reilstraße nach Halle verlegt. Das II. und III. Bataillon lagen in der Martini-Kaserne und auf der Cyriaxburg, der Zitadelle, in Erfurt. Hassels Abteilungskommandeure waren die Majore Hermann Athenstaedt (* 1838), Georg Buff (1838-1903), Maximilian Knoch (* 1836) und Hilmar von Schönfeldt (* 1840). Hassel führte das Regiment nicht ganz zwei Jahre und übergab es an Oberst Bernhard Kraehe (* 1832). Grund für die nur kurze Truppenverwendung war, dass General Graf Blumenthal,[22] dessen Vertrauen er seit langen Jahren uneingeschränkt besaß, ihn am 24. Juni 1885 mit dem Rang eines Brigadekommandeurs als Chef des Generalstabs seines IV. Ar-

---

[22] Blumenthal stand bis 1888 an der Spitze des Korps.

meekorps nach Magdeburg holte, wo er am 4. Dezember 1886 zum Generalmajor befördert wurde. Sein Vorgänger war wiederum Generalmajor Wilhelm Carl von Blume, dem er zwei Jahre zuvor bereits an die Spitze des Regiments gefolgt war; von Blume wechselte als Direktor des Militär-Ökonomie-Departments ins Kriegsministerium. Das Generalkommando gliederte sich in den Generalstab, die Adjutantur, die Intendantur, das Gerichts-, Sanitäts- und Veterinärwesen, sowie die Militärseelsorge. Die Koordinierung der Arbeit dieser Abteilungen oblag dem Chef des Stabes als rechte Hand des Kommandierenden Generals. Das IV. Armeekorps umfasste die Provinz Sachsen und unterstand der 4. Armeeinspektion in München. Zum IV. Armeekorps gehörten die 7. Division in Magdeburg und die 8. Division in Halle, sowie eine Anzahl von Korpstruppen. Der Sitz des Generalkommandos in der Augustastraße (später Hegelstraße) war an die Architektur italienischer Renaissance-Palazzi angelehnt.

Mit der Versetzung schloss sich zugleich der personelle Kreis zwischen Blumenthal und Hassel, der über zwei Jahrzehnte zuvor in Dänemark seinen Anfang genommen hatte. Am 22. März 1887 wurde Friedrich Julius Hassel durch Kaiser Wilhelm I. in den erblichen Adelsstand erhoben und im Mai 1888 von dessen Nachfolger, Kaiser Friedrich III. (1831-1888), dem „99-Tage-Kaiser", mit dem Roten Adler-Orden II. Klasse mit Eichenlaub und Schwertern ausgezeichnet. In der Beurteilung vom 1. Januar 1888 schrieb Blumenthal:

> „Generalmajor Hassel füllt seine Stellung als Chef des Generalstabes in hervorragend tüchtiger Weise aus, und seine früheren Leistungen als Regimentskommandeur geben die Garantie, daß er auch im Frontdienst hervorragendes leisten und sich zum Divisionskommandeur qualifizieren wird. Ihm steht eine reiche Kriegserfahrung zur Seite."[23]

Und so kletterte von Hassel auf der Grundlage dieser sehr guten Beurteilung folgerichtig schnell noch zwei weitere Stufen in der militärischen Hierarchie nach oben: Am 18. Mai 1888 wurde er Kommandeur der zur 8. Division unter Generalleutnant Maximilian von Versen (1833-1893) gehörenden 15. Infanteriebrigade in Halle an der Saale. Er führte diese aber nur zehn Monate, denn bereits am 22. März 1889 übernahm von Hassel - unter Beförde-

---

[23] Priesdorff, Kurt von, a.a.O., S. 446 f.

rung zum Generalleutnant - das Kommando über die 6. Division in Brandenburg an der Havel; sein Vorgänger war Generalleutnant Gottlieb von Haeseler (1836-1919; Generalfeldmarschall). Der Divisionsstab war in der Abtstraße Nr. 20,[24] in der Nähe des Neustädtischen Marktes und des vormaligen, dem Dominikaner-Orden gehörenden St. Pauli-Klosters untergebracht. Zu seiner Division gehörten die Infanteriebrigaden 11 und 12, die 6. Kavalleriebrigade und die 6. Artilleriebrigade, die alle in Brandenburg stationiert waren.

Der Großverband unterstand dem III. Armeekorps in Berlin unter General der Infanterie Walther Bronsart von Schellendorf (1833-1914), der von Hassel am 1. Januar 1890 wie folgt beurteilte:

> „Generalleutnant von Hassel entspricht den günstigen Urteilen, mit welchen er vor einem halben Jahr hierher überwiesen wurde. Seine Einwirkung auf den Dienst ist sachgemäß, und kommen ihm hierbei vielseitige militärische Kenntnisse und reiche Kriegserfahrungen zustatten. Die Divisionsübungen hat er im ganzen gut angelegt und für alle Beteiligten in lehrreicher Weise geleitet. Als Führer zeigte er beim Korpsmanöver richtiges Verständnis für die gegebene Kriegslage und disponierte zweckentsprechend. Obwohl er kurzsichtig ist und stets eine Brille tragen muß, weiß er Gefechts- und Terrainverhältnisse in der Regel gut zu übersehen. Mit seinem

---

[24] Das heutige Wohn- und Geschäftshaus ist auf der Denkmalliste des Landes Brandenburg.

> klaren militärischen Urteil, seiner großen Geschäftsgewandtheit und außerordentlicher Gründlichkeit halte ich ihn zum Oberquartiermeister für vorwiegend geeignet."[25]

General Alfred von Waldersee (1832-1904; Generalfeldmarschall), der Nachfolger von Moltkes als Chef des Großen Generalstabs, hatte von Hassel offenbar sogar als Generalquartiermeister eingeplant. In beiden Funktionen - Generalquartiermeister oder Oberquartiermeister - wäre er zum Stellvertretenden Chef des Preußischen Generalstabs und damit auf die höchste Ebene der Armee aufgestiegen, mit der zugleich die Beförderung zum General der Infanterie verbunden gewesen wäre.

Doch hier nun griff das Schicksal ein: Anfang 1890 erkrankte Friedrich Julius von Hassel erneut schwer. Die Führung seiner Division konnte er nicht mehr ausüben und musste sie seinem Stellvertreter, dem Generalmajor Friedrich August Ziegler, übertragen, der den Großverband nach der Interimszeit auch als Kommandeur übernahm. Als sich abzeichnete, dass von Hassel nicht mehr von seinem Leiden genesen würde, ließ er sich im Sommer in den Ruhestand versetzen. Der Aufstieg an die Spitze der preußischen Armee und damit zugleich der Schritt in die „Unsterblichkeit innerhalb der deutschen Militärgeschichte" blieben ihm somit verwehrt.

Friedrich Julius von Hassel begab sich Anfang Oktober zur medizinischen Behandlung in das neue Stephansche Sanatorium nach Ilsenburg im Harz, einem Klinikum, in dem durch Bäder, Massagen und Bergsteigen Blutarmut und Nervenleiden behandelt wurden.

---

[25] Priesdorff, Kurt von, a.a.O., S. 447

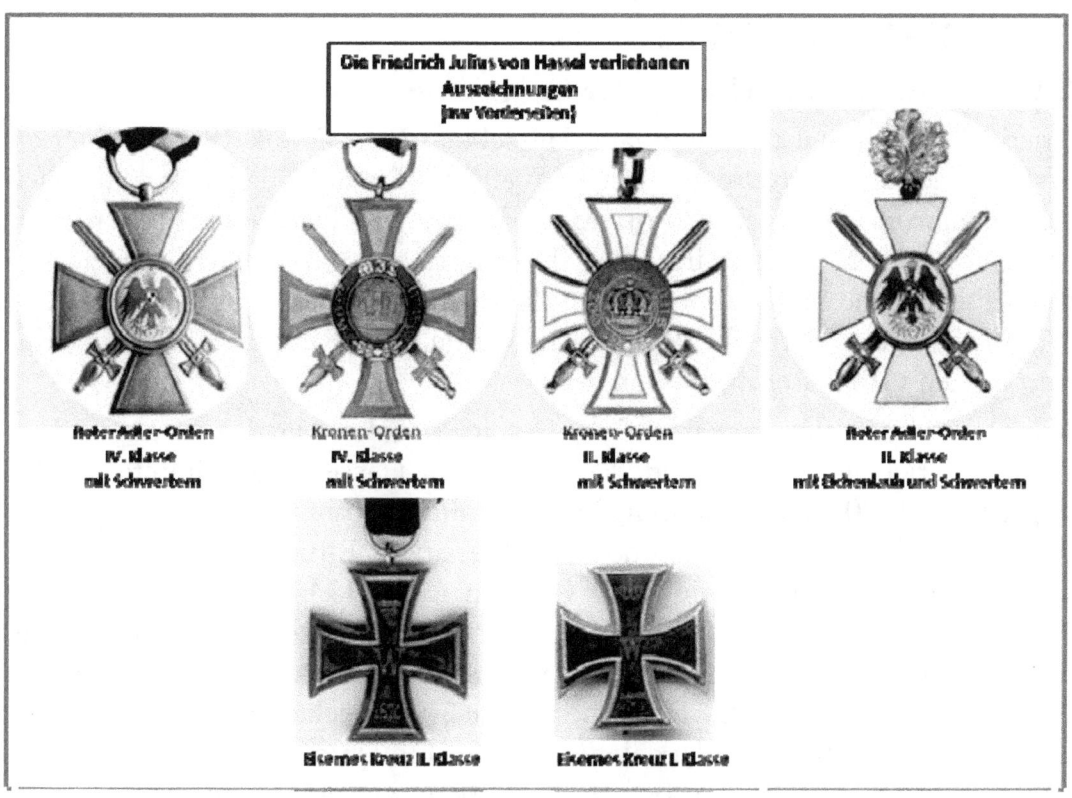

Es stand auf dem Eckgrundstück der Pfarrstraße mit dem Alten Fahrweg (der heutigen Dr.-Wilhelm-Külz-Straße) und wurde durch die Ärzte - Vater und Sohn - Ludwig und Paul Stephan geleitet. Doch die erhoffte Besserung blieb aus. Nur wenige Monate nach seinem Ausscheiden aus dem aktiven Dienst und nur einen Monat nach der Hochzeit seiner Tochter, am 14. Oktober, einem Dienstag, starb Friedrich Julius von Hassel dort mit nur 57 Jahren. Wo er beigesetzt wurde, ist unbekannt: Weder die Kirchenbücher in Ilsenburg, noch in Brandenburg und auch nicht jene in Rendsburg, dem Heimatort seiner Frau, weisen eine Beerdigung nach. Die Regimentschronik erwähnt weder das Ableben von Hassels, noch die Teilnahme einer Delegation an der Beisetzung.[26]

---

[26] An der Trauerfeier für den vormaligen Regimentskommandeur, dem General der Infanterie Otto von Thile (1817-1894) in Merseburg hingegen nahm eine Abordnung des Regiments Nr. 36 teil; siehe: Dalitz, Reinhold, Regimentschronik, S. 292.

2. Die beiden Söhne
2.1 Friedrich von Hassel, der Erstgeborene

Friedrich Theodor Emil Ferdinand Hassel kam am 27. Juli 1867 in Trier als erstes Kind des Ehepaares Hassel zu Welt. Als Rufnamen erhielt er den seines Vaters und als zweiten Vornamen den seines Großvaters mütterlicherseits. Vierzehn Monate später, am 29. September 1868, einem Dienstag, gebar Elise Helene Hassel ebenfalls in Trier ihren zweiten Sohn, der auf den Namen Theodor Berthold Paul getauft wurde. Sein Rufname Theodor erinnert an den Großvater mütterlicherseits.

Vier Jahre nach dem zweiten Sohn folgte Tochter Magdalene am 5. Juni 1872 in Trier als drittes Kind des Ehepaares Hassel. Sie heiratete am 18. September 1890 in Brandenburg, dem Wohnsitz ihrer Eltern, den preußischen, aus Schottland stammenden Gutsbesitzer, Rittmeister und Politiker Franz Adolf Theobald Julius von Gordon (1865-1942). Es war das letzte Fest, das Vater Friedrich Julius von Hassel - bereits schwer erkrankt - gemeinsam mit seiner Familie zu feiern vergönnt war, denn nur einen knappen Monat später verstarb er. Die Ehe wurde nach sechzehn Jahren, Anfang Januar 1906, geschieden. Magdalene von Gordon lebte in Freienwalde an der Oder. Sie starb am 30. Oktober 1942 - siebenundzwanzig Jahre nach Friedrich, sieben Jahre nach Theodor und nur ein halbes Jahr nach ihrem Ex-Mann von Gordon - in Potsdam als letztes der drei Kinder des Ehepaares Friedrich Julius und Elise von Hassel.

Die beiden Brüder Friedrich und Theodor hatten offenbar eine sehr enge Beziehung. Um ihren Söhnen die wegen der häufigen Umzüge quer durch Deutschland notwendigen Schulwechsel zu ersparen, wurden beide - jeweils im Alter von zehn Jahren - ins Kadettenkorps der Königlich Preußischen Hauptkadettenanstalt in Groß-Lichterfelde bei Berlin aufgenommen: Friedrich im Jahre 1877 und sein Bruder Theodor ein Jahr später, 1878. Es war keine leichte Zeit, in diesem Alter das Elternhaus verlassen, sich unter 880 Jungen in einem nach strengen militärischen Regeln geführten Umfeld behaupten zu müssen, aber die Brüder Hassel stützten und halfen sich gegenseitig.

Hauptkadettenanstalt Groß-Lichterfelde (Haupteingang)

Die prachtvolle, repräsentative Anstalt war 1873 durch Kaiser Wilhelm I. eingeweiht und 1878 nach Lichterfelde verlegt worden. Es war eine kleine Stadt mit Wohn-, Unterrichts- und Dienstgebäuden, zwei Kirchen, darunter der sogenannte „Kadettendom", dem „Feldmarschallsaal, einem großen Speisesaal, einem Lazarett, einer Turnhalle und Pferdeställen, sowie Dienstwohnungen. Bis zu ihrer im Versailler Vertrag verfügten Auflösung im Jahre 1920[27] war es die wichtigste Ausbildungseinrichtung für den militärischen Nachwuchs des Kaiserreiches. Dementsprechend groß war der Andrang zu dieser Elite-Schule, für deren Besuch ein Schulgeld - allerdings abhängig von den wirtschaftlichen Verhältnissen der Eltern - von höchstens 900,- Mark und mindestens 90,- Mark pro Kadett zu zahlen war.

---

[27] Die Kadettenanstalt wurde bis Ende der zwanziger Jahre als zivile Schule weitergeführt und später als Kaserne benutzt.

Szenen aus der Kadettenanstalt Berlin-Lichterfelde

Nach der Eröffnung wuchs die Zahl der Schüler ständig und lag 1891 bereits bei etwa 1.100 Kadetten. Je 110 Schüler waren in einer Kompanie zusammengefasst. Der Tagesablauf war streng geregelt: Aufstehen um 5.30 Uhr. Nach dem Frühstück folgten der Frühsport, die Morgenandacht und der Morgenappell. Am Vormittag wurden die Fächer Deutsch, Französisch, Geographie, Geschichte, Latein, Kunst, Mathematik, Militärwissenschaften und Physik unterrichtet. Das Unterrichtsprogramm der Kadettenanstalt entsprach dem eines Realgymnasiums, das nach der Oberprima mit dem Abitur abgeschlossen wurde. Der Unterricht wurde von zivilen Lehrkräften und aktiven Offizieren geleitet. Die meisten Kadetten legten gleichzeitig mit dem Abitur das Offiziersexamen ab. Diejenigen, die ihre schulische Ausbildung bereits nach der Obersekunda beendeten, schieden nach einem Examen als Fähnrich aus. Am Nachmittag fanden die sportliche und die militärische Ausbildung (u.a. Exerzieren und Waffenausbildung) statt; letztere bereitete auf das Offiziersexamen vor. Um 22.00 Uhr war Bettruhe. Friedrich Hassel schloss seine schulische Ausbildung im Kadettenkorps 1886 mit dem Abitur ab. Theodor hingegen wechselte 1885 auf das Domgymnasium nach Magdeburg, wo er 1887 das Abitur bestand. Der Grund für diesen Wechsel war, dass zu dieser Zeit die Laufbahn von Vater Friedrich Julius in ruhigeren Bahnen verlief, er - nunmehr als Chef des Generalstabs des IV. Armeekorps in Magdeburg - nicht mehr mit häufigen Versetzungen rechnen musste und seinen jüngeren Sohn bei sich haben wollte.

Beide Söhne schlugen, ihrem Vater folgend, die Soldatenlaufbahn ein. Der Erstgeborene wurde Anfang 1886 Soldat im 1. Hannoverschen Infanterie-Regiment Nr. 74 in Hannover. Das Regiment gehörte zur 38. Infanteriebrigade. Am 13. November 1886 wurde der Unteroffizier Friedrich Hassel zum Portepée-Fähnrich befördert. Dort diente er bis 1902 unter sieben Regimentskommandeuren.

Am 17. September 1887 wurde Friedrich von Hassel - inzwischen mit dem Adelsprädikat im Namen - zum Sekonde-Leutnant befördert. 1890 begleitete er seinen Vater auf dessen letztem Weg. Ein Jahr später, am 27. September 1891, nahm er an der Feier des 25-jährigen Stiftungsfestes seines Regiments in Hannover teil. Im selben Jahr in die 10. Kompanie versetzt, übernahm Friedrich von Hassel 1892 als Adjutant im Füsilierbataillon (III. Bataillon) des Regiments die Aufgabe des engsten Beraters seines Bataillonskommandeurs und hatte dieses Amt bis zum 27. April 1894 inne. Sein Bataillonskommandeur war Major Egenolph Freiherr Röder von Diersburg (* 1845).

Am 1. April 1891 waren neue Bestimmungen über die Gewährung des Pferdegeldes in Kraft getreten. Für junge Offiziere wie den Leutnant von Hassel belief sich der Betrag auf 200,- Mark pro Jahr, insgesamt 1.200 Mark für maximal 6 Jahre. Am 14. Mai 1891 fand auf dem Waterloo-Platz eine Parade des Regiments vor Kaiser Wilhelm II. (1859-1941) statt, der zu einem Kurzbesuch in Hannover weilte. Im November 1894 wurde von Hassel zur 6. Kompanie versetzt, zum überzähligen Premier-Leutnant (= Oberleutnant) befördert und rückwirkend zum 14. Juli 1895 in die Rangliste „eingereiht". Das Jahr 1895 brachte eine Wende in seiner Laufbahn: Am 1. Oktober wurde von Hassel zur Generalstabsausbildung an die Königlich Preußische Kriegsakademie nach Berlin unter den Linden 74 kommandiert, an der sein Vater eineinhalb Jahrzehnte zuvor gelehrt hatte. Während dieser Zeit gehörte er formal zu 11. Kompanie (III. Bataillon). Zwar konnte sich jeder Offizier zu dieser dreijährigen Ausbildung freiwillig melden, doch die Aufnahme erfolgte erst nach Bestehen einer umfangreichen, nicht einfachen Aufnahmeprüfung; nur 20 % der Bewerber nahmen diese Hürde. Als Dozenten lehrten Offiziere des Generalstabs und Professoren der Berliner Universität. Am 21. Juli 1898 war die Generalstabsausbildung nach fast drei Jahren abgeschlossen, und er kehrte zu seinem Verband nach Hannover zurück. Im Jahre 1902 wurde Friedrich von Hassel zum Hauptmann befördert und Kompaniechef der 6. Kompanie seines alten Regiments. Die Kompanie gehörte zum II. Bataillon unter Major von Frankenberg und Ludwigsdorf. Sieben Jahre später, 1909, verließ Hauptmann von Hassel seinen Verband, wurde mit Patent vom 6. April 1898 ins Infanterieregiment Herwarth von Bittenfeld (1. Westfälisches) Nr. 13 unter Oberst Dr. Walther von Delius (1875-1961) nach Mülheim an der Ruhr versetzt, dort zum Major befördert und beim Stabe eingesetzt. Am 22. April 1912 wurde er Kommandeur des

III. Bataillons[28] dieses Regiments. Mit diesem Verband zog er 1914 als Major in den Ersten Weltkrieg und kämpfte im Rahmen der 13. Division in der Schlacht von St. Quentin Ende August an der Westfront. Drei Monate später, am 17. November 1914, übernahm er - noch als Major - das Kölner Infanterieregiment „Freiherr von Sparr" (3. Westfälisches) Nr. 16, dessen bisheriger Kommandeur, Oberst Bober, verwundet und der Verband danach kommissarisch von Major von Gottberg geführt worden war.

Oberstleutnant Friedrich von Hassel

Die wohl letzte Aufnahme
Stehend: v.l.:
Lt d.R. Döhmann, OL Schmandt und Lt Mertens

Die erste Kriegsweihnacht beging von Hassel, inzwischen zum Oberstleutnant befördert, mit seinen Soldaten in dem kleinen Ort Illies. Liebesgaben und Briefe aus der Heimat waren eingetroffen, und Musikdirektor Beez an der Orgel gab dem schlichten Fest - so die Regimentschronik - einen feierlichen Rahmen, der „für einen Augenblick das grausame Kriegshandwerk vergessen" ließ. Im Winter 1914/15 kämpfte das Regiment während der Schlacht in der Champagne bei dem kleinen Dorf Neuve Chapelle südwestlich von Lille. Die Schützengräben waren wegen des unaufhörlichen Regens an manchen Stellen vollgelaufen und nicht mehr nutzbar. Von Hassels 14. Division[29] unter Generalleutnant Friedrich August von Ditfurth (1856-1927) verteidigte im Rahmen des VII. (Westfälischen) Korps unter General Eber-

---

[28] Das I. Bataillon führte Major Groos und das II. Major von Sydow.

[29] Mit der 27. Brigade (16. und 53. Infanterieregiment) und der 79. Brigade (56. und 57. Infanterieregiment).

hard von Claer (1856-1945) im März 1915 gegen vier angreifende britische Divisionen[30], darunter die Hälfte indische Truppen, die in den deutschen Frontabschnitt bei Neuve Chapelle eingebrochen waren, um auf Lille vorzustoßen. Oberstleutnant von Hassel, der Regimentskommandeur, hatte sich am frühen Vormittag des 10. März, einem Mittwoch, zum Gefechtsstand des III. Bataillons und dessen Kommandeur, Hauptmann Hans von Nerée (1874-1915), dem Sohn seines früheren Regimentskommandeur in Hannover, begeben, um die Stellungen zu besichtigen. Dann aber setzte „wahnsinniges Artilleriefeuer" ein, so die Regimentschronik. Die Telefonleitung wurde zerschossen und das Regiment damit führerlos. Unterstände brachen unter den Treffern schwerster Kaliber ein, und Gräben wurden verschüttet. Der Gefechtsstand des II. Bataillons erhielt offenbar einen Volltreffer. Gleich am ersten Tag der britischen Offensive verloren die „Hacktäuer",[31] wie die Soldaten des Regiments genannt wurden, ihren Kommandeur: Von Hassel und der Stab des III. Bataillons mit Hauptmann von Nerée galten zunächst als vermisst, bis sie zwei Tage später tot in dem verschütteten Unterstand gefunden wurden. In diesen drei Tagen verlor das Regiment insgesamt 6 Offiziere, sowie 111 Unteroffiziere und Mannschaften. Sie fanden auf dem Soldatenfriedhof von Illies ihre letzte Ruhe. Ob Friedrich von Hassel verheiratet war und Kinder hatte, ist nicht bekannt. Friedrichs jüngerer Bruder Theodor, der zu dieser Zeit als Hauptmann der Reserve im fernen Ostafrika kämpfte, erfuhr erst Jahre später von dessen Tod. Im Oktober 1906, bei Theodor von Hassels und Emmas Jebsens Hochzeit in Apenrade,

---

[30] Die 7. Division unter Major General C. Tapper (mit der 20., 21. und 22. Brigade), die 8. Division unter Major General F. J. Davies (mit der 23., 24. und 25. Brigade) und die Lahore-Division unter Major General H.D´U. Keary (mit der Ferzepore-Brigade, der Jullunder-Brigade und der Sirhind-Brigade) und die Meerut-Division unter Lieutenant General C. A. Anderson (mit der Dehra Dun-Brigade, der Garwahl-Brigade und der Bareilly-Brigade).

[31] Das Regiment war 1813 während der Befreiungskriege im Bülow'schen Korps gegen Napoleon aufgestellt worden. Der Beiname "Hacketäuer" entstand während seines Einsatz in der Schlacht bei Groß Beeren am 23. August 1813. Durch anhaltende Regenfälle versagten die Gewehre, so dass die Soldaten im Nahkampf gegen die im Bajonettkampf besser ausgebildeten Franzosen den Gewehrkolben einsetzten und siegten. Dabei wurden die Soldaten mit dem Zuruf „Hacke Tau" (Schlag zu) („Es geit fort Vaterland") angetrieben. Das Regiment wurde im Dezember 1918 in Mühlheim/Rhein aufgelöst. Das Panzerbataillon 203 der Bundeswehr führt seit 1963 die Traditionslinie der „Hacketäuer" fort: Es war, 1956 in Schleswig aufgestellt, nach Hemer und 2007 nach Augustdorf verlegt worden.

hatten sie sich das letzte Mal getroffen. Ob er das Grab seines Bruders hatte besuchen können, ist nicht bekannt.

2.2 Theodor von Hassel - Offizier in der Ferne

Als Vater Friedrich Julius im Jahre 1885 als Chef des Generalstabs des IV. Armeekorps nach Magdeburg versetzt wurde, holte er seinen jüngeren Sohn Theodor, der inzwischen 17 Jahre alt war, zu sich und schulte ihn am Domgymnasium in der Augustastraße 5 in Magdeburg ein, wo er 1887 sein Abitur ablegte. Theodor war ein sportlicher junger Mann, der das Turnen und den Segelsport besonders liebte. Nach seiner schulischen Ausbildung folgte Theodor von Hassel - wie sein Bruder Friedrich - den beruflichen Spuren des Vaters. Er trat 1887 in die preußische Armee ein und diente als junger Offizier im Schleswig-Holsteinischen Füsilier-Regiment Nr. 86 „Königin" in Flensburg unter den Regimentskommandeuren von Kusserow (bis 1889), Berger (bis 1891) und Baron von Vietinghoff (bis 1896). Das III. Bataillon des Regiments war in Schloss Sonderburg auf der Insel Alsen stationiert. Zweieinhalb Jahrzehnte zuvor hatte sein Vater noch in dieser Gegend gekämpft. Als in Kopenhagen einmal ein Kind ins Hafenbecken gefallen war und zu ertrinken drohte, weil es unter ein Floß getrieben war, sprang der zufällig anwesende Theodor von Hassel als einziger ins Wasser und rettete das Kind. Er wurde dafür mit der Rettungsmedaille am Band ausgezeichnet. Der begeisterte Segler, der wiederholt Regatten u.a. vor Kopenhagen gewonnen hatte, wurde zum I. Seebataillon, einem Verband der kaiserlichen Marineinfanterie,[32] unter den Majoren Cuno von Madai (* 1852) und Theodor von Barsewisch (1854-1938), nach Sonderburg kommandiert. Grund für die Versetzung als Segellehrer war, dass Kaiser Wilhelm II. ihn von der kaiserlichen Yacht „Meteor" aus beobachtet hatte, als er einmal bei Sturm auf dem Kattegat segelte.

---

[32] Die Geschichte der preußischen Marineinfanterie begann bereits unter dem Großen Kurfürsten, als dieser 1677 im Krieg gegen Schweden Infanterie auf Schiffen einsetzte. 1832 wurde ein Detachment „Garde-Mariniers" aufgestellt. 1852 erhielt es den Namen „Seebataillon" und wurde ein Jahr später mit 3 Kompanien in Swinemünde, Stralsund und Danzig stationiert. 1865 wurde es geschlossen nach Kiel verlegt. Seit 1886 in zwei Halb-Bataillone in Kiel und Wilhelmshaven geteilt, wurden 1889 daraus zwei selbständige Seebataillone unter einer „Marine-Infanterie-Inspektion" in Kiel.

Als der Verband nach Kiel in die Kaserne an der Karlstraße verlegt wurde, zog von Hassel mit, kehrte aber im Jahre 1900 in sein altes Füsilier-Regiment Nr. 86 nach Sonderburg zurück. Der Grund für diese Rückkehr ist unbekannt; vielleicht missfiel von Hassel die einseitige Festlegung auf das Segeln. Denn dadurch gerieten seine eigentlichen militärischen Aufgaben als Infanterieoffizier in den Hintergrund, was der Karriere langfristig nicht förderlich war. Vielleicht hatte ihm auch sein Bruder Friedrich zu diesem Schritt geraten, denn dieser, nur ein Jahr älter als Bruder Theodor, hatte bereits zwei Jahre zuvor, 1898, seine dreijährige Generalstabsausbildung an der Kriegsakademie abgeschlossen. Ob Theodor sich überhaupt für die Aufnahmeprüfung an der Kriegsakademie bewarb, ist nicht bekannt. Falls ja, bestand er die Auswahl nicht. Dieser Sachverhalt sollte sich später als Hemmschuh für seine weitere Karriere erweisen. Als vom 12. bis zum 14. Mai 1902 das 50-jährige Jubiläum des Bestehens des Seebataillons in Kiel u.a. mit einem Appell, einer Kranzniederlegung und einem Festbankett gefeiert wurde, reiste auch Oberleutnant Theodor von Hassel an und feierte mit seinen alten Kameraden.

Das Jahr 1903[33] brachte einen weitreichenden Einschnitt: Theodor von Hassel meldete sich im Alter von vierunddreißig Jahren als Oberleutnant zur Schutztruppe in die Kolonie Deutsch-Ostafrika - südlich des Äquators und etwa 7.000 km von Deutschland entfernt. Kurz zuvor war ihm noch der Sankt Stanislaus-Orden 3. Klasse mit Schwertern durch den russischen Zaren Nikolaus II. (1868-1918) verliehen worden. Der Grund für diese Auszeichnung ist unbekannt.

Derjenige Offizier und Unteroffizier, der sich freiwillig[34] für den Dienst in der Kolonie meldete, schied formell aus dem Heer aus und erhielt dann nach einem Auswahlverfahren eine Anstellung bei der Schutztruppe. Durch die Auslese wollte man vermeiden, dass diese zu einem Sammelbecken für

---

[33] Ernst Nigmann nennt in seiner ausführlichen Rangliste den 18.04.1903 als Datum der Versetzung zur Schutztruppe. Die Amtlichen Nachrichten vom 16. Mai 1903 nennen den 10. Mai 1903 als Ankunftsdatum von Hassels und auch die Passagierliste des Reichspostdampfers „Kurfürst" der Deutsch-Ostafrikanischen Zeitung bestätigt dies. Andere Quellen hingegen, wie z.B. Mark Speich, nennen fälschlicherweise das Jahr 1904 als Ankunft von Hassels in der Kolonie.

[34] Nur der Kommandeur der Schutztruppe und sein Stellvertreter wurden zum Dienst befohlen und waren stellenmäßig im Personalplan des Heeres verankert.

Abenteurer würde. Die Verpflichtungsperiode für den Dienst in der Schutztruppe in einer der deutschen Kolonien war unterschiedlich. Sie betrug z.B. für Kamerun und Togo 1 ½ Jahre, für Ostafrika 2 Jahre und für die übrigen Schutzgebiete 3 Jahre. Bei der ersten Ausreise wurde für den Umzug und die Ausrüstung pauschal 1.000,- Mark bezahlt. Für die Versetzung zur Kaiserlichen Schutztruppe musste eine Reihe von Voraussetzungen erfüllt werden. Die Vorbereitung auf diese völlig neue Verwendung in einem anderen, gänzlich fremden Kulturkreis war allerdings nicht sehr intensiv. Der Schwerpunkt der Einweisung im Reichskolonialamt lag auf dem Kolonialrecht. Daneben war eine gesundheitliche Untersuchung auf Tropentauglichkeit vorgeschrieben. Die Beschäftigung mit Sprache, Kultur, Land und Leuten erfolgte im Seminar für Orientalische Sprachen in Berlin; sehr streng wurde dies allerdings nicht gehandhabt. Auf die gänzlich andere Art der Kriegführung wurden die Offiziere nicht vorbereitet. Zwischen 1889 und 1914 dienten etwa 400 Offiziere, darunter 100 Militärärzte in Deutsch-Ostafrika. Die Gründe für eine solche Entscheidung waren unterschiedlich. Für manche spielte die doppelte Bezahlung gegenüber dem Sold in Deutschland eine Rolle, bei anderen wiederum die Hoffnung auf ein Leben voller Abenteuer und schnellere Beförderung. Zwar mussten die Bewerber vor ihrer Verpflichtung zur Schutztruppe eine Erklärung über Schuldenfreiheit und geordnete wirtschaftliche Verhältnisse abgeben, aber offenbar wurde dies in der Praxis nicht so streng gehandhabt, was dazu führte, dass auch manche hoch verschuldete Soldaten in der Schutztruppe dienten, die mit ihrem Sold im Laufe der Zeit ihre Verbindlichkeiten abzubauen gedachten.[35] Ein Leutnant erhielt z.B. ein Jahresgehalt von 6.300,- Mark, in Deutschland hingegen lag es nur zwischen 1.284,- und 1.572 Mark; ein Hauptmann bekam 9.600,- Mark. Am 3. Juli 1906 schrieb Hauptmann Rudolf von Hirsch (1869-1952; Oberstleutnant) an seine Eltern „Die letzten Schulden werden dann beglichen sein". Im Februar des folgenden Jahres hatte Hirsch seine Verbindlichkeiten in der Heimat nicht nur getilgt, sondern bereits 2.400 Mark gespart.

---

[35] So zitiert Thomas Morlang - Briefe des Kolonialoffiziers Rudolf von Hirsch aus Deutsch-Ostafrika 1905-1907 - den Tagebucheintrag des Leutnants Philipp Correck, der vom Januar 1906 bis zum Juli 1908 in Deutsch-Ostafrika war, vom 31. Dezember 1906: „Kann mit 1906 zufrieden sein, Ost-Afrika-Krieg, Schwerterorden, zur 8. Kompanie versetzt - Schulden zum Teil gezahlt (Bayerisches Hauptstaatsarchiv, Abt. IV - Kriegsarchiv, Bestand HS 908).

Bei einigen Freiwilligen wiederum dürfte auch die schier unbegrenzte Machtfülle ein Anreiz zur Verpflichtung gewesen sein. Ein Stationsleiter konnte als Strafe Stockschläge, Freiheitsentzug, 6 Monate Arbeit an der Kette und sogar die Todesstrafe (meist durch den Strang) verhängen und sofort vollstrecken lassen; allerdings musste der Gouverneur letztere nachträglich bestätigen. Die Vollstreckung der Prügelstrafe an Angehörigen der Schutztruppe - bis 25 Hiebe mit einer Peitsche - hatte gemäß Verfügung des Reichskanzlers vom 22. April 1896 zwar vor der Truppe, aber unter Ausschluss der Öffentlichkeit zu erfolgen.

Oberleutnant Theodor von Hassel hatte sich von seiner Meldung zur Schutztruppe möglicherweise einen Karriereschub erhofft. Während sein Bruder Friedrich - nicht zuletzt wegen der bereits erfolgreich absolvierten Generalstabsausbildung - schon seit einem Jahr Hauptmann war, gab es für Theodor in seinem alten Regiment auf absehbare Zeit keine Chance auf eine Beförderung. Mit der Versetzung zu Schutztruppe hingegen erfüllten sich - zumindest kurzfristig - seine Erwartungen, denn er wurde schnell Hauptmann. Langfristig aber war es ein Nachteil: Fern der Heimat, weit weg vom Kaiser und von Vorgesetzten, die ihn - wie weiland seinen Vater - hätten fördern können, dümpelte seine Karriere trotz späterer Führungsleistungen und Tapferkeit während des Maji-Maji-Aufstandes vor sich hin, denn in der Schutztruppe in Deutsch-Ostafrika gab es außer dem Kommandeur und seinem Stellvertreter etatmäßig keine weitere Stabsoffiziersstelle, auf der er Major hätte werden können.

Die Hoffnung auf ein interessantes, freies und bisweilen auch abenteuerliches Leben wich jedoch bei vielen schnell dem Alltag: es gab kaum Abwechslung, kein Kulturleben westlicher Prägung und nur wenige gesellschaftliche Veranstaltungen. Allein die Hauptstadt Daressalam machte hier eine Ausnahme: Mit der steigenden Zahl der Europäer entstand dort ein minimales gesellschaftliches und kulturelles Leben westlicher Prägung. Gesellschaftliche Höhepunkte waren die Festlichkeiten an Kaisers Geburtstag und das Sedan-Fest,[36] zum dem der Gouverneur einlud und bei denen eine schwarze Musikkapelle die Gäste mit deutscher Marschmusik unterhielt. So wurden zum Beispiel im Jahre 1909 „Chronomegaphone"-Vorstellungen mit Pianola-Begleitung zur „Vorführung von lebenden, singenden und spre-

---

[36] Wurde jährlich zur Erinnerung an die Kapitulation der französischen Armee am 2. September 1870 nach der Schlacht von Sedan begangen. 1919 wurde der Feiertag gestrichen.

chenden Bildern mittels eines Kinematografen neuester Konstruktion" zu 3,- Rupien angeboten, nicht gerade ein billiges Vergnügen. Und am 23. Oktober veranstaltete der Männergesangverein „Liedertafel" unter „gütiger Mitwirkung" eines Streichquartetts und einiger Solisten im Saal der Handwerkerschule ein „Concert zur Erinnerung des 100 jährigen Geburtstages von Felix Mendelsohn Bartholdy". Auf dem Programm standen u.a. Volkslieder, der Hochzeitsmarsch aus dem Sommernachtstraum, sowie das anspruchsvolle Rezitativ und die Arie der Violetta aus der Verdi-Oper „La Traviata", vorgetragen von der Sopranistin von Roy, der Ehefrau des Zeitungsverlegers Willy von Roy. Der Text des Liedes „Wem Gott will rechte Gunst erweisen, den schickt er in die weite Welt" dürfte sicherlich bei manchem Hörer zwiespältige Gefühle hervorgerufen haben. Nur sehr selten „verirrten" sich professionelle Künstler, wie jene der Wiener Operettengesellschaft, nach Daressalam.

> — Deutsche Operette in Daresalam. Vor einiger Zeit meldeten wir, daß die Wiener Operettengesellschaft, die bekanntlich seit Jahren in Brasilien und Argentinien außerordentliche Erfolge erntete, Anfang Januar 1910 hier in Daresalam einige Vorstellungen zu geben beabsichtigte.
> Da die Afrika-Tournée der Gesellschaft nachträglich auch auf Aegypten ausgedehnt wurde, so mußte das daresalamer Gastspiel, wie uns die Direktion aus Wien mitteilt, um einige Wochen später gelegt werden und findet nunmehr endgültig im Februar statt.
> Die fünf Aufführungen der „Wiener Operettengesellschaft" verteilen sich folgendermaßen:
> 13. Februar „Die lustige Witwe"
> 15.   „   „Die Fledermaus"
> 17.   „   „Die Dollarprinzessin"
> 19.   „   „Der Bettelstudent"
> 20.   „   „Ein Walzertraum".

Anzeige in der Deutsch-Ostafrikanischen Zeitung 1909

Allgegenwärtig waren aber Krankheiten, die „bösen Drei" - Malaria, Schwarzwasserfieber und Schlafkrankheit, sowie ein ungewohntes Klima, und während der beiden Regenzeiten wochenlanger Dauerregen. Zwischen 1889 und 1910 starben 144 Soldaten durch Tropenkrankheiten und Jagdunfälle. So hatte z.B. Oberleutnant Kohlermann vom Militärposten Mkalama - einen Monat vor Hassels Ankunft - am 12. März 1903 im Alter von 34 Jahren „in schweren Fieberfantasien Hand an sich gelegt und sich erschossen". Am 15. Januar 1904 tötete sich der aus Südafrika kommende Maler Riemer ebenfalls im Fieberwahn in einem Hotel in Daressalam. An Schwarzwasser-Fieber verstarb am 6. April 1903 Unteroffizier Oskar Betzing.

Vor allem in den abgelegenen Mini-Garnisonen war das Leben der dort wohnenden wenigen Deutschen außerordentlich trist und eintönig. Vorteil dieser spartanischen Lebensweise war allerdings, dass auf diese Weise beträchtlich gespart werden konnte, so man dies ernsthaft wollte. Daher ist es kaum verwunderlich, dass wegen der vorherrschenden Langeweile bei schwächeren Charakteren der Alkoholkonsum beträchtlich war, um zumindest oberflächlich der Melancholie und dem Tropenkoller vorzubeugen.

Die andere Möglichkeit des Geldausgebens war die Prostitution. Sie wurde zwar mit Sorge betrachtet, aber geduldet, zumal es in den Anfangsjahren nur in Ausnahmefällen gestattet wurde, deutsche Frauen mit in die Kolonie zu bringen.[37] Und so war in der reinen Männergesellschaft die Nachfrage nach Prostituierten beträchtlich. Hauptmann von Hirsch schrieb am 23. Oktober 1905:

> „Die Damen sind hier meist herzlich wenig bekleidet, nur die Lenden sind bedeckt. Bei den Feineren findet man aber lange bunte Leinentücher, die ganz malerisch drapiert sind und vom Busen bis zu den Beinen reichen."

Dies wurde von manchen Soldaten als Aufforderung zu sexueller Freizügigkeit missverstanden. Liebesbeziehungen zwischen deutschen Soldaten und Afrikanerinnen wurden von den Behörden als Privatsache angesehen. Nachdem die „Deutsch-Ostafrikanische Zeitung" geschrieben hatte, es gäbe eine „große Anzahl viehisch betrunkener Weiber in den Eingeborenenvierteln", diskutierte der Reichstag dieses Problem u.a. in seiner 129. Sitzung am 8.

---

[37] In Daressalam lebten im Jahre 1904 207 europäische Männer und nur 54 europäische Frauen. 1907 war das Verhältnis 606 zu 111, 1909 419 zu 107 und 1913 702 zu 200. (Angaben nach Becher, Jürgen, Dar es-Salaam, Tanga und Tabora S. 163). Nur eine Frau kam somit auf 5,5 bis 3,5 Männer. Offenbar aber schwanken die Angaben, denn die DOA-Zeitung nennt für das Jahr 1906 die Zahl von 420 europäischen Frauen in der Kolonie.

März 1913. Auch später folgten nur wenige Ehefrauen ihren Männern in die abgelegenen Standorte. Mischehen wurden anfangs nicht geduldet.

> 2) Gesetzliches Verbot der Eheschließung zwischen Weißen und Eingeborenen; jedoch bei der Verschiedenheit der Fälle und, da es unter Umständen zweifelhaft ist, ob die Frau zu den „Eingeborenen" gehört, mit der Ermächtigung zur Nachsicht für den Gouverneur.
>
> Deutsch-Ostafrikanische Zeitung vom 26.11.1910

So war im September 1905 ein einheimischer Suaheli-Dolmetscher namens Mtoro Bin Mwinyi Bakari (1869-1927) mit seiner in Deutschland im Mai 1904 geheirateten Frau Berta Hilske[38] (* 1876) aus Berlin nach Daressalam gekommen. Das Ehepaar wurde wieder nach Deutschland ausgewiesen. Nur wenige Monate später, am 12. Mai 1906, widmete sich die Zeitung dem Thema „Deutsche Frauen in den deutschen Kolonien" und plädierte für die Mitnahme der Frauen. In diesem Jahr lebten insgesamt 420 europäische Frauen in der Kolonie.

> „Die Mission, welche die deutsche Frau in den Kolonien zu erfüllen hat, ist eine ethische und eine wirtschaftliche. Entsprechend ihren weiblichen Seelenkräften wird die Frau ihrem Manne Gefährtin und Freundin zugleich sein, mit ihm Freud und Leid teilen und an seiner Arbeit innigen Anteil nehmen. Fern in den Tropen ersteht durch dieses Zusammenwirken der traute deutsche Herd, der sittigend auf die ganze Umgebung wirkt und auch dem, der wegen zu junger Jahre noch nicht vermählt sein kann, eine freundliche Stätte bietet. …Sie (= die Männer) würden dadurch leichter in den neuen Verhältnissen heimisch und manche Mißstände würden verhindert, wenn der Mann seine Frau mitnehmen und eine Familie gründen könne. Freilich dürfe es einer deutschen Frau nicht verübelt werden, wenn sie Bedenken trüge, in die Wildnis zu ziehen, in der sie lange Zeit von jeder Kultur abgeschnitten ist, und wo oft der Verkehr zur Küste mit großen Schwierigkeiten verbunden ist."

---

[38] Die Trauung wurde von dem evangelischen Pastor Adolf Schmidt vorgenommen. Die Ziviltrauung fand am 29.10.1904 in Berlin-Charlottenburg statt.

Mit anderen Worten: Man erhoffte sich durch Erhöhung des Frauenanteils die rauhe Männergesellschaft zu bändigen. Zwei Jahre später wurde dieses Thema erneut in der kolonialen Presse aufgegriffen, diesmal von einer Vertreterin des Kolonialen Frauenbundes:

> „Jedes junge Mädchen, das unsere Hülfe in Anspruch nimmt, muß ein polizeiliches Führungs- und ein ärztliches Gesundheitsattest einreichen, wenn möglich auch noch sonstige Zeugnisse beibringen. Auch suchen wir durch persönliche Erkundigungen uns möglichst genau über das Mädchen zu unterrichten, ehe wir es in die betreffende Stelle bringen.
> Es ist unser Bestreben, nur wirklich brave und tüchtige, in jeder Weise geeignete Mädchen hinüber zu senden, damit diese, ob sie als Farmerbraut hinübergehen, oder dort eine dienende Stellung einnehmen, dazu beitragen können, deutsche Sitte und deutsches Heimwesen drüben begründen zu helfen."

Deutsch-Ostafrikanische Zeitung vom 20.05.1908 –
Deutsch-kolonialer Frauenbund, Frau von Liliencron
zum Thema „Frau als Kulturträgerin"

Manche Männer versuchten ihr Glück daher über eine Heiratsvermittlung in Deutschland. Die allgemeine Unzufriedenheit mit der Verwendung wird auch sichtbar, wenn man die Weiterverpflichtungsrate in der Schutztruppe betrachtet. Die Verpflichtungsperioden betrugen für Ostafrika 2 Jahre. 44 % aller Offiziere der Schutztruppe Deutsch-Ostafrika kehrten aber nach nur einer Dienstperiode der Kolonie den Rücken, 29% absolvierten zwei und nur 12 % drei oder gar vier Dienstperioden, darunter z.B. Major Kurt Johannes (1864-1913; Oberstleutnant) und Feldwebel Herbsleb, die beide 15 Jahre bei der Schutztruppe dienten.

Die Großwildjagd blieb außerhalb der Regenzeiten die einzige Abwechslung. Viele Offiziere ließen sich von der Firma Sauer in Suhl Jagdwaffen schicken, um ihrem Steckenpferd auch entsprechend ausgerüstet frönen zu können. Hoflieferant Rudolf Weber aus Haynau bot Fangapparate für Raubtiere, Affen und Schlangen an und Hoflieferant Dingeldey & Werres aus Berlin

Tropenausrüstungen aller Art. Allerdings hatten deutsche Gründlichkeit, Bürokratie und Steuerbehörde dies auch in der Kolonie akribisch geregelt.[39]

Von Hassel trat im April 1903 die weite Reise zu seinem neuen Standort an. Die Verbindung zwischen der Heimat und der Kolonie war anfangs trotz des im Jahre 1869 eröffneten Suez-Kanals äußerst unregelmäßig und dauerte viele Wochen, oft sogar Monate. Ab 1881 lief der Österreichische Lloyd mit seinen Dampfern des ostasiatischen Dienstes auf der Strecke Triest-Bombay den Hafen von Daressalam zweimal im Monat an. 1890 war die Deutsche Ost-Afrika Linie (DOAL) mit den Farben „Schwarz-weiß-rot-weiß-schwarz vor gelbem Hintergrund durch die Reederei Adolph Woermann (1847-1911) in Hamburg auf Bitten der Reichsregierung" gegründet worden. Damit gab es eine nationale Verbindung in die Kolonie.

Die Linie A führte von Hamburg über Neapel, Aden und Sansibar nach Daressalam. Die Linie B war die Küstenlinie zwischen Lindi im Süden und Tanga im Norden. Für den Reiseweg gab es damals mehrere Möglichkeiten, die sich nur in der Reisedauer unterschieden: Entweder man bestieg in Hamburg ein Schiff der Deutschen Ostafrika-Linie (DOAL) und fuhr mit diesem durch das Mittelmeer und den Suez-Kanal nach Ostafrika, oder reiste zunächst per Bahn über Wien nach Triest, um von dort mit einem Schiff des Österreichischen Lloyds durch die Adria, das Mittelmeer, den Suez-Kanal und das Rote Meer an die afrikanische Ostküste bis nach Daressalam („Friedenshafen" - auf Arabisch دار السلام = „Haus des Friedens") zu fahren. Die dritte Möglichkeit war die Anreise per Bahn bis Neapel und die Weiterreise von dort mit einem Dampfer der DOAL. Die Reisedauer betrug zwischen drei und vier Wochen. Manche unterbrachen auch ihre Reise, um z.B. von Port Said aus, touristische Ausflüge nach Ägypten zu unternehmen, und setzten dann mit dem nächsten Schiff nach etwa 2 Wochen ihre Reise fort. Wer sehr viel Zeit hatte, konnte auch den langen Weg um die Südspitze Afrikas und das Kap der guten Hoffnung wählen. Welchen Reiseweg Oberleutnant von Hassel genau einschlug, ist nicht bekannt. Sicher aber nutzte er für diese Dienstreise ein Schiff der DOAL. Feststeht nur, dass er am Sonn-

---

[39] Nach der Jagdschutzverordnung (JSV) vom 01.06.1903 war ein Jagdschein zur Jagdausübung notwendig. Es gab gem. § 10 der JSV Jagdverbote u.a. auf Giraffen, Zebras, Schimpansen, und es wurde ein Schussgeld erhoben. Dies betrug z.B. für einen Elefanten 100,- Rupien (Rps), für ein Nashorn 30,- Rps und für einen Büffel 20,- Rps.

tag, dem 10. Mai 1903, mit dem Reichspostdampfer „Kurfürst" unter Kapitän West in Daressalam eintraf. Das Schiff hatte die Fahrt in Hamburg begonnen und danach die Städte Rotterdam, Lissabon, Marseille, Neapel, Port Said, Aden, Mombassa und Tanga angelaufen. An Bord waren der Gouverneur Gustav Adolf Graf von Götzen (1866-1910) und seine Gattin, sowie die Hauptleute Kurt Freiherr von Schleinitz (1859-1928; charakterisierter Generalmajor) und Curt Freiherr von Wangenheim. Spätestens seit Neapel, vielleicht sogar bereits seit Hamburg, war von Hassel daher mit seinem künftigen Kommandeur und zwei seiner Kameraden zusammen gewesen - viel Zeit, um sich auf der zwischen drei und vier Wochen dauernden Reise näher kennenzulernen und Erfahrungen auszutauschen.

Graf Götzen, nur zwei Jahre älter als von Hassel, hatte zunächst Rechtswissenschaften studiert und war dann 1887 in das 2. Garde-Ulanen-Regiment in Berlin eingetreten. Danach hatte er seinen Militärdienst mehrfach unterbrochen.[40] Später diente er im Großen Generalstab und im Militärattachéstab in den USA. Seit März 1901 nahm er als Major zugleich die Aufgabe des Kaiserlichen Gouverneurs in Deutsch-Ostafrika wahr. Schleinitz, vormals Oberschlesisches Infanterieregiment Nr. 62, und Wangenheim, früher Hannoversches Infanterieregiment Nr. 164, gehörten bereits seit drei Jahren der Schutztruppe an. Der neun Jahre ältere von Schleinitz, der Stellvertretende Kommandeur, sollte später der Nachfolger des Grafen Götzen als Kommandeur der Schutztruppe und damit Hassels nächster Vorgesetzter werden.

Als das Schiff Daressalam erreichte, war eine große Delegation zum Empfang des aus dem langen Heimaturlaub zurückkehrenden Gouverneurs angetreten, darunter auch Bischof Anton Kassian Spiß (auch: Spiss; 1866-1905) und Oberleutnant Johannes Abel, der Adjutant des Gouverneurs. Spätestens mit Erreichen des südjemenitischen Hafens von Aden hatte Hassel einen Eindruck von den tropischen Temperaturen bekommen, wenngleich es an Bord wegen des ständigen Seewindes zumindest etwas erträglicher war als an Land. In Daressalam herrschten 28° Celsius bei einer relativen Luftfeuchtigkeit von 94 %.

---

[40] 1892 unternahm er eine Forschungsreise nach Kleinasien und 1893 eine weitere, die ihn u.a. an den Victoria-See führte.

> Eingetroffen sind: Major Graf v. Götzen, Hauptleute Freiherr v. Schleinitz, Freiherr v. Wangenheim, v. Hassel, Büchsenmacher Berstl vom Urlaub bezw. neu am 10. 5. Hauptmann Merker von Moschi, Feldwebel Herbsleb von Amani.
>
> (Auszug aus dem Amtlichen Anzeiger für Deutsch-Ostafrika, Personalnachrichten vom 16.05.1903)

Die meisten Reisenden, die - wie auch von Hassel - zum ersten Mal afrikanischen Boden betraten, waren begeistert, als sie die kleine Stadt erblickten. Als zum Beispiel Hauptmann von Hirsch per Schiff Mitte September 1905 in Deutsch-Ostafrika eintraf, schrieb er an seine Eltern:

> „Daressalam ist reizend gelegen. Bei der Hafeneinfahrt ist man entzückt von den prächtigen Häusern und Palmenkulissen. Alles sieht so sauber und duftend aus. Das Meerwasser scheint klar und durchsichtig bis auf den Grund. Das Klima ist augenblicklich herrlich und für jeden Europäer erträglich. Alles atmet Frieden und Ruhe, kein Bettler belästigt einen auf der Straße, wie das in anderen Häfen ist. Die Schwarzen tragen alle lange weiße hemdartige Gewänder und sind sichtlich zufrieden."

Blick auf den Hafen von Daressalam

Daressalam war das wirtschaftliche und geistige Zentrum von Deutsch-Ostafrika. Im Jahre 1891 zur Hauptstadt der Kolonie erklärt, wurde sie oft als die „schönste Stadt im ganzen tropischen Afrika" bezeichnet.

Im Jahre 1867 zählte der kleine Ort nur etwa 900 Einwohner und bestand lediglich aus wenigen Lehmhütten. Zu dieser Zeit übte noch der Sultan von

Sansibar, Bargash Ibn Said (1837-1888), die politische Herrschaft über die Küste aus. Mit dem Handel begann die Siedlung zu erblühen. Zugleich wurde sie Garnisonsstadt und Verwaltungszentrum. 1898 war die Bevölkerungszahl bereits auf 13.500 Menschen gestiegen. Am Vorabend des Ersten Weltkriegs, im Jahre 1913, war die Bevölkerung auf 22.213 angewachsen, darunter 19.000 Einheimische, 1.000 Europäer und 3.000 Inder und Araber.

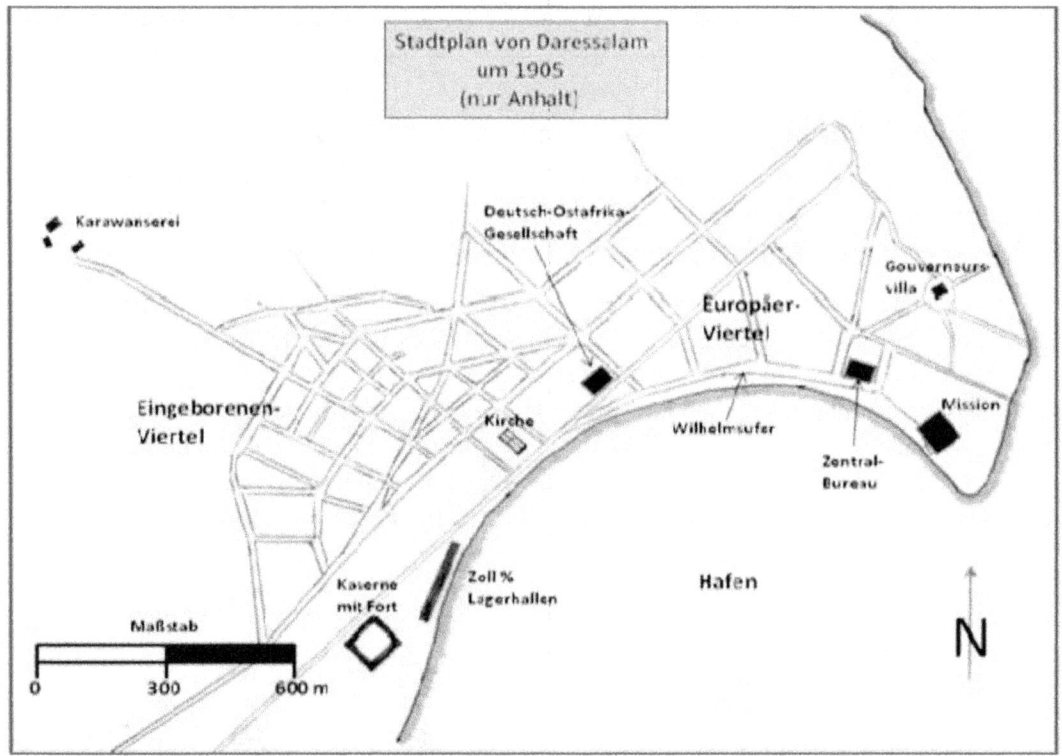

Wie in allen Kolonien waren die Einheimischen zwar in der Überzahl, aber die Zahl der Europäer war auf 277 und die der Inder und Araber aus über 1.100 angewachsen. Die europäische Oberschicht setzte sich aus der Beamtenschaft, dem Militär, Siedlern (Plantagenbesitzern), Händlern, Kaufleuten, Handwerker und Missionaren zusammen, wobei die Berufsgruppen der Kaufleute und Handwerker über 50 % bildeten. Diese waren zugleich die Träger des gesellschaftlichen kolonialen Lebens. Im Jahre 1907 verteilten sich diese Berufsgruppen wie folgt:

Verteilung der Berufsgruppen unter den Europäern in Daressalam im Jahre 1907		
Beamte	109	17,8 %
Militärs	34	5,6 %
Missionare	19	3,1 %
Siedler	3	0,5 %
Handwerker	205	33,5 %
Kaufleute	122	20,0 %
Seeleute	15	2,5 %
Ärzte	7	1,0 %
Sonstige	98	16,0 %
	612	100,0 %

Im April 1888 war die Verwaltung der Küstenregion durch einen Vertrag mit dem Herrscher von Sansibar auf die Deutsche Ostafrika Gesellschaft (DOAG) übergegangen. Allerdings hatten die eindrucksvollen und geladenen Geschützrohre des Ostasiengeschwaders unter Konteradmiral Eduard von Knorr (1840-1920; Admiral) die Unterschrift des Sultans sehr beschleunigt. Nur wenige Monate später, im September 1888, war es zum ersten Aufstand gegen die neuen Kolonialherren gekommen. Dieser war aber nicht zuletzt wegen des energischen Hilfseinsatzes des Kreuzers IV. Klasse S.M.S. „Möwe" - er gehörte zum permanent im Raum um Sansibar stationierten Kreuzergeschwader unter Kommodore Karl Paschen (1835-1911; Admiral) - niedergeschlagen worden. Dennoch war die Deutsch-Ostafrikanische Gesellschaft der Lage nicht mehr gewachsen und trat ihre Ansprüche 1890 an das Deutsche Reich ab. Dies war die Gründung der Kolonie Deutsch-Ostafrika. An ihrer politischen Spitze stand ein Gouverneur, der zugleich auch Vorgesetzter des Kommandeurs der Kaiserlichen Schutztruppe in Regimentsstärke war. Nur wenn der Gouverneur zugleich Offizier war und den Rang mindestens eines Majors innehatte - wie im Falle des Grafen von Götzen -, oblag ihm in Personalunion die Kommandogewalt über die Schutztruppe.

Der Hafen war zügig ausgebaut worden. 1906 liefen insgesamt 232 Schiffe Daressalam an; im nördlicher gelegenen Hafen von Tanga hingegen waren es nur 163. Im Jahre 1900 wurden die „Erste Deutsche Ostafrikanische Brauerei Wilhelm Schultz", sowie eine Eis- und Sodawasserfabrik gebaut, und der Kaufmann Julius Michelsen konnte seine Gäste im „Gasthaus zur Krone" (später „Schwarzer Adler" unter Cleo Singer) bewirten.

Die Europäer wohnten in weißen, eleganten Häusern im Osten der Stadt. Dort lagen auch die Residenz des Gouverneurs, das Europäer-Krankenhaus, der Sitz der Verwaltung und die Klöster St. Joseph und St. Maria. Die Straßen waren von Akazien gesäumt. Das „Kaiser-Wilhelm-Ufer", die Strandstraße, zog sich im großen Bogen um den geräumigen Hafen. Die Denkmäler Wilhelms I. und des Fürsten Otto von Bismarck (1815-1898) schmückten die Stadt.

Die Eingeborenensiedlung, aus Holz und Lehm gebaut und mit Palmenwedeln bedeckt, war nach europäischem Bauplan in einem Palmenhain erbaut worden und lag vom Wohnviertel der Europäer getrennt. In Vollmondnächten wehten von dort das Singen, Musizieren und Tanzen der Eingeborenen herüber.

In Daressalam ließ es sich trotz des tropischen Klimas gut leben. Die Unterhaltung bestand aus Golf- oder Tennis, man besuchte das Casino, einen der Fußballplätze, den Segelclub oder den Schießverein. Beliebte Treffpunkte waren das Offizierscasino und der 1903 gegründete „Klub Daressalaam" am Wilhelmsufer in der vormals Gurlitt´schen Villa.

Die zwischen 1899 und 1916 herausgegebene „Deutsch Ostafrikanische Zeitung" (DOA-Zeitung) erschien zweimal die Woche mit dem Beiblatt des „Amtlichen Anzeigers" des Gouvernements. Die Verbindung mit der fernen Heimat konnte nur per Post gehalten werden, wobei es bisweilen Monate dauerte, bis eine Antwort eintraf.

Von den Stationen im Inneren des Landes musste die Post zunächst mit Kurierträgern nach Daressalam gebracht werden, bevor sie mit einem der zumeist vierzehntägig nach Europa verkehrenden Dampfer verschickt wurde. Nicht selten gingen Briefe unterwegs verloren. Eine weit schnellere, jedoch auch beträchtlich teurere Verbindung war der Telegraph, der Fernschreiber: 1903 betrug die Gebühr pro Wort für ein Telegramm nach Deutschland 2,- Rupien.

Die Kaserne mit dem Fort lag in Hafennähe. Neben dem Kommando (= Stab) der Schutztruppe waren in Daressalam die 10. Feldkompanie, eine Fernmeldeeinheit („Signalabteilung"), ein 16 Mann starkes Musikkorps und ein Rekrutendepot stationiert. Die Kaiserliche Schutztruppe[41] in Regiments-

---

[41] Die Stärke der Schutztruppe bis zum Ausbruch des Ersten Weltkrieges schwankte; sie betrug 1914 etwa: 2 Majore, 14 Hauptleute, 95 Leutnante/Oberleutnante (darunter 43 Sanitätsoffiziere), 12 Verwaltungsoffiziere - und Verwaltungsunteroffiziere, 72 Unteroffiziere, 66 Sanitätsunteroffiziere und etwa 2.500 afrikanische Soldaten (Askari). Die Schutztruppe bestand aus 12, später 14 Feldkompanien, einer Signalabteilung, einem Rekrutendepot und einer Militärkapelle.

stärke war mit Gesetz vom 22. März 1891[42] gegründet worden[43] und hatte die bis dahin durch die Reichskommissare gegründeten kleinen Sicherungsverbände abgelöst. Ihre Aufgabe diente nur der Aufrechterhaltung der inneren Sicherheit im Falle von Aufständen der einheimischen Bevölkerung. Für die Verteidigung der Kolonie gegen Angriffe von außen hingegen war sie weder geplant, noch ausgerüstet. Die allgemeine innere Sicherheit wurde von einer eigenen Polizeitruppe gewährleistet, die - dem jeweiligen Bezirksamt unterstellt - aus deutschem und einheimischem Personal bestand. Die Schutztruppe unterstand zunächst dem Reichsmarineamt am Berliner Landwehrkanal, ab 1896 der Abteilung M (IV.) der in der Berliner Wilhelmstraße Nr. 62 residierenden Kolonialabteilung des Auswärtigen Amtes. Dem zivilen Direktor der Kolonialabteilung war für alle Belange der Schutztruppen ein Stabsoffizier mit der Stellung eines Regimentskommandeurs und den Befugnissen des Chefs des Stabes beigeordnet.[44] Im Jahre 1907 wurde aus der Kolonialabteilung eine selbständige Behörde: Das dem Reichskanzler direkt unterstellte Reichskolonialamt[45] mit einem Staatssekretär an seiner Spitze.

Mehrere Unterabteilungen waren dort neben dem Personalwesen- und der Militär-Justizverwaltung u.a. zuständig für Ausbildung, Bewaffnung, Versorgung und Dislozierung, sowie Operationen, Mobilmachung, Studium fremder Mächte, Signal-, Post-, Telegraphie- und Verkehrswesen.

---

[42] RGBl.1891, S.53 und 1896, S.187; Schutztruppenverordnung vom 25.7.1898

[43] Der erste Kommandeur der Schutztruppe, der spätere Gouverneur und Afrika-Forscher Major Dr. Hermann von Wissmann (1853-1905) hatte sich bei einer Rehpirsch in Weißenbach in der Steiermark am 15. Juni 1905 aus Versehen in den Kopf geschossen und getötet.

[44] Stabsoffizier bzw. Chef des Oberkommandos der Schutztruppen (1897-1907) und Kommandeur der Schutztruppen im Reichskolonialamt (1907-1919): Major Max Ohnesorg (1897-1906; später Oberst), Oberstleutnant Ferdinand Quade (1906-1908), Generalleutnant Franz Georg von Glasenapp (1908-1914), Oberst Ernst von Below (1914), Major Ferdinand Lempp (1914: i.V.), Konradin Sklode von Perbandt (1914/1915; i.V.), Major Ferdinand Lempp (1914-1917;m.d.W.d.G.b.) und Major Kurt Strümpell (1917-1919; m.d.W.d.G.b.). Siehe: Grundriß zur deutschen Verwaltungsgeschichte 1815-1945" Band 22, Bundes- und Reichsbehörden, Marburg/Lahn 1983, Seite 352 ff. und Reith, Wolfgang Die Kommandobehörde der Kaiserlichen Schutztruppe in der Heimat Traditionsverband ehem. Schutz- und Überseetruppen, Internetmagazin 2004

[45] 1919 trat das Reichskolonialministerium an dessen Stelle; ihm oblag die Abwicklung der verlorenen Kolonien.

Generalmajor von Glasenapp

Kommandeur der Schutztruppen im Reichkolonialamt war zunächst Oberstleutnant von Quade und zwischen 1908 und 1914 der vormalige Inspekteur der Marineinfanterie, Oberst Franz Georg von Glasenapp (1857-1914; Generalleutnant).[46] In dieser Funktion war er der nächsthöhere Vorgesetzte von Hassels bis zu dessen Ausscheiden aus dem aktiven Dienst im Jahre 1909. Glasenapp hatte kurze Zeit im Infanterieregiment Nr. 66 gedient, das dem IV. Armeekorps in Magdeburg unterstellt und dessen Chef Theodors Vater, Friedrich Julius Hassel, war.

Im Jahre 1905 betrug die Stärke der Schutztruppe 12 Kompanien mit insgesamt 87 Offizieren und Sanitätsoffizieren, 24 Beamten, 243 Unteroffizieren und 1.335 Mann. Von diesen waren 7 Ärzte, 10 Sanitätsunteroffiziere und 24 Unteroffiziere in der Zivilverwaltung tätig. Unter den farbigen Söldnern, die zumeist aus dem Sudan stammten, waren 5 Offiziere (Effendi) und 126 Unteroffiziere. Bei den Mannschaftdienstgraden waren 115 Gefreite („Ombascha"), 253 Sudanesen 1. Klasse, 257 Sudanesen 2. Klasse und 710 einfache Askari. Das Wort „Askari" als Sammelbezeichnung für die einheimischen Soldaten wird sowohl im Arabischen (عسكري) als auch in Suaheli für Soldat verwendet. Zusätzlich wurden 120 Rekruten ausgebildet.[47] Die ostafrikanische Schutztruppe war die einzige, in der farbige Soldaten einen Offiziersdienstgrad erreichen konnten. Insgesamt sah der Organisationsplan 12 dieser Stellen vor; 1908 aber waren es nur zwei. Zu berücksichtigen ist jedoch, dass

---

[46] Von Glasenapp schied Ende März 1914 als Kommandeur der Schutztruppen aus. Sein Nachfolger wurde Oberst Günther von Below (1868-1933) vom Infanterieregiment 153.

[47] Berliner Morgenzeitung vom 22. August 1905, S. 157

der deutsche Unteroffizier rangmäßig stets über dem eingeborenen Offizier, dem Effendi, stand. Die weißen Kolonialherren - unabhängig, ob Deutsche, Briten, Franzosen oder Niederländer - betrachteten sich der farbigen Bevölkerung gegenüber in jeder Hinsicht überlegen. Der Artikel über den „schwarzen Schellenbaumträger" drückt zugleich die Sorge vor einem Machtverlust aus, wenn diese künstliche, durch die Weißen selbst errichtete Barriere fiele.

Sudanesischer Unteroffizier mit Askari der Truppe von Kapitänleutnant Paasche (1905)

Unter dem Sammelnamen „Sudanesen" wurden alle in Ägypten und in der italienischen Kolonie Eritrea angeworbenen Söldner bezeichnet. Sie genossen den besten Ruf als Soldaten. „Nie wird ein Sudanese den anderen verlassen und nie den Europäer, einer ist auf den anderen angewiesen. Der Sudanese kennt keine Feigheit. Er wird neben dem Europäer sterben, nie desertieren", schrieb Hauptmann von Hirsch am 25. November 1906. Er lobte ihre Tapferkeit im Kampf, ihre gute Disziplin und vor allem ihre Treue gegenüber den Kolonialherren. Zumeist stammten diese Soldaten aus im Süden des heutigen Sudan beheimateten Stämmen. Vereinzelt waren aber auch Ägypter, Türken, Syrer, Araber und Somali unter den Söldnern. 1889 hatte die Schutztruppe fast nur aus Sudanesen bestanden, doch ihre Anwerbung war durch die britische und italienische Regierung in den Folgejahren immer mehr erschwert und 1904 bzw. 1906 schließlich ganz verboten worden.

Auch aus britischer Sicht genossen die Sudanesen den besten Ruf als Soldaten.[48]

Einen schlechten Ruf hinsichtlich ihrer Eignung als Soldaten hatten die in der Kolonie selbst angeworbenen Söldner, die 1905 immerhin drei Viertel der Truppenstärke ausmachten. „Auf hiesige Stämme ist kein Verlaß", schrieb von Hirsch in sein Tagebuch, und kritisierte vor allem die hohe Zahl an Deserteuren unter ihnen. Hinsichtlich der religiösen Zusammensetzung der Askari überwogen bei einer Zählung im Jahre 1913 die Muslime mit 67 %. 29 % waren Anhänger von Naturreligionen (Animisten) und nur 4 % Christen. Die muslimischen Askari wurden - im Gegensatz zu deren christlichen Kameraden - von den Kolonialoffizieren sehr geschätzt, weil sie zuverlässige und tapfere Kämpfer, sowie überaus diszipliniert waren und Alkohol und Unreinlichkeit mieden. Die christlichen Askari wurden oft als frech, aufsässig und fordernd beschrieben. Auch war der Prozentsatz von Deserteuren bei diesen am höchsten. Daher lehnte von Hassel wie die meisten Kolonialoffiziere, aber auch die Mehrheit der Farmer, die Bemühungen um Missionierung strikt ab. Noch Jahre später vertrat sein Sohn Kai-Uwe die gleiche Meinung:

> „Früher habe ich nie einen Hehl daraus gemacht, daß ich gegenüber den Missionen, ob evangelisch oder katholisch, skeptisch gewesen bin. Sie schienen mir zu sehr nur an der Gewinnung von Christen interessiert zu sein und zu wenig an den vielfältigen karitativen und kulturellen Aufgaben, die einfach zur christlichen Kirche gehören."[49]

Die Verbindung zwischen den einzelnen Standorten und dem Kommando in Daressalam wurde durch Feldtelegraphen und Heliographen aufrechterhalten. War sie unterbrochen, was nicht selten der Fall war, blieb die Station auf sich selbst gestellt. Von daher hatten z.B. die Stationsleiter, wie von Hassel, eine Selbständigkeit und Eigenverantwortung für ihren Befehlsbereich, die in jeder Hinsicht weit über jene hinausgingen, die beispielsweise einem Kompaniechef in Deutschland übertragen wurden.

---

[48] Jahresbericht 1903 des britischen Gouverneur von Uganda, Col Hyaes Sadler; zitiert in: DOA- Zeitung vom 5.3.1904.
[49] Hassel, Kai-Uwe Eine atemberaubende Reise durch den Schwarzen Kontinent - Kieler Nachrichten Nr. 245 vom 20.10.1960, S. 12

Askari-Kompanie

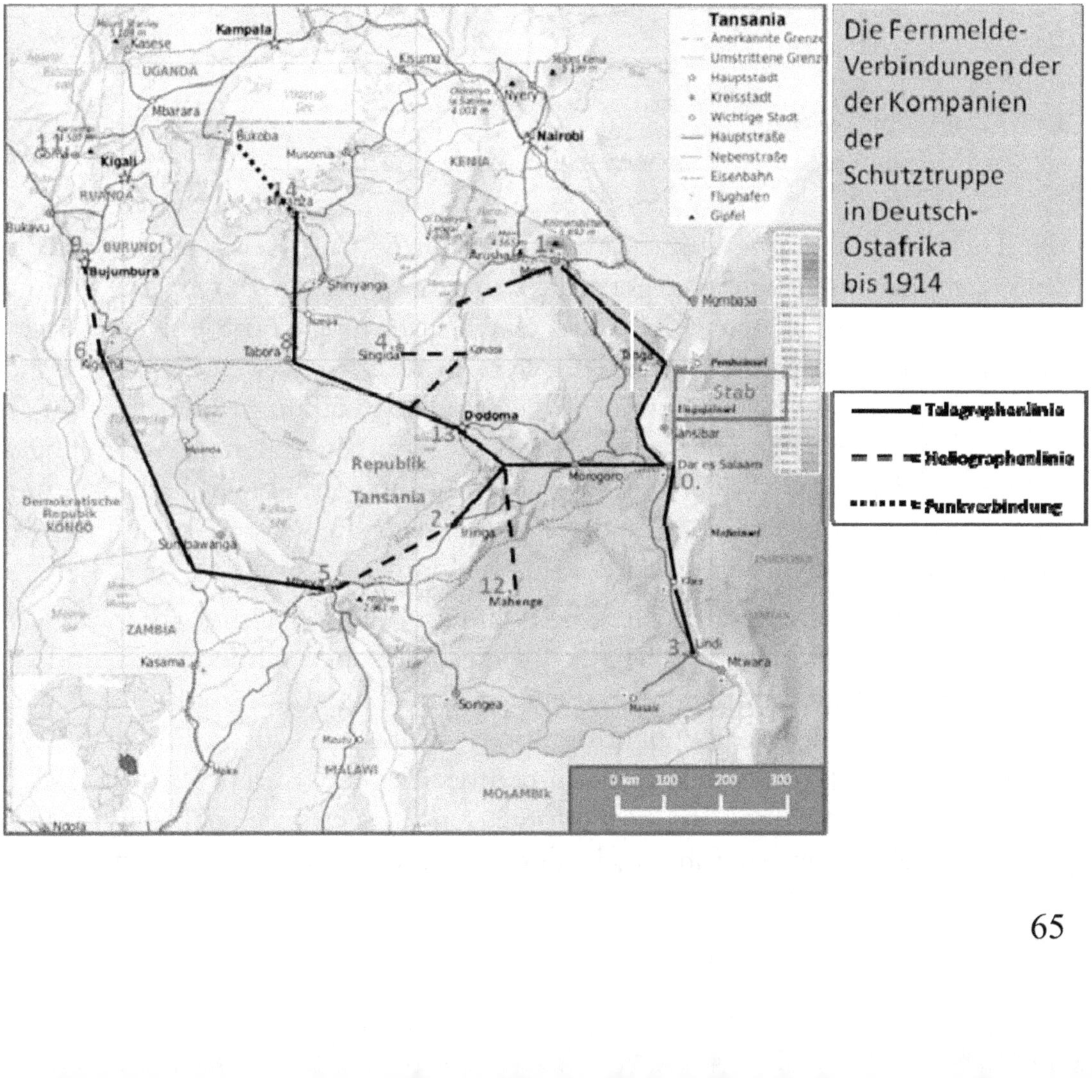

Die Fernmelde-Verbindungen der der Kompanien der Schutztruppe in Deutsch-Ostafrika bis 1914

Sie waren eigentlich regionale militärische Befehlshaber mit weitreichenden zivilen und militärischen Vollmachten.

Die Station Mahenge zum Beispiel war nur über zwei Heliographen-Strecken - eine nach Iringa und eine nach Kilossa im Norden - zu erreichen. Die Kompanie hatte 3 Signalapparate, die von insgesamt 12 Signal-Askari bedient wurden. In Morseschriftzeichen wurden die Heliogramme am Tage und in der Nacht übermittelt. Dies geschah tagsüber mit dem Sonnenlicht, das mit Heliographenspiegeln reflektiert wurde und nachts durch eine Gasflamme. Die Stationen waren mit je drei Soldaten besetzt.

Die Heliographen-Apparate waren von der Firma Carl Zeiss in Jena für die Schutztruppe entwickelt und geliefert worden. Während der Nacht konnte mit den Lampen - je nach Gelände - eine Entfernung von 80 bis 100 Kilometern überbrückt werden. Tagsüber war die Reichweite weitaus kürzer und lag bei maximal 50 Kilometern. Lediglich bei Bewölkung traten Störungen auf. Auf längeren Heliographen-Strecken mussten Zwischenstationen eingerichtet werden, was die Nachrichtenübermittlung erheblich verlangsamte, weil in der Minute nur zwei Wörter weitergegeben werden konnten. Um dreißig Worte zu schicken, dauerte es bisweilen 5 bis 6 Stunden.

Meist waren neben den Askari auch Hilfskrieger eingesetzt, die z.B. als Kundschafter - „Human Intelligence" wie es heute bezeichnet wird - und als „menschliche Navigationshilfe" arbeiteten. Im Gegensatz zu England und Frankreich, wo die Kolonialkartographie staatlichen Institutionen oblag, erfolgte die deutsche Landvermessung überwiegend durch Privatinitiative und Gemeinschaftsarbeit in den Kolonien, in die sich z.B. auch die meisten Reisenden eingebunden fühlten, in dem sie mit Geländeskizzen und Tagebucheintragungen halfen. Die Königlich Preußische Landesaufnahme hatte bis zum Ausbruch des Ersten Weltkriegs beinahe flächendeckend das Kartenwerk „Deutsch-Ostafrika 1 : 300.000" mit 29 Blatt bearbeitet, doch verlässliches, detailliertes Kartenmaterial, d.h. solches mit einem Maßstab unter 1 : 100.000, stand bis zum Beginn des Ersten Weltkriegs wegen personeller und finanzieller Engpässe nicht zur Verfügung. Farmgebiete genossen bei der Aufnahme Vorrang, eine exakte Vermessung des restlichen Gebietes war zweitrangig, zumal die vorhandenen Karten den Informationsbedarf der Schutztruppe weitgehend deckten.[50] Die kartographische Abteilung im Reichs-Kolonialamt unter Hauptmann Dr. Hugo Marquardsen hatte die Zusammenarbeit ziviler (u.a. der Firma Dietrich Reimer in Berlin) und militärischer Einrichtungen koordiniert.

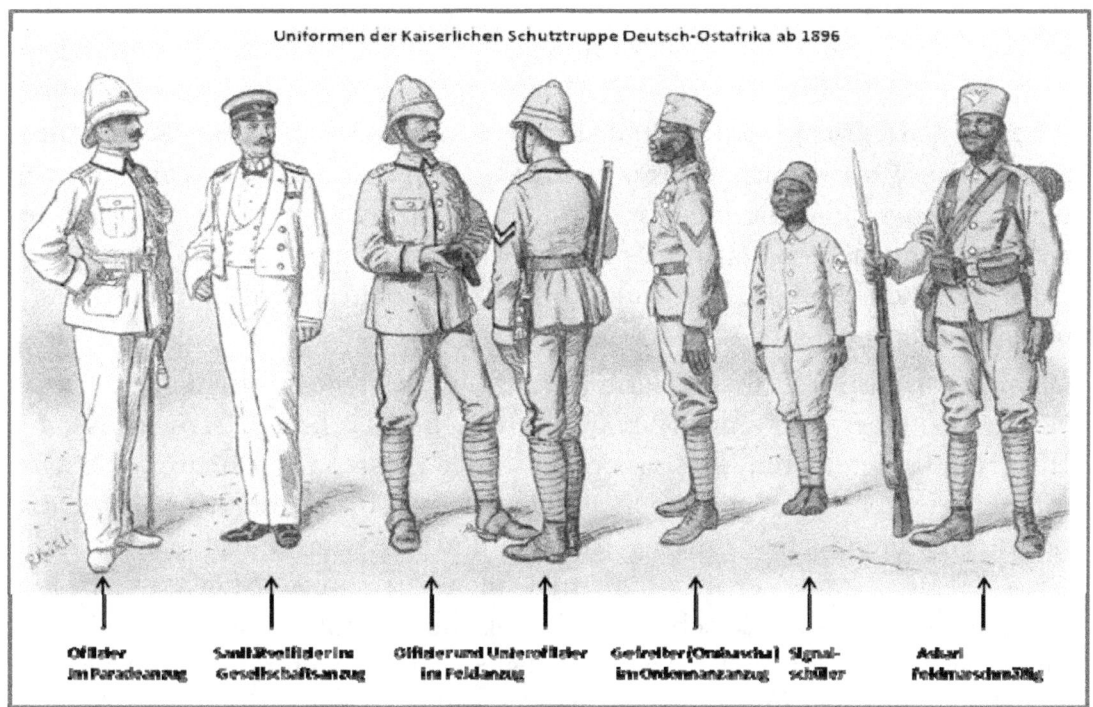

Unverzichtbar waren die Träger, die schweres Gerät, wie Zelte und Kochausrüstung, ärztliche Ausstattung, Maschinengewehre, Munition und Ver-

---

[50] Schreiben des Gouverneurs Schnee an das Reichskolonialamt vom 29.06.1913 (Az.:9344/II A).

pflegung (u.a. Wasser, Reis und Mehl) tagelang über weite Entfernungen transportierten. Es hatte sich eingebürgert, dass jeder Europäer und auch die deutschen Soldaten auf ihren Reisen eine größere Zahl von Eingeborenen zur Verfügung hatten, die z.B. als Träger und Koch fungierten. Und so stieg die Zahl der Köpfe der Trägerkolonne je nach Größe der Karawane schnell auf über weit hundert, was zu zusätzlichen Problemen führte, denn auch diese mussten versorgt werden.

> „Dazu kommt, daß alles Eigentum an Bekleidung, Verpflegung, Decken und Zeltmaterial dauernd mitgeführt werden muß. Wenn man bedenkt, daß im Frieden für den reisenden Beamten auf einer größeren Safari (Reise) elf bis dreizehn Träger außer seinen zwei bis drei persönlichen Dienern zuständig waren, … ."[51]

Erst als im Krieg ab 1915 die Versorgung der Etappe nicht mehr garantiert werden konnte, verfügte der Kommandeur der Schutztruppe, Oberstleutnant Paul von Lettow-Vorbeck (1870-1964; General), dass keinem europäischen Soldaten mehr als fünf Hilfskräfte zustünden, was zunächst zu einem „Sturm der Entrüstung" führte. Überdies nahmen viele Askari ihre Frauen und Kinder mit auf die Feldzüge. Die große Trägerkolonne war wegen des von ihr verursachten Lärms, des ausgewirbelten Staubs beim Marsch und der Spuren leicht aufzuklären und konnte bei einem Angriff auch nicht verteidigt werden.

Bisweilen transportierte die Truppe auf ihren Expeditionen auch leichte Boote zum Überqueren der Seen und Flüsse. So ist z.B. der Ulanga-Fluss bei Ifakara 400 Meter breit. Das Überqueren der Flüsse, vor allem mit Behelfsmitteln wie zusammengebundenen Baumstämmen, die nur schwer zu manövrieren waren, wurde durch Krokodile und Flusspferde oft zu einer tödlichen Gefahr. Zur Verpflegung trieb man oft einige Stücke Vieh mit. Manchmal wurde das Fleisch der einheimischen Bevölkerung abgekauft oder durch Jagen sichergestellt. Am einfachsten und kostengünstigsten war die Verpflegungsbeschaffung allerdings, wenn die Dörfer feindlicher Stämme angegriffen wurden, denn dann fiel das Vieh als Beute an die Soldaten. Wasser durfte nur abgekocht getrunken werden.

---

[51] Lettow-Vorbeck, Paul von Meine Erinnerungen aus Ostafrika, S. 154

Bei seiner offiziellen Meldung beim Gouverneur Graf Götzen, der in Personalunion zugleich auch Kommandeur der Schutztruppe und damit von Hassels nächster Vorgesetzter war, wurde er zum Hauptmann befördert, allerdings zunächst noch als „Überzähliger Hauptmann", d. h. ohne Planstelle geführt. Der Neuankömmling wohnte im Offizier-Casino, da es zu dieser Zeit noch kein europäischen Standards entsprechendes Hotel gab. Nur wenige Tage später gab der Gouverneur anlässlich seiner Rückkehr einen großen Empfang in seiner repräsentativen Villa[52] im Osten der Stadt, zu dem auch von Hassel geladen war. Hier traf er seinen alten Kameraden Hauptmann Moritz Merker (1867-1908) wieder, der fast zeitgleich von Moschi nach Daressalam kommandiert worden war. Mit dem nur ein Jahr älteren Merker hatte er fast acht Jahre zusammen im Schleswig-Holsteinischen Füsilier-Regiment Nr. 86 in Norddeutschland gedient, bis sich Merker im Jahre 1895 als Sekonde-Leutnant in die Schutztruppe gemeldet hatte.

---

[52] Der Sitz des Gouverneurs wurde im November 1914 von britischen Kriegsschiffen zusammengeschossen.

Hassel blieb zunächst fast vier Monate in Daressalam. Er erhielt eine gründliche Einweisung in seine Aufgaben, darunter auch in die Rechtsprechung und begann, sich mit der Sprache der Einheimischen, dem Suaheli (auch Kiswaheli) intensiv vertraut zu machen, denn sie war das unverzichtbare Kommunikationsmittel in der Kolonie. Der Sprachführer von Hugo Raddatz leistete ihm dabei wertvolle Hilfe.

> **Die Suaheli-Sprache**
> Grammatik! Gespräche! Wörterbuch!
> von Hugo Raddatz.
> Jedem Deutsch-Ostafrikaner, der die Suaheli-Sprache nicht beherrscht, als ein praktisches Handbuch sehr zu empfehlen. — In der Tasche zu tragen. Billig zu beziehen von der
> „Deutsch-Ostafrikanischen Zeitung."
>
> Anzeige in der DOA-Zeitung vom 22. August 1913

Am wichtigsten waren zunächst Höflichkeitsfloskeln, die Bezeichnungen für Dienstgrade, Waffen und Geräte, sowie die militärischen Kommandos. „Hujambo?" bedeutet in etwa „Wie geht es?" Handelt es sich um eine Personengruppe, die angesprochen wird, lautet die Begrüßung: „Hamjambo?" Die Erwiderung ist „Sijambo (=„Mir geht es gut!") bzw. „Hatujambo" (= „Uns geht es gut!". Mit der Frage „Habari za nyumbani?" erkundigt man sich, wie es zu Hause geht. Die übliche Antwort darauf lautet „Salama" (= „In Frieden, ohne Probleme"). „Assanti sana" bedeutet danke sehr und „Kwaheri heißt „ Auf Wiedersehen!". Bei gesellschaftlichen Veranstaltungen lernte er schnell die überschaubare Zahl von Deutschen kennen. Die anderen Offiziere der Schutztruppe wie z.B. Major Kurt Johannes und die Hauptleute Johannes Abel, Heinrich Fonck, Jones, Rudolf von Hirsch und Ernst Nigmann (1867-1923; Oberst) traf er erst später bei diversen Einsätzen. Durch die Stationierung in der riesigen Kolonie und wegen der häufigen Personalwechsel konnte man von einem homogenen Offizierkorps kaum sprechen, da die meisten von ihnen in ihren abgeschiedenen Standorten als „Einzelkämpfer" fungierten. Der Kontakt zum Stab im fernen Daressalam wurde nur durch Fernmeldeverbindungen gehalten. Die geistliche Betreuung für die evangelischen Christen wurde durch die Berliner Missionsgesellschaft wahrgenommen. Mit Verfügung vom 31. August 1903 erhielt von Hassel das Kommando über die 3. Kompanie in Lindi und fuhr vermutlich bereits am 2. September 1903 mit einem Gouvernementsdampfer der DOA-Linie B in die, 450 km südlich von Daressalam entfernte, kleine Küstenstadt an der Mündung des Lukuledi-Flusses. Die Reise dauerte knappe drei Tage. Lindi war Sitz eines Bezirksamts und besaß ein Hauptzollamt, sowie eine Post- und Telegrafenanstalt.

Die Garnison Lindi am Indischen Ozean

Mit der Hauptstadt war Lindi durch eine Telegraphenleitung verbunden, über die auch Hassels Kompanie die Befehle erhielt. 1903 feierte er sein erstes Weihnachtsfest in den Tropen.

> Versetzt bezw. kommandirt sind: Ueberz. Hauptmann von Hassel zum Führer der 3. Kompagnie Lindi,
>
> (Auszug aus dem Amtlichen Anzeiger für Deutsch-Ostafrika, Personalnachrichten vom 05.09.1903)

Sechs Monate später wurde der bis dahin als „überzähliger Hauptmann" geführte Offizier mit der „Allerhöchsten Kabinettsordre" (A.K.O.) vom 10.03.1904 zum Kompaniechef ernannt. Er stand an der Spitze einer Kompanie mit etwa 180 einheimischen Askari. Die drei Züge von je etwa 50-60 Askari wurden von 2 bis 3 Leutnanten oder Oberleutnanten geführt und die Gruppen durch 4 bis 5 Unteroffiziere. 2 bis 3 Sanitätsoffizieren oblag die sanitätsdienstliche Versorgung der Kranken und Verwundeten, die dabei von 4 Sanitätsunteroffizieren unterstützt wurden. Ausbildung, Geist und Kampfkraft der Truppe wurden ausschließlich durch den jeweiligen Kompaniechef und seine Handvoll Offiziere und Unteroffiziere geprägt. Der jeweilige Kompaniechef war quasi der unumschränkte Herrscher in seinem Bezirk, sowohl über die Soldaten als auch über die Einheimischen.

Eine angetretene Feldkompanie der Schutztruppe

Dies unterstreicht die immense Bedeutung, die der Auswahl für diesen Posten zukam. Unstete Charaktere konnten großen Schaden anrichten. Eine große Hürde bildete dabei allerdings der häufige Personalwechsel, der das Zusammenwachsen einer homogenen Truppe erschwerte. Die Bewaffnung der Kompanie bestand aus Gewehren (überwiegend veralteten, rauchstarken Mauser M 71 - Kaliber 11 x 60 mm R mit Schwarzpulverladung -, einigen Mauser Repetier-Karabinern Mauser 98 - Kaliber 7,92 x 57 mm mit rauchlosem Schießpulver) und 1 bis 2 Maschinengewehren (30 kg). Einige wenige Stationen verfügten über ein Artilleriegeschütz des Kalibers 10,5 cm auf Lafette, das allerdings wegen seines Gewichts und der schweren Munition für einen mobilen Einsatz über längere Strecken nicht geeignet war.

Betrachtet man die Größe der Kolonie - allein das heutige Tansania ist mit 945.087 km^2 mehr als 2 ½ mal so groß wie die Bundesrepublik Deutschland -, die großen Entfernungen zwischen den Stationierungsorten und die schwierigen Verkehrsverbindungen, ist unschwer zu erkennen, dass die einzelnen Kompanien, mit einer Stärke von ca. 200 Soldaten - ein abgeschiedenes, autarkes Einzelleben führten und führen mussten. Ihre Mobilität entsprach der Marschleistung der Infanterie, allerdings unter erschwerten tropischen Klimabedingungen, d. h. extremer Hitze mit hoher Luftfeuchtigkeit und Dauerregen während der Regenzeiten. So herrschte im Mai 1904 eine ungewöhnlich starke Regenzeit, die die militärischen und zivilen Aktivitäten sehr einschränkten. Folgendes Beispiel verdeutlicht die Marschleistung einer Kompanie: Hauptmann von Hirsch marschierte mit 40 Askari und 60 Trägern im Januar 1905 von Daressalam nach Iringa und benötigte für die 400 km (Luftlinie) 20 Tage. Dies entspricht einer beachtlichen täglichen Marschleistung von ca. 20 km. Bei 8 Marschstunden pro Tag bedeutete dies eine durchschnittliche Geschwindigkeit von 2,5 Kilometern pro Stunde. Nur in Ausnahmesituationen im Einsatz wurde mehr als 8 Stunden am Tag marschiert, denn da sich die Karawane meist nicht auf festausgebaute Stationen für die Rast abstützen konnte, galt es vor Einbruch der Nacht - die in den Tropen ohne Dämmerung sofort hereinbricht - noch das Lager aufzuschlagen und es behelfsmäßig zu sichern. Da nur die Offiziere Reitpferde besaßen, richtete sich ihre Beweglichkeit nach den zu Fuß marschierenden Askari und vor allem nach den zahlreichen Trägern. Es war wegen der Orientierung im unbekannten Gelände und auch aus Sicherheitsgründen wichtig, dass die Kolonne nicht auseinandergerissen wurde. Pferde waren, weil sie gegen den

Stich der Tsetse-Fliege anfällig waren, nicht überall einzusetzen und wurden oft durch die robusteren Esel ersetzt.

Nach über einem Jahr an der Küste wurde von Hassel am 12. November 1904 nach Daressalam zurückversetzt, und Oberleutnant Erich Fischer (+ 1916; Freitod) trat dessen Nachfolge an, bevor Hauptmann Egon Seyfried die Führung in Lindi übernahm. Gleichzeitig wurde von Hassel zum Chef der 12. Kompanie in Mahenge ernannt.

> Versetzt bezw. kommandiert: Hauptmann v. Hassel als Chef der 12. Kompagnie und des Militärbezirks nach Mahenge, Stabsarzt Dr. Philipps als Stationsarzt nach Morogoro, von dort Stabsarzt Dr. Wiehe nach Daressalam, Stabsarzt Dr. Lott als Stationsarzt nach Kilwa, Feldwebel Münzner zur 12. Kompagnie Mahenge,
>
> (Auszug aus dem Amtlichen Anzeiger für Deutsch-Ostafrika, Personalnachrichten vom 12.11.1904)

Sein Vorgänger war Hauptmann Gideon von Grawert (+ 1941; Oberstleutnant)[53] gewesen, der im Januar 1903 nach Mahenge versetzt worden war. Der neue Verantwortungsbereich im Südwesten der Kolonie hatte 1904 etwa eine Größe von 10.000 Quadratkilometern - dies entspricht etwa der Hälfte der heutigen Fläche der Bundesländer Hessen oder Rheinland-Pfalz - und zählte ca. 100.000 Menschen. Der größte Teil des Bezirks besteht aus ebenem Land, das nur etwa 200 bis 350 Meter über dem Meeresspiegel liegt und während der Regenzeiten durch das von den umliegenden Bergen herabkommende Wasser weitgehend überschwemmt wird. In dieser Zeit sind Boote das einzige Fortbewegungsmittel. Der Name des Bezirks Mahenge stammt von einem Bantustamm, der im äquatorialen Südostafrika, im Westen der Suaheli-Küste lebt.

---

[53] Nicht zu verwechseln mit Oberleutnant Werner von Grawert, der 1901 in Flensburg den Rechtsanwalt Eye im Zweikampf erschossen hatte. Nach 2 Jahren Festungshaft in Magdeburg wurde er begnadigt und kehrte in die Kolonie zurück.

„Die Mahenge Männer, mit heller Hautfarbe und angenehmen, feinern Gesichtszügen, zeichnen sich durch mächtigen Haar- und Bartwuchs aus; die Frauen sind klein, untersetzt, und nur wenige sind hübsch. Ihre Kleidung besteht aus Rindenzeug oder Tier-, meist Affenfellen, welche auf dem Kriegspfad gänzlich abgelegt wird, wohingegen ihre Stelle ein riesiger Kopfputz zu vertreten scheint. Merkwürdig ist bei diesem Volk der Mangel an Ehrfurcht vor ihren Toten. Die Frauen trauern, indem sie, mit Stricken und Seilen umschlungen, sich mehrere Tage vor die Thür setzen. Die Speisen werden außer dem Haus gekocht. Salz gewinnt man aus der filtrierten Asche gewisser Grasarten, Wasserpflanzen und Bäume. Das salzhaltige Wasser wird dann verdampft und hinterläßt einen sehr unreinen Salzniederschlag."[54]

Die Station Mahenge - etwa 350 km südwestlich von Daressalam entfernt - liegt allerdings nicht in der Ebene, sondern südlich davon in Upogoro, einer Gebirgsregion, auf einer Höhe von etwa 1.000 Metern in einem immergrünen Waldgürtel. 1904 war sie ein kleiner Flecken, in dem nur wenige hundert Menschen, darunter 30 bis 40 Europäer lebten. Heute zählt der Ort ca. 8.000 Einwohner. Pro Jahr treten in der Region zwei Regenzeiten auf, eine große zwischen März und Mai und eine kleine zwischen Oktober und Dezember, wobei Verschiebungen von einem Monat und mehr vorkommen. Zwar schwankt die Ergiebigkeit der Regenfälle beträchtlich, doch sie erschwert sowohl das Alltagsleben als auch den militärischen Dienst und vor allem die militärischen Operationen.

Zusammen mit Feldwebel Münzner, der ebenfalls nach Mahenge versetzt worden war, trat von Hassel die Reise in seinen neuen, etwa 400 Kilometer entfernten Standort an. Er war froh, als er nach eineinhalb Jahren in Daressalam und Lindi das schwül-warme Küstengebiet hinter sich lassen konnte, und er diese Zeit ohne sich mit Malaria oder Schwarzwasserfieber angesteckt zu haben, überstanden hatte. In der kühlen Höhenluft von Mahenge brauchte er keine Sorge vor Moskitos und Tropenkrankheiten zu haben. Die Reisedauer nach Mahenge betrug zu Fuß bzw. zu Pferd etwa 23 Tage. Lediglich ein Eilbote konnte unter günstigen Bedingungen die Strecke in 6 Tagen zurücklegen.

---

[54] Vgl. Thomson, Expedition nach den Seen von Zentralafrika 1878-80 (deutsch), Jena 1882.

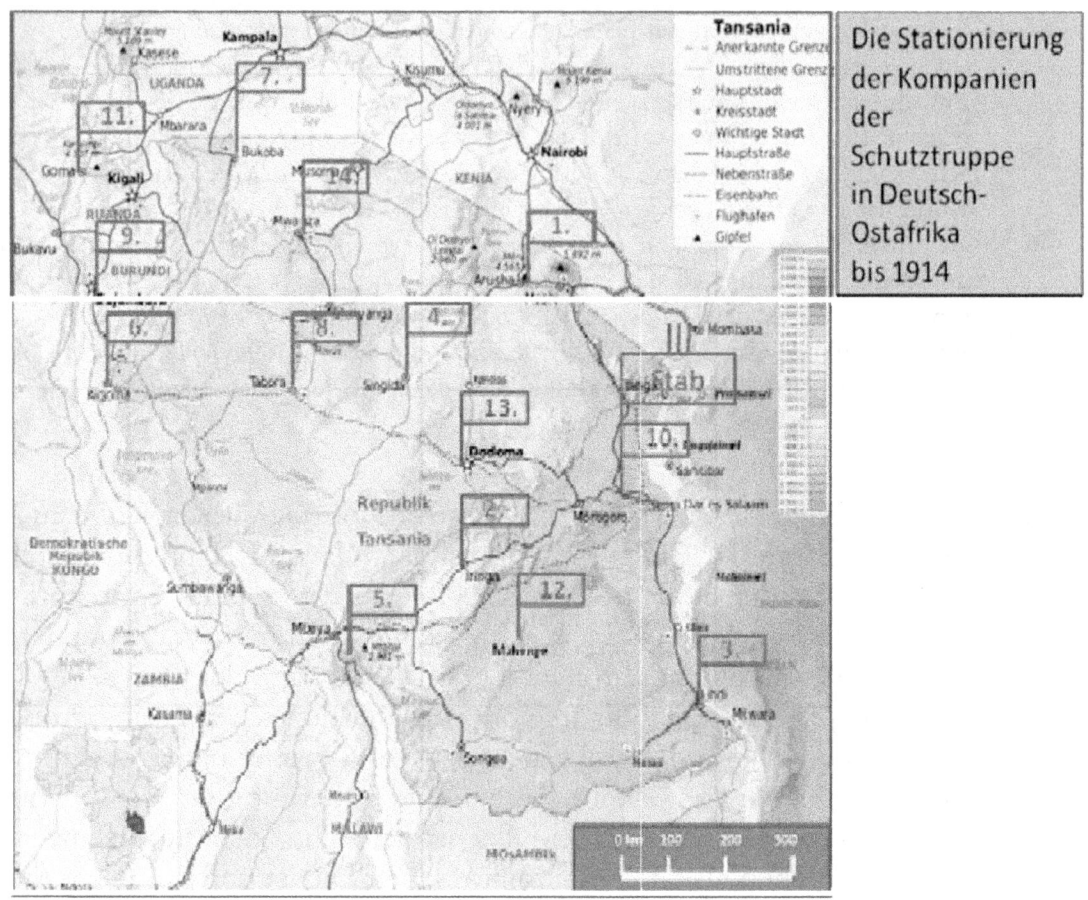

Die Stationierung der Kompanien der Schutztruppe in Deutsch-Ostafrika bis 1914

Von Hassels Tagesablauf in dem Einöd-Standort Mahenge bestand aus einer Mischung aus militärischen, polizeilichen und zivilen Verwaltungsaufgaben, vor allem der Rechtsprechung und der Überwachung der Steuereintreibung, wobei der Schwerpunkt auf letzterem lag. Besonders als Schiedsrichter bei Stammesstreitigkeiten waren diplomatisches Geschick, aber auch Durchsetzungsvermögen gefragt, denn das Eis der militärischen Macht war angesichts der personellen Überzahl der Einheimischen sehr dünn und durfte nicht allzu sehr strapaziert werden. So konnten z.B. als ungerecht empfundene Strafen in der Bevölkerung schnell in ausufernde Gewalt umschlagen.

Die Ausbildung der Askari lag weitgehend in den Händen seiner Offiziere und Unteroffiziere. Der Tag begann am Morgen in der Regel mit zweistündigem Exerzieren nach dem Reglement der Marine. Wöchentlich standen Schießübungen und das Einüben taktischer Formen wie Schützenkette,

Schützenrudel und „Knäuel", sowie Waffenausbildung und die kontinuierliche Ausbildung der Signalschüler auf dem Dienstplan. Der Schwerpunkt der Friedenaufgaben lag auch bei den Askari auf dem zivilen Bereich: Beim Häuser-, Wege- Brücken- und Brunnenbau waren vor allem die handwerklichen Fähigkeiten der Soldaten gefragt, die heute unter die Bezeichnung „zivil-militärische Zusammenarbeit" fallen.

> Bei Mahenge sind durch Unwetter in vielen Landstrecken die jungen Saaten vernichtet und droht hier Hungersnot einzutreten.
> Meldung in der DOA-Zeitung vom 10. März 1906

In den letzten Juli-Tagen des Jahres 1905 - von Hassel war inzwischen zwei Jahre im Lande und ein dreiviertel Jahr in Mahenge - brach im Süden der Kolonie von Deutsch-Ostafrika für die Kolonialverwaltung unerwartet und ohne erkennbare Vorzeichen, der sogenannte Maji-Maji-Aufstand[55], aus, der sich rasch nach Norden und Westen über ca. ein Drittel der Kolonie ausbreitete und auch den Bezirk Mahenge erfasste. Grund war vermutlich die Art und Weise, mit der eine „Hüttensteuer" von 3,- Rupien pro Jahr bei den Einheimischen durchgesetzt wurde. Obwohl seit einem Jahr die Meldungen über die blutigen Kämpfe in Deutsch-Westafrika in der Deutsch-Ostafrikanischen Zeitung veröffentlicht worden waren, beschwichtigte diese noch Mitte August 1905 die Lage.

> Ueber die Unruhen im Süden.
> geschlossen, und möchten wir hiermit die in der Stadt schon auftauchenden Gerüchte über Aufstand in Kilossa und Mahenge in das Gebiet des Büstenklatsches zurückweisen.
> Meldung in der DOA-Zeitung vom 12. August 1905

---

[55] Maji = (Wasser), d. h. von Zauberern geweihtes, „heiliges" Wasser, das vor den Kugeln der Deutschen schützen sollte. Zur ausführlichen Darstellung der Kämpfe und Operationen im Raum Mahenge siehe: Nuhn, Walter Flammen über Deutschost S. 104 ff.

Offenbar glaubte man, dass dies in Ostafrika nicht passieren würde. Doch als die in Daressalam stationierten Truppen zur Bekämpfung des Aufstands abrückten, machte sich in der, nun vom Militär entblößten und dadurch wehrlosen Stadt Unruhe breit, die zur Bildung einer freiwilligen Bürgerwehr führte. Als der Aufstand immer weiter um sich griff, und die Lage außer Kontrolle zu geraten drohte, rief Gouverneur Graf von Götzen Berlin um Hilfe und bat um Verstärkung. Der Gouverneur verschob seinen ursprünglich für August geplanten Heimaturlaub und blieb vor Ort. Er reiste erst am 12. April 1906 mit dem Dampfer „Feldmarschall" nach Deutschland und kehrte nicht mehr in die Kolonie zurück. Zwar wurde seinem Antrag - er wollte mehr als 600 Soldaten haben - wegen der zeitgleichen Kämpfe in Deutsch-Südwestafrika - nicht im vollen Umfang stattgegeben, aber am 15. September 1905 traf mit dem Dampfer „Körber" des Österreichischen Lloyd aus Triest eine Kompanie des II. Seebataillons aus Wilhelmshaven unter Hauptmann von Schlichting mit 150 Mann, sowie einer Wechselbesatzung für das Kanonenboot „Bussard" in Stärke von 53 Matrosen ein. Unter den Neuankömmlingen war auch Hauptmann Rudolf von Hirsch,[56] der die Station Mpapua, die zur 4. Kompanie im Norden gehörte, übernehmen sollte. Am 23. September folgte zusätzliches Ausbildungspersonal - 20 Offiziere, vier Sanitätsunteroffiziere und 27 Unteroffiziere. Zusätzlich setzte die Marine die beiden Kreuzer „Thetis" unter Fregattenkapitän Ludwig Glatzel[57] (1861-1938; Konteradmiral) und „Seeadler" unter Korvettenkapitän Müller in Marsch. Die „Thetis traf am 26. September aus Ostasien und die „Seeadler" am 1. Oktober aus der Südsee ein. Das Kanonenboot „Bussard" unter Korvettenkapitän Otto Back war in Daressalam stationiert. Es transportierte Truppen, die wichtige Objekte und Einrichtungen schützten und im Bedarfsfalle auch von See aus in die Kämpfe an Land eingriffen, so z.B. im Rufiji-Delta südlich von Daressalam. Oberleutnant zur See Hans Paasche (1881-1920; Kapitänleutnant) befehligte eine dieser Abteilungen.[58]

---

[56] Hirsch stammte aus dem Grenadier-Regiment „Kronprinz" (1. Ostpreußisches) Nr. 1. Er hatte sich 1905 freiwillig zum Dienst in der Schutztruppe gemeldet, wahrscheinlich wegen drückender Schulden.

[57] Glatzel übernahm die Geschäfte des Dienstältesten Seeoffiziers in Daressalam.

[58] Er veröffentlichte seine Erlebnisse später unter dem Titel „Im Morgenlicht".

> Hauptmann v. Hassel, der Chef genannten Bezirkes und der gleichnamigen Militärstation marschierte sofort nach der Bezirksgrenze ab, um durch sofortiges Eingreifen der Bewegung Einhalt zu tun. An die Bergjumben seines Bezirkes sandte er sogleich Befehle zu ihm zu kommen, widrigenfalls ihnen Krieg erklärt sei. Durch den Jumben Mgegere erfuhr Hauptmann v. Hassel weiter, daß die in Kilwa ausgegebene Zaubermedizin sich bereits über die ganze Ebene des Lorembero und Luwegu ausgedehnt habe. —
>
> Meldung in der DOA-Zeitung vom 10. März 1906

Das Wort „Jumbe" bezeichnet in Kisuaheli eine wichtige Person wie z.B. einen Stammesältesten. Die zahlreichen Stämme im Süden Ostafrikas hatten ihre oft traditionellen Feindschaften überwunden und sich im Kampf gegen die verhasste Fremdherrschaft vereint. Und so war an ein aktives, offensives Vorgehen gegen die Rebellen wegen der geringen Stärke der Schutztruppe zunächst nicht zu denken.

Die Beschriftung lautet: Stationschef Hauptmann von Hassel im Gespräch mit Kundschaftern

Vor allem die vier im Süden des Landes dislozierten Feldkompanien - Nr. 3, 5, und 2. und die Nr. 12 - waren an den mehr als ein Jahr dauernden, blutigen und grausamen Kämpfen beteiligt. Zwar bestand die Bewaffnung der Aufständischen nur aus einigen erbeuteten Gewehren, Pfeil und Bogen, sowie Speeren und Messern, aber sie waren den kleinen Garnisonen personell weit überlegen.

Ende August 1905 war die Heliographen-Verbindung nach Mahenge unterbrochen worden, gerade zu einem Zeitpunkt, als kurz zuvor auch von dort Bewegungen Aufständischer gemeldet wurden. Die Station Mahenge, mit einigen festen Gebäuden und einem Wachturm, war zwar taktisch günstig auf einer Bergkuppe erbaut, doch das Areal war nur dann erfolgreich zu verteidigen, wenn dazu auch eine ausreichende Anzahl von Soldaten zur Verfügung stand. Das Dorf Mahenge selbst lag außerhalb der Station.

Die Befestigung rings um die Station bestand anfangs nur aus behelfsmäßig errichteten Palisaden und Dornenhecken. Als von Hassel, der Stationschef, in Mahenge, vage über Unruhen im Küstenabschnitt benachrichtigt wurde, marschierte er am 16. August 1905 nur mit den beiden Unteroffizieren Friebe und Knispel, sowie 26 Askari in östliche Richtung gegen den Stamm der Wapogoro, der am Ulanga-Fluss lebte. Das Kommando über die Boma Mahenge (auf Suaheli „Boma" für befestigte Gebäude und Orte) übergab er dem Unterzahlmeister Voigt. Bereits auf dem Marsch kam es zu heftigen Kämpfen. Sie waren Theodor von Hassels Feuertaufe.

> Am 19. August Abends fanden sich sämtliche Bergjumben unter Führung des Sultans Liganga bei Hauptmann v. Hassel ein, um ihre Treue zu versichern und nahmen auch an den in den folgenden Tagen stattgehabten Patrouillengängen und Gefechten der 12. Kompanie teil. Es kam zu mehreren Zusammenstößen, in denen der Gegner etwa 95 Tote verlor.
>
> Meldung in der DOA-Zeitung vom 10. März 1906

Bischof Kassian Spiss

Da erhielt er am 23. August die Nachricht, dass einige Stämme nördlich von Mahenge Karawanen überfallen hätten und damit auch seine Station ernsthaft bedroht wäre. Die Ermordung eines Pflanzers, des Benediktiner-Missions-Bischofs und Apostolischen Vikars von Süd-Sansibar Anton Kassian Spiß[59] durch Speerstiche, sowie eines Benediktiner-Paters, vier deutscher Missionsangehöriger und sieben schwarzer Christen am 14. August, zeigte, dass die Lage prekärer war als ursprünglich angenommen. Von Hassel entschied sich, den Streifzug nach Osten abzubrechen.

> Am 23. August erhielt Hauptm. v. Hassel beunruhigende Nachrichten von der Station, welche besagten, daß 5 Stunden von der Boma entfernt, auf der Straße von Mahenge nach Ifakara die Jumben den Gehorsam verweigern, Karawanen überfallen und Träger töten, Tatsachen, welche ihn zur sofortigen Rückkehr zur Station zwangen, zumal die dort zurückgebliebene Besatzung seiner Zeit sehr schwach war.
>
> Meldung in der DOA-Zeitung vom 10. März 1906

---

[59] Nachfolger als Apostolischer Vikar wurde der Benediktinerpater Thomas Spreiter (1865-1944) aus der Abtei St. Ottilien.

Seine Sorge galt nun seiner Station, die mit nur 2 Unteroffizieren und 18 Askari völlig unterbesetzt war. Und so kehrte er am 24. August gerade noch rechtzeitig nach Mahenge zurück. Dort stellte sich die Lage weniger bedrohlich dar, weil zwei Stammeshäuptlinge von Hassel ihre Unterstützung zugesagt hatten. Er entschied sich deshalb, als erstes gegen die Aufständischen im Norden ins Feld zu ziehen.

> Am nächsten Tage traf Hauptm. v. Hassel in Mahenge ein, marschierte jedoch schon am Nachmittage genannten Tages wieder ab, zumal eine Nachricht eingegangen war, daß Tags vorher eine von der Station abgegangene Karawane der Deutsch-Ostafrikanischen Gesellschaft etwa 5 Stunden von der Boma entfernt von Wabungas überfallen und völlig ausgeplündert sei; eine Nachricht die sich später voll und ganz bewahrheitete. Die Stärke des kleinen Detachements betrug 2 Unteroffiziere, 42 Askari, 50 Hilfskrieger, 1 Maschinengewehr; außerdem hatte sich der zur Zeit in Mahenge weilende Tiermaler Kuhnert der Expedition angeschlossen, der auch die später stattgehabten Gefechte mit der Waffe mitmachte.
>
> Meldung in der DOA-Zeitung vom 10. März 1906

Jedoch geriet dabei seine Vorhut unter Führung von Feldwebel Münzer am 25. August in einen Hinterhalt. Nur mit Hilfe ihrer überlegenen Bewaffnung konnten sie sich behaupten; der Gegner zählte 150 Tote. Von Hassel kehrte wieder nach Mahenge zurück und traf dort am 27. August ein. In aller Eile wurden die Befestigungen der Station mit Palisaden, Schützengräben und kleinen Holztürmen verstärkt. Von Hassel ließ Sträucher abholzen, um das Schussfeld zu vergrößern und sicherte die Palisaden zusätzlich mit Dornenverhauen, welche die Annäherung erschweren sollten. Im Wissen um seine prekäre Lage hatte von Hassel einen Eilboten mit der Bitte um Unterstützung nach Daressalam in Marsch gesetzt, dem es tatsächlich gelang den Nachstellungen der Verfolger zu entkommen und mit seiner Nachricht in die Hauptstadt zu gelangen. Nur drei Tage später, am 30. August, wurde die

Station von etwa 8.000 Aufständischen[60] angegriffen. Mit nur 3 Unteroffizieren und sechzig einheimischen Askari behauptete sich die kleine Truppe über längere Zeit gegen die Übermacht. Am 31. August erfolgte der zweite und am 5. September der dritte Angriff; auch sie wurden unter hohen Verlusten für die Angreifer zurückgeschlagen. Von Vorteil war, dass von Hassel über 2 Maschinengewehre (MG) verfügte, und dass die Angreifer ihre Kräfte zersplittert, sprich nacheinander, einsetzten. Allerdings mussten die Verteidiger streng mit der Munition haushalten, da die Vorräte begrenzt, und der Nachschub aus der Hauptstadt über lange Wochen durch die Rebellen unterbrochen war.

Im blinden Vertrauen auf ihre Medizinmänner, die ihnen versprochen hatten, sie wären wegen des „heiligen Wasser" unverwundbar, stürmten die Aufständischen „mit Speeren, Schilden und Keulen bewaffnet, Kränze mit Hirsestengeln als Maji-Symbol auf dem Kopf tragend" Welle um Welle gegen die Palisaden und das weitreichende Feuer der beiden MG an. Hier wurde auf taktischer Ebene vorweggenommen, was sich zehn Jahre später im Ersten Weltkrieg an der Westfront wiederholen sollte. Die schlecht ausgerüsteten Rebellen hatten keine Chance und erlitten hohe Verluste. Selbst ihre treffgenauen, giftigen Pfeile, die sie mit einem Gemisch von Schlangengift und dem Saft bestimmter Pflanzen bestrichen hatten, brachten keinen Erfolg. Und so mussten sie schließlich die Belagerung abbrechen. Allerdings war für die Verteidiger die Gefahr noch nicht vorüber, weil sich deren Munitionsvorräte dem Ende zu neigten.

Mit militärischem Sachverstand hätten die Eingeborenen bei ihrer beträchtlichen personellen Überzahl den Belagerungsring um Mahenge über Monate aufrecht erhalten und damit die Station aushungern und zur Aufgabe zwingen können.

Erst als am 20. September 1905 der Entsatz durch Hauptmann Nigmann kam und zugleich der dringend erwartete Munitionsnachschub eintraf, entspannte sich die Lage. Am 16. Januar 1906 berichtete die Deutsche Zeitung in Berlin, Hauptmann von Hassel hätte am 18. November 1905 „ein siegreiches Gefecht" am Ruipa-Fluss gegen 2.000 Aufständische aus dem Dorf Isakara, etwa 360 km westlich von Daressalam, geführt. Seine Kompanie

---

[60] Die Zahlen schwanken zum Teil beträchtlich. Walter Nuhn nennt sogar 20.000 bis 25.000 Mann (a.a.O. S. 112).

hatte bei den Kämpfen 26 Hilfskrieger verloren. Die Verluste seiner Gegner waren weit höher.

Der Hof der belagerten Station Mahenge im Jahre 1905

> Hauptmann v. Hassel meldet unter dem 16. Februar aus Mahenge, daß an genanntem Tage der Oberlt. v. Nordeck mit 40 Askari (zur 5. Komp. Wendlang gehörig) auf der Station eingetroffen ist. Am gleichen Tage marschierte Hauptm. v. Hassel, das Detachement Nordeck auf Station belassend, in nördlicher Richtung ab, um am 13. — 14. März mit der Kompanie des Hauptm. v. Wangenheim bei Mkiro zusammenzutreffen.
>
> Meldung in der DOA-Zeitung vom 17. März 1906

Allerdings wurde anschließend sein weiterer Vormarsch über den Ulangafluss nordwärts durch den hohen Wasserstand wegen der zwischenzeitlich einsetzenden Regenzeit verhindert.[61] Hassel berichtete:

> „Die Steppe glich einem See. Die Wege waren zu reißenden Strömen geworden. Sieben Leute fielen Krokodilen zum Opfer. So, dauernd im Wasser watend, Tag und Nacht keinen trockenen Faden auf dem Körper, selbst die Lager unter Wasser, litten sowohl meine Truppe wie die Hilfskrieger unter Dysenterie und Lungenentzündung. Die Todesfälle mehrten sich von Isakara ab in erschreckender Weise, weshalb ich beschloß, den Weitermarsch ... aufzugeben."[62]

Am 21. März war von Hassels Detachement von zahlreichen Kriegern des Wagindo-Stammes angegriffen worden. Zwar wurde der Angriff zurückgeschlagen, und der Gegner verlor 66 Mann, aber die Lage sah Mitte April 1906 „noch recht böse" aus, wie die Deutsch-Ostafrikanische Zeitung schrieb. Endlich trafen Entsatz und Verstärkung für die bedrängte Station ein: Am 9. April 1906 die Kompanie des Hauptmanns Freiherr von Wangenheim, zwei Tage später die Abteilung von Oberleutnant Hugo Graf von Freyen-Seyboltsdorff aus Kilwa und am 12. April 1906 schließlich noch die 15. Kompanie unter Hauptmann Johannes Wunderlich mit 3 Europäern und 40 Askari. Gleichzeitig wurden Oberleutnant Hugo Freiherr von Nordeck zur Rabenau und die Unteroffiziere Schedel und Rick zur 12. Kompanie versetzt. Dies verschaffte von Hassel Luft und taktischen Spielraum. Er war nicht länger der Verteidiger, konnte als bewegliche Reserve, d.h. für Streifzüge, eingesetzt werden und gewann die Handlungsfreiheit zurück.

> Die Kompagnie Hauptmann v. Wangenheim ist am 9. März 1906 in Mahenge angekommen. Am 11. 3. machten die Hauptleute v. Hassel und v. Wangenheim mit je einem stärkeren Detachement einen gemeinsamen Zug nach Mkiro und Mafimbo. In der Ulanga-Ebene herrscht großer Nahrungsmittelmangel. Die Straße Iringa—Kiwanga gilt als sicher.
>
> Meldung in der DOA-Zeitung vom 14. April 1906

---

[61] Schneider, Reinhard Neueste Nachrichten aus unseren Kolonien in Afrika, S. 219
[62] Nigmann, Ernst Geschichte der Kaiserlichen Schutztruppe S. 112 f.

Danach entspannte sich die Lage. Der Aufstand ebbte in der zweiten Hälfte des Jahres weiter ab und galt offiziell ab Januar 1907 als beendet. Die Marineinfanterie war bereits Ende März 1906 an Bord der „Thetis" zurückgekehrt und hatte danach in die Heimat verlegt. Die SMS „Seeadler" und „Bussard" hingegen verblieben vor Ort. Und so konnte auch Hauptmann von Hassel nach drei Jahren endlich seinen ersten Heimaturlaub antreten. Hauptmann Freiherr von Wangenheim wurde Hassels Nachfolger. Im Mai 1906 brach von Hassel, zusammen mit dem Sanitätssergeanten Knispel, der ebenfalls nach Deutschland reiste, von Mahenge auf. Zuvor war bereits der in Mahenge wegen der Kämpfe eingeschlossene Tiermaler Kuhnert wieder nach Daressalam zurückgereist. Die Reise wurde durch ungewöhnlich starken Regen erschwert. Am 2. Juni 1906 traf von Hassel in der Hauptstadt ein und bezog für eine Woche ein Zimmer im Hotel Roter Adler in nächster Nähe zum Oberkommando der Schutztruppe, bevor er am 8. Juni nach über drei Jahren in der Kolonie mit dem Dampfer „Admiral" der Deutschen Ostafrika-Linie unter Kapitän Doherr die langersehnte Reise nach Deutschland antrat.

Der Krieg gegen die Aufständischen war von der Schutztruppe und den Rebellen mit aller Härte geführt worden. Gräueltaten auf beiden Seiten waren an der Tagesordnung, Gefangene wurden in der Regel nicht gemacht.

> **Personal-Nachrichten.**
> Mit „Admiral" haben am 8. d. Mts. Heimatsurlaub angetreten: Die Herren Hauptmann von Hassel Rechnungsrat Schüßler, Feldwebel Münch u. San. Sgt. Knispel.
>
> (Auszug aus der Deutsch-Ostafrikanischen Zeitung von 09.06.1906)

Die Kolonialtruppen wandten - wie bereits 1840 die französischen Truppen in Algerien - eine Strategie der „verbrannten Erde" an: Mobile Einheiten durchkämmten das Land, brannten Dörfer nieder, führten das Vieh weg und nahmen Frauen und Kinder als Geiseln. Zur Abschreckung wurden vor allem die Anführer der Aufständischen, wiederholt auch Gefangene, erschossen. Bisweilen wurde sogar - wie von Kapitänleutnant Paasche - der Einsatz von Dum-Dum-Munition erwogen:

> „Die Wirkung der Stahlmantelgeschosse aus den 98er Gewehren war viel geringer als die der Bleigeschosse aus den 71er Gewehren der Askari. ... Da man den Angeschossenen doch nur in sehr seltenen Fällen helfen kann, stände nichts im Wege, angefeilte oder Bleispitzengeschosse gegen Aufständische zu verwenden. Die Qualen des Verwundeten werden abgekürzt, und vor allen Dingen wird der Gegner schneller kampfunfähig gemacht. ... Wenn man Neger schonen will, soll man überhaupt nicht schießen."[63]

Allerdings ist es falsch und überheblich, diese Art der Kriegführung aus unserer heutigen Sicht und Wertvorstellung zu beurteilen. Alle Kolonialmächte verhielten sich bei der Durchsetzung ihrer Machtansprüche ähnlich.

> Der Körper des Stabsarztes war nackend, von Speerstichen übersäet, sodaß es unmöglich war festzustellen, ob die Farbe weiß oder schwarz. Der Kopf war abgeschnitten, skalpiert, die Augen ausgestochen und nur die vielen Goldplomben des Gebisses ließen ahnen, wem dieser Kopf gehöre. Die Askaris lagen teilweise

Meldung über den Tod des Stabsarztes Dr. Albert Wiche am 6. Januar 1906 (Auszug aus der Deutsch-Ostafrikanischen Zeitung)

Anfang Juli 1906 traf die „Admiral" in Hamburg ein. Theodor von Hassel setzte nach über drei Jahren seinen Fuß wieder auf deutschen Boden. Wahrscheinlich besuchte er zunächst seinen Bruder Friedrich, der in Hannover stationiert war und seine Schwester Magdalene von Gordon, deren Ehe mit Franz von Gordon nach sechzehn Jahren erst wenige Monate zuvor geschieden worden war. Dann reiste er nach Sonderburg zu seinem alten Regiment und nach Apenrade.

---

[63] Paasche, Hans Im Morgenlicht S. 128 f.

2.3 Hochzeit im Heimaturlaub

Vermutlich bei einem Fest seines alten Stamm-Regiments in Sonderburg lernte der schneidige Kolonialoffizier Theodor von Hassel die einundzwanzigjährige Emma Jebsen (1885-1960) aus Apenrade kennen. Vielleicht war er der jungen, attraktiven Frau dort sogar schon in der Zeit zwischen 1900 und 1903 begegnet, als er noch bei seinem Füsilier-Regiment Nr. 86 in Sonderburg gedient hatte. Solche gesellschaftliche Anlässe in den Garnisonen waren für die Familien der Umgebung und das Offizierskorps stets ein begehrter und interessanter Heiratsmarkt.

Emma Jebsen

Emma Jebsen hatte 1903, als Theodor von Hassel nach Afrika ging, gerade ihren achtzehnten Geburtstag gefeiert und in diesem Alter mit großer Wahrscheinlichkeit bereits die Festlichkeiten des Regiments mit ihrem ältesten Bruder Jacob und den Schwestern besuchen dürfen. Die angesehene Reedersfamilie Jebsen - Vater Michael war bereits 1899 verstorben - stand zweifelsohne auf der Gästeliste des Regiments. Apenrade und Sonderburg sind nur etwa 30 Kilometer voneinander entfernt.

Die kleine Hafenstadt an der Ostsee - heute Aabenraa in Dänemark - gehörte damals zum Herzogtum Schleswig und lebte wegen der nahen Eichen- und Eschenwälder überwiegend vom Schiffbau. Der deutsch-dänische Konflikt hatte zwischen 1848 und 1851 zum Bürgerkrieg geführt, bei dem die Familie Jebsen auf Seiten der aufständischen Schleswig-Holsteiner stand.

Die dänische Krone hatte danach die Hoheit über Schleswig und Holstein behalten, und die dänische Sprache in Verwaltung, Schule und Kirche eingeführt. Allerdings bestand die vertragsgemäße Auflage, deren Selbständigkeit zu beachten. Eine neue dänische Verfassung verletzte jedoch 1863 dieses Gebot, in dem sie Schleswig enger an Dänemark zu binden suchte. Parallel dazu strebten die national gesinnten Holsteinischen Stände die Abspaltung von Kopenhagen an. Als Dänemark sich weigerte, die Verfassung aufzuheben, kam es 1864 unter Einbeziehung Österreichs zum Krieg mit dem Deutschen Bund. Die preußischen Truppen waren 1864 von der deutsch-national geprägten Familie Jebsen willkommen geheißen worden. In diesem Jahr war Vater Friedrich Julius - damals Premier-Leutnant und Führer der 2. Kompanie des Infanterieregiments 15 - nach dem gewonnenen Feldzug einige Monate in Apenrade stationiert. Als der Krieg - wie geschildert - gewonnen worden war, fiel der Ort zu Preußen und gehörte ab 1871 für ein halbes Jahrhundert zum Deutschen Reich.

Emma war das jüngste von neun[64] Kindern des Reeder-Ehepaares Michael Jebsen (1835-1899) und Clara Anna Offersen (1844-1913). Sie war am 14. Mai 1885 zur Welt gekommen. Die Vorfahren waren alle Schiffer, Seefahrer, Kapitäne und Schiffsbauer gewesen, wohnten seit Anfang des 18. Jahrhunderts in Apenrade und hatten es trotz mancher wirtschaftlicher Verluste und familiärer Schicksalsschläge, nicht zuletzt auch durch Einheirat, zu Wohlstand gebracht. Es kam nicht selten vor, dass ein junger Mann durch die Hochzeit „Schiff kriegte", wie man in Apenrade diesen Weg zum sozialen Aufstieg damals nannte.

Michael Jebsen - Emmas Vater und Kai-Uwe von Hassels Großvater mütterlicherseits - am 27. September 1835 als Zwilling[65] in Apenrade geboren - hatte seine berufliche Laufbahn als Segelmacher begonnen. Mit 16 Jahren heuerte er als Schiffsjunge an und erwarb bereits als Achtzehnjähriger das Steuermannspatent. 1856, mit nur 21 Jahren, wurde er Kapitän auf einer peruanischen Bark. Nach neun Jahren als Kapitän kehrte er 1868 nach Apenrade zurück, heiratete und kaufte sein erstes eigenes Schiff, die Bark „Cephyrus". Ab 1874 arbeitete er vier Jahre als Leiter einer Niederlassung von Alfred Krupp in Rotterdam. Dann kehrte er als erfolgreicher Unter-

---

[64] Das zweite, im Jahre 1869 geborene Kind, Tochter Marie Mathilde, starb bereits im zweiten Lebensjahr.

[65] Seine Zwillingsschwester war Thilde Christine.

nehmer nach Apenrade zurück und gründete 1878 mit dem Dampfer „Signal" seine eigene Reederei, die bis 1892 auf 13 Dampfer anwuchs. Segelschiffe als Transportmittel waren inzwischen überholt. Im Jahre 1883 wurde Michael Jebsen Senator, vertrat von 1890 bis 1898 als Abgeordneter die Nationalliberale Partei des Wahlkreises Flensburg im Reichstag und arbeitete in den Ausschüssen Krankheitsbekämpfung und Sklavenhandel. Er machte sich für den Flottenbau zum Schutz der deutschen Kolonien stark und gehörte der Marine-Budget-Kommission an. Sein Eintreten für die Kriegsmarine trug ihm den Spitznamen „Admiral" ein. 1898 wurde er für ein Jahr in die 2. Kammer des Preußischen Landtags gewählt. Im selben Jahr unterzeichnete er einen Vertrag für den Linienverkehr auf der Route Hamburg - Shanghai - Kiautschou. Hongkong wurde zur Existenzbasis einiger seiner Kinder und Enkel. Im Jahr darauf starb Michael Jebsen mit nur vierundfünfzig Jahren.

Bothilde, die älteste Schwester, heiratete den aus Pommern stammenden Juristen Ernst Bruno Bourwieg (1865-1944). Ihr Mann war von 1899 bis 1919 Landrat des Kreises Siegen. Im Ersten Weltkrieg fielen ihre beiden ältesten Söhne; nur ihr Jüngster kehrte heim. Das Ehepaar lebte später in Kiel. Clara heiratete den aus Flensburg stammenden Beamten von Fischer-Benzon und Johanne Jebsen den Apenrader Bürger Heinrich Jessen. Letztere starb mit nur 28 Jahren während ihrer dritten Schwangerschaft auf einer Dampferreise von Shanghai nach Hongkong.

Emma war als jüngste der Schwestern inzwischen 21 Jahre alt - Zeit, um endlich „unter die Haube zu kommen". Und so fiel der Entschluss zu heiraten - wie bereits bei Theodors Vater 1866 - sehr schnell, beinahe überstürzt. Bei der jungen Frau war es wahrscheinlich Liebe auf den ersten Blick. Der schneidige Offizier in der Kolonialuniform mit der Ordensschnalle, der unendlich viele Abenteuergeschichten aus einem fernen Kontinent zu erzählen wusste, gefiel Emma sehr. Früher hatte sie oft ihrer Mutter gelauscht, als diese von ihren langen, gefährlichen Schiffsreisen berichtete. Und so war es nicht verwunderlich, dass Emma einmal wie ihre Mutter werden und ebenfalls ferne Länder besuchen wollte. Doch in dem Provinznest Apenrade, umgeben nur von Mutter und älteren Tanten, waren solche Träume schwer umzusetzen. Bisher hatte sie nur einmal - 1900/1901 - die Luft der Fremde schnuppern dürfen, auch wenn es nur die eines behüteten Internats in Bonn war. Gern hätte sie Kunstgeschichte studieren oder Lehrerin werden wollen.

Doch einen Beruf zu erlernen war damals für eine junge Frau aus gutem Hause undenkbar. Sie hätte auch einen Seemann heiraten können, aber dann wäre sie zu Hause geblieben, und nur ihr Mann wäre in der weiten Welt herumgereist. Theodor hingegen dürften eher pragmatische Gründe zu der Eheschließung bewogen haben. Emma kam aus einem wohlsituierten, begüterten Haus. Mit ihr konnte er sich sehen lassen, und sie würde auch vor den Augen seines Kommandeurs im fernen Daressalam ohne Schwierigkeit bestehen. Überdies drängten das nahe Ende seines Heimaturlaubs und die nicht gerade erfreulich stimmende Vorstellung weiterer einsamer Jahre in der fernen Kolonie, Theodor von Hassel zu einer familiären Entscheidung. Er war bereits 38 Jahre alt und sein Sold, vor allem seine Bezüge im Ausland, reichten aus, um eine Familie zu ernähren. Er hatte offenbar bereits einmal zuvor einen eher halbherzigen, schriftlichen Versuch unternommen, in den Stand der Ehe zu treten, der aber gescheitert war. Vor seiner Abreise nach Afrika hatte er in Kiel 1903 eine Frau kennengelernt. Da er aber noch nicht einmal ihren richtigen Namen kannte - nur „Mieze" oder „Marie" war ihm im Gedächtnis geblieben -, dürfte es sich eher um eine flüchtige Bekanntschaft gehandelt haben.[66] Doch in dem fernen Einödstandort Mahenge hatte er sich dann wieder an sie erinnert und ihr einen telegrafischen Heiratsantrag geschickt, was eher nach Torschlusspanik denn nach romantischer Liebe klingt. Zwar hatte der Vater für seine Tochter den Antrag positiv beschieden - „Ida erwidere seine Gefühle!"[67] - doch dann hatten sich diese vagen Hochzeitspläne zerschlagen.

Theodor und Emma gaben sich - nur wenige Wochen nach jenem Ball - am 23. Oktober 1906 in der Nicolai-Kirche in Apenrade das Jawort. Die Väter beider Seiten und Theodors Mutter Elise waren bereits vor langer Zeit verstorben: Friedrich Julius von Hassel mit 57 Jahren bereits 1890, Michael Jebsen neun Jahre später im Alter von 54 Jahren und Elise von Hassel im Jahre 1896 mit nur 50 Jahren.

---

[66] Offenbar hatte von Hassel diese Begebenheit seinem Kameraden von Hirsch erzählt, der diese in seinen Tagebüchern wiedergibt. Siehe: Bührer, Tanja Die Kaiserliche Schutztruppe für Deutsch-Ostafrika S. 119 (Fußnote 154)
[67] Bührer, Tanja, a.a.O., S. 119

Theodor von Hassel hatte im Jahre 1864 in Emmas Heimat, etwa 30 Kilometer von Apenrade entfernt, vor Sonderburg zwar seine ersten militärischen Sporen verdient, doch die Familie Jebsen stand - trotz ihrer erwähnten deutsch-nationalen Orientierung - dem Schwiegersohn eher ablehnend gegenüber. Die Gründe sind mehrschichtig: Zum einen kamen ihr die Ehepläne der jüngsten Tochter überstürzt vor. Wahrscheinlich ließ Mutter Clara Jebsen ihre Tochter Emma überaus ungern in das so ferne Land ziehen, über das sie in den letzten Monaten nur schlechte Nachrichten gelesen hatte. Was, wenn Theodor fiele und ihre Tochter als junge Witwe dastünde, fern von ihrer Familie? Was, wenn sie krank würde? Wahrscheinlich hatten sich Emmas Mutter und ihr ältester Bruder Jacob Friedrich Jebsen (1870-1941) auch erhofft, die Tochter und Schwester würde ihre Hand einem Manne reichen, der den Besitzstand der Familie materiell vergrößerte, vielleicht dem Sohn einer Reedersfamilie aus Hamburg.

Ehepaar Emma und Theodor von Hassel

Überdies fürchteten sie wahrscheinlich, von Hassel könne selbst mit seinem Auslandssalär der Tochter aus begütertem Hause nicht den gewohnten Lebensstil garantieren. Generell genossen Soldaten kein hohes soziales Ansehen in der hanseatisch geprägten Reedersfamilie, und dies dürfte auch für den preußischen Berufsoffizier mit dem Adelstitel gegolten haben.

Durch den Großen Nordischen Krieg (1700-1721) um die Vorherrschaft im Ostseeraum und die Kontinentalsperre während der Napoleonischen Kriege waren ihr Heimatort Apenrade und auch die Familie wiederholt in wirtschaftliche Schieflage geraten. In der Biographie von Emmas Vater Michael Jebsen ist „Kriegsteilnehmer" bejaht, „Militärdienst" hingegen verneint. In der Familienchronik Jebsen wird diese Teilnahme am Krieg allerdings weder belegt noch zeitlich zugeordnet. Möglicherweise hat er darunter verstanden, dass er 1863 mit seinem Segelschiff „Mazatlan" Truppen nach Mexiko transportieren musste. Der Durchmarsch zahlreicher Truppen und die Einquartierungen in Apenrade waren, so es sich um schwedische und dänische Truppen handelte, stets eine Last. In der Familienchronik gibt es mehrere Erzählungen über Schlägereien zwischen Männern der Familie und Soldaten. Das Soldatsein taucht bei den männlichen Mitgliedern von Emma Jebsens Familie erst im letzten Viertel des 19. Jahrhunderts auf: Friedrich Offersen, ein Onkel von Emmas Mutter, wurde eingezogen und fiel 1870 bei Gravelotte, während der größten Schlacht im Deutsch-Französischen Krieg. Der Altersunterschied von 17 Jahren zwischen Theodor von Hassel und Emma Jebsen dürfte hingegen keine Rolle gespielt haben, da dies in der Familie häufiger vorkam, und auch Emmas Vater 9 Jahre älter war als seine Ehefrau.

Doch die Tochter setzte ihren Kopf durch. Mutter Clara wusste, dass sie gegen die Abenteuerpläne ihrer Tochter Emma keine Chance hatte, denn letztlich wiederholte sich bei ihr in gewisser Weise nur ihr eigenes Leben. Das Fernweh und die Reisefreudigkeit hatte Emma von beiden Elternteilen in reichem Maße geerbt. Ihre Mutter hatte zweimal mit ihrem Mann Michael lange Seereisen um die Welt unternommen. 1869 war sie auf der Bark „Cephyrus" von London um Kap Horn bis nach San Francisco gesegelt und hatte auf hoher See ihre erste Tochter Marie Mathilde[68] ohne jede ärztliche Hilfe entbunden. In den beiden Jahren darauf ging sie erneut auf eine Weltreise: Mit der Bark „Galathea" war sie um das Kap der guten Hoffnung nach Fernost bis nach Ost-Sibirien gesegelt und hatte vom chilenischen Valparaiso aus auf dem Rückweg nach Europa ein zweites Mal Kap Horn umfahren. Sie hatte schwersten Stürmen auf See getrotzt und war von Seeräubern bedroht worden. Auch die zweite Schwangerschaft, diesmal mit dem späteren Stammhalter Jacob, verbrachte sie überwiegend an Bord.

Emmas ältester Bruder, Jacob Friedrich Jebsen, hatte die Reederei nach dem Tod des Vaters übernommen und Schwager Theodor von Hassel vermutlich angeboten, bei ihm zu arbeiten. Für von Hassel wäre dies eine ideale Möglichkeit gewesen, die Armee zu verlassen. Doch das junge Paar verwarf diese Option und entschied sich, ihr Glück in der Kolonie zu suchen. Sicherlich spielte bei dieser weitreichenden Entscheidung Emmas Sehnsucht nach fremden Ländern, ihr Fernweh und Hassels Bindung an Deutsch-Ostafrika eine wichtige Rolle.

2.4 Gemeinsam nach Afrika

Im Spätherbst 1906, als sich der Heimaturlaub dem Ende zuneigte, reiste das junge Paar zurück nach Deutsch-Ostafrika. Vermutlich fuhren die Jungverheirateten, die einiges an Gepäck mitnehmen mussten, zunächst nach Ham-

---

[68] Sie starb 1870 in Apenrade mit nur 5 Monaten an Hirnhautentzündung.

burg und bestiegen dort einen der Dampfer der Deutschen Ost-Afrika Linie (DOAL).

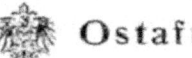

DOA_Zeitung vom 12. Januar 1907

Da es ihre Hochzeitsreise war, und sie nach der Trauung in Apenrade Mitte November 1906 noch knappe acht Wochen bis zum Ende des Heimaturlaubes hatten, haben sie diese Zeit möglicherweise dazu genutzt, um die Rückreise, die sie über Neapel und Port Said führte, zu unterbrechen, um Ausflüge zu unternehmen. Die Kosten der Schiffsreise dürften pro Person - je nach benutzter Klasse - zwischen 400,- und 800,- Mark gelegen haben.[69] Spätestens ab dem Suez-Kanal reisten sie auf dem Dampfer „Feldmarschall" unter Kapitän von Issendorf, auf dem sie irgendwo im Roten Meer das erste gemeinsame Weihnachtsfest feierten und auf das neue Jahr 1907 mit den populären deutschen Sektmarken Rotkäppchen-Sekt, Kupferberg Gold oder

---

[69] Sieben Jahre später, im Mai 1913, kostete die Überfahrt von Neapel nach Daressalam mit der Deutsch-Ostafrika-Linie in den Klassen eins bis drei 750, 525 und 300 Mark.

Söhnlein Rheingold anstießen. Sicher lag eine Periode der Ungewissheit vor ihnen, aber sie waren überzeugt, dass sie gemeinsam die Unbilden meistern würden, und Emma von Hassel vertraute ihrem Mann. Natürlich standen auf ihrer Wunschliste das Verschontwerden von Tropenkrankheiten, keine Aufstände und ein nicht allzu abgelegener Posten als Standort. Der letzte Weg der Reise führte in die Häfen von Aden, Mombassa und Sansibar.

Am 10. Januar 1907 traf das junge Paar in Daressalam ein. Zum ersten Mal betrat Emma von Hassel afrikanischen Boden. Dreizehn Jahre später sollte sie das Land für immer verlassen.

Wahrscheinlich wohnten sie im Hotel Kaiserhof, das von der Firma Holzmann & Cie (= Co.) in Strandnähe erbaut, erst vor acht Wochen, im November 1906, eröffnet worden war. Nahezu regelmäßig spielte die Askari-Kapelle der Schutztruppe, bisweilen sogar eine böhmische Damenkapelle, zum Tanz und zur Unterhaltung auf.

Als von Hassel frisch verheiratet mit seiner jungen Frau nach Deutsch-Ostafrika zurückkehrte, hatte sich die personelle Konstellation an der zivilen und militärischen Spitze der Kolonie geändert. Graf von Götzen hatte seine beiden Posten, die er fünf Jahre in Personalunion bekleidet hatte, im Frühjahr 1906 wegen seiner angeschlagenen Gesundheit[70] abgeben müssen. Er war am Ende des Aufstandes, kurz vor von Hassel im April 1906 in Heimaturlaub abgereist und nicht mehr zurückgekehrt. Da sein Nachfolger, Dr. Albrecht Freiherr von Rechenberg (1861-1935) keinen militärischen Rang bekleidete, wurde die bisherige Personalunion von Gouverneur und Kommandeur der Schutztruppe wieder geteilt.

---

[70] Er starb am 1. Dezember 1910 als preußischer Gesandter in Hamburg mit nur 44 Jahren.

Rechenberg beschränkte sich nur auf die Aufgaben des Gouverneurs. Der neue Mann an der politischen Spitze der Kolonie beherrschte neben Arabisch mehrere afrikanische Sprachen. Unter seiner Leitung wurde die Ausbildung der Einheimischen durch massiven Schulbau forciert, die Prügelstrafe und der Sklavenhandel eingeschränkt und die Infrastruktur der Kolonie ausgebaut. Zu Beginn der deutschen Herrschaft in Ostafrika bestand das Verkehrsnetz der Kolonie nur aus Fußwegen. Lasten mussten durch Träger befördert werden. Der Einsatz von Lasttieren war nur beschränkt möglich, denn in weiten Gebieten kam die Tsetsefliege als Überträger von Krankheiten - wie der Schlafkrankheit und der Nagana-Seuche - auf Menschen und Tiere vor. Boote verkehrten nur auf den Seen und entlang der Küste. Im Jahre 1905 hatte die Firma Philipp Holzmann & Cie. mit dem Bau einer

Stichbahn von Daressalam ins 260 Kilometer entfernte Morogoro begonnen. Schienen und Schwellen stammten von Krupp, Union und Hoesch. Nachdem 1907 der erste Bauabschnitt eingeweiht war, wurde die Strecke ins Landesinnere vorangetrieben. Daraus entstand die Tanganjikabahn („Mittellandbahn"), die Daressalam mit Kigoma am Tanganjika-See verband. Allerdings wurde sie mit einer Gesamtlänge von 1.252 km erst im Februar 1914, wenige Monate vor Ausbruch des Krieges, fertiggestellt. Die Fahrzeit betrug etwa 58 Stunden. Zwei Jahre zuvor, im Februar 1912, wurde die Usambara-Bahn („Nordbahn") mit einer Spurweite von 1.000 mm (= Schmalspur) von Tanga nach Moschi im Nordosten des Landes, nach neunzehnjähriger Bauzeit, eingeweiht. Für die 350 km benötigte der Zug 14 Stunden und 40 Minuten. Für die Farmen im Nordosten des Landes war es der wichtigste Transportweg von und zur Küste nach Tanga.

Der bisherige Stellvertretende Kommandeur der Schutztruppe, Kurt Freiherr von Schleinitz - seit Mitte 1900 in Deutsch-Ostafrika und 1904 Major geworden - rückte an die Spitze der Schutztruppe. Im April 1914 wurde er allerdings durch Gouverneur von Rechenberg abgelöst, weil er nach brutalen Ausschreitungen gegen die Zivilbevölkerung in Urundi im Jahre 1908 die Übergriffe einiger seiner Askari nicht energisch genug geahndet hatte. Als sich von Hassel am 26. Januar 1907 beim Kommandeur der Schutztruppe aus dem Heimaturlaub zurückmeldete, überreichte ihm dieser nachträglich den vom Kaiser verliehenen Roten Adler-Orden IV. Klasse mit Schwertern und der Königlichen Krone für seinen Einsatz im Maji-Maji-Aufstand. Es war der gleiche Orden, den sein Vater im Krieg 1864 gegen die Dänen erhalten hatte. Dann aber folgte eine bittere Enttäuschung: Von Hassel wurde Chef der 5. Kompanie, die im weit abgelegenen Neu-Langenburg stationiert war. Dass er sich darüber gefreut haben dürfte, erscheint unwahrscheinlich. Sicher gab es noch entferntere Posten ganz im Westen der Kolonie, doch er hatte wohl eher auf eine Verwendung im Norden oder im Stab der Schutztruppe in Daressalam gehofft, weil das Leben dort wegen der zahlreichen Deutschen vor allem für seine Frau angenehmer sein würde. Doch der damals noch ledige Schweinitz[71] nahm auf persönliche oder familiäre Wünsche keine Rücksicht. Die beiden Offiziere waren sich zum ersten

---

[71] Er vermählte sich erst am 4. März 1910. Seine Braut, Mary Brunnhoff, war im Februar 1910 nach Daressalam gereist.

Mal 1903 auf der Überfahrt nach Ostafrika begegnet. Über ihr Verhältnis kann nur spekuliert werden, aber es war vermutlich nicht sehr freundschaftlich. Von Schleinitz, der Sproß eines alten Adelsgeschlechts, neigte zu cholerischen Ausbrüchen und trat nicht selten mit herablassender Arroganz auf.

Oberleutnant Wolf von Debschitz (+ 1945) kam im November 1907 ebenfalls zur 5. Kompanie und Oberarzt Dr. Neubert wurde Stationsarzt in Neu-Langenburg. Auch bei Gouverneur Rechenberg, der erst am 24. Januar 1907 von einer Inspektionsreise zurückgekehrt war, meldete sich von Hassel. Dienstlich hatte er mit ihm allerdings nichts zu tun, was kein Nachteil war, denn auch dieser galt - wie von Schleinitz - als stur und schroff. Die örtliche Presse mokierte sich z.B. im Dezember 1909 darüber, dass Rechenberg „in der denkbar ausführlichsten Weise der Einladung eines Farbigen" gefolgt wäre und deshalb auf die Teilnahme an einer Feierlichkeit „der weißen deutschen Kriegsmarine" verzichtet hatte und betitelte ihn am 2. Februar 1910 in der örtlichen Zeitung mit „Generalissimus von Rechenberg".

Ende Januar 1907 brach von Hassel mit seiner Frau nach Neu-Langenburg auf. Ob sie zu diesem Zeitpunkt bereits die Bahnlinie von Daressalam nach Morogoro benutzen und sich dadurch wenigstens eine Teilstrecke der Reise erleichtern konnten, erscheint nicht sehr wahrscheinlich, denn diese wurde erst im Laufe des Jahres 1907 offiziell eingeweiht. Die beschwerliche Reise quer durch den Süden der Kolonie in die etwa 500 Kilometer entfernte Station dauerte trotz Reitpferden und Trägern zwischen drei und vier Wochen. Emma bekam dabei einen faszinierenden Eindruck von der vielfältigen Fauna und Flora der ostafrikanischen Landschaft. Zugleich aber war es für sie, ungeübt als Reiterin und beim Überwinden großer Strecken zu Fuß, eine Strapaze. Doch nur, wenn sie sehr erschöpft war, stieg sie in eine Hängematte, die, an einer langen Tragestange befestigt, von zwei Einheimischen getragen wurde. Das umfangreiche Gepäck für den neuen Hausstand, sowie das Zelt, Bett, die Kleidung und Verpflegung, wurde von zahlreichen Trägern geschleppt. Normalerweise reiste ein Weißer mit etwa 12 Trägern. Jeder von ihnen erhielt pro Woche zwischen 3,- und 5,- Rupien (= 4,- bis 6,65 Mark). Legt man eine vierwöchige Reisezeit zu Grunde, so kostete diese für das Ehepaar von Hassel von Daressalam nach Neu-Lauenburg mit insgesamt 24 Trägern maximal etwa 480,- Rupien (= 640,- Mark). Davon wurde allerdings die Hälfte durch die Schutztruppe getragen, da es Theodor von Hassels Dienstantrittsreise war.

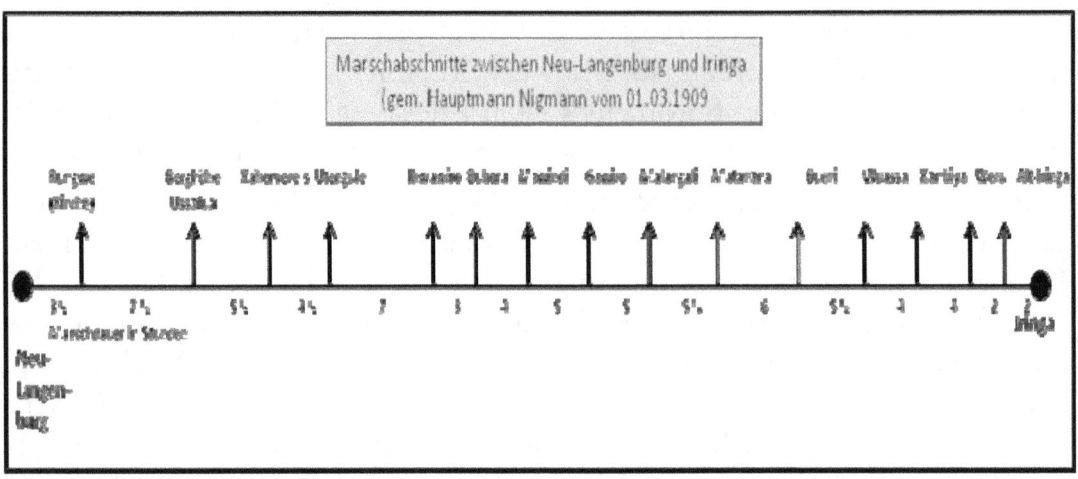

Ihre Reiseroute führte über die Station Iringa, wo von Hassel den dortigen Stationschef Ernst Nigmann und dessen 2. Kompanie besuchte, den er seit dessen Entsatz von Mahenge vor drei Jahren kannte. Sicher hätte er Emma auch seine frühere Station Mahenge zeigen wollen, doch der Abstecher dorthin hätte einen beträchtlichen Umweg nach Süden bedeutet. Nach einer Wegeskizze von Nigmann aus dem Jahre 1909 betrug die Marschstrecke von Iringa nach Neu-Langenburg knappe 74 Stunden. Dies entspricht einer Reisedauer - bei 12 Stunden täglich - von 6 bis 7 Tagen.[72] Bei dieser Berechnung wurden allerdings die Grundsätze für einen Marsch unter straffen militärischen Bedingungen herangezogen.

Nigmann, nur ein Jahr älter als von Hassel, stammte aus dem Infanterieregiment „Hamburg" (2. Hanseatisches) Nr. 76 und war bereits 1902 als Oberleutnant zur Schutztruppe gegangen. Dass sich beide Offiziere aus ihrer gemeinsamen Zeit in Norddeutschland zumindest flüchtig kannten, ist nicht sehr wahrscheinlich, aber nicht gänzlich auszuschließen. Sie gehörten zwar mit ihren Regimentern zu unterschiedlichen Divisionen - von Hassel zur 18. Division in Flensburg und Nigmann zur 17. in Schwerin -, allerdings waren beide Großverbände unter dem Dach des IX. Armeekorps in Altona vereint. Der kleine Ort Neu-Langenburg (heute Tukuyu) im Südwesten der Kolonie liegt auf etwa 1.500 Metern Höhe, etwa 50 Kilometer nördlich des Malawi-Sees (auch Njassa-See), der mit 560 Kilometern Länge und im Schnitt etwa

---

[72] Schneider, Reinhard Neueste Nachrichten aus unseren Kolonien in Afrika S. 228 f.

50 Kilometern Breite der neuntgrößte See der Erde ist. Das Wetter dort ist feucht, kühl und windig.

Hauptmann Ernst Nigmann

Die zwei Jahre, die das Ehepaar dort bis zum Ende von Hassels Dienstzeit 1909 verbrachte, blieben ruhig und wiesen keine besonderen militärischen Ereignisse auf. Anders noch als in den Jahren 1905 und 1906, die sowohl in der deutschen als auch der kolonialen Presse gewürdigt wurden, blieb Hassels Arbeit in Neu-Langenburg im Dunkel. Es war militärischer Alltag und sicherlich mit viel Langeweile und Routine verbunden. Dass ihm dieser militärische Friedensdienst ohne Herausforderungen gefallen hat, erscheint nicht sehr wahrscheinlich. Sicher hätte er lieber an ruhmvollen Expeditionen teilgenommen wie noch vor wenigen Jahren z.B. Tom Prince (1866-1914) oder Wilhelm Langheld (1867-1917). Die Personalfluktuation in seiner Station und in der Schutztruppe war hoch: Oberleutnant Eugen Styx, der schon seit 1899 in Deutsch-Ostafrika diente, wurde im Sept 1907 zur 5. Kompanie versetzt, Leutnant Karl Seitz kam im Januar 1908, verließ die Einheit aber bereits im September wieder.

Sergeant Glatzel kam im Februar, Oberleutnant Edmund Wagner im März, Leutnant Theodor von Dobbeler im April, Oberleutnant Robert Doering und Leutnant Pabst von Ohain im Oktober 1908. Unteroffizier Ziemann verließ die Kompanie zusammen mit seinem Chef von Hassel im Februar 1909. Der häufige Wechsel brachte zwar einerseits etwas Abwechslung, erschwerte aber andererseits ein Zusammenwachsen des Führerkorps.

Für Emma von Hassel gab es gesellschaftlich nicht viel zu tun. Ob sie sich mit den Frauen der Askari hin und wieder traf, wie z.B. Margarete von Prince, ist unbekannt, erscheint aber wegen ihres angeborenen Wissensdurstes, der Aufgeschlossenheit gegenüber fremden Kulturen und ihrer ausgeprägten sozialen Ader sehr wahrscheinlich, zumal sie dies später auf ihrer Farm bei Wilhelmstal in ähnlicher Weise handhabte.

Im Spätsommer 1907 erreichte Emma die Nachricht, dass ihre jüngere Schwester Johanne bereits Mitte Juni während ihrer dritten Schwangerschaft auf einer Dampferreise von Shanghai nach Hongkong mit nur 28 Jahren durch eine Verkettung unglücklicher Umstände gestorben war. Wahrscheinlich war dieses Unglück der Auslöser, weshalb Emma darauf bestand, ihr erstes Kind unter ärztlicher Aufsicht in Daressalam und nicht in der Einöde Neu-Langenburgs zur Welt zu bringen. Um Risiken bei der Geburt zu vermeiden, brachte ihr Mann sie daher einige Monate vor der erwarteten Niederkunft, vermutlich im Juni 1908 nach dem Ende der Regenzeit, nach Daressalam. Theodor von Hassel mietete einen kleinen Bungalow in der Hauptstadt, wo Emma die letzten Wochen vor der Niederkunft lebte. Am 10. September 1908 gebar sie dort im Gouvernementshospital unter ärztlicher Aufsicht ihr erstes Kind, Tochter Gertrud (1908-1999). Der tägliche Krankenhaussatz für Unterkunft und Verpflegung lag bei 9,- Rupien (1. Klasse) und 6,. Rupien 2. Klasse.

Die Taufe spendete Pfarrer Kriebel. Eine Rückkehr nach Neu-Langenburg mit dem neugeborenen Mädchen wäre zu riskant gewesen. Doch auch im schwülfeuchten Daressalam war das Leben nicht einfach. Im Oktober 1908 gab es sogar mehrere Pest-Tote in der Hafenstadt. Da offenbar bereits zu dieser Zeit feststand, dass Theodor von Hassel aus der Schutztruppe ausscheiden würde, blieb Emma mit ihrem Kind in Daressalam, bis ihr Mann im Februar 1909 ebenfalls folgte.

Gertrud von Hassel schreibt in ihren Jugenderinnerungen, ihre Eltern wären 1909 während des Heimaturlaubs des Vaters gemeinsam nach Deutschland gefahren. Hier hat sich aber offensichtlich ihre Erinnerung getäuscht. Zu diesem Zeitpunkt hatte Vater Theodor bereits seinen Abschied genommen. Daher stand ihm auch kein Heimaturlaub mehr zu. Zwar hatte er sich schon im Februar 1909 beurlauben lassen und konnte von daher über seine Zeit frei verfügen. Aber er ist offenbar nicht nach Deutschland gereist, sondern nutzte die Freistellung vom Militär, um sich ab März 1909 zunächst in Daressalam um die vielfältigen Vorbereitungen für die Übernahme einer Farm zu kümmern. Möglicherweise sah er hier seine Tochter fünf Monate nach ihrer Geburt zum ersten Mal.

Wann und warum von Hassel und seine Frau den Entschluss gefasst hatten, die Armee zu verlassen, um sich als Farmer in Ostafrika niederzulassen, ist nicht bekannt. Die endgültige Entscheidung war wohl um die Jahreswende 1908/1909 gefallen. Sicher war die geschilderte familiäre Distanz der Familie seiner Frau zum Militär einer der Gründe, dass Theodor von Hassel - drei Jahre nach der Hochzeit und nach insgesamt fast sechseinhalb Jahren bei der Schutztruppe - aus der Armee ausscheiden wollte. Wahrscheinlich aber beeinflussten schwerwiegendere Faktoren diesen nicht leichten Wechsel ins Zivilleben. Emma von Hassel dürfte nach zwei Jahren das eintönige und einsame Leben in Neu-Langenburg ohne herausfordernde Aufgaben und Pflichten leid gewesen sein, und auch von Hassel hatte den Alltag des langweiligen Friedensbetriebes in seiner Garnison satt. Offenbar reizte ihn mittlerweile selbst die Großwildjagd nicht mehr. Mit Verfügung vom 2. Juli 1904 war von Hassel noch in der Liste der zur Jagdausübung berechtigten Europäer aufgeführt.

Beurlaubt: Hauptleute v. Hassel, Frhr. v. Wangenheim, Jördens, Stabsärzte Dr. Kudicke, Dr. Marschall, Sanitätsunteroffizier Stephan.

(Auszug aus dem Amtlichen Anzeiger für Deutsch-Ostafrika, Personalnachrichten vom 22.02.1909)

Liste
der zur Ausübung der Jagd im Schutzgebiet während des Jahres 1904 berechtigten Europäer
(abgeschlossen 30. April).

Name	Stand
(Nur Auszug)	
Leder	San. Sergeant
Vörtmann	Kaufmann
Albert Fischer	
v. Hassel	Hauptmann
Ludszuweit	Unteroffizier
Lambrecht	Bezirksamtmann
Demmel	Feldwebel

Amtlicher Anzeiger für DOA vom 02.07.1904

1905 und 1906 ließ der Maji-Maji-Aufstand keine Zeit zum Jagen. In den Jahren 1907 und 1908 hingegen fehlte er auf dieser Aufstellung. Vor allem war er mit seiner beruflichen Perspektive höchst unzufrieden. Eine Verwendung als Major war auf absehbare Zeit nicht in Sicht. Ihm war klar, dass Schutztruppe seiner Karriere keine Zukunft mehr bieten konnte, war sie doch neben Heer und Marine das sprichwörtlich „dritte Rad" am militärischen Wagen des Kaiserreiches. Sein fehlender Besuch der Kriegsakademie war sicher ein großes Hindernis für die weitere Karriere. Welche Verwendung würde ihn als nächste erwarten? Die Standorte Lindi, Mahenge und Neu-Langenburg kannte er bereits. Also kam, da eine der inzwischen drei Majorsstellen[73] im Stab der Schutztruppe in Daressalam und die damit verbundene Beförderung ausschied, nur irgendein Standort im Norden oder Westen der Kolonie in Frage und wäre somit nur ein anderer Ortsname gewesen, aber der gleiche Dienstbetrieb, die gleiche Aufgabe, die gleiche Langeweile. Theodor von Hassel hatte inzwischen das 40. Lebensjahr überschritten, und dies war der letzte Zeitpunkt, um in einem völlig anderen Metier noch einmal von vorne anzufangen. Im Gegensatz zu ihm war die Karriere seines älteren Bruders besser verlaufen; dieser wartete inzwischen auf seine Beförderung zum Major. Ein Faktor, der die Entscheidung ebenfalls begünstigt haben dürfte, war die Schwangerschaft von Ehefrau Emma. Um das Risiko bei der Geburt so klein wie möglich zu halten, hatte Emma von Hassel ihr erstes Kind nicht in Neu-Langenburg, sondern in Daressalam unter sicherer ärztlicher Fürsorge zur Welt gebracht. Überdies hatte der plötzliche Tod seines Regimentskameraden Moritz Merker, der am 3. Februar 1908 überraschend an Lungenentzündung gestorben war, von Hassel gezeigt, wie labil die vermeintliche persönliche Sicherheit letztlich war und ihm seine eigene Endlichkeit drastisch vor Augen geführt. Von Hassel wusste, dass er während seines bisherigen Aufenthaltes in Deutsch-Ostafrika großes

---

[73] 1909 waren die drei Majorsstellen der Schutztruppe besetzt durch: Major Kurt Johannes (Stellvertretender Kommandeur), Georg von Prittwitz und Gaffron (1861-1936) und Gaston Schlobach. Zwar schieden Schlobach 1909 und von Prittwitz 1911 aus, und Johannes starb am 20. Juni 1913 mit nur 49 Jahren in Deutschland, doch von ihrer Dienstzeit her rangierten immer noch fünf Hauptleute - Egon Seyfried, Robert von Kleist, Karl Charisius, Ernst Nigmann und Johannes von Fiedler - vor Theodor von Hassel.

Glück gehabt hatte, war er doch nur einmal ernsthaft erkrankt[74] und hatte die zahlreichen Gefechte der Jahre 1905 und 1906 ohne größere Verwundung überlebt. Möglicherweise spielten somit auch gesundheitliche Gründe bei seinem Ausscheiden eine Rolle. Am 13. August 1908 starb ein weiterer, jüngerer Kamerad, Hauptmann Arnold Wendland, mit nur 35 Jahren an Herzinfarkt und zwei Monate später dessen Frau Else. Ein anderer Grund für den Wechsel ins Zivilleben könnte vielleicht gewesen sein, dass von Hassel die grausame Kriegführung während des Maji-Maji-Aufstands stärker zugesetzt hatte, als er sich eingestehen wollte. Auch andere Offiziere - wie der Oberleutnant zur See Hans Paasche - wandten sich nach diesem Einsatz vom Militär ab. Der Kolonialoffizier von Hirsch bezeichnete sich in seinem Tagebuch einmal sogar als „Räuber, Mörder, Brandstifter und Sklavenhändler". Allerdings war der Wechsel ins Zivilleben als Farmer unter den Offizieren der Schutztruppe nicht ungewöhnlich. Als Beispiele seien folgende Namen von Plantagenbesitzern im Norden der Kolonie genannt, die alle zuvor entweder in der Schutztruppe oder der Kaiserlichen Marine gedient hatten: Karl Freiherr von Ledebur (+ 1957) in Nduruma, Leutnant d.R. Berhard Graf Matuschka in Neu-Branitz, Kapitänleutnant a.D. Herbert Niemeyer am Kilimandscharo), Hauptmann a.D. Tom von Prince in Sakkarani bei Wilhelmstal , Korvettenkapitän a.D. Werner Schönfeld in Bergfrieden am Weru-Weru bei Moschi, Oberleutnant zur See a.D. Wolfgang Büchsel in Nsongorro bei Moschi und Oberleutnant Louis Freiherr von Schroetter in Mlembule bei Tanga. Schroetters und Hassel Väter waren 1867-1870 zusammen in Trier stationiert gewesen: Hassel im Divisionsstab und Schroetter im II. Bataillon des 7. Rheinischen Infanterieregiments Nr. 69.

Von Prince kam aus dem 2. Oberrheinischen Infanterieregiment 99, war 1890 in die Schutztruppe eingetreten hatte u.a. die Stationen in Iringa, Kilimatinde, Kilossa, Kissaki, Perondo und Tabora als Chef geführt, bevor er nach 10 Jahren 1900 ausschied und sich als Siedler niederließ. Auch das Ehepaar Ulrich und Margarete Trappe (1884-1957) betrieb eine 1.600 Hektar große Farm, „Momella" genannt, in Ngongongare am Mount Meru, dem dritthöchsten Berg der Region, im Bezirk Moschi.

---

[74] Kai-Uwe von Hassel erwähnte, ohne allerdings Details zu nennen, dass sein Vater einmal nach einer schweren Erkrankung in einem Missionshospital gesund gepflegt worden wäre. Siehe: Kieler Nachrichten Nr. 245 vom 20. Oktober 1960, S. 12

Margarete Trappe

Die spätere berühmte Großwildjägerin Margarete Trappe - ein Jahr älter als Emma - war im selben Jahr wie Emma von Hassel nach Ostafrika gereist, hatte zu Pferde und mit Ochsenkarren die Usambara-Berge erreicht und dort die Farm aufgebaut. Ihr Mann Ulrich war Leutnant im Reitenden Artillerie-Regiment „von Podbielski" gewesen. Er hatte sich zunächst für die Schutztruppe gemeldet, war dann aber wegen zu langer Wartezeit 1907 aus der Armee ausgeschieden und als Farmer nach Deutsch-Ostafrika gegangen. Im Krieg gehörte er ab 1914 zur 9. berittenen Schützenkompanie, war aber bereits Anfang August 1915 in britische Kriegsgefangenschaft geraten. Auch Margarete Trappes Eltern hatten - wie Emma Jebsens Familie - anfangs mit allen Mitteln versucht, ihr die „Afrika-Marotte" auszureden - sogar mit der Drohung, sie zu enterben. Vergeblich. Ob sich die Ehepaare Trappe und Hassel gekannt haben, ist nicht bekannt. Ihre Söhne Rolf und Kai-Uwe waren im selben Jahr zur Welt gekommen. Anders als Emma von Hassel wechselte Margarete Trappe allerdings 1919 die Staatsbürgerschaft. Sie wurde Britin. Als ihr Mann aus der Kriegsgefangenschaft zurückkehrte, durfte sie deshalb ihre Farm behalten. In deren Lebensbeschreibung „Am Fuße des Meru"[75] von Gerd von Lettow-Vorbeck ist keine Begegnung mit der Familie von Hassel oder auch nach 1926 mit Theodor von Hassel erwähnt, und auch in Gertrud von Hassels Erinnerungen wird von keinem Besuch erzählt. Ihre

---

[75] Der US-Film „Hatari" mit John Wayne und Hardy Krüger wurde 1960/61 zum Teil auf Momella gedreht. 1960 erwarb Hardy Krüger (* 1928) einen Teil der Farm. Margarete Trappes Leben bildete die Vorlage für Romane und Verfilmungen.

Farmen lagen etwa 220 km Luftlinie voneinander entfernt. Mit der Usambara-Bahn, sowie danach mit Pferd und Ochsenkarren wäre die Strecke in zwei bis drei Tagen zu bewältigen gewesen, doch es war die Phase, in der die Farmen beider Familien im Aufbau waren. Da blieb keine Zeit für gesellschaftliche Verpflichtungen. Jahre später, Anfang August 1960, besuchte Kai-Uwe von Hassel während seiner Afrika-Reise die „Momella"-Farm für einen Tag. Margarete Trappe war zu diesem Zeitpunkt bereits verstorben. Auch dabei er erwähnte nicht, dass sich seine Eltern und das Ehepaar Trappe gekannt hätten.

Im Jahre 1908 waren unter den in den Farmerberuf gewechselten Soldaten der Schutztruppe nach einer Meldung der Deutsch-Ostafrikanischen Zeitung vom 20. Mai auch vier ehemalige Feldwebel. Afrika als Auswandererland wurde im Reichstag auf der 230. Sitzung am 7. März 1914 heftig diskutiert. Als Siedlungsland erfreute es sich offenbar keiner sonderlich großen Beliebtheit: 1912 wanderten insgesamt 18.545 Deutsche aus, die meisten davon in die USA, nach Afrika hingegen nur ganze 4 Personen.

Während seines dritten Verpflichtungsabschnitts, der von 1907 bis 1909 lief, stellte von Hassel den Antrag, an dessen Ende aus dem aktiven Dienst ausscheiden und sich in der Kolonie als Plantagenbesitzer niederlassen zu dürfen. Bereits 1905 hatte die Schutztruppe ihre Offiziere und Unteroffiziere darüber informiert, dass im Raum um Moschi in den Usambara-Bergen einige Farmen abgesteckt wären, welche die Angehörigen der Truppe zu Konditionen erwerben könnten, die um 50 % unter dem ortsüblich zu zahlenden Grundstückspreis lägen. Voraussetzung dafür wären die Absolvierung von drei Dienstperioden und ein Führungszeugnis, in dem eine tadellose Behandlung der Einheimischen bescheinigt würde. Diese Bedingungen erfüllte Theodor von Hassel. Allerdings bedurfte es, um eine Farm im Norden der Kolonie zu erwerben, neben den entsprechenden Finanzen auch der persönlichen Anwesenheit. Dies konnte er nicht aus der Distanz am anderen Ende Deutsch-Ostafrikas erledigen. Und so bat er zusätzlich um Beurlaubung. Beiden Anträgen wurde seitens der vorgesetzten zivilen und militärischen Kolonialbehörde stattgegeben, da von Hassels dienstliche Leistungen, vor allem jene während des Maji-Maji-Aufstandes, beim Kommando der Schutztruppe in hohem Ansehen standen. Mit Verfügung vom 22. Februar 1909 wurde Hauptmann von Hassel als „innerhalb der Kolonie beurlaubt" geführt.

Seine Nachfolge als Stationschef der Schutztruppe in Neu-Langenburg übernahm im Juli 1909 - bis zum Eintreffen von Hauptmann Karl Ernst Göring (1885-1932),[76] dem Bruder des späteren Reichsmarschalls Hermann Göring, im November 1910, Oberleutnant Edmund Wagner. Mit Beginn seiner Beurlaubung reiste Theodor von Hassel zu seiner Frau nach Daressalam, um seine Tochter Gertrud endlich in die Arme schließen zu können und um die vielfältigen Vorbereitungen für Kauf und Übernahme der Farm zu beginnen, denn weder seine Frau noch er besaßen Vorkenntnisse in der tropischen Land- und Viehwirtschaft. In der Hauptstadt der Kolonie waren viele bürokratische Gänge zu erledigen und Hürden zu überwinden. Sorge bereitete dem jungen Elternpaar auch das nicht sehr gesunde Klima Daressalams, zumal neben der ständigen Malaria- und Schwarzwasserfieber-Gefahr auch noch einige Fälle von Pest ausgebrochen waren. Der Wechsel ins Zivilleben war für die junge Familie mit beträchtlichen Kosten verbunden. Auch Tochter Gertrud fragte sich in ihren Erinnerungen, wie ihre Eltern dies alles finanziert hätten. Wie aber sah es mit den Finanzen der Familie aus? Wenn man davon ausgeht, dass Theodor von Hassel schuldenfrei nach Ostafrika ging, verdiente er in den ersten drei Jahren in der Schutztruppe von 1903 bis 1906, bis er seinen Heimaturlaub antrat, jährlich etwa 9.600,- Mark; insgesamt etwa 28.800,- Mark. Davon musste er seinen Lebensunterhalt und die Ausgaben für Träger, Jagdausflüge etc., sowie die Kosten für den Heimaturlaub 1906 bestreiten. Wenn man annimmt, dass er mangels der Möglichkeit größerer Geldausgaben in den Einödstandorten Lindi und Mahenge pro Jahr etwas mehr als die Hälfte seines Solds, d. h. 5.200,- Mark pro Jahr, sparen konnte, belief sich die zurückgelegte Summe nach drei Jahren auf 15.600,- Mark (ohne Zinsen). Die Kosten für die Hochzeit in Apenrade hatte die Familie der Braut übernommen. Doch Theodor von Hassel musste die Hinreise seines Heimaturlaubs, seine Reise- und Lebenskosten in Deutschland und die gemeinsame Rückreise, einschließlich der Mehrkosten für das zusätzliche Gepäck seiner jungen Frau tragen; insgesamt dürften dafür etwa 2.000,- Mark zu veranschlagen sein. Damit blieb von den geschätzten Ersparnissen in Höhe der oben erwähnten 15.600,- Mark ein Rest von 13.600,- Mark. Emmas Erbe dürfte wegen der sieben Geschwister nicht allzu hoch ausgefallen sein. Ähnliches gilt für Theodor

---

[76] Sein Vater, der Jurist und Diplomat Dr. Ernst Heinrich Göring (1838-1913), war von 1885 bis 1888 erster Reichskommissar für Deutsch-Südwestafrika gewesen.

von Hassels Erbteil. Zwar war dieses nur unter drei Geschwistern aufzuteilen, doch das Vermögen seines Vaters war weit geringer als das des Reeders Jebsen. Beide Erbteile dürften zusammen schätzungsweise 2.000,- Mark betragen haben. In den beiden folgenden Jahren - von 1907 bis zu seinem vorgezogenen, wohl unbezahlten Urlaub Ende Februar 1909 verdiente Theodor von Hassel etwa 20.800,- Mark. Davon waren der Lebensunterhalt für nunmehr zwei Personen, die Hälfte der gemeinsamen Reise nach Neu-Langenburg, nach Daressalam, sowie die monatelange Miete für das Haus in Daressalam, die Geburt der Tochter 1908 und der lange Deutschland-Urlaub seiner Frau mit Tochter Gertrud und die Geburt des zweiten Kindes 1910 zu bezahlen. Eine gute Hotel-Unterkunft in Daressalam kostete 1908 in Vollpension 6,- Rupien pro Tag, d.h. 180,- Rupien im Monat. Die Monatsmiete für ein Haus dürfte maximal 150,- Rupien betragen haben. Die Ersparnisse im Zeitraum von 1907 bis zum Ausscheiden aus dem aktiven Dienst 1909 dürften daher wesentlich geringer ausgefallen sein als jene von 1903 bis 1906; sie werden mit 2.600,- Mark pro Jahr für die Jahre 1907 und 1908, d.h. insgesamt 5.200,- Mark, geschätzt. Beim Wechsel ins Zivilleben dürfte das Ehepaar daher - mit den geschätzten 2.000,- Mark der Erbanteile beider Ehepartner - insgesamt ein Vermögen von etwa 20.800,- Mark zur Verfügung gehabt haben. Bei einem Wechselkurs von 1,- Mark zu 0,75 Rupien entsprach dies etwa 15.600,- Rupien.

Theodor von Hassels Pension als Hauptmann mit 22 Dienstjahren belief sich ab 1909 bis zu seiner Reaktivierung 1915 jährlich auf 3.600,- Mark (= monatlich 300,- Mark); dies entsprach etwa ca. 2.700,- Rupien. Damit hatte die Familie von Hassel in diesem Zeitraum nur noch knapp 38 % des bisherigen Einkommens zur Verfügung. Mit seiner Einberufung stiegen die Bezüge wieder auf die ursprünglichen 100 % seines Gehalts, allerdings brachen die erwarteten Einnahmen aus dem Farmbetrieb wegen des Krieges weg.

Bei Übernahme des Schutzgebietes durch die Deutsch-Ostafrikanische Gesellschaft in den 80er Jahren des 19. Jahrhunderts war die indische Rupie die vorherrschende Währung gewesen. Anfang 1890 hatte die DOA-Gesellschaft vom Reichskanzler die Erlaubnis erhalten, eigene Silberrupien und Kupferpesa zu prägen. 1904 war eine neue Rupie (mit 100 Heller) eingeführt worden. Der Wechselkurs wurde auf 1,33 Mark = 1 Rupie (oder 1 Rupie = 0,75 Mark) festgesetzt. Seitdem war die Silberrupie des Schutzgebietes offizielles Zahlungsmittel. Zwar war bereits 1901 - nach dem Muster der

Sparkasse - die Bezirkssparkasse in Daressalam als selbständiges Institut unter Garantie des Kommunalverbandes Daressalam gegründet worden, doch deren Finanzausstattung war zu schmal, um den steigenden Bedarf an Krediten zu decken. Die Kreditnehmer wandten sich daher an finanzkräftige Firmen, die dafür - so sie überhaupt bereit waren, Kredite zu vergeben - hohe Zinsen verlangten. Und so wurde schon bald die Gründung einer Kreditbank gefordert. Im Jahre 1905 war mit einem Grundkapital von 2 Millionen Mark nach dem Vorbild der Reichsbank die „DOA-Bank" mit Sitz in Berlin gegründet worden. Die Zweigniederlassung in Daressalam wurde am 1. November 1909 eröffnet. Sie hatte das Recht, Kredite bis zum dreifachen Betrag des eingezahlten Grundkapitals auszugeben. Seit 1911 wurde die „Handelsbank für Ostafrika" - mit Sitz in Berlin und einer Filiale in Tanga - gegründet. Ihre Aufgabe war es, den Geld- und Kreditverkehr in Handel, Gewerbe, Industrie und Landwirtschaft in der Kolonie zu fördern. Ihr Grundkapital betrug 3 Millionen Mark. In der nachfolgenden Anzeige der Handelsbank für Ostafrika vermisst man allerdings die für Farmer und Existenzgründer wichtige Auflistung „Kreditvergabe".

Die Gründung einer Kreditbank wurde bereits am 3. Dezember 1910 und die einer Reichskolonialbank am 1. Juni 1912 in der DOA-Zeitung diskutiert. Auch über die Einrichtung einer Genossenschaftsbank wurde heftig gestritten. Letztlich aber wurde bis Kriegsbeginn 1914 keines dieser drei Projekte verwirklicht.

Die Deutsch-Ostafrikanische Zeitung vermittelt einen Eindruck von dem aufzubringenden Eigenkapital: Als „kleinere Parzellen" wurden Farmen in der Größe zwischen 100 und 200 Hektar bezeichnet. Zum Kauf einer Farm mit bis zu 100 Hektar reichten ca. 6.000,- bis 6.770,- Rupien (= 8.000,- bis 9.000,- Mark); für jede weiteren 50 Hektar waren 4.510,- Rupien (= 6.000,- Mark) erforderlich. Bei Pacht in der Usambara-Region waren für 500 Hektar 6.770,- Rupien (= 9.000,- Mark) und für jede weitere 50 Hektar 1.500,- Rupien (= 2.000,- Mark) nachzuweisen. Ein Problem bei der Finanzierung war, dass es bis 1914 - anders als in Deutsch-Südwestafrika - keine Landwirtschaftsbank gab, die tragbare Kredite an Farmer vergab.

> **Aus der Kolonie.**
> — **Mangel eines Bankinstituts und zu hohe Zinsen.** — Wir haben schon mehrfach darauf hingewiesen, wie unangenehm fühlbar, besonders für kleinere Geschäftsleute, sich der Mangel eines Bankinstituts in der Kolonie bemerkbar macht. Hierzu wird uns nun geschrieben:
> „Ist ein Geschäftsmann, ein Ansiedler oder was er sonst sein möge, der keinen starken Rückhalt in Deutschland hat, in die unangenehme Lage versetzt, den Kredit einer größeren Firma in Anspruch nehmen zu müssen, so ist er gezwungen, selbst wenn er die besten Sicherheiten giebt, einen fast unglaublichen Zinsfuß zu bezahlen. 7 bis 9% werden glatt verlangt und dadurch ist es wohl erklärlich, wenn Manchem die Lust vergeht, sich nur dafür abzuarbeiten, um die Zinsen zu verdienen. So manches aussichtsvolle Unternehmen hat durch solche Daumenschrauben schon ein frühzeitiges Ende genommen. Diejenigen Firmen, welche in der Lage sind Kapitalien zu verleihen oder längere Kredite zu bewilligen, sollten sich bald klar darüber werden, daß billiges Geld den Verkehr und das Geschäft hebt, theueres Geld aber ein solches unter Umständen ganz und gar unterbindet."
>
> Artikel in der DOA-Zeitung vom 08. August 1903

Die Deutsch-Ostafrikanische Zeitung vom 17.Juni 1914 stellte dies mit Bedauern fest und beklagte, dass weder die „DOA-Bank" noch die Handelsbank oder die Daressalamer Sparkasse landwirtschaftliche Kredite - mit langfristigen, unkündbaren und zinsgünstigen Konditionen - vergäben. Das Vermögen war daher - wie auch im Falle von Hassel - weitgehend privat aufzubringen. Der Wechsel ins Farmerleben war teuer und brauchte viel Geduld. Es mussten der Grund und Boden für die Farm, Geräte und Saatgut gekauft, sowie das Haus, Scheunen und Viehställe gebaut und der Umzug nach Wilhelmstal bezahlt werden. Dann fielen als Anfangsinvestitionen die Kosten für das Personal im Haus und jene in der Landwirtschaft an.

Auch wurden finanzielle Reserven benötigt, um Unwägbarkeiten wie Krankheiten, Unfälle, Missernten und Viehseuchen abzufedern. Die Kosten für Grund und Boden können ebenfalls nur schätzungsweise ermittelt werden, weil die Größe der von Hassel gekauften Plantage unbekannt ist.

> **Größe der Farmen in Deutsch-Ostafrika im Jahre 1908**
>
> Von insgesamt 43 Farmen hatten:
>
> * über 1.000 Hektar: 2 (= 4,7 %)
> * 500-700 Hektar: 3 (= 7 %)
> * 250-500 Hektar: 11 (= 25,6 %)
> * 100-250 Hektar: 23 (= 53,5 %)
> * unter 100 Hektar: 4 (= 9,2 %)
>
> Quelle: Deutsch-Ostafrikanische Zeitung vom 20.05.1908

Die Fläche der Farmen lag nach einer Meldung der Deutsch-Ostafrikanischen Zeitung vom 20. Mai 1908 zwischen 5 und 1.600 Hektar. Von 1904 bis 1906 wurden in Deutsch-Ostafrika 1.663 Hektar Land verkauft und 51.772 Hektar verpachtet. An den Meru-Bergen im Norden wurden 70.000 Hektar vermessen, die bereits zur Hälfte verkauft werden konnten. [77] 1914 hatten alle Plantagen zusammen in Ostafrika eine Größe von 106.000 Hektar.[78] Nach Berechnungen der Kolonialverwaltung ernährt bereits eine Farm mit 50 Hektar eine Familie. Im Usambara-Gebiet lagen die meisten Farmen in einer Größe bis 200 Hektar. Von daher ist die Wahrscheinlichkeit groß, dass die Hasselsche Plantage auch diese Größenordnung hatte. So wurde zum Beispiel im Jahre 1908 eine bereits eingezäunte Kaffeepflanzung im Meru-Gebiet (= westlich der Usambara-Berge) mit einer „Größe von 130 Hektar, sowie günstigen Wasserverhältnissen und 20.000 zum Teil tragenden und auf Urwaldboden gepflanzten Kaffeebäumen, Maschinen und Inventar krankheitshalber für 21.000,- Rupien" (= 27.930,- Mark) angeboten.

---

[77] Artikel in der DOAZ vom 31.12.1908
[78] Reichstagsprotokoll vom 10.03.1914

Im Raum Iringa wurde in dieser Zeit durch den Besitzer Paul Sehm die Farm „Windhügel" mit „lebendem und totem Inventar, Wohnhaus mit 3 großen Zimmern, extra Küche, nebst großen Stallungen, alles massiv gebaut, Ziegeldachung, 200 Stück Rinder, Esel, Maskat etc." für 12.000,- Rupien (= 15.960,- Mark) zum Kauf angeboten. Bei diesen beiden Beispielen handelte es sich um Privatverkäufe, welche die Farmgröße mit einem Preis verbinden. 200 Hektar „Kronland" wurden im Jahre 1908 im Norden der Kolonie ohne Ermäßigung für 21.000 bis 24.000,- Rupien (= 27.930 bis 31.920,- Mark) angeboten. Zu berücksichtigen ist jedoch, dass ehemalige Angehörige der Schutztruppe beim Landerwerb direkt von der Kolonialverwaltung („Kronland") einen Preisnachlass von bis zu 50 % gewährt bekamen. Dies bedeutet, dass in diesem Falle ungerodetes und noch nicht bepflanztes Land in einer Größe von etwa 200 Hektar - wie es das Ehepaar von Hassel nach den Angaben ihrer Tochter Gertrud gekauft hatte - ca. 10.500,- Rupien (= 13.965,- Mark) gekostet haben dürfte. Damit waren etwa zwei Drittel des geschätzten finanziellen Grundstocks des Ehepaares von Hassel in Höhe von 15.600,- Rupien (= 20.800,- Mark) verbraucht; das verbleibende Drittel in Höhe von 5.100,- Rupien konnte für den Hausbau, sowie Anschaffungen und die Überbrückungs-Betriebskosten bis zur ersten Ernte eingesetzt werden.

Das Herrenhaus des Ehepaares von Prince

Der Bau eines Hauses aus Feldsteinen mit fünf Zimmern und einer angebauten Veranda, wie sie in Deutsch-Ostafrika üblich war, kostete in Daressalam rund 4.700 Rupien (= etwa 6.351,- Mark). Da das Farmhaus jedoch - wie Gertrud von Hassel es beschreibt - weit einfacher gebaut war als das abgebildete ihrer Nachbarn Tom und Magdalene von Prince, dürfte es höchstens 2.350,- Rupien (= 3.125,- Mark) gekostet haben. 2.750,- Rupien blieben somit für Erstanschaffungen und die Betriebskosten am Anfang. Insgesamt reichte das Eigenkapital des Ehepaares von Hassel zwar für einen Start ins Farmerleben, aber es ließ für Unwägbarkeiten wenig Spielraum.

Ein kurzer Blick auf die Betriebskosten: Ein angeworbener einheimischer Arbeiter verdiente 1910 in der Usambara-Region zwischen 4,- und 12,- Rupien pro Monat. Bei 10 Arbeitern war dies eine jährliche Gesamtsumme von 480,- bis 1440,- Rupien (= 640,- bis 1.915,- Mark). Da bei Plantagenkulturen Kaffee nach Tee den zweihöchsten Arbeitsbedarf pro Flächeneinheit hat, lag die Zahl der benötigten Arbeitskräfte eher bei 50 Personen, d.h. hier waren Lohnkosten zu zahlen, die zwischen 2.400,- und 7.200,- Rupien lagen. Die Preise für Tiere waren unterschiedlich und betrugen z.B. für einen Halbblutesel oder ein Maultier zwischen 300 und 600,- Rupien (= 400,- bis 800,- Mark). Das Maultier war wegen seiner weitgehenden Unempfindlichkeit gegen den Stich der Tsetse-Fliege am geeignetsten. Material, das aus Deutschland angeliefert werden musste, wie z.B. Maschinen, kostete neben dem Kaufpreis zusätzlich ungefähr 44,- Rupien (= 59,- Mark) je Zentner (= 50 kg) an Transportkosten. Ein weiterer Kostenfaktor waren die laufenden Ausgaben für Personal- und Sachkosten für den Betrieb der Farm wie Baumbeschnitt und Unkraut jäten, sowie die Futterkosten für das Vieh. Da auf einer neu angelegten Kaffeeplantage erst nach drei bis fünf Jahren zum ersten Mal geerntet werden kann, und diese bis dahin keinen Ertrag bringt, muss solch eine lange Zeit finanziell überbrückt werden. Doch lief der Betrieb, waren zusätzlich auch Steuern an die Kolonialbehörde zu entrichten.

> **Wilhelmstal.** Die Gewerbesteuerlisten für das Jahr 1910 liegen in der Zeit vom 10. Februar bis 24. März, die Häuser- und Hüttensteuerlisten vom 10. Februar bis 10. März ds. Js. auf dem Bezirksamt zur Einsicht aus.
>
> Meldung in der DOA-Zeitung vom 23.02.1910

2.5 Vom Offizier zum Farmer

Am 19. August 1909 schied von Hassel durch die nachträgliche Verfügung vom 3. Oktober nach insgesamt 22 Dienstjahren „mit der gesetzlichen Pension und der Erlaubnis zum Tragen seiner bisherigen Uniform" offiziell aus der Schutztruppe und zugleich aus dem aktiven Militärdienst. Die Entscheidung, vom Berufsoffizier zum Farmer umzusteigen, war zweifelsohne ein beträchtliches Wagnis, denn Theodor von Hassel besaß, anders als später sein Sohn Kai-Uwe, keinerlei Kenntnisse in tropischer Landwirtschaft; heute würde man dies als „learning by doing" bezeichnen. Und seine Frau Emma hatte als Reederstochter eine behütete Kindheit und Jugend hinter sich, in der sie - wenn überhaupt - bestenfalls mit Fragen der Geschäfts- und Buchführung in Berührung gekommen war.

> Ausgeschieden: Hauptmann v. Fiedler am 31. 8. 09. und am 1. 9. 09 als Kompagnie-Chef im Grenadir-Regiment Nr. 6 angestellt, Hauptmann v. Hassel am 19. August 09 mit der gesetzlichen Pension und der Erlaubnis zum Tragen seiner bisherigen Uniform, Hauptmann Frhr. v. Wangenheim am 31. August 09 und am 1. 9. 09 als Kompagnie-Chef im Leib-Grenadier-Regiment Nr. 8 angestellt.
>
> (Auszug aus dem Amtlichen Anzeiger für Deutsch-Ostafrika, Personalnachrichten vom 03.10.1909)
>
> v. Haßel, Hauptm in der Schutztruppe für Deutsch-Ostafrika, der Abschied mit der gesetzlichen Pension und der Erlaubnis zum Tragen seiner bisherigen Uniform bewilligt.
>
> (Personalnachrichten in der Deutsch-Ostafrikanische Zeitung vom 22.09.1909)

Nachdem die bürokratischen Hürden wegen des Kaufes einer Farm in Daressalam überwunden waren, reiste Theodor von Hassel zusammen mit seiner Frau und der kleinen Tochter per Schiff der DOA-Linie B in die etwa 200 Kilometer weiter nördlich gelegene Hafenstadt Tanga. Nach einer Übernachtung im Hotel „Kaiserhof" von Paul Mascher - sie kostete 1909 pro Nacht in einem „großen sauberen moskitofreien" Zimmer" 6,- Rupien (= 9,- Mark) Vollpension - ging es mit Ochsenkarren und Trägern weiter ins Usambara-Gebirge.

Hotel Kaiserhof in Tanga

Die westlichen Usambara-Berge - zwischen 150 und 1506 m hoch liegen etwa 50 km von der Küste des Indischen Ozeans und dicht an der Grenze zu Kenia. Das Bergland umfasst etwa 1.300 Quadratkilometer. Die Regenwälder dieser Bergwelt bestehen seit Millionen von Jahren und sind extrem artenreich. Das Tal des Lwengera-Flusses trennt die kleineren östlichen von den weitaus größeren westlichen Usambara Bergen mit ihren steilen und tiefgefurchten Hängen. Usambara wäre der schönste und für Deutsche geeignetste Platz in der gesamten Kolonie, hieß es damals. Wilhelmstal, das heutige Lushoto, mit seinem kühlen und deshalb auch malariafreien Höhenklima, wurde zur beliebten Sommerfrische. Im Oktober 1911 wurde die Usambara-Bahn („Nord-Bahn") von Tanga nach Moschi eingeweiht. Sie verkürzte die Reise von Tanga nach Wilhelmstal auf nur einen Tag. Für die 350 km der Gesamtstrecke benötigte der Zug 14 Stunden und 40 Minuten. 1913 wurde die Bahn mit 18 Lokomotiven, 31 Personen- und 199 Güterwagen von 562 Bediensteten betrieben, davon waren 35 Europäer. Der Personenverkehr wurde in den 90er Jahren des letzten Jahrhunderts eingestellt. Wegen einer Generalsanierung der Strecke ruht nach einem Jahrhundert heute auch der Güterverkehr.

Vor und unmittelbar nach der Geburt ihrer Tochter Gertrud sorgte sich das Ehepaar von Hassel wegen der ständigen Malaria-Gefahr vor allem um die Gesundheit des Kleinkindes. Als sich überdies herausstellte, dass Emma von Hassel erneut schwanger war, entschlossen sie sich, dass die Mutter mit ihrer

Tochter Gertrud nach Deutschland reisen und Emma von Hassel ihr zweites Kind dort entbinden sollte. In der Aufbauphase der Farm waren die Lebensbedingungen sehr spartanisch. Theodor von Hassel war als Soldat daran gewöhnt, doch seiner Frau wollte er diese nicht zumuten, zumal sie ihm mit fortschreitender Schwangerschaft bei den körperlich anstrengenden Arbeiten ohnehin immer weniger würde helfen können. Gertrud von Hassel schreibt in ihren Kindheitserinnerungen, die Eltern wären 1910 gemeinsam mit ihr in den Heimaturlaub gefahren. Dies ist unzutreffend. Nur Mutter Emma fuhr mit ihrer kleinen Tochter im Jahre 1909 nach Deutschland, wo sie bei ihrer Familie in Apenrade am 16. April 1910 ihren Sohn Friedrich zur Welt brachte. Der Vater zeigte die Geburt seines ersten Sohnes stolz in der örtlichen Presse an.

Wann genau Emma von Hassel mit ihrer Tochter Gertrud zur Entbindung nach Deutschland reiste, ist nicht mehr feststellbar, weil sie auf keiner der in der Presse veröffentlichten Passagierlisten genannt wurde. Allerdings waren die Angaben der aus Tanga abreisenden Passagiere nicht immer vollständig. Der Antritt der Reise dürfte aber so rechtzeitig erfolgt sein, dass keine Gefahr bestand, die Schwangerschaft durch die etwa einmonatige Schiffsreise zu beeinträchtigen oder zu erschweren. Ein Reisedatum ab dem siebten Schwangerschaftsmonat (= Februar 1910) kann ausgeschlossen werden. Auch kann davon ausgegangen werden, dass Emma das Weihnachtsfest 1909 im Kreise ihrer Familie und nicht auf hoher See feiern wollte, was einen Reisetermin nach dem 28. November ausschließt, denn dann wäre sie nicht mehr rechtzeitig zu den Feiertagen bei ihrer Familie eingetroffen. Daher kommen folgende drei Abreisetermine in Frage: Am 7. Oktober mit Reichspostdampfer (RPD) „Khedive" (Kapitän Scharfe), am 17. Oktober mit RPD „Gertrud Woermann" (Kapitän Carstens) oder am 30. Oktober 1909 mit dem RPD „König" (Kapitän Volkertsen).

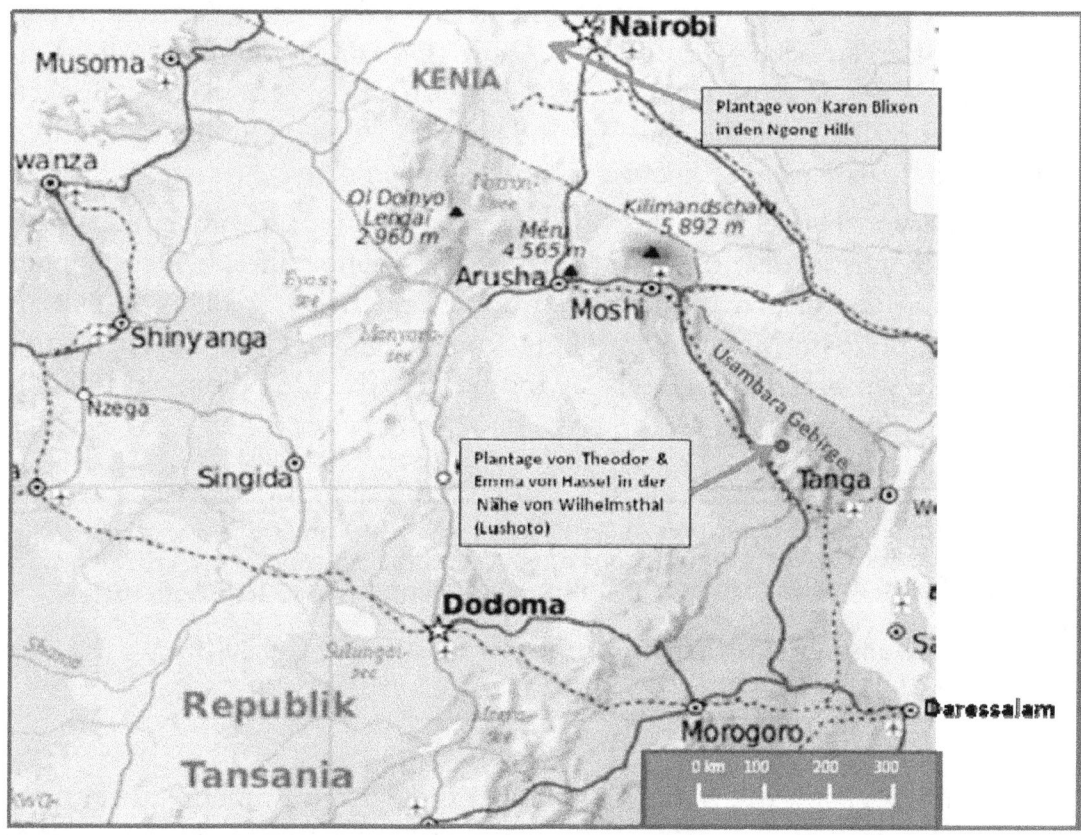

Vater Theodor von Hassel blieb in der Kolonie, und versuchte eine neue Existenz aufzubauen. Eine mehrmonatige Abwesenheit hätte er sich in der Zeit einer schwierigen beruflichen Umorientierung nicht erlauben können. Nur für einen kurzen Aufenthalt nach Europa zu reisen, hätte sich nicht gelohnt, denn allein die Hin-und Rückreise dauerte etwa zwei Monate. Diese Annahme wird dadurch belegt, dass Emma von Hassel bei ihrer Rückkehr in die Kolonie am 11. November 1910 nur als Alleinreisende in der Deutsch-Ostafrikanischen Zeitung erwähnt wurde. Doch weshalb kehrte sie ohne ihre beiden Kinder, die zweijährige Gertrud und den sieben Monate alten Friedrich, zurück? Die Eltern hatten sich - vermutlich aus Kostengründen - entschlossen, eine neue Farm aufzubauen und nicht eine bereits bestehende und Ertrag bringende Plantage zu pachten. Zugleich aber wollten sie den

Kindern nicht zumuten, viele Monate in einem Provisorium zu leben. Daher beschlossen sie, die beiden Kleinen vorübergehend in Freienwalde an der Oder in die Obhut ihrer Tante Magdalene von Gordon zu geben und sie erst nachzuholen, wenn ihre neue Bleibe in einer malariasicheren Gegend in den Usambara-Bergen bezugsfertig war. Es wurden dann allerdings fast drei Jahre daraus, da der Aufbau der neuen Existenz länger dauerte, als ursprünglich geplant. Vor allem der kleinen Gertrud fiel die lange Trennung von ihren Eltern, die sie damals noch nicht verstand, sehr schwer.

Als Emma von Hassel nach fast einjähriger Trennung im November 1910 mit dem Reichspostdampfer „Feldmarschall" - ohne ihre beiden Kinder Gertrud und den sieben Monate alten Sohn Friedrich - in die Kolonie zurückkehrte, holte ihr Mann sie im Hafen von Tanga ab. Dann fuhren sie mit der neuen Usambara-Bahn bis nach Mombo. Für die 128 Kilometer brauchte der Zug acht Stunden.

> Mit Reichspostdampfer „Feldmarschall" an in Tanga: Herren Georg Deininger, Johannes Grotjahn, Frau E. v. Hassel, J. Klein, Gouv.-Beamt. Münch, J. Sauppe, E. v. Seggern,
>
> (Personalnachrichten in der Deutsch-Ostafrikanische Zeitung vom 12.11.1910)

Die einfache Fahrt kostete für Weiße in der 2. Klasse 6 Rupien, „für Farbige und Halbfarbige" in der 3. Klasse 0,75 Rupien. Die Bahnstrecke war zu dieser Zeit nur auf der ersten Teilstrecke von 200 Kilometern bis Hedaru befahrbar und wurde erst ein Jahr später, am 4. Oktober 1911, offiziell bis Moschi eingeweiht. Von Mombo ging es mit Ochsenkarren, in einer Hängematte und einem Maultier zu dem etwa 30 km entfernten Ort Magamba am Lukonge-Fluss in den westlichen Usambara-Bergen, wo Vater Theodor ostwärts der Ortschaft begonnen hatte, eine Sisalfarm zu betreiben. Die Farm lag etwa eine Fußstunde - d.h. etwa 5 km - von Wilhelmstal entfernt.

Der Anbau der 1893 aus Florida eingeführten „Agave sisalana" hatte sich in Ostafrika bewährt. Der Sisal verlangt viel Sonne, mäßigen, leichten Regen und gute Luftfeuchtigkeit, allerdings sind schattengebende Bäume zu vermeiden, und schwere Tropenregen schaden vor allem den Wurzeln. Die Anzucht erfolgt am häufigsten durch Wurzelschösslinge. In den ersten beiden Jahren sind die jungen Pflanzungen gründlich rein zu halten. Da man in Ostafrika mit einer Lebensdauer von nur etwa 7 - 10 Jahren für die Sisalplantagen rechnete, musste man rechtzeitig an die Anlage neuer Pflanzungen denken. Der Lebensertrag pro Pflanze lag bei etwa 200 Blättern. Die geschnittenen Blätter müssen möglichst am Tage der Ernte mit Maschinen aufbereitet werden. Der Hanf wird gespült und danach in Wasserbassins mit den Füßen ausgetreten. Dazu muss ausreichend fließendes Wasser in der Nähe sein. Anschließend folgt die Trocknung auf Gestellen. Der getrocknete Hanf passiert erneut Maschinen, die mit rotierenden Bürsten die verklebten Fasern wieder lockern. Auch das Verpacken erfordert große Sorgfalt. Die Sisalkultur in Deutsch-Ostafrika stieg in nur wenigen Jahren rasant an: Von 15 Tonnen im Jahre 1901 auf 16.000 Tonnen 1912. Der durchschnittliche Preis pro Tonne betrug 1912 ungefähr 600 bis 650 Mark. Offenbar aber stellte sich dieser Zweig der Landwirtschaft für von Hassel als zu aufwändig, zu arbeitsintensiv und zu kostspielig heraus. Daher entschloss sich das Ehepaar von Hassel, den Haupterwerbszweig auf den Anbau von Kaffee zu verlagern, der auf der Hauptfarm angebaut wurde, welcher Mutter Emma den Namen „Neu-Apenrade" gab. Eine kleine Viehzucht wurde auf Toronto betrieben, wohl primär für den Eigenbedarf. Auch die Sisalanbauflächen führten sie nur als Nebenbetrieb weiter, auf dem sie auch Kautschuk anbauten.

Allerdings ist auch der Kaffeeanbau kapital-und arbeitsintensiv, zumal Theodor von Hassel die Kaffeeplantage, die er 1912 gekauft hatte, erst anlegen musste. Die immergrünen Bäumchen mit schlankem Stamm, langen, meist leicht abwärts geneigten Zweigen und dünnlederigen Blättern waren gerade einen Meter hoch und trugen noch nicht. Sie wachsen naturbelassen 5 bis 6 Meter hoch, werden allerdings durch Beschnitt auf 1,5 bis zwei Metern Höhe gehalten, weil dies am günstigsten für den Ertrag und die Erntearbeiten ist. Zur Blütezeit sind sie reich mit weißen, wohlriechenden Blüten bedeckt. Die Steinfrucht ist im Reifezustand dunkelkarmesinrot gefärbt und enthält in der fleischigen Fruchtschale zwei mit den beiden Flachseiten zueinander stehende Samen, die „Kaffeebohnen". Jede von ihnen wird von einer gelblichen, hornartigen Hülle umschlossen. Für die Kaffeepflanze ist eine Durchschnittstemperatur von 18 bis 25°C erforderlich. Die Temperatur sollte nicht über 30°C steigen und auch nicht zu häufig unter 13°C fallen. Frost kann sich sowohl auf die laufenden als auf die zukünftigen Ernten vernichtend auswirken, sofern der Strauch sich nicht von den Erfrierungen erholt. Nen-

nenswerte Erträge sind vom vierten Jahr an möglich, Vollernten erst ab dem sechsten Jahr. Die Pflanzen bringen dann ihre optimale Ernte und produzieren weitere 10 bis 20 Jahre maximale Erträge. Um zu verhindern, dass die Pflanze bereits vor dem sechsten Jahr Früchte trägt, müssen die Blüten jedes Mal per Hand abgebrochen werden. Der Boden rund um die Pflanzen muss regelmäßig gejätet werden. Ausreichende Wasserzufuhr ist wichtig. Kaffeebäume sind allerdings häufig Schädlingen und Krankheiten ausgesetzt. Die Kaffeebäumchen werden in einem Abstand von ein bis drei Metern gepflanzt. Somit wachsen auf jedem Hektar des gerodeten Urwaldes maximal etwa 400 Kaffeebäume. Der Ertrag eines Kaffeebaumes lag nach einer Meldung der Deutsch-Ostafrikanischen Zeitung vom 20. Mai 1908 bei höchstens 2 ½ Pfund (= 1,25 Kilogramm), d.h. pro Hektar bei maximal 500 Kilogramm.[79] Der Preis für den Verkauf von 1 kg schwankte zwischen 1,- und 1,20 Mark. Pro Hektar waren somit im günstigsten Fall 600,- Mark zu verdienen. Bei geschätzten 20 Hektar Anbaufläche (= ein Zehntel der Gesamtgröße der Plantage) war dies ein geschätzter Brutto-Umsatz pro Ernte von 12.000,- Mark. Dieser konnte bei zwei Ernten im Jahr und einer Vergrößerung der Anbaufläche entsprechend gesteigert werden. Zieht man vom Umsatz zweier Ernten geschätzte 50 % als investive und Betriebskosten ab, dürfte Theodor von Hassel als Farmer etwa auf seinem vormaligen finanziellen Niveau als Hauptmann (Jahresverdienst: 9.600,- Mark) anzusiedeln sein.

Der Rohkaffee wurde von der 1893 gegründeten Usambara- Kaffeebau-Gesellschaft D.K.G. in Berlin auf- und an Röstereien in Europa weiterverkauft. Die Rösterei Carl Jehle in Freiburg zum Beispiel verlangte im Jahre 1907 für ein Kilo des Usambara-Kaffees („sehr kräftig im Geschmack") 2,60 bis 3,60 Mark. 30 Jahre später bot die Firma Hans Pfennigstorf aus Hamburg die Usambara-Mischung mit 3,20 RM pro Pfund zugleich als „sinnreiche Werbung für die Wiedergewinnung deutschen Lebensraumes" an.[80] Die

---

[79] Nach dem amtlichen Jahresbericht lag die Ausfuhr von Rohkaffee aus Deutsch-Ostafrika im Jahre 1912 mit einer Anbaufläche von 4.800 Hektar bei rund 1.575 Tonnen (= ca. 338 kg pro Hektar). Heute liegt der Ertrag je Hektar im Weltdurchschnitt bei rund 680 kg. Die Spannweite ist beträchtlich und reicht von 33 kg in Angola, über 169 kg in der Elfenbeinküste, 425 kg in Mexiko, 820 kg in Kolumbien, 1.010 kg in Brasilien, 1.620 kg in Costa Rica und 4.200 kg je Hektar im brasilianischen Bundesstaat Bahia.

[80] Anzeige in der Deutschen Kolonial-Zeitung vom April 1937.

Kolonial- Werbemischung lag pro Pfund bei nur 2,50 Reichsmark - „eine Freude für jeden Kolonial-Interessenten".

Im Falle der Hasselschen Plantage war die erste Ernte ab 1916 möglich. Da zu dieser Zeit Emma von Hassel die Farm wegen der kriegsbedingten Abwesenheit ihres Mannes aber allein bewirtschaftete, Arbeitskräfte rar und ein Export nicht möglich waren, kann davon ausgegangen werden, dass die Plantage bis zur Aussiedlung 1920 keinen nennenswerten Ertrag brachte. Als die von Theodor von Hassel gepflanzten Kaffeebäume reif waren, war niemand mehr da, um zu ernten.

Der nächste Schritt war der Aufbau ihrer Hauptfarm. Zuerst wurde das Busch- und Waldgelände gerodet und für die Kaffeeplantage urbar gemacht. Danach mussten Brunnen gebohrt werden, um die Wasserversorgung sicherzustellen. Für das Vieh wurde eine sog. „Viehboma" errichtet. Die Umzäunung, die zum einen verhinderte, dass die Tiere fortrannten und diese zum anderen vor Raubtieren - vor allem Löwen und Leoparden - schützte, bestand aus einer breiten, etwa 2 ½ Meter hohen Steinmauer, die oft zusätzlich auf der Krone mit dichtem Dornengestrüpp gesichert wurde. Es war eine überaus arbeitsreiche Zeit. Auch in diesen Jahren hatte von Hassel wahrscheinlich deswegen keinen Jagdschein beantragt. Die beiden Dörfer der Einheimischen, aus denen die Menschen kamen, die für die Plantage arbeiteten, waren etwa einen Kilometer vom Farmhaus entfernt. Das Schutzgebiet hatte eine eigene Arbeiterverordnung mit staatlichen Kontrollen für Anwerbung, Mindestlohn, Arbeitsvertrag und Arbeitszeit Selbst die Anzahl der Kochstellen und Aborte auf Sisalpflanzungen war - typisch deutsch - akribisch geregelt. Die Entfernung von der Hasselschen Plantage zum Kilimandscharo betrug etwa 300 km Luftlinie.

Die drei Weihnachtsfeste und die drei Jahreswechsel 1910, 1911 und 1912 waren für das Ehepaar von Hassel ohne ihre zwei Kinder traurig und einsam. Doch ein dreiviertel Jahr nach der Geburt des dritten Kindes, Kai-Uwe, holten die Eltern ihre beiden Kinder Gertrud und Friedrich im Dezember 1913, rechtzeitig vor dem Weihnachtsfest, wieder zu sich nach Afrika. Am 21. April 1913 war das dritte Kind, Sohn Kai-Uwe, in der abgelegenen Missionsstation Gare zur Welt gekommen. Eine Geburtsanzeige sucht man in der Deutsch-Ostafrikanischen Zeitung seltsamerweise vergebens. In vielen seiner Lebensläufe wird Tanganjika anstatt Tansania genannt; korrekt müsste es lauten „Deutsch-Ostafrika" (heute Tansania). Pastor Gleiß taufte den Jungen. Mit dem Ausscheiden aus der Schutztruppe vor mittlerweile vier Jahren und dem Verlegen des Lebensmittelpunktes in die Usambara-Region bestand für die Familie von Hassel kein Grund mehr, die Geburtsanzeige ihres dritten Kindes in der Deutsch-Ostafrikanischen Zeitung in Daressalam zu veröffentlichen. Im selben Jahr starb Emmas Mutter, Clara Jebsen, mit 69 Jahren in Apenrade.

> **Passagierverkehr auf den Dampfern der Deutschen Ostafrika-Linie.**
>
> Mit R. P. D. „Rhenania" trafen in Daressalam ein: Herr F. Baumann und Frau, Frau Marie Filsinger mit Kind, Herr Oscar Gerth, R. Kürzel, Klenze und Frau, Herr H. Mittag, Müller, Frl. Margarete Niedner, Herr C. Paulig, Dr. Pensehle, Reichert, Hans Schuster und Frau, Herr Guita Seelig, R. Stechmann, Frl. Irmgard Steffens, Herr H. S. Saner, M. Thiele, Frau C. Wiese. In Tanga: Herr Otto von Hoffmann, Friedrich von Hassel, Gertrud von Hassel, Frl. Gertrud von Papprtiz, Herr Walter von Ruckteschell und Frau, Herr K. von Salis, Paul Schmidt und Frau, Günther Schmidt.
>
> Auszug aus der Deutsch-Ostafrikanischen Zeitung vom 13.12.1913

Am 1. Dezember 1913 traf der Reichspostdampfer „Rhenania" unter Kapitän Nösel mit den beiden Kindern Gertrud und Friedrich von Hassel in Begleitung von Fräulein Gertrud von Papprtiz (1892-1969) in Tanga ein. Die in Berlin geborene Gertrud war die Tochter des preußischen Hauptmanns Rudolf von Pappritz (1859-1897)[81] und dessen Frau Barbara (1861-1939; geb. von Rosenstiel), sowie eine Freundin von Magdalene von Gordon, der Schwester Theodor von Hassels. Offenbar hatte sie sich aus freundschaftlicher Verbundenheit angeboten, die Reisebegleitung der beiden kleinen Kinder in die Kolonie zu übernehmen.

Gertrud von Pappritz
(Aufnahme ca. 1940)

Groß war die Wiedersehensfreude, als Mutter Emma ihre beiden Kinder, die sie seit ihrer Abreise aus Deutschland im Oktober 1910, d.h. seit über drei Jahren, nicht mehr gesehen hatte, bei deren Ankunft in Tanga wieder in die Arme schließen konnte. Direkt nach Ankunft fuhr sie mit ihnen per Bahn bis Mombo Quarrying Side (vor Mazinde), um den Aufenthalt in der malariaträchtigen Hafenstadt so kurz wie möglich zu halten. Acht Stunden dauerte die Fahrt mit der Usambarabahn („Nordbahn"). Vater Theodor wartete dort ungeduldig auf seine Familie. Nun konnte auch er zum ersten Mal seinen Sohn Friedrich und die fünfjährige Tochter Gertrud umarmen. Danach ging es zu Fuß zur Missionsstation Wuga. Die Kinder wurden in Hängemat-

---

[81] Er diente im Infanterieregiment von Stülpnagel (5. Brandenburgisches) Nr. 48 und später in der Eisenbahn-Abteilung des Großen Generalstabs; wahrscheinlich kannte er von daher auch Friedrich Julius von Hassel.

ten getragen. Die Straße von Mombo nach Wilhelmstal war nach einer Meldung der Deutsch-Ostafrikanischen Zeitung vom 3. Juli 1909 im Frühjahr 1910 fertiggestellt worden.

Nach über drei Jahren der Trennung war die Familie endlich wieder vereint. Die beiden Geschwister Gertrud und Friedrich sahen jetzt ihren Bruder Kai-Uwe, der inzwischen ein dreiviertel Jahr alt war, zum ersten Mal.

Der Aufbau der Hasselschen Farm „Neu-Apenrade" war zwar fortgeschritten, aber noch nicht abgeschlossen. Von Wuga zog die Familie für einige Zeit in das Hotel Gerth in Wilhelmstal, bis das Wohnhaus auf der Farm fertiggestellt war. Von Hassel kannte den Hotelchef Gerth noch aus Daressalam, wo dieser früher das Hotel Kaiserhof geführt hatte. Das - gemessen an den europäischen Häusern in Daressalam - nicht sehr komfortable Wohnhaus mit dem Lehmboden und einem Dach nach europäischer Konstruktion wurde als letztes errichtet. Gertrud von Hassel beschreibt in ihren Kindheitserinnerungen den Bau: Zuerst wurde der Bauplan mit Strichen auf dem Boden markiert. Dann wurden - wie beim Bau der Negerhütten im Busch - im Abstand von etwa einem Meter Löcher von 80 cm Tiefe gegraben, in welche die Balken versenkt und der Boden danach festgetrampelt wurde. Zwischen den Balken wurden dann fingerdicke Zweige geflochten, die Zwischenräume mit Lehm ausgefüllt und das Ganze nach dem Trocknen weiß angestrichen. Das Dach wurde - anders als die Hütten - mit einem First konstruiert und mit dicken, rinnenartig gewölbten Ästen der Bananenstaude („Malamba") eingedeckt. Wasserdicht war diese Konstruktion nicht. Vor allem während der Regenzeit tropfte es unaufhörlich, und in nahezu allen Zimmern bildeten sich Wasserpfützen. Die Fenster waren nicht verglast, sondern offen und nur zum Schutz gegen Raubtiere -Löwen und Leoparden - durch dicke Eisenstangen gesichert. Das Haus hatte fünf Zimmer und eine große, überdachte Veranda („Barasa"), von der aus man weit über die Plantage bis zu den Ubiri-Bergen blicken konnte. Neben dem Wohnhaus wurde noch ein Wirtschaftsgebäude errichtet.

1913 war das erste Weihnachtsfest im neuen Heim. Es bekam seine besondere Bedeutung, da das Ehepaar diese Tage erstmals gemeinsam mit seinen drei Kindern feiern konnte. Es war aber zugleich auch das letzte Weihnachten, das die Familie in Frieden verlebte. Das Fest 1914 war bereits vom Krieg überschattet, und über den Weihnachtsfeiertagen der beiden folgenden Jahre 1915 und 1916 lastete die Sorge um die ungewisse Zukunft. Die folgenden drei Weihnachten 1917 bis 1919 waren für alle besonders schwer, denn Vater Theodor von Hassel war bereits seit 1917 fern seiner Familie in britischer Gefangenschaft, und Emma von Hassel wusste vermutlich nicht, ob er überhaupt noch am Leben war. Erst im Jahre 1921 sollte die Familie das Fest der Geburt Christi wieder zusammen feiern. Eine Zeder, festlich geschmückt, diente am Heiligen Abend 1913 als Christbaum. Im Haus arbeiteten der Koch Pesa mbili und der Hausboy Mishehe. Mutter Emma wurde mit „Bibi" (eigentlich Großmutter), der respektvollen Anrede für Frauen auf Suaheli tituliert und Vater Theodor mit „Bwana mkuba". Fließendes Wasser gab es auf der Farm nicht. Daher war ein Träger tagein tagaus damit beschäftigt, Trinkwasser mit einem großen Topf aus einer Quelle zu schöpfen, zum Haus zu schleppen und dort in ein großes Fass, das als Wasserspeicher diente, zu gießen. Dhobi war der Wäscher, der nur zum Waschtag ins Haus kam. Von Hassel als Dienstherr musste im Krankheitsfalle auch die Behandlungskosten seiner Hausangestellten übernehmen.

Kirche in Mlalo (Hohenfriedberg)

Zu Ostern 1914 begann für Tochter Gertrud von Hassel der „Ernst des Lebens" - sie wurde eingeschult. Allerdings lag die Schule in dem etwa einen Tagesmarsch entfernten Dorf Mlalo (Hohenfriedberg).

Theodor von Hassel und seine Frau in der Schule in Wilhelmstal

Die kleine Missionsstation mit einer Steinkirche wurde von Missionaren aus Bethel geleitet. Wegen der Entfernung wohnte Gertrud während der Schulzeit bei einem Missionarsehepaar und kehrte nur hin und wieder an Wochenenden und während der Ferien zu ihren Eltern zurück. Gertrud von Hassel berichtet während dieser Jahre nur von einer einzigen Reise, die die Eltern zu Freunden unternommen hatten.

> **Deutsche Schule.** Die deutsch-evangelische Schule in *Hohenfriedeberg*, Post *Wilhelmstal*, gibt bekannt, dass das neue Schuljahr am 1. Mai dieses Jahres beginnen soll. Sie bittet, die ihr zugedachten Schüler ihr gleich bei Beginn des neuen Schuljahres übergeben und dieselben bis spätestens 1. März anmelden zu wollen. Spätere Anmeldungen können nicht mehr berücksichtigt werden. Auch können *im Laufe des Schuljahres*, mit Rücksicht auf einen zielbewussten Unterricht der Schüler, in Zukunft keine Schüler mehr Aufnahme finden.
>
> **Usambara Post vom 29.01.1916**

Die Arbeit auf der Farm begann in aller Frühe und war straff organisiert. Jeden Morgen traten die einheimischen Arbeiter an, und Theodor von Hassel oder seine Frau trugen ihre Namen in ein Arbeitsbuch ein. Danach begann die vielfältige Arbeit in der Plantage. Am Abend wurden die Namen verlesen, und jeder erhielt sein „Poscho", das Geld für den Tagesbedarf, und zusätzlich eine Marke, die monatlich gegen Geld eingelöst wurde. Wilhelmstal, der nächste größere Ort, war etwa eine Fußstunde entfernt. Dort versorgte sich die Familie von Hassel mit den wichtigsten Lebensmitteln - Brot vom Griechen Moreitis und Fleisch vom Metzger Weinzierl, wie Gertrud von Hassel berichtete. Die Metzgerei und Wurstfabrik Weinzierl hatte im September 1910 eröffnet.

> **Wilhelmstal.** Die weiße Bevölkerung im Bezirk Wilhelmstal hat sich im Jahre 1908 von 345 auf 387 erhöht. Der größere Teil der Steigerung fällt auf den Bahnbau. Die wesentlichste Erscheinung ist, daß die seit 1905 beständige Steigerung der Zahl der Ansiedler, Pflanzer, Farmer und Gärtner aufgehört hat, wohl infolge Vorsicht in Anlage neuer Pflanzungen. Die Zahl der Geistlichen und Missionare ist von 27 auf 30, die der weiblichen Missionsangehörigen von 11 auf 15 gestiegen.
> Die schwarze Bevölkerung wird nach der Hüttenzahl (auf die Hütte 3 Bewohner) auf 74759 Köpfe geschätzt, die indische betrug 182.
>
> Meldung in der DOA-Zeitung vom 16.10.1909

Im April 1906 war in Wilhelmstal bereits eine Reichstelegrafenanstalt eingerichtet worden, welche die Verbindung in die Heimat wesentlich verbesserte und verkürzte. 1914 wurde in dem Ort zunächst eine einfache, strohgedeckte Zwergschule gebaut. Der Bau eines festen Schulgebäudes für die wachsende Gemeinde war zwar geplant, fiel dann aber dem Krieg zum Opfer.

> **Zum Schulprojekt in Wilhelmstal**
> geht uns von amtlicher Seite folgende Erklärung zu:
> In der Nummer 18 vom 2. Mai 1914 der Usambara-Post findet sich ein „Schwere Enttäuschung" überschriebener Artikel, der sich mit der für Wilhelmstal geplanten Europäerschule befasst.
>
> Usambara Post vom 09.05.1914

Gertrud von Pappritz hatte eigentlich nur die beiden Kinder Gertrud und Friedrich von Hassel nach Afrika begleiten und dann nach einigen Monaten wieder nach Deutschland zurückreisen sollen. Doch der Krieg machte einen Strich durch diese Planung, denn mit Beginn der Kämpfe in Europa wurde der Seeverkehr eingestellt. Die noch Anfang August 1914 in der DOA-Zeitung angekündigten vier Abfahrten vom 17. August bis zum 2. Oktober 1914 entfielen ersatzlos. Daher blieb Gertrud von Pappritz fast fünf Jahre bei Familie von Hassel.

Nächste Abfahrt nach Europa			
Dampfer „Admiral"	Kapt.	Kley	17. Aug. 1914
„General"	„	Fiedler	2. Sept. 1914
„Prinzregent"	„	Michelsen	17. Sept. 1914
„Windhuk"	„	Zobel	2. Okt. 1914

Im Herbst des Jahres 1912 hatte der pensionierte Hauptmann von Hassel die Kolonialdenkmünze mit der Spange für die Kämpfe der Jahre 1905/1906 in Deutsch-Ostafrika überreicht bekommen. Sie war mit der „Allerhöchste Kabinetts-Order" (AKO) vom 13. Juni 1912 vom Kaiser gestiftet worden und wurde an einem weißen Band mit vier roten Mittel- und schwarzen Seitenstreifen auf der linken Brust getragen.

2.6 Wieder in Uniform

Während sich die politischen Wolken verfinsterten, machten sich die knapp 6.000 Weißen in der Kolonie Deutsch-Ostafrika inmitten der acht Millionen Eingeborenen nichts aus der drohenden Kriegsgefahr im fernen Europa, fühlten sie sich doch durch die „Kongo-Akte"[82] von 1885 geschützt. Sie glaubten, die Kolonie würde im Falle eines Krieges neutral bleiben; eine falsche Einschätzung der Lage.

Von 1912 bis zum Kriegsende 1918 residierte der Jurist Dr. Albert Heinrich Schnee (1871-1949), der die Nachfolge von Dr. Rechenberg angetreten hatte, als Gouverneur von Ostafrika. Schnee war das Gegenteil seines Vorgängers - auf Ausgleich bedacht, gutmütig und diplomatisch. Die Kaiserliche Schutztruppe für Deutsch-Ostafrika stand seit dem 13. April 1914 - zunächst noch kommissarisch - unter dem Befehl von Oberstleutnant Paul von Lettow-Vorbeck, der Major von Schleinitz nachgefolgt war.

Im Jahre 1904 als Hauptmann

Im Jahre 1917 als Oberstleutnant

Das Ehepaar Paul und Martha im Jahre 1919

General der Infanterie Paul von Lettow-Vorbeck

---

[82] Ergebnis einer Konferenz in Berlin, auf der unter Beteiligung vieler Nationen u.a. allgemeine Richtlinien und Spielregeln für den Erwerb von Kolonien aufgestellt und die Freiheit des Handels und der Schifffahrt auf vorläufig 20 Jahre gesichert wurden.

Als der neue Stellvertretende Kommandeur der Schutztruppe am 17. Januar 1914 mit dem Reichspostdampfer „Admiral" unter Kapitän Kley - von Tanga kommend - in Daressalam eintraf, fand er eine aufstrebende Kolonie vor, die sich auf eine große Ausstellung und glanzvolle Festlichkeiten anlässlich des 30. Jahrestages ihres Bestehens und des 25-jährigen Jubiläums der Schutztruppe vorbereitete. Eine Ehrenkompanie unter Hauptmann Eberhard Graf von Sparr war aufmarschiert und die Straßen festlich geschmückt. Die Deutsch-Ostafrikanische Zeitung schrieb am selben Tag, dass es „wohl als völlig sicher anzunehmen (ist), daß Oberstleutnant von Lettow-Vorbeck auch der endgültige Nachfolger des verdienten bisherigen Kommandeurs Freiherrn von Schleinitz werden wird." Die Ernennung erfolgte im April 1914.

> **Verabschiedung des Freiherrn v. Schleinitz.**
> Berlin, 18. April (W. T.). Oberstleutnant v. Lettow-Vorbeck wurde zum Kommandeur der Schutztruppe von Ostafrika ernannt. v. Schleinitz wurde mit dem Charakter als Oberst und dem Recht zum Tragen der bisherigen Uniform der Abschied bewilligt. (Von uns schon in unserer vorigen Nummer unter „Lokales" gemeldet, die Red.)
> Meldung in der DOA-Zeitung vom 22.04.1914

Von Lettow hatte die Fahrt zu seinem neuen Dienstort zunächst auf dem Passagierdampfer „Präsident" der HAPAG (Hamburg-Amerikanische-Paketfahrt-Aktiengesellschaft) angetreten und auf der Schiffsreise die Dänin Karen Blixen (1885-1962) kennengelernt, die ebenfalls auf dem Weg nach Afrika war, um in Mombasa dem verarmten schwedischen Baron Bror von Blixen-Finecke (1886-1946) ihr Jawort zu geben.

In Mombasa hatte Lettow-Vorbeck die Reise unterbrochen, um als Trauzeuge bei der Hochzeit zu fungieren. Das Leben der späteren Schriftstellerin und Farmersfrau Karen Blixen wurde durch den Film „Jenseits von Afrika" weltberühmt. Ob Emma von Hassel und Karen Blixen sich während ihrer gemeinsamen Jahre kennengelernt haben, ist nicht bekannt, erscheint aber trotz mancher Gemeinsamkeiten wegen des Krieges eher unwahrscheinlich. Die beiden Frauen waren gleich alt, bewirtschafteten beide ihre Farmen - die von Blixen war 3.000 Hektar groß - lange allein. Beide Ehepaare stammten aus dem Adel, hatten Bindungen zu Dänemark und gemeinsame Interessen durch ihren Beruf als Plantagenbesitzer. Blixens Vater, Wilhelm Dinesen

(1845-1895; Freitod), war - wie Theodor von Hassel - Offizier gewesen, und beide Frauen - Emma und Karen - stammten aus vermögenden, weitgereisten Familien. Zwar lagen die Plantagen der von Hassels und jene der Blixens, die Mbagathi-Farm am Mara-Fluss nahe der Ngong-Berge, 12 km südlich von Nairobi, etwa 600 km voneinander entfernt, doch dies ist eine Distanz, die man in Afrika, lässt man die Grenze zwischen deutscher und britischer Kolonie einmal außer Acht, beinahe als „Nachbarschaft" bezeichnen könnte.

Karen Blixen

Theodor von Hassel und der zwei Jahre jüngere Oberstleutnant von Lettow-Vorbeck sind sich bis 1914 dienstlich weder im Rahmen ihrer Ausbildung zum Offizier noch in späteren Verwendungen begegnet. Lediglich der Vater Lettows, General Paul Karl von Lettow-Vorbeck (1832-1919), war von 1888 bis 1892 Kommandeur der 19. Division gewesen, in der sein Bruder Friedrich von Hassel in Hannover als junger Leutnant bei Infanterieregiment Nr. 74 gedient hatte. Anders als zu von Hassels aktiver Zeit war nach seiner Reaktivierung der Kommandeur der Schutztruppe nicht mehr sein nächster, sondern sein nächsthöherer Vorgesetzter, mit dem er - da es die Zwischenebene des Abteilungskommandeurs gab - dienstlich kaum in Berührung kam. Es kann aber davon ausgegangen werden, dass er von Lettow-Vorbeck persönlich kannte. Das Verhältnis zwischen ihnen war vermutlich nicht gut. Zwar gibt es auch dazu keine konkreten Belege, aber starke Indizien. So war von Lettow-Vorbeck gleich nach seiner Ankunft zu einer Inspektionsreise seiner Truppen durch die Kolonie aufgebrochen um sich vor Ort ein Bild von der Lage zu machen. In Wilhelmstal inspizierte er die dortige Polizeitruppe „unter Führung eines Wachtmeisters aus Dithmarschen".

> „Mehrere deutsche Pflanzer, zum Teil ehemalige Offiziere, die ich während des Marsches auf ihren Besitzungen besuchte, bestätigten mir, daß auch die dortigen deutschen Ansiedler wertvolles militärisches Material wären."[83]

Doch in seinen Memoiren erwähnt von Lettow nur Besuche auf den Plantagen von Hauptmann a.D. Tom von Prince, „den mir von der Kriegsschule her gut bekannten Freund", seinen lebensälteren Kameraden aus gemeinsamer Zeit an der Kriegsschule in Kassel, sowie bei Kapitänleutnant a.D. Herbert Niemeyer, Korvettenkapitän a.D. Werner Schoenfeld, dem Karl Freiherrn von Ledebur, seinem alten Kadettenkameraden, bei dem auch der „liebenswürdige, alte" Oberstleutnant a.D. Heinrich Freiherr von Bock (+ 1925) weilte. In seinen „Erinnerungen aus Ostafrika" schildert Lettow ausführlich die Kriegshandlungen und nennt eine große Zahl der daran beteiligten Offiziere und Unteroffiziere mit Namen. Derjenige von Hassel hingegen wird nicht ein einziges Mal von ihm erwähnt.

Lebensmittelpunkt und Schwerpunkt der Aktivitäten des Hauptmanns der Reserve Theodor von Hassel lagen zwischen 1909 und 1914 auf dem Aufbau und der Sicherung seiner landwirtschaftlich orientierten Existenz. Daher fehlte ihm wahrscheinlich die Zeit, um sich aktiv im Freiwilligenkorps von Wilhelmstal, den „Usambarazen", das sich im Jahre 1913, geführt von Hauptmann a.D. Tom von Prince,[84] unter dem Namen „Usambara-Schützen" konstituiert hatte, zu engagieren. Vier Jahre zuvor war bereits ein ähnlicher Verein in Daressalam gegründet worden.

---

[83] Lettow-Vorbeck, Paul von Erinnerungen aus Ostafrika, S. 6

[84] Prince wurde auf der Insel Mauritius geboren. Seine Mutter war Deutsche, sein Vater Engländer. 1887 trat er in das preußische Infanterieregiment Nr. 99 in Straßburg ein, wechselte 1890 zur „Wissmann-Truppe", aus der die Schutztruppe hervorging und diente in ihr als Hauptmann bis 1900. Danach ließ sich das Ehepaar mit ihren vier Söhnen in den Usambara-Bergen bei Sakarani - unweit von Wilhelmstal - als Farmer nieder. 1906 wurde er geadelt. Prince fiel 1914 in der Schlacht von Tanga.

> Das Freiwilligenkorps erhielt den Namen „Usambara-Schützen". Das Korps besteht aus dem Kommando, den Gruppenführern und den Schützen.
>
> Ins Kommando wurden gewählt:
> als Korps-Kommandant Herr v. Prince,
> „ Schützenmeister „ Stabsarzt Dr. Phillpps,
> „ Schatzmeister „ Zschommler.
>
> Zu Gruppenführern:
> für Gruppe Oberer-Luengera Herr v. Busche,
> „ „ Gotorre „ Dir. Zibell,
> „ „ Maurui „ Dir. v. Horn,
> „ „ Makajuni „ Dir. Meinhardt,
> „ „ Mombo „ Martienssen,
> „ „ Soni „ Klein,
> „ „ Wilhelmstal „ Stabsarzt a. D. Dr. Phillpps,
> „ „ Schume „ Dir. Deiniger,
> „ „ Sunga „ Feldwebel a. D. Winzer,
> „ „ Kisiwo „ v. Prince,
> „ „ Kwai „ Illich,
> „ „ Gare „ Pater Rohmer.
>
> Meldung in der DOA-Zeitung vom 07.06.1913

Ob von Hassel unter den 82 Teilnehmern der Gründungsversammlung war, ist unbekannt, erscheint aber unwahrscheinlich, da er - als ehemals aktiver Hauptmann der Schutztruppe mit langjähriger Erfahrung - weder erwähnt, noch als einer der 12 Gruppenführer aufgeführt ist, zumal selbst der militärisch unerfahrene Missionar Pater Rohmer den Posten des Gruppenführers von Gare übernahm. Bei dieser Gruppe handelte es sich wohl eher um einen Schützenverein, der nur über sehr begrenzte militärische Fähigkeiten verfügte. Ihre größten Schwachstellen waren die lange Zeit bis zum Herstellen der Einsatzbereitschaft, ihre schlechte Ausrüstung, und die mangelhaften Fernmeldeverbindungen. Sicher war dies ein weiterer Grund, dass sich von Hassel mit seiner aktiven Teilnahme zurückhielt. Die Waffen der Schützen bestanden überwiegend aus privaten Jagdgewehren, was nicht zuletzt wegen der verschiedenen Kaliber die Munitionsversorgung sehr erschwerte. Günstigstenfalls konnte diese Truppe, da ihre Mitglieder wenigstens militärisch ausgebildet waren, bei Aufständen im Inneren und im Falle eines Krieges einfache Sicherungsaufgaben und den Schutz von Objekten übernehmen. Das erste Übungsschießen fand am 17. August 1913 statt. Einige Schützen waren zwischen 50 und 75 km zu Fuß für eine Strecke marschiert, um an dem Wettkampf teilzunehmen.

> **Das erste Korpsschießen der Usambaraschützen.**
>
> Ueber das erste Korpsschießen der Usambara-schützen bringt die „Usambara-Post" nachstehenden Bericht:
>
> „Am 17. d. M. fand das erste Korpsschießen der Usambara-Schützen in Wilhelmstal statt.
>
> Das K. Bezirksamt hatte in freundlichster Weise den Schießstand sowie den Polizeiwachtmeister und Askaris zur Verfügung gestellt. Sehr erfreulich war, daß 45 Weiße sich einfanden, von denen 42 aus einem Bestand von 105 Schützen dem Korps angehören. Geschossen wurde auf Kaiserscheile. Die besten Schützen waren:
>
> Herr Polizeiwachtmeister Voß mit 106 Ringen
> „ Pflanzungsbesitzer Stock „ 104 „
> „ Forstassessor Weidner „ 100 „
>
> Meldung in der DOA-Zeitung vom 13.09.1913

Die erste Jahreshälfte 1914 brachte einige gesellschaftliche Höhepunkte. Der 55. Geburtstag des Kaisers am 29. Januar wurde in Wilhelmstal festlich begangen.

> **Aus der Kolonie**
>
> **Wilhelmstal.**
>
> Die Feier vom Kaisersgeburtstag in Wilhelmstal erfolgte dieses Mal unter besonderen Auspizien, in dem durch liebenswürdiges Entgegenkommen des Kaiserlichen Bezirksamts es möglich gemacht wurde, dass das zweite Korpsschiessen des Freiwilligenkorps Usambara-Schützen stattfinden und doch das Korps sich an der offiziellen Feier beteiligen konnte. Die kernige Ansprache des Bezirksamtmanns an die Polizeitruppe bei der Parade erhielt durch die Anwesenheit der vielen vorhandenen Weissen eine besondere Betonung, und die zahlreichen Damen und Kinder zeigten dem Freiwilligenkorps was es gegebenenfalls zu schützen gilt.
>
> An dem nach der Parade stattfindenden Korpsessen, das zahlreiche Damen durch ihre Anwesenheit verschönten und hoben, nahmen etwa 60 Personen teil, die auf die Kaiserrede des Herrn Bezirksamtmann Köstlin jubelnd in das Kaiserhoch einstimmten.
>
> Nachdem der Kommandant dem Korps gedankt hatte für die Mühen, denen es sich unterzogen hatte, um an Kaisergeburtstag den Ernst, mit dem es seine Pflichten wahrnimmt, zu beweisen, strömte man in das Freie, um die üblichen Volksbelustigungen zu schauen.
>
> Dann wurde bei Becher und Tanz der Kaisergeburtstag zum würdigen Abschluss gebracht.
>
> Am nächsten Morgen nahmen 7 Gruppenführer mit dem Kommando wichtige vertrauliche Mitteilungen vom Kaiserlichen Bezirksamtmann entgegen.
>
> Usambara Post vom 14.02.1914

Nachdem der 8. Februar 1889 vom Kaiser zum Stiftungstag der Schutztruppe festgesetzt worden war, sollte der 25. Jahrestag im August entsprechend gefeiert werden. Doch der Kriegsausbruch ließ die Festlichkeiten platzen.

Ob das Ehepaar zum Abendessen der hochrangigen Jagdgäste aus Deutschland, der Prinzen Leopold (1846-1930) und Konrad (1883-1969) von Bayern, am 24. Januar 1914 beim Ehepaar Trappe eingeladen waren, ist nicht bekannt. Im April jährte sich der 50. Jahrestag des Deutsch-Dänischen Krieges, der für die Familie von Hassel eine besondere Bedeutung hatte. Offizielle Feiern gab es in der Kolonie nicht, doch es kann davon ausgegangen werden, dass er zumindest auf der Hasselschen Farm groß gefeiert wurde.

Der Ausbruch des Ersten Weltkriegs brachte auch die bislang weitgehend heile Welt in dieser abgelegenen Region in Unordnung. Im August 1914 hatte sich der Stadtkreis von Tanga für neutral erklärt und gehofft, dadurch von Kampfhandlungen verschont zu bleiben.

Doch die alte Ordnung zerbrach Schritt für Schritt, die mühsam aufgebaute Existenz geriet ins Wanken, und die landwirtschaftlich orientierten Zukunftspläne nahezu aller Farmer in Deutsch-Ostafrika wurden nur wenige Jahre später Makulatur. Die Nachrichten aus aller Welt bezog Familie von Hassel nun nicht mehr durch die Deutsch-Ostafrikanische Zeitung, sondern durch die wöchentlich erscheinende „Usambara Post" mit den Beilagen der „Kilimandjaro- und Meru-Zeitung".

> **Unwichtige Nachrichten.**
> Kardinal Kopp ist gestorben. — Fürst Wilhelm zu Wied hat die Reise nach Albanien angetreten. — Der Reichskanzler stattete Hamburg einen zweitägigen Besuch ab. — Eine detachierte Division traf in Masdelplata in Argentinien ein.
>
> **Usambara Post vom 14.03.1914**

Die Zeitung erleichterte ihren Lesern die Lektüre, indem sie selbst die Informationen nach ihrer Bedeutung einstufte; das Ableben des Breslauer Fürst-Bischofs Georg von Kopp (1837-1914) hatte keine große Bedeutung in der Kolonie.

Die Sicherheitskräfte in Deutsch-Ostafrika - Schutztruppe und Polizei - konnten, gemessen an der Größe des Landes, nur punktuell Ruhe und Ordnung gewährleisten. Für eine koordinierte Verteidigung gegen einen Angriff regulärer Truppen von außen auf die Kolonie war die Schutztruppe zu klein, zu unbeweglich, und es fehlte ihr an schweren Waffen. Ihre logistische Durchhaltefähigkeit war begrenzt, da aus der Heimat kein Nachschub an ausgefallenen Waffen und Munition zu erwarten war. Dies wiederum zwang von Lettow-Vorbeck zu einer unkonventionellen, kräfte- und mittelsparenden Kriegführung. Seine Truppe bestand zu Beginn des Krieges aus 216 Weißen, und 2.540 Askari, in der Polizeitruppe dienten zusätzlich 45 Weiße und 2.140 Askari. Jede der inzwischen 14, über das ganze Land verteilten Feldkompanien verfügte über etwa 50 Träger. Der dürftige Fahrzeugpark bestand aus 3 PKW und 3 LKW und einem Flugzeug; dies zeigt die geringe Mobilität der Schutztruppe.

Am 5. August 1914 war per Schiff ein Otto-Doppeldecker mit dem Piloten Bruno Büchner (1871-1943) und dessen Ehefrau - aus Deutsch-

Südwestafrika kommend - in Daressalam eingetroffen und sofort von der Schutztruppe beschlagnahmt worden. Doch zu einem Einsatz dieses neuen Kriegsmittels zur Postübermittlung oder Aufklärungs- und Erkundungszwecken kam es nicht, zumal die Maschine am 15. November 1914 beim Absturz während eines Übungsfluges schwer beschädigt worden war; der unerfahrene Pilot, Oberleutnant Erich Henneberger, kam dabei ums Leben. Zwar wurde das Flugzeug notdürftig repariert und als Wasserflugzeug ausgestattet, blieb dann aber wegen des fehlenden Treibstoffes am Boden. Büchner und seine Frau wurden später von den Briten interniert, galten lange als vermisst und kehrten erst 1920 nach Deutschland zurück.

Das Verhältnis zwischen Gouverneur Schnee und dem Kommandeur der Schutztruppe von Lettow-Vorbeck war wegen unterschiedlicher Auffassung gegenüber den Briten im Falle eines Krieges nicht ungetrübt. Schnee wollte Deutsch Ostafrika aus dem Krieg heraushalten und hatte - wie erwähnt - die Küstenstädte zu „Offenen Städten" erklärt. Lediglich im Innern des Landes waren an wichtigen Stellen sogenannte „Bomas" angelegt worden. Diese festungsartigen Stützpunkte dienten als Rückhalt bei der Bekämpfung möglicher Unruhen, besaßen aber nur geringen Wert für die Kriegführung gegen von außen angreifende reguläre Truppen. Lettow-Vorbecks Plan hingegen war es, möglichst viele britische Truppen in Ostafrika zu binden, damit diese nicht auf dem europäischen Kriegsschauplatz zum Einsatz kämen.

Acht Wochen nachdem der Erste Weltkrieg Anfang August 1914 ausgebrochen war, beging der pensionierte Hauptmann von Hassel seinen 46. Geburtstag. Nach der Kaiserlichen Verordnung zum Wehrgesetz für die Schutzgebiete vom 21. Februar 1914 gehörte er zum Beurlaubtenstand der Schutztruppe. Für eine militärische Karriere war es zu spät, zumal auf diesem vergessenen Kriegsschauplatz. Doch im Kriegsfalle musste und wollte er die Uniform wieder anziehen. Sicherlich hatte auch Hauptmann außer Diensten von Hassel gehofft, dass die Kolonien von dem in Europa tobenden Krieg verschont bleiben würden. Doch spätestens als es zu ersten Übergriffen britischer Kolonialtruppen auf Deutsch-Ostafrika kam, wusste er, dass sich diese Hoffnung nicht bewahrheiten würde. Bereits am 3. November 1914, d.h. noch vor der Einberufung von Hassels, war es in der Region bei Moschi zum ersten, fünfzehn Stunden dauernden, größeren Gefecht zwischen dem Landsturm und berittenen britisch-indischen Kräften gekommen.

Lokales

Achtung!
Reservisten und Landwehrleute!

In Ausführung der heutigen Verfügung betr. Einberufung für den Fall einer feindlichen Landung wird hiermit bekannt gegeben, daß alle Reservisten und Landwehrangehörige der Einberufung Folge zu leisten haben, soweit sie nicht durch namentliche schriftliche Anordnung des Gouverneurs befreit sind. Privatpersonen, die unabkömmlich zu sein glauben, haben begründete Gesuche dem Bezirksamtmann, nicht dem Gouvernement, vorzulegen.

Aufruf.

Auch England hat unserem Vaterland den Krieg erklärt. Wir müssen damit rechnen, daß der Feind in Deutsch-Ostafrika einzudringen sucht.

Den ungeschützten Städten an der Küste, in erster Linie Daressalam, das so viele deutsche Frauen und Kinder beherbergt, wird, wie wir hoffen, der Schrecken des Krieges erspart werden.

Durch Verstärkung der Polizeitruppe auf das Doppelte und andere erforderliche Anordnungen ist für die allgemeine Sicherheit auch dann gesorgt, wenn die wehrpflichtigen Männer ihrer Pflicht bei der Fahne genügen.

Von allen Bürgern wird erwartet, daß sie die zur Aufrechterhaltung der Ruhe und Sicherheit getroffenen Maßnahmen durch ihr Verhalten unterstützen werden.

Zwei Aufrufe in der DOA-Zeitung vom 05. August 1914

Und so war er als Patriot einerseits uneingeschränkt bereit, seine Wahlheimat zu verteidigen, aber andererseits war ihm klar, dass dies für den Aufbau ihres neuen Lebens ein schmerzhafter wirtschaftlicher Rückschritt bedeutete. In der Usambara-Meru-Region operierte die „Abteilung Wilhelmstal" zunächst unter Hauptmann a.D. Tom von Prince bis 1914 mit 2 Feld- und 2 Schützenkompanien, sowie mehrere Schützenkompanien des Landsturms.

Tom von Prince als junger Offizier

Ehepaar von Prince mit ihrem ersten Kind (um 1900)

Tom und Magdalene von Prince (geb. vom Massow) 1913

Anfang November 1914 kämpften Einheiten der Kaiserlichen Schutztruppe, darunter zwei Kompanien der Usambara-Schützen, gegen ein etwa achtfach überlegenes britisches Expeditionskorps, das - unterstützt vom Kreuzer HMS „Fox" und 13 Transportschiffen - mit überwiegend indischen Truppen im Raum der Hafenstadt Tanga angelandet war. Der britische Angriff wurde abgewehrt, aber von Prince und sein Adjutant, der Leutnant der Landwehr, Otto von Hoffmann, fielen in diesem Kampf. Major Erich Fischer, sein vormaliger Nachfolger als Stationschef in Lindi, übernahm die Führung und behielt sie bis zu seinem Freitod im Jahre 1916. Danach stand die Abteilung Wilhelmstal unter Hauptmann d. R. Karl Freiherr von Ledebur. Der Hauptmann außer Dienst von Hassel war zum Zeitpunkt der Kämpfe um Tanga 1914 noch nicht wieder zur Schutztruppe eingezogen worden.

Wann genau von Hassel als Soldat reaktiviert wurde, ist nicht bekannt. Allerdings ist die Geburtsanzeige für das vierte Kind - Michael - ein Indiz für den Zeitpunkt, denn in ihr verzichtete er auf den Zusatz „a.D.". Dies bedeutet, dass er im Mai 1915 bereits wieder im aktiven Dienst stand.

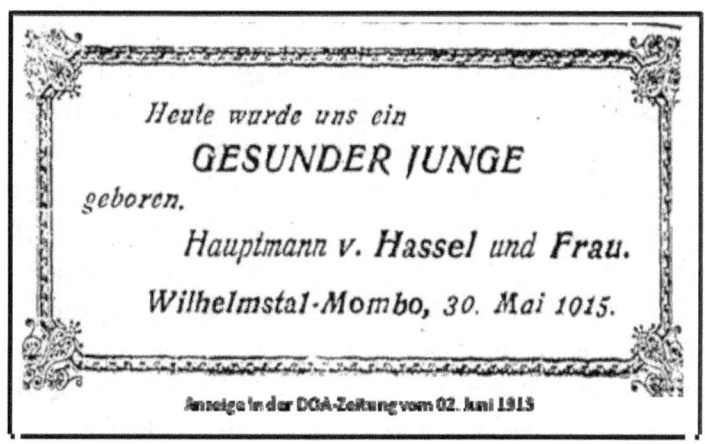

Anzeige in der DOA-Zeitung vom 02. Juni 1915

Wenige Wochen zuvor war sein Bruder Friedrich an der Westfront in Frankreich gefallen. Die Ortsangabe „Wilhelmtal-Mombo" deutet daraufhin, dass er zu dieser Zeit mit seiner Einheit die Station Mombo der Usambara-Bahn sicherte, da dies das wichtigste zu schützende Objekt in der Region war. Er kämpfte - inzwischen 46 Jahre alt - vermutlich im Landsturm an der sog. „Kenia-Front" im Norden. Die defensive, weitgehend stationäre Aufgabe des Landsturms bestand in allgemeinen Sicherungsaufgaben, Erkundung von Wasserstellen, Aufklären feindlicher Truppen mit Patrouillen, Zerstören von britischen Telegraphenleitungen und Sprengkommandos, z.B. gegen die Uganda-Bahn in Britisch-Ostafrika, die die Hafenstadt Mombasa mit Kampala am Victoria-See verband und an der Nordgrenze der Kolonie Deutsch-Ostafrikas entlangführte. An den weiten, strapaziösen Märschen der operativen Truppe von Lettows kreuz und quer durch die Kolonie bis weit nach Portugiesisch Ostafrika hinein nahm von Hassels ausschließlich im Norden eingesetzte Einheit nicht teil.

Erstaunlich ist, dass von Hassel mit seiner langen Erfahrung in Ostafrika und seinem Rang als vormals aktiver Hauptmann während der Kämpfe in Ostafrika nirgendwo - zum Beispiel als Führer einer Schützenkompanie - genannt wird, obwohl zwischen 1914 und 1918 viele Einheiten der Schutztruppe von jungen, kaum erfahrenen Offizieren der Reserve geführt wurden. Auch wird Hassels Name - anders als 1905/1906 während des Maji-Maji-Aufstandes - bis zur Einstellung der Deutsch-Ostafrikanischen Zeitung im August 1916 in keiner der „Amtlichen Nachrichten vom Kriegsschauplatz in der Kolonie" erwähnt. Auch in der Aufstellung des „Offizierkorps der Schutztruppe für DOA-Afrika 1914-1918" ist er in keiner einzigen Führungsposition aufgelistet und die Einheit als „unbekannt" gekennzeichnet.[85] Die Gründe sind nicht bekannt. Theoretisch gibt es dafür zwei Erklärungen. Erstens: Von Hassel wurde ein solches Kommando durch Lettow-Vorbeck vorenthalten. Zweitens: Er hat sich nicht darum bemüht. Dass er sich nicht mit aller Kraft für die Verteidigung seiner Wahlheimat engagierte, erscheint allerdings unwahrscheinlich, denn eine solche Haltung widersprach seiner Erziehung und seiner Überzeugung als Offizier und Patriot. Daher ist zu vermuten, dass ihm die Übernahme einer Abteilung versagt wurde, und er als kampferfahrener Kolonialoffizier mit seiner Verwendung „im zweiten oder sogar dritten Glied" unzufrieden war. Nicht ganz unberechtigt hatte er sich sicherlich auch die Beförderung zum Major erhofft. Haderte er vielleicht auch mit seinem Schicksal, auf diesem vergessenen, fernen Kriegsschauplatz kämpfen zu müssen, anstatt wie sein Bruder dort als Soldat zu stehen, wo wirkliche Schlachten geschlagen wurden? Auch andere bereits pensionierte Offiziere, die es per Zufall in die Kolonie verschlagen hatte, wie Generalmajor a.D. Kurt Wahle (1854-1928) teilten das Los von Hassels. Der bereits seit 1910 im Ruhestand lebende Wahle hatte 1914 seinen Sohn in Deutsch-Ostafrika besucht, als der Krieg ausbrach, und er nicht mehr zurückkehren konnte. So unterstellte er sich, obwohl höher im Rang, dem Oberstleutnant von Lettow-Vorbeck und organisierte dessen Nachschub.

Für Emma von Hassel begann mit der Einberufung ihres Mannes die bisher schwerste Zeit. Zum vierten Male schwanger und ohne dessen Hilfe bewirtschaftete sie die erst im Aufbau begriffene Farm mit viel Energie und Kraft erfolgreich weiter. Gertrud von Pappritz half ihr dabei. Kaffee wurde auf der Hauptfarm angebaut, Kautschuk auf dem Nebenbetrieb Lukongo und ein wenig Viehzucht auf Toronto. Sie glaubte, mit ihrem Einsatz könne sie die Familie retten. Doch über ihr Schicksal wurde anderswo entschieden. Der Krieg behinderte die wirtschaftliche Entwicklung massiv. Erschwerend kam hinzu, dass im August 1914 ein Ausfuhrverbot für Lebensmittel aller Art aus Deutsch-Ostafrika verfügt wurde, viele der einheimischen Landarbeiter als Askari verpflichtet wurden und daher als Arbeitskräfte fehlten. Zu allem Unglück fiel Ende 1915 in den Nordgebieten wegen extremer Dürre auch

---

[85] Maillard, Wolfgang-Eisenhardt; Schröder, Jürgen Das Offizierkorps der Schutztruppe für Deutsch-Ostafrika im Weltkrieg 1914-1918 Beiträge zur deutschen Kolonialgeschichte Band 10, S. 44

noch die Ernte aus. Ende Mai 1915 hatte das vierte Kind des Ehepaares von Hassel das Licht der Welt erblickt und war nach Emmas Vater Michael benannt worden. Der Briefkontakt zu seiner Frau Emma erfolgte auch in der Kolonie über das Feldpost-System, die Verbindung nach Deutschland hingegen konnte nur über den „Deutschen Hülfsverein" in Stockholm aufrechterhalten werden. Beim Schreiben waren jedoch in Form und Inhalt strenge Auflagen einzuhalten, da die Briefe von der Kriegszensur gelesen wurden. Die Adresse war z.B. in lateinischen Buchstaben und nicht in Sütterlin-Schrift zu schreiben, und im Inhalt durften keine politischen Themen und Einzelheiten zum Kriegsgeschehen berührt werden. Die Laufzeit der Briefe war entsprechend lang.

Erschwerend für die Aufrechterhaltung des Farmbetriebes war für Emma von Hassel, dass sich die Kampfhandlungen inzwischen vor ihrem „Farmtor" abspielten, was vor allem die Versorgung mit Gütern aus Tanga und Daressalam zum Erliegen brachte und auch die Anwerbung einheimischer Arbeitskräfte sehr erschwerte. Im Land herrschte regelrechte Arbeiternot; bereits 1909, fünf Jahre vor dem Krieg, beschäftigte die Kolonialwirtschaft in Deutsch-Ost um die 70.000 Afrikaner. Die nahe Grenze zwischen Deutsch- und Britisch-Ostafrika und der Verlauf der für die Truppenversorgung und -verschiebung wichtigen Eisenbahnstrecken, der britischen Uganda- und der deutschen Usambara-Bahn waren immer wieder das Ziel örtlicher, wechselseitiger Angriffe der Deutschen nach Norden und der Briten nach Süden.

Führer der Abteilungen waren der Vize-Feldwebel Walter Klein, der Pflanzungsbesitzer und Leutnant a.D. Georg-Eduard von Stietencron, Leutnant Hermann Schöneweg (+ 1916). Von Stietencron geriet bei einer ähnlichen Aktion drei Monate später in britische Kriegsgefangenschaft. Das Kommando der Schutztruppe befand sich zum Jahreswechsel 1915/16 in Moschi. Zu dieser Zeit war der Krieg in Deutsch-Südwestafrika bereits ein halbes Jahr zu Ende. Am 9. Juli 1915, nach ihrer letzten Niederlage, hatten Gouverneur Theodor Seitz (1863-1949) und Oberstleutnant Victor Franke (1866-1936), der Kommandeur, kapituliert. Die deutsche Schutztruppe DSWA wurde von der Südafrikanischen Union interniert.

> **Vom Kriegsschauplatz in der Kolonie.**
>
> Es sprengten Abteilung Klein am 19. Oktober einen Militärzug bei Meile 63,5; Abteilung v. Stietencron zerstörte am 17. Oktober die Burabahn; Abteilung Schöneweg die Ugandabahn am 14. Oktober südlich der Station Simba; Abteilung Hähnel am 20. die Ugandabahn bei Maungu, bei uns verwundet Sergeant Hähnel, vermißt 1 Askari, 8 Träger.
>
> (Auszug aus der Deutsch-Ostafrikanischen Zeitung vom 26.10.1915)

> **Amtliche Nachrichten.**
> **Vom Kriegsschauplatz in der Kolonie.**
> (nur Auszug)
>
> Feind ist mit seinen Hauptkräften in Usambarabahn und längs Pangani bis Mombo vorgedrungen. Größere Gefechte stattfanden 9. Juni am Masiberg und gleichzeitig nordwestlich Mombo, wobei Feind, besonders durch Maschinengewehrfeuer, über hundert Mann Verluste erlitt. Ein
>
> Meldung in der DOA-Zeitung vom 16.06.1916

Durch Neuaufstellungen erreichte die Schutztruppe bis Anfang 1916 eine Stärke von 30 Feldkompanien und 10 Schützenkompanien und etwa 20 weiteren Kompanien mit einer Stärke von insgesamt 3.007 Deutschen und 12.100 Askari. Von Lettow-Vorbeck führte mit ihr mehr als vier lange Jahre trotz zahlenmäßiger und materieller Unterlegenheit in einem riesigen Gebiet auf sich allein gestellt mit taktischem Geschick einen militärischen Hase-Igel-Kampf gegen die übermächtigen Kolonialtruppen des Kriegsgegners Großbritannien, wobei ihn seine Gegner - wie später im Zweiten Weltkrieg Generalfeldmarschall Erwin Rommel (1891-1944) - auch wegen seiner fairen Kriegführung respektierten. Zu berücksichtigen ist auch, dass die Schutztruppe logistisch „von der Hand in den Mund lebte", d.h. defektes, zerstörtes oder verlorenes Material konnte nicht ersetzt werden, da es keinen Nachschub aus Deutschland[86] gab. Zwar konnte von Lettow während seiner Operationen zahlreiche taktische Erfolge verbuchen, aber fern des entscheidenden europäischen Hauptkriegsschauplatzes blieben es aus strategischer Sicht letztlich „verlorene Siege".

Inwieweit sich das Binden alliierter Kräfte fernab von Europa auf das dortige Kräfteverhältnis und die militärischen Operationen tatsächlich zugunsten des Deutschen Reiches ausgewirkt hat, ist nicht zu ermitteln. Kriegsentscheidend aber war es sicher nicht. Andererseits muss ins Kalkül gezogen werden, dass die offensiven Operationen von den britischen Truppen - u.a. mit dem Angriff auf die Hafenstadt Tanga im November 1914 - ausgingen. Die deutsche Schutztruppe hingegen war ausschließlich defensiv aufgestellt. Heute ist die militärische Leistung von Lettow-Vorbeck und seiner Truppe in Deutschland nicht unumstritten, was in erster Linie mit der Ablehnung jeglicher kolonialer Ideen einhergeht.

Das Schicksal wollte es, dass es ausgerechnet Theodor von Hassels Sohn Kai-Uwe war, der 1964 bei der Beisetzung Lettow-Vorbecks als deutscher Verteidigungsminister und ranghöchster Politiker der Trauergemeinde die Ansprache zum Gedenken an den Verstorbenen hielt. Ob Vater Theodor von Hassel die einsame Guerillakriegführung von Lettow-Vorbecks unterstützte, oder er sie - wie manche Kolonialoffiziere - ablehnte, ist nicht bekannt.

---

[86] Erst 1917 kam es zu einem halbherzigen Versuch (Deckname „China-Sache"): Am 21.11.1917 startete das baulich verlängerte Marineluftschiff L-59 in Jambol (südöstliches Bulgarien) unter Kapitänleutnant Ludwig Bockholt (1885-1918) und 22 Mann Besatzung in Richtung Deutsch-Ostafrika. Es hatte 9,1 Tonnen Ballast, 21 Tonnen Kraftstoff und 16,2 Tonnen Versorgungsgüter, darunter u.a. 30 MG, Sanitätsmaterial und 300.000 Schuss Gewehrmunition, an Bord. Mit etwa 100 km/h und einer Steighöhe bis zu 8.200 Meter fuhr das Luftschiff bis in den Sudan. Südlich von Karthum jedoch erhielt der Kapitän den Befehl zur Rückkehr, da die militärische Lage nach Einschätzung des Reichskolonialamtes eine sichere Landung nicht mehr zuließe. Bisweilen wird auch kolportiert, bei dem Rückkehrbefehl hätte es sich um eine von den Briten fingierte Falschmeldung gehandelt. Nach dem Krieg äußerte von Lettow-Vorbeck, er hielte es für äußerst unwahrscheinlich, dass Bockholt ihn überhaupt gefunden hätte. Siehe: „The Zeppelin in Combat - A History of the German Naval Airship Division 1912-1918" Douglas H. Robinson Schiffer Publishing Ltd. Atglen, 1994.

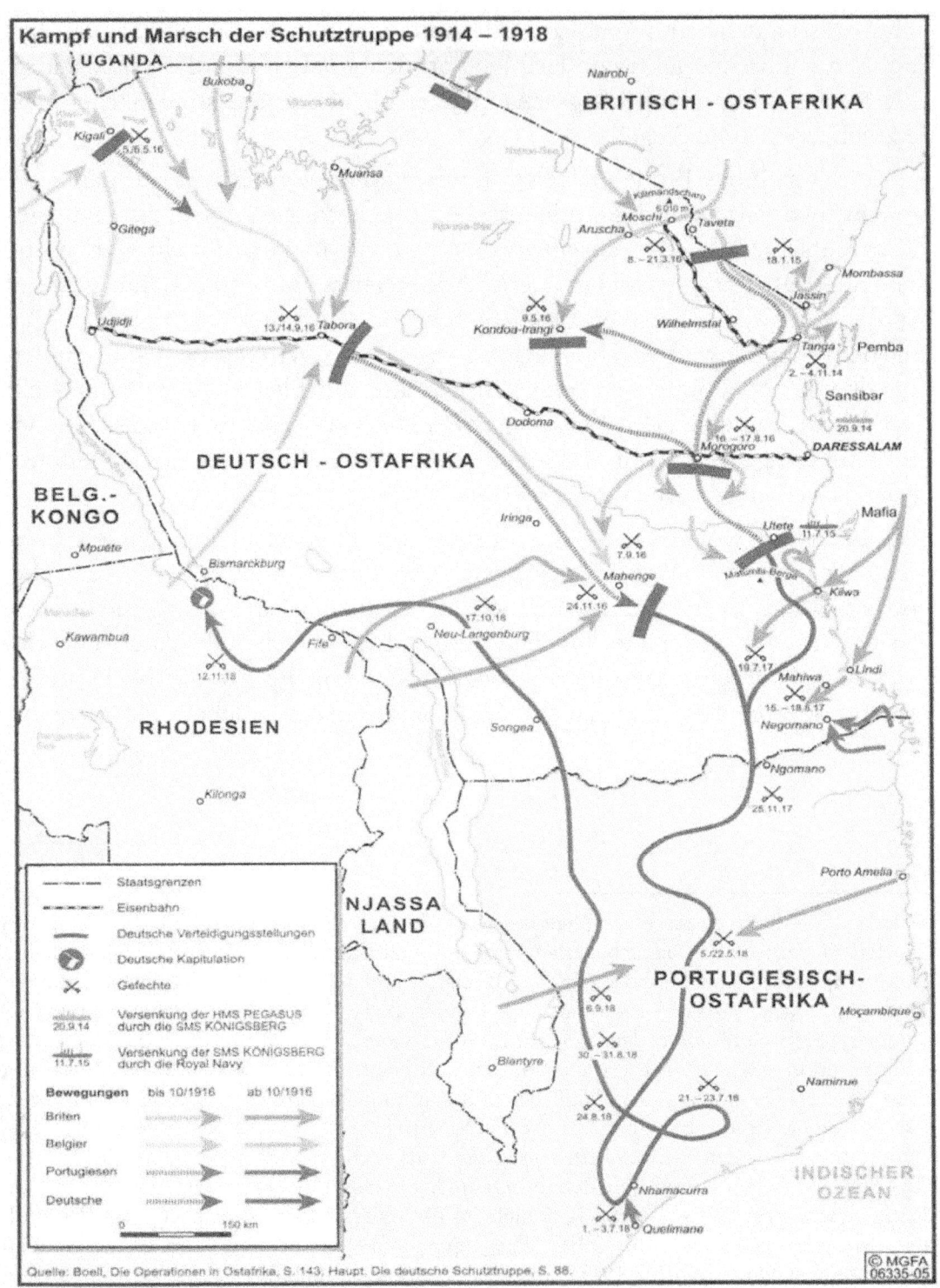

Allerdings hatte sich auch von Glasenapp, der Kommandeur der Schutztruppe im Reichkolonialamt, bereits 1912 gegen eine militärische Aufrüstung der Kolonien ausgesprochen, da deren Schicksal - wie es realiter später auch der Fall war - „auf dem europäischen Kriegsschauplatz entschieden würde".[87] In den ersten Jahren klangen die Meldungen über die Kämpfe der Schutztruppe noch hoffnungsvoll.

> Vor einem halben Jahre wiesen wir einmal darauf hin, daß der eigentliche Kampf um unsere letzte deutsche Kolonie noch lange nicht ausgekämpft ist. Die Aussichten für einen erfolgreichen Kampf sind noch dieselben wie früher. Wir haben eine starke, kriegserprobte und siegesgewohnte Truppe, deren Bedürfnis für eine noch so lange Kriegführung reichlich gedeckt sind. Das ganze deutsche Volk, das in der Heimat um die Entscheidung ringt, blickt voll Stolz und Zuversicht auf uns, und erwartet, auch von seinen Kameraden hier draußen noch einmal solche Siege zu hören, wie wir sie bei Tanga und Jassini erfochten haben. G. Sch.
>
> Auszug aus der DOA-Zeitung vom 27. Juni 1916

Im Sommer 1916 aber wurde die Herausgabe der Deutsch-Ostafrikanischen Zeitung eingestellt, kein positives Zeichen, nachdem sie schon in den Monaten zuvor immer dünner geworden und nur noch einmal wöchentlich, anstatt zweimal, erschienen war.

> **An unsere geehrten Leser!**
> Um trotz unserer zur Neige gehenden Papiervorräte die Zeitung so lange als möglich herausgeben zu können, sehen wir uns genötigt, unser Blatt ab 1. Juli d. J. nur noch einmal wöchentlich, und zwar am Freitag jeder Woche erscheinen zu lassen.
>
> Hinweis in der DOA-Zeitung vom 08. Mai 1916

---

[87] Siehe: Bührer, Tanja a.a.O., S. 382

Im November 1917 gerieten viele Offiziere von Schützenkompanien, darunter auch Hauptmann Theodor von Hassel, in britische Kriegsgefangenschaft. Zunächst wurde er in einem Lager im ägyptischen Sidi Bishr am Mittelmeer, einem Ortsteil von Alexandria und später auf Malta interniert. Seinen 50. Geburtstag - am 29. September 1918 - beging von Hassel in Gefangenschaft, fern seiner Familie. Wenigstens hatte er - anders als sein Bruder Friedrich - den Krieg überlebt.

General Jan Christiaan Smuts

Am 25. November 1918 kapitulierte die Schutztruppe schließlich vor der Übermacht der britisch-südafrikanischen Truppen unter dem südafrikanischen General Jan Christiaan Smuts (1870-1950).

Familie von Hassel verlor bei Kriegsende Haus und Hof. Emma und ihre kleinen Kinder wurden von britischen Truppen interniert. Ihr Antrag, auf ihrer Farm, die nun zur britischen Kolonie Ostafrika gehörte, bleiben zu dürfen, wurde von den britischen Behörden mit der Begründung abgelehnt: „Sie sind uns viel zu deutsch!" Die Familie wurde aus der Kolonie ausgewiesen, wobei sie, was für Mutter und ihre vier Kinder besonders bitter war, die Rückreise getrennt antreten mussten. Ob Emma von Hassel wusste, ob ihr Mann noch lebte, und dass er in Gefangenschaft geraten war, ist nicht bekannt.

Auch die Familie Jebsen brachte im Ersten Weltkrieg große Opfer: Zwei von Emmas Cousins, die Söhne ihrer ältesten Schwester Bothilde, fielen. Emmas zweiter Bruder Heinrich Jebsen (1880-1944) lebte und arbeitete in der chinesischen Niederlassung der Familie. Im Jahre 1898 war das Gebiet an der chinesischen Ostküste des Gelben Meeres im Süden der Shandong-Halbinsel - nördlich von Shanghai - vom Deutschen Reich gepachtet worden. Der Marinestützpunkt mit der Hauptstadt Tsingtau hatte eine Größe von 552 Quadratkilometer. Das Pachtgebiet Kiautschou mit der Festung Tsingtau unterstand militärisch dem Reichsmarineamt. Als 1914 der Krieg ausbrach, wurde Heinrich Jebsen vor Ort als Matrose zum Kaiserlichen Gouvernement Kiautschou eingezogen und kämpfte zu Beginn des Ersten Weltkriegs in der Festung Tsingtau. Bei der Kapitulation der deutschen Truppen am 7. November 1914 geriet Heinrich in japanische Kriegsgefangenschaft und wurde erst 1919 freigelassen. Friedrich Jebsen (1881-1915), der dritte Bruder, meldete sich zur Kaiserlichen Marine und kehrte von einer Feindfahrt mit U 36 unter Kapitänleutnant Ernst Graeff (* 1883) vor der Insel North Rona, einer der schottischen Hebriden-Inseln, am 24. Juli 1915 nicht zurück. Michael (1883-1916), ihr vierter Bruder, meldete sich 1915 als Kriegsfreiwilliger. Er fiel als Leutnant, ausgezeichnet mit dem Eisernen Kreuz II. Klasse, im September 1916 am Somme-Abschnitt bei Chaulnes.

Mit dem Ende des Ersten Weltkriegs und dem Vertrag von Versailles ging die kurze, überschaubare deutsche Kolonialzeit nach nur 35 Jahren zu Ende. Deutsch-Ostafrika kam zu Großbritannien. Heute wird diese Periode in der vorherrschenden Geschichtsschreibung überwiegend negativ beurteilt. In der einheimischen Bevölkerung hingegen scheint sie - trotz der bestehenden Schranken - über einen längeren Zeitraum in positiver Erinnerung geblieben zu sein. So steht in einem Bericht über die 25. Auslandausbildungsreise der Schulfregatten Graf Spee und Hipper vom 6. August bis 18. Dezember 1963 unter dem Fregattenkapitän Horst von Schroeter (1919-2006; Vizeadmiral):

> „In Daressalam wurden HIPPER und ihre Besatzung begeistert willkommen geheißen. Die deutsche Kolonialherrschaft, von der noch zahlreiche Bauten in Daressalam zeugten, wurde verklärt. Lettow-Vorbeck wurde als das große Vorbild verehrt und der Name des damaligen Verteidigungsministers, Kai-Uwe von Hassel, der in Gare geboren wurde und in Tanganjika seine Jugend verbrachte, war in aller Munde."[88]

---

[88] Frorath, Gerd; Matthei, Dieter; Worringer, Hans W. Die Crew X/62 im Spiegel der Zeit, S. 65.

Dazu beigetragen haben mag auch, dass es Oberst von Lettow-Vorbeck im Jahre 1926 gelungen war, dass den ehemaligen Askari der Kaiserlichen Schutztruppe Deutsch-Ostafrika der seit 1917 ausstehende Sold nachgezahlt wurde. Sie erhielten überdies eine kleine Rente, die auch nach dem Zweiten Weltkrieg durch die Bundesrepublik Deutschland weitergezahlt wurde.

2.7 Neuanfang in Deutschland

Nach dem Krieg musste die Familie nach Deutschland zurückkehren, doch wohin, war die entscheidende Frage, hatte sie doch keinen Bezugspunkt, den sie Heimat nennen konnte. Die Möglichkeit, sich in Apenrade, der Heimat der Mutter anzusiedeln, kam nicht mehr in Frage. Am 10. Februar 1920 hatte sich bei der Volksabstimmung in Nordschleswig eine Mehrheit der Region Apenrade von 67,7 % für Dänemark entschieden, obwohl in der Stadt selbst eine Mehrheit von 55,1 % für Deutschland gestimmt hatte. Damit war Emma von Hassels Heimatstadt über Nacht zum fremden Ausland geworden. Vater Theodor war als Offizier überwiegend in Schleswig-Holstein stationiert gewesen, und so lag es nahe, dort ein neues Leben zu beginnen.

Vor allem die Jebsens, der mütterliche Zweig der Familie, halfen die Durststrecke des Neuanfangs zu überbrücken, zumal zunächst den Kindern, die getrennt eintrafen, eine Bleibe geboten werden musste. Als erste der Kinder wurden die beiden Söhne Friedrich und Kai-Uwe - inzwischen neun und sechs Jahre alt - zusammen mit Gertrud von Pappritz deportiert, verschifft und trafen am 28. Februar 1919 in Rotterdam ein. Dort wurden sie von Verwandten abgeholt und reisten getrennt nach Deutschland: Kai Uwe kam nach Wesel von dort nach Nümbrecht ostwärts von Köln zu einer Cousine und schließlich drei Monate später nach Flensburg zu Tante Clara von Fischer-Benzon, der Schwester seiner Mutter. Friedrich hingegen fand bei Tante Bothilde Bourwieg, einer anderen Schwester seiner Mutter, in Siegen eine vorübergehende Bleibe.

Kai-Uwe (links) mit seinem jüngeren Bruder Michael 1918

Gertrud von Pappritz unterrichtete von 1920 bis 1932 an der Deutschen Frauenschule in Michelstadt und pflegte ihren hochbetagten Großvater, Generalleutnant a.D. Fritz-Maximilian von Pappritz (1832-1924) bis zu dessen Tod. Nach einem fünfjährigen Aufenthalt im westpommerschen Falkenhagen (heute: Milocice) bei Familie von Massow[89] übernahm sie 1937 eine Stelle als Hausdame bei Familie Bleyl im Oberen Schloss in Taubenheim bei Sohland, südlich von Bautzen, wo sie am 20. Februar 1969 - unverheiratet und kinderlos - verstarb. Der Kontakt zur Familie von Hassel riss durch den Krieg und die deutsche Teilung ab.

Als zweite kehrte die ältere Schwester Gertrud im Juli 1919 von Ostafrika nach Deutschland zurück. Sie war bereits elf Jahre alt und wohnte vorübergehend mit ihrem Bruder Friedrich bei Tante Bothilde in Siegen. Während der Schiffsreise war sie an Malaria erkrankt. Vater Theodor folgte als dritter. Im Sommer 1919 wurde er von Malta ausgewiesen und kehrte von dort nach

---

[89] Möglicherweise war der Kontakt über Magdalene von Prince, geb. von Massow, zustande gekommen.

Deutschland zurück. Am 25. November 1920 wurde er in Glücksburg polizeilich gemeldet. Sein väterlicher Freund Friedrich Ferdinand, Herzog von Schleswig-Holstein-Sonderburg-Glücksburg (1855-1934), den er noch aus der Militärzeit im Füsilier-Regiment Nr. 86 in Flensburg und Sonderburg kannte, nahm Theodor von Hassel vorübergehend auf und stellte ihm für zwei Monate ein Zimmer im Nebenhaus des Glücksburger Schlosses zur Verfügung. Seine Schwägerin, Kaiserin Auguste Viktoria (1858-1921),[90] war Chef seines Regiments und hielt sich oft in Glücksburg auf.

Herzog Friedrich Ferdinand

Als letzte der Familie folgte im November 1920 Mutter Emma mit dem jüngsten, fünf Jahre alten Sohn Michael, die im Januar 1921 in Glücksburg eintrafen. Nach über sechs Jahren war die Familie wieder in Deutschland - vereint, aber weitgehend mittellos und fern ihrer afrikanischen Wahlheimat. Vor allem für die Kinder war diese zweite Trennung von den Eltern, die fast zwei Jahre dauerte, trotz der Fürsorge der Verwandtschaft, eine schwere Belastungsprobe. Die Aussiedlung bedeutete den finanziellen und beruflichen Zusammenbruch ihrer Existenz.

---

[90] Die letzte deutsche Kaiserin Auguste Viktoria stammte aus dem Haus Schleswig-Holstein-Sonderburg-Augustenburg. Ihre Schwester Caroline Mathilde war mit Herzog Friedrich Ferdinand verheiratet.

Glücksburg, Petersenallee Nr. 7
(Aufnahme vom März 2012)

Mit Hilfe vieler Verwandter und dem schmalen Rest des ersparten Geldes gelang es Theodor von Hassel wenigstens, sich und den Seinen ein Dach über dem Kopf zu kaufen. Ende Januar 1921 zog das Ehepaar von Hassel mit ihren vier Kindern in das kleine, idyllische Haus in der Petersenallee 7 und versuchte zum zweiten Mal nach dem Wechsel ins Farmerdasein ein neues Leben aufzubauen. Doch dies stieß auf zwei Hindernisse: Zum einen fehlte das nötige Kapital, und zum anderen hatte Theodor von Hassel keinen tragfähigen Zivilberuf erlernt. Seine Führungsqualitäten als ehemaliger Offizier waren ebenso wenig gefragt wie seine Kenntnisse als Farmer, standen doch Tausende früherer Soldaten vor dem Nichts. Es herrschte in jener Zeit ein Überangebot an Arbeitskräften. Die Hauptmannspension in Höhe von 300,- Mark (ab 1924 Reichsmark - RM) - sie wurde nur zu 50 % ausbezahlt - hielt die sechs- und dann siebenköpfige Familie recht und schlecht über Wasser. Mit 1.800,- Mark im Jahr lag die Familie dicht an der Armutsgrenze. Die kleine Entschädigung für die enteignete Farm war ein Tropfen auf dem berühmten heißen Stein gewesen und hatte gerade zum Kauf eines Klavieres gereicht. Die ursprüngliche Entschädigungsplanung wurde wegen der wirtschaftlichen Turbulenzen nicht eingehalten.

> **Ersatz von Kriegsschäden in den Kolonien.**
> Die Handelskammer zu Berlin hat einen Beschluß über den Ersatz von Kriegsschäden in den deutschen Schutzgebieten dem Staatssekretär des Reichskolonialamts übermittelt. Sie hält es für geboten, daß allen Deutschen die in den deutschen Schutzgebieten Schaden an ihrem Vermögen infolge der kriegerischen Ereignisse in den Schutzgebieten erlitten haben, Entschädigungen nach denselben Grundsätzen gewährt werden, welche für die Geschädigten im Deutschen Reich gelten.
>
> Meldung in der DOA-Zeitung vom 08.03.1916

Daher arbeitete Emma von Hassel als Versicherungsmaklerin und hielt Vorträge über ihr Leben als Farmersfrau in Afrika. Das Weihnachtsfest im Jahre 1921 war nach acht Jahren das erste, das die Familie in ihrem neuen Haus gemeinsam in Friedenszeiten feierte. Am 3. Mai 1923 kam das fünfte Kind, Gisela (1923-1999), zur Welt. Doch nur ein Jahr später, 1924, zerbrach die Ehe von Theodor und Emma nach achtzehn gemeinsamen Jahren. Emma von Hassel blieb mit ihren fünf Kindern zwischen einem (Gisela) und sechzehn (Gertrud) Jahren alt zurück. Über die Gründe ihrer Trennung hatte das Ehepaar selbst mit den Kindern niemals gesprochen. Die lange Zeit der kriegsbedingten Trennung dürfte sicher eine Rolle bei ihrer Entfremdung gespielt haben. Theodor von Hassel hatte sich verändert. Er war mittlerweile im 53. Lebensjahr, hatte offenbar die Kraft zum Neuanfang verloren und kam mit den völlig anderen Lebensumständen im wirtschaftlich auf dem Boden liegenden Nachkriegsdeutschland nicht mehr zurecht. Auch dass seine militärische Karriere gescheitert war, bedrückte Theodor von Hassel. Doch dies lag nicht an mangelndem Können. Der Bruch war bereits mit der Versetzung zur Schutztruppe gekommen. Auf diesem fernen Kriegsschauplatz gab es „keine Blumentöpfe zu gewinnen". Der einzige Offizier, der später reüssierte und dessen Taten in der Kolonie der Nachwelt erhalten blieben, war der Kommandeur von Lettow-Vorbeck.[91] Auch Kurt Johan-

---

[91] Von Lettow erhielt 1916 den Orden Pour le Mérite und 1917 das Eichenlaub zu dieser Auszeichnung. Bei seiner Heimkehr nach Deutschland im März 1919 wurde ihm ein großer Empfang bereitet. Im selben Jahr heiratete er. 1939 wurde er zum „charakterisierten" (= ohne Planstelle) General der Infanterie befördert. Seine beiden Söhne Rüdiger und Arnd (SchzRgt 69; 10. PzDiv) fielen 1940 und 1941.

nes,[92] einer der Offiziere mit der längsten Dienstzeit in der Schutztruppe, erreichte nur den Dienstgrad eines Oberstleutnants. Theodor von Hassel mag sich wenigstens die Beförderung zum Major erhofft haben. Der Vater, der es neben dem Adelstitel bis zum Generalleutnant geschafft hatte, war das leuchtende und nicht zu erreichende Vorbild gewesen. Auch sein gefallener Bruder, nur etwas mehr als ein Jahr älter, hatte es bis zum Oberstleutnant und Regimentskommandeur gebracht und war mit beiden Eisernen Kreuzen ausgezeichnet worden. Wäre er nicht gefallen, hätte er mit großer Wahrscheinlichkeit zumindest den Sprung zum Generalmajor geschafft. Dessen Tod 1915 hatte ihn tief erschüttert. Da die Botschaft in den Kriegswirren nicht bis nach Afrika durchgedrungen war, hatte er sie erst bei seiner Heimkehr nach Deutschland - vier Jahre später - erfahren. Die DOA-Zeitung hatte zwar bis 1915 in unregelmäßigen Abständen Verlustlisten veröffentlicht, doch diese Praxis mit steigenden Gefallenen-Zahlen eingestellt. Ob er dessen Grab in Frankreich nach dem Ersten Weltkrieg besuchten konnte, ist nicht überliefert, erscheint aber eher unwahrscheinlich. Von Hassels gescheiterter Versuch, als Farmer Fuß zu fassen, ist nicht durch persönliches Versagen entstanden, sondern durch die politischen Umstände. Doch von Hassel sah tagtäglich, dass er der Rolle als Ernährer und Beschützer der Familie nicht mehr gerecht wurde und fühlte sich schuldig. Er konnte seiner Familie nicht den Lebensstandard bieten, den sie sich erträumt hatte.

Theodor von Hassel blieb zunächst noch einige Zeit bei seiner geschiedenen Schwester Magdalene von Gordon in Freienwalde, aber ihn hielt nun nichts mehr in Deutschland. 1926 kehrte er nach Ostafrika zurück. Es war ein Abschied für immer. Nur seinen Sohn Kai-Uwe sah er Jahre später für kurze Monate wieder. Die sechsköpfige, nun vaterlose Familie war in die provinzielle Enge eines protestierenden, höchst unruhigen Armenhauses mit Arbeitslosigkeit und Geldentwertung zurückgekehrt, das nicht mehr jene Heimat war, die sie in Erinnerung gehabt hatte. Hin und her gerissen zwischen zwei Welten fehlte ihnen zugleich die Weite und Unabhängigkeit ihrer neuen Wahlheimat Afrika. In der Chronik ihrer Familie schreibt Emma von Hassel 1953 über sich selbst und zieht eine eher bittere Bilanz:

---

[92] Geboren am 06.01.1864 als Sohn eines Generalmajors war er in das 8. Brandenburgische Infanterieregiment Nr. 64 eingetreten, 1884 zum Leutnant befördert worden und bereits 1889 in die Schutztruppe unter Wissmann eingetreten. Er starb am 20.06.1913 in Berlin-Charlottenburg. Die DOA-Zeitung widmete ihm am 26. Juni 1913 einen langen Nachruf.

„Von allen Geschwistern hat sie das härteste Leben gehabt, sie ist vor schwere Aufgaben gestellt worden. Daß sie diese hat erfüllen können, dankt sie der guten Jebsen´schen Erbmasse, die in ihr lebt, nämlich: der von den Vorfahren ererbten Energie."[93]

Die schweren, entbehrungsreichen Jahre während des Krieges hatte sie in der Ferne vor allem für ihre Familie mit einer Bravour und einem Elan gemeistert, die Hochachtung verdienen. Bezüglich ihrer Ehe hatten sich die Warnungen ihrer Familie letztlich bestätigt. Emma von Hassel blieb nach der Scheidung in Glücksburg und widmete sich den Kindern, die alle einen erfolgreichen Lebensweg einschlugen.

Gertrud, die Älteste, am 10. September 1908 in Daressalam geboren, legte 1928 an der Auguste-Viktoria-Schule in Flensburg ihr Abitur ab. Danach studierte sie an der Kunsthochschule in Hamburg am Lerchenfeld, später in Kassel und Dortmund, sowie ab 1932 an der staatlichen Kunsthochschule in Berlin-Schöneberg, wo sie 1933 ihr Staatsexamen bestand. Danach arbeitete sie als Studienrätin. Von 1943 bis 1961 unterrichtete sie in Meldorf im Kreis Dithmarschen. Nach ihrer Pensionierung arbeitete sie erfolgreich als freie Künstlerin und schuf zahlreiche Portraits, Stillleben und Landschaften. In

---

[93] Hassel, Emma von Michael Jebsen Das Leben des Schiffsreeders und die Chronik seiner Vorfahren, S. 158

ihren Bildern, deren Schwerpunkt auf nordfriesischen Motiven lag, hielt sie vor allem das tägliche Leben der Menschen ihrer Region fest. Sie unternahm zahlreiche Studienreisen, u.a. nach Marokko, Griechenland, USA und Italien. In Gertrud von Hassel kam die gestalterische Seite der musischen Ader der von Hassels zum Ausdruck. 1986 wurde sie mit dem Kulturpreis des Kreises Dithmarschen ausgezeichnet. Sie lebte in einem idyllisch gelegenen Atelierhaus - umgeben von einem parkähnlichen Garten - in der nordfriesischen Kleinstadt Meldorf, wo sie am 6. September 1999 im hohen Alter von 91 Jahren starb. Sie überlebte ihren Bruder Kai-Uwe um zwei Jahre. Ihr Sohn Michael, geboren 1942 und benannt nach ihrem Bruder, wurde Architekt. Er starb bereits 1994 - noch vor seiner Mutter - im Alter von nur 52 Jahren.

Grabstein Gertrud von Hassels in Glücksburg

Friedrich, das zweitälteste Kind des Ehepaares Emma und Theodor von Hassel, am 16. April 1910 in Wilhelmstal geboren und nach seinem Onkel benannt, wurde Diplomingenieur. Von 1935 bis Mitte 1937, dem Zeitpunkt der Außerdienststellung, gehörte er als Seiten- und Höhensteuermann, sowie als Navigator zur Besatzung des Luftschiffs LZ 127 „Graf Zeppelin". Im Jahre 1928 in Dienst gestellt, wurde es das erfolgreichste Verkehrsluftschiff seiner Zeit. Während der drei Jahre, die Friedrich von Hassel an Bord war, bediente das Luftschiff die Route Deutschland - Brasilien. Er heiratete Marga Baess (1909-1998), die einzige Tochter des Ehepaares Arnold (1878-1941) und Margarethe Baess (1887-1974) aus Glücksburg und lebte später im bayerischen Geretsried bei Wolfratshausen. Friedrich starb 1983 mit 73 Jahren und wurde im Familiengrab Baess in Glücksburg beigesetzt.

Grab Friedrich von Hassel, der Bruders von Kai-Uwe, in Glücksburg

Das vierte Kind, Michael, geboren am 30. Mai 1915 in Wilhelmstal, wurde Kaufmann und arbeitete in China für die Firma seiner Vettern Jacob Jebsen & Heinrich Jessen, deren Handelshaus[94] 1909 gegründet worden war. Nach dem Zweiten Weltkrieg ging er als selbständiger Kaufmann nach New York. Er heiratete Dorothy Johnson (* 1919) aus Little Rock in Arkansas. Am 18. August 1969 starb er in Barnstable (Massachusetts) - auf dem Cape Cod, etwa 110 km südöstlich von Boston - mit nur 54 Jahren; an ihn erinnert ein Stein im Familiengrab.

---

[94] Seit 1895 hatten sie einen erfolgreichen Fernosthandel von Hongkong aus unter dem Namen JEBSEN & Co. betrieben. Heute ist das Handelshaus Teil einer weltweit operierenden Firmengruppe mit mehr als 50 Unternehmen - vorwiegend in Ost- und Südostasien.

Gisela, die Jüngste, 1923 in Glücksburg als fünftes und letztes Kind geboren, wurde Klavierlehrerin und Chorleiterin in ihrer Geburtsstadt und heiratete den Marktforscher Dr. Eduard Andersen (1921-2012). Sie starb am 17. November 1999, im selben Jahr wie ihre älteste Schwester Gertrud, mit 76 Jahren und fand in Glücksburg ihre letzte Ruhe. Die musikalische Begabung in der Familie ging von ihr auf Jan Friedrich von Hassel (* 1974), ihren Neffen, über.

Grabstelle Gisela von Hassel auf dem Friedhof von Glücksburg

Mutter Emma von Hassel engagierte sich nach ihrer Trennung lange Jahre vielfältig ehrenamtlich, vor allem für das Deutsche Rote Kreuz und die Belange deutscher Kriegsgefangener. In ihrer Wahlheimat Glücksburg war sie als „resolute Frau und starke Persönlichkeit" bekannt. Ihr Bekenntnis zum Deutschtum rührte noch aus ihrer Zugehörigkeit zur deutschen Minderheit in Apenrade, und sie arbeitete im „Verband der Vereine heimattreuer deutscher Nordschleswiger"[95] mit. So hielt sie z.B. am 14. Februar 1930 in Glücksburg einen Vortrag mit dem Thema „Das Leiden der Tiroler unter der Fremdherrschaft".

Überaus erleichtert, dass ihre drei Söhne den Zweiten Weltkrieg überlebt hatten, setzte sie sich für die Verbesserung der Lebensbedingungen der deutschen Kriegsgefangenen und ihre Freilassung ein. Am 24. September 1958 stattete Bundeskanzler Konrad Adenauer (1876-1967) ihr, der Mutter seines jungen Parteifreundes und Landeschef des nördlichsten Bundeslandes, einen Besuch ab. Den Aufstieg ihres Sohnes zum Ministerpräsidenten erlebte Emma von Hassel noch. Sie starb am 14. April 1960, einen Monat vor ihrem 75. Geburtstag, in Hamburg an Herzversagen und wurde im Familiengrab in Glücksburg beigesetzt.

Grabstein Emma von Hassels in Glücksburg

---

[95] Am 02.04.1922 gegründet. Ordentliches Mitglied konnte nur werden, wer in Nordschleswig geboren war.

3. Enkel Kai-Uwe von Hassel
3.1 Schul- und Lehrjahre

Als Kai-Uwe nach langer Odyssee im Spätsommer 1919 in Glücksburg eintraf, begann für ihn sofort der „Ernst des Lebens": Kai-Uwe wurde in die dortige Volksschule bei Lehrer Jens Peter Petersen eingeschult. Ein Wermutstropfen war, dass die Mutter bei der Einschulung fehlte. Als sie endlich im Januar 1921 in Glücksburg eintraf, war Kai-Uwe schon in der zweiten Klasse. Später wechselte er auf die private Mittelschule von Suttinger in Glücksburg, verließ diese aber 1923 nach nur kurzer Zeit und wurde in die Sexta (5. Klasse) des zur Oberrealschule II gehörenden Reform-Realgymnasiums[96] umgeschult. Ihre herrschaftliche Silhouette mit der großen Kuppel beherrscht das malerische Stadtbild Flensburgs am westlichen Förde-Ufer. In Flensburg gab es damals für die höhere Schulbildung der Jungen mehrere Einrichtungen: Die Oberrealschule I und II mit dem Reform-Gymnasium, die Landwirtschaftsschule und ab 1925 die deutsche Oberschule. Infolge der Weltwirtschaftskrise waren die Schülerzahlen ab 1929 beträchtlich zurückgegangen, weil viele Eltern das Schulgeld nicht mehr bezahlen konnten. Und so ging ihre Zahl an der Oberrealschule II mit dem angeschlossenen Reformrealgymnasium von 424 zu Ostern 1929 auf nur 311 im Jahre 1933 zurück.

Es verdient große Anerkennung, dass Emma von Hassel in den schweren Jahren der Wirtschaftskrise mit ihren überaus engen finanziellen Möglichkeiten allen Kindern eine höhere Schulbildung ermöglichte. Allein das Schulgeld für die vier, später fünf Kinder - ohne Fahrkosten und Lernmaterial - verschlang, als diese auf weiterführende Schulen wechselten, trotz Ermäßigung zwischen 15 und 20 % ihres Budgets.

Nun war die Zeit des kurzen Schulweges für Kai-Uwe vorüber. Als Fahrschüler musste er jeden Morgen bei Wind und Wetter zunächst von der Petersenallee zehn Minuten zum Fähranleger an der Glücksburger Strandpromenade gehen und von dort mit dem Schiff fünfzig Minuten durch die Ostsee zur Fördebrücke nach Flensburg fahren.

---

[96] 1933 wurde sie in „Adolf-Hitler-Schule" und 1949 in „Goethe-Gymnasium" umbenannt. Um die mit der häufigen Namensänderung verbundene Verwechslung in Grenzen zu halten, nennen viele Flensburger sie salopp „Adolf-Goethe-Schule".

Reform-Realgymnasium Flensburg   Oberstudiendirektor Osterloh

An der Seeseite passierte er dabei täglich zweimal die eindrucksvolle Fassade der erst 1910 eingeweihten Marineschule Mürwik, an der vier Jahrzehnte später sein Sohn Jochen die Ausbildung zum Marineoffizier absolvieren sollte.

Anleger der Fähre Glücksburg-Flensburg   Seeseite der Marineschule Mürwik

Kai-Uwe von Hassels Schulweg 1923 bis 1925

Nachmittags nach der Schule ging es den gleichen Weg zurück. Erst 1925 wurde die Kreisbahnstrecke Flensburg - Glücksburg elektrifiziert und von speziell hierfür beschafften Straßenbahnzügen befahren. Die Fahrzeit verkürzte sich dadurch allerdings nur unwesentlich. Anfang der 1950er-Jahre wurde die Strecke stillgelegt.

Bahnhof der Flensburger Kreisbahn in Glücksburg

In den Sommerferien ging Kai-Uwe mit dem Fahrrad auf weite Reisen: 1929, als Untersekundaner (10. Klasse), erkundete er Westpreußen, die Marienburg südöstlich von Danzig und besuchte Königsberg. Schulisch hingegen lief nicht alles nach Plan: Am Ende des Schuljahres 1930/31 hatte er das Klassenziel, die Unterprima (12. Klasse), nicht erreicht und musste die Obersekunda wiederholen. Ein Jahr später klappte es, und zur Belohnung fuhr er in den Sommerferien 1932 - nun als angehender Oberprimaner - gen Osten ins Baltikum. Die insgesamt etwa 3.000 Kilometer lange Reise führte ihn in fünf Wochen erneut bis ins ostpreußische Königsberg. Von dort ging es weiter durch das Memelland, über die Halbinsel Samland, die Kurische Nehrung, durch Litauen, in die Lettische Hauptstadt Riga, bis nach Estland, wo er Dorpat (heute: Tartu) und die Hauptstadt Reval (heute: Tallinn) besichtigte.

Im Februar 1933 fanden an den fünf Flensburger höheren Knabenschulen die schriftlichen Klausuren für die Reifeprüfung statt. Am 1., 2. und 4. März 1933 bestand der Oberprimaner Kai-Uwe von Hassel - zusammen mit fünf weiteren Klassenkameraden - am Reform-Realgymnasium die abschließenden mündlichen Prüfungen. Das Abitur war geschafft. Oberstudiendirektor Dr. Swane war sein Schulleiter. An der geringen Zahl der Abiturienten zeigt sich der bereits erwähnte Rückgang der Schüler wegen der schlechten Wirtschaftslage.

Kai-Uwe war mehr Praktiker als Theoretiker und hatte sein Interesse für Land- und Gartenwirtschaft bereits als Schüler gezeigt. Die Liebe zu Landwirtschaft und Natur war ihm sicherlich im Elternhaus eingepflanzt worden. Und so strebte er die Laufbahn eines Kolonialkaufmannes an. Als erstes absolvierte der schmächtige Abiturient mehrere Praktika, um seine Zukunftspläne in der Landwirtschaft abzusichern. Offenbar wollte er die Fehler seines Vaters, der sich ohne fundierte Erfahrung in den Beruf des Farmers gestürzt hatte, nicht wiederholen. Zunächst arbeitete er ein Jahr bis 1934 auf dem herzoglichen Gut Roest bei Kappeln an der Schlei, wo er lernte, Gespanne zu lenken, Kühe zu melken und Mist zu fahren. Erstmals um 1230 erwähnt ist es wohl eines der ältesten und wahrscheinlich auch größten Güter in der Region Angeln. Heute ist es ein Gestüt zur anspruchsvollen Zucht- und Ausbildungsstätte für Trakehner Pferde.

Gut Roest bei Kappeln

Dem schlossen sich eine kurze Ausbildung in der Meierei Rüde bei Glücksburg und vier Monate in der Maschinenschlosserei „Gebrüder Klaus" in Flensburg im Maschinenbau an, wo er auch das Sprengmeisterexamen ablegte. Danach folgte 1934 ein Lehrgang an der 1926 gegründeten Deutschen Landkraftführerschule (DEULA Kraft) in Zeesen bei Königs Wusterhausen, auf dem von Hassel den Führerschein für Landkraftschlepper (Trecker) und Raupen erwarb. Überdies standen in Zeesen Grubbern (Auflockern des Bodens zu Vorbereitung des Saatguts), Schälen, Saatpflügen, Tiefpflügen, Scheibeneggen und Bindermähen und das Fahren der Lanz Raupe auf dem Stundenplan.

Deutsche Kolonialschule im hessischen Witzenhausen

Im selben Jahr folgte ein weiterer Lehrgang, diesmal an der Deutschen Kolonialschule (DKS) Wilhelmshof in der nordhessischen Kleinstadt Witzenhausen bei Kassel. Die Schule war 1898 unter dem Protektorat des Fürsten Wilhelm zu Wied gegründet worden; ihr Motto lautete: „Mit Gott für Deutschlands Ehr' - Daheim und überm Meer!" Zwischen 1898 und 1944 erwarben dort künftige Landwirte für die Kolonien in zwei bzw. drei Jahren, sowie in zahlreichen Lehrgängen, die erforderliche landwirtschaftliche und handwerkliche Qualifikation in Theorie und Praxis.

Anzeige DOA-Zeitung vom 04.09.1912

Im Ersten Weltkrieg stellte sie die Ausbildung ein und führte ab 1919 den Lehrbetrieb als „Hochschule für In- und Auslandssiedlung" bis 1944 fort.[97]

Anschließend besuchte von Hassel noch vier Monate eine Handelsschule in Hamburg. Rückschauend ist festzuhalten, dass Kai-Uwe aus heutiger Sicht zwar durch eine überwiegend praktisch orientierte „Allround- Ausbildung" auf die Arbeit eines Kolonialkaufmanns vorbereitet war, aber keine durch einen Abschluss gekrönte Berufsausbildung durchlaufen hat. Dabei ist allerdings zu bedenken, dass es damals keinen Ausbildungs- oder gar Studiengang für diese Fachrichtung gab. Insofern hatte Kai-Uwe von Hassel mit den von ihm absolvierten Ausbildungselementen eine durchaus zweckmäßi-

---

[97] Nachfolger wurde 1957 das Deutsche Institut für tropische und subtropische Landwirtschaft (DITSL).

ge Wahl getroffen, was dadurch gestützt wird, dass er damit später auch im nunmehr britisch verwalteten Ostafrika beruflich durchaus erfolgreich war.

In Glücksburgs Kolonialjugend hatte Kai-Uwe bereits als Schüler die ein Jahr jüngere Elfriede („Elfi") Frölich, die Tochter des Hafenkapitäns[98] Christian Frölich (1865-1963) und dessen Frau Maria Babette Schmidt (1879-1951) kennengelernt. Elfriede war am 24. August 1914 in Apia zur Welt gekommen. Ihre Familie stammte aus Flensburg. Ihr Ur-Großvater war Johann Friedrich Nicolaus Frölich (1796-1880), ihre Ur-Großmutter eine geborene von Wibel, die aus der Familie des holstein-gottorfschen Staatsmannes Caspar von Saldern (1711-1786) stammte. Im 19. Jahrhundert gab es einen Christian August Frölich (1824-1899), der Pastor der Kirche St. Johannis, der kleinsten, aber ältesten der drei erhaltenen Hauptkirchen in Flensburg war. Vater Christian Frölich hatte 1887 in Flensburg die Navigationsschule besucht, sein Steuermann-Patent und danach auf der Flensburger Seefahrtsschule der Kaiserlichen Marine noch das Kapitänspatent erworben. Später hatte er Segelschiffe auf der Route zwischen Europa und Ostasien geführt. Nachdem die Insel Upolu mit der Hauptstadt Apia 1899 Teil der Kolonie Deutsch-Samoa geworden war, arbeitete als Hafenkapitän in Apia und für die Deutsche Handels- und Plantagengesellschaft in Samoa. Als die Insel aber im Ersten Weltkrieg durch neuseeländische Truppen besetzt worden war, wurden die Deutschen auch dort interniert. Samoa wurde neuseeländisches Mandatsgebiet und die Familie Frölich 1920 - wie von Hassel aus Ost-Afrika - nach Deutschland ausgewiesen. Danach arbeitete er in Flensburg als Hafenkapitän. Christian Frölich starb im hohen Alter von 98 Jahren.

Elfriede wurde 1920 eingeschult und wechselte später auf die Auguste-Viktoria-Schule. Diese Flensburger Lehranstalt war im Jahre 1886 auf dem Berg am Südergraben als eine städtische „Höhere, vornehmere Mädchenschule" erbaut und 1912 nach der deutschen Kaiserin Auguste-Viktoria benannt worden. Dr. Max Mertner (* 1873) leitete die Schule bis 1935. Gertrud von Hassel, Kai-Uwes älteste Schwester und Elfriedes spätere Schwägerin, besuchte - mehrere Klassen über ihr - das Oberlyzeum. Seit 1965 werden an der August-Viktoria-Schule Jungen und Mädchen gemeinsam unterrichtet (Koedukation). Heute lehrt Frank-Michael von Hassel (* 1967), einer ihrer Enkel, als Gymnasiallehrer an dieser Schule.

---

[98] Ihm obliegt die Ordnung und Sicherheit im Hafen. Er ist für dessen Verwaltung zuständig, weist Schiffen Liegeplätze zu, organisiert und überwacht den Hafenumschlag.

Die Schulbildung der Mädchen, selbst jener aus bildungsbürgerlichen Kreisen, wies während der Kaiserzeit und auch in den Anfangsjahren der Weimarer Republik noch erhebliche Nachteile gegenüber der der Jungen auf. So waren die „höheren" Ausbildungsstätten für Mädchen weder hinsichtlich ihrer Qualität noch ihrer Anzahl mit den Jungen-Gymnasien zu vergleichen. 1920 gab es in ganz Schleswig-Holstein nur fünf Mädchenschulen.[99] Die Mädchenoberschulen führten eine sprachliche (mit Französisch und Englisch) und eine hauswirtschaftliche Stufe (u.a. mit Kochen, Säuglingspflege und Handarbeit). Ein Gymnasium mit Latein und Griechisch gab es für Mädchen zu dieser Zeit nicht. Die Gründe für diese Benachteiligung lagen im damaligen Rollenverständnis der Frau, deren Hauptaufgabe innerhalb der

---

[99] Flensburg: 1; Husum: 1; Lübeck: 2 und Neumünster: 1

Familie und nicht im Berufsleben gesehen wurde.[100] Die Notwendigkeit einer „gewissen Grundbildung" wurde ihr gleichwohl zugebilligt, um

> „dem Weibe eine der Geistesbildung des Mannes in der Allgemeinheit der Art und der Interessen ebenbürtige Bildung zu ermöglichen, damit der deutsche Mann nicht durch die geistige Kurzsichtigkeit und Engherzigkeit seiner Frau an dem häuslichen Herde gelangweilt und in seiner Hingabe an höhere Interessen gelähmt werde, daß ihm vielmehr das Weib mit Verständnis dieser Interessen und der Wärme des Gefühls für dieselben zu Seite stehe."[101]

Überdies fürchteten während der Weltwirtschaftskrise in den 20er Jahren viele Männer, berufstätige Frauen würden ihnen den Arbeitsplatz streitig machen. Dies wirkte als zusätzliches Argument gegen eine Berufsausbildung der Mädchen. Der Schulbesuch der Mädchen dauerte zunächst nur neun Jahre; 1889 war er auf eine zehnte Stufe ausgedehnt worden. Daher endete die kostenpflichtige höhere Schulbildung für Mädchen bereits mit 16 Jahren. Einen formellen Abschluss gab es zunächst nicht. Der Schulbesuch war kostenpflichtig: Das Schulgeld war nach Klassenstufen gestaffelt. Es betrug im Jahre 1918 für die Unterstufe 160,-, die Mittelstufe 180,- und die Oberstufe 200,- Mark pro Jahr.[102] Wenn mehrere Mädchen einer Familie die Schule besuchten, gab es eine Ermäßigung. Eltern konnten die Freistellung vom Schulgeld beantragen; ihren Töchtern wurden bei Genehmigung Freiplätze zugewiesen. Die Eltern auswärts wohnender Mädchen mussten einen höheren Betrag zahlen. Zu den überwiegend selbständigen Angehörigen des alten Mittelstands - Handwerker, Kleinhändler und Bauern - schickten zunehmend auch die unteren Beamten und Volksschullehrer[103] mit lebenslanger Anstellung und gesicherter Pension ihre Töchter auf eine weiterführende Schule. Das Schulgeld wirkte hier allerdings als Auslesefaktor.

---

[100] Siehe dazu: Pust, Hans-Christian Höhere Mädchenbildung in der Kaiserzeit: Zur Geschichte der Auguste-Viktoria-Schule Flensburg 1886-1918.

[101] Pust, Hans-Christian, a.a.O., S. 13. Das Zitat stammt aus der Denkschrift der ersten deutschen Hauptversammlung von Dirigenten und Lehrenden der höheren Mädchenschulen aus dem Jahre 1873.

[102] Pust, Hans-Christian, a.a.O. S. 26

[103] Ihr durchschnittliches Jahresgehalt lag bei 1.800,- Mark. Das Jahresgehalt eines Leutnants betrug zwischen 1.284,- und 1.572 Mark. Der Direktor eines Gymnasiums bekam etwa 8.000,- Mark.

Die drei Schwestern Frölich - Elfriede, Hertha und Ottilie - blickten ab 1925 überall in Deutschland von Werbeplakaten herab. Im Januar 1963 schrieb der „DER SPIEGEL":

> „Nicht nur dem jungen Kolonial-Heimkehrer war die Schönheit der blonden Elfriede aufgefallen; jahrelang hatte sie als Nivea-Idol auf Dosen und Anzeigen für die Weltfirma Reklame gelächelt."

1.000 Reichsmark betrug das Honorar der drei Werbe-Sternchen für zarte Hautpflege. Mit der Deutschen Kolonialjugend - sie gehörte zur Deutschen Kolonial Gesellschaft (DKG) -, die Umrisse des afrikanischen Kontinents als Abzeichen auf dem Ärmel, wanderte Kai-Uwe durch Deutschland, stieg auf den Brocken, durchstreifte das Weserbergland und strampelte mit schwarzweißrotem Wimpel am Fahrrad von der Maas bis an die Memel. Die drei Frölich-Mädels auf den Plakaten im Lande begleiteten ihn auf seinen Fahrten auch optisch bis beinahe in den entlegensten Winkel. Anfang der 30er Jahre 1930 schloss Elfriede Frölich ihre Schulausbildung ab, wurde Krankenschwester und arbeitete vermutlich in einem der beiden damaligen Flensburger Krankenhäuser, dem 1864 gegründeten Malteser Krankenhaus St. Franziskus-Hospital oder der zehn Jahre später ins Leben gerufenen evangelisch-lutherischen Diakonissenanstalt.

3.2 Rückkehr nach Afrika

Theodor von Hassel war bereits 58 Jahre alt, als er 1926 ohne seine Familie nach Afrika zurückkehrte. Dort hatte er sich zunächst als Großwildjäger versucht. „DER SPIEGEL" übernahm diese Darstellung und zitierte in seiner Ausgabe vom 12.09.1966 aus einer Broschüre:[104]

> „Der Hauptmann der Reserve Theodor von Hassel nahm das Fernglas von den Augen. Nachdenklich strich er sich den martialischen Schnurrbart. ... „Los, schneller", rief er den schwarzen Boys zu, die mit dem kostbaren Elfenbein eines großen Elefanten beladen, die Anhöhe der Usambara-Berge hinaufkeuchten. Theodor von Hassel war einer der berühmtesten Elefantenjäger seiner Zeit - und er kehrte von erfolgreicher Jagd zurück."

Tochter Gertrud schreibt, ihr Vater hätte insgesamt 17 Elefanten erlegt.[105] Diese Angabe mag zutreffen, denn in den ersten Jahren, als Theodor von Hassel noch allein in Afrika war, hatte er durchaus Zeit, der Großwildjagd zu frönen. Doch für die Zeit danach sprechen die Belege gegen die Version vom großen, leidenschaftlichen und vor allem berühmten Jäger. So hatte er z.B. seit seiner Rückkehr nach Afrika 1906 keinen Jagdschein mehr gelöst und überdies nach seinem Ausscheiden aus dem Militärdienst wegen des Aufbaus einer neuen Existenz als Farmer nach 1909 vor allem keine Zeit mehr, um die zeitaufwändige Großwildjagd auszuüben. In den zahlreichen Jagdbeschreibungen der Deutsch-Ostafrikanischen Zeitung zwischen 1903 und 1916 tauchte der Name von Hassel - anders z.B. als der von Hans Paasche - kein einziges Mal auf.

Daher dürften seine Erfahrung und vor allem seine Praxis als Jäger - auch wenn bis heute die Geschichte vom „bekannten und erfolgreichen Elefantenjäger"[106] kolportiert wird - nicht so groß gewesen sein, um damit seinen Lebensunterhalt zu verdienen. Überdies kamen während der Weltwirtschaftskrise nicht allzu viele betuchte Jäger nach Afrika. Wahrscheinlich war Theodor von Hassel auch altersbedingt den Strapazen eines Safariführers einfach nicht mehr gewachsen. Wochenlang unterwegs zu sein, die Standorte des Großwilds zu erkunden, nach einem langen Jagdtag zu Fuß sich nicht ausruhen zu können, sondern sich auf den nächsten Tag vorzubereiten, das

---

[104] Wolf J. Bell: "Kennen Sie eigentlich den? - Kai-Uwe von Hassel". Berto-Verlag, Bonn.
[105] Hassel, Gertrud von Meine Kindheit in Afrika, S. 7
[106] Speich, Mark Kai-Uwe von Hassel, S. 19

Personal im Camp mit all den vielfältigen Aufgaben wie zum Beispiel Zeltaufstellung, Wasser- und Essenszubereitung, Lagerfeuer und Wachgestellung zu kontrollieren, und dazu noch die Launen und Wünsche der oft unberechenbaren, verwöhnten Jagdgäste zu ertragen, erforderten eine hohe physische und psychische Kondition rund um die Uhr.

Am 25. Februar 1935, zwei Jahre nach dem Abitur, verließ Sohn Kai-Uwe seine Mutter, die Geschwister, Freundin Elfriede Frölich und Glücksburg, um zu seinem Vater nach Ostafrika zurückzukehren. Offenbar gab es zu dieser Zeit zwischen ihm und der einundzwanzigjährigen angehenden Krankenschwester Elfriede Frölich noch keine gemeinsamen Pläne, geschweige denn solche für ein gemeinsames Leben in Afrika. Mit 108 Passagieren in der 1., 57 in der 2. und in 120 der 3. Klasse reiste Kai-Uwe an Bord der „Njassa", die von der Hamburg-Amerika-Linie (HAPAG) an die Deutsch-Ostafrika-Linie verchartert worden war, zurück in sein Geburtsland. In seinem Gepäck befand sich u.a. ein Electrola-Koffer-Grammophon (mit 78 Umdrehungen pro Minute) mit 60 großen und 40 kleinen Schellack-Platten klassischer Musik. Fünfzehn Jahre zuvor, am 10. Januar 1920, war der größte Teil von Deutsch-Ostafrika im Rahmen des Versailler Vertrages als sogenanntes „B-Mandat" des Völkerbundes als „Tanganjika Territory" unter britische Verwaltung gestellt worden. Kai-Uwe war gerade einmal sechs Jahre alt gewesen, als er 1919 Deutsch-Ostafrika verließ und kehrte nun in ein ihm fremd gewordenes Land zurück. Glück war bei dieser Reise auch im Spiel: Nur drei Wochen später hätte er nicht mehr ausreisen dürfen, weil Adolf Hitler, der am 30. Januar 1933 zum Reichskanzler ernannt worden war, am 16. März, die allgemeine Wehrpflicht eingeführt hatte. Kai-Uwe ahnte nicht, dass sein Aufenthalt in Ostafrika nur viereinhalb Jahre dauern sollte. Als er die einstige Farm seiner Eltern bei Wilhelmstal - weniger als zwei Jahrzehnte nach deren Weggang - besuchte, erkannte er den Ort nur noch an der Zedernreihe vor dem Haus, die sein Vater als Stecklinge hatte pflanzen lassen. Der Urwald hatte sich die Felder zurückgeholt. Die Gebäude waren zerfallen und überwuchert. Der tropische Regen hatte die Lehmmauern weggespült und zerstört, das Dach war eingestürzt.

Im April 1935 traf Kai-Uwe bei seinem Vater Theodor in Mahenge ein. Elf Jahre hatten sie sich nicht mehr gesehen. Als der Vater die Familie 1924 verlassen hatte, war Kai-Uwe elf Jahre alt gewesen, und nun stand ihm - doppelt so alt wie damals - ein junger Mann gegenüber. Die Verkehrsbedingungen hatten sich zwischenzeitlich verbessert und die Reisezeit von Daressalam auf nur zehn Tage verkürzt. Gemeinsam wollten sein Vater und er eine Kaffee-Plantage in Mahenge aufbauen und hofften insgeheim, wieder dort beginnen zu können, wo sie 1914 - an anderem Ort und unter anderen Bedingungen - aufgehört hatten. Doch dies war letztlich ein Trugschluss. In dem abgelegenen Dorf Mahenge war die erforderliche Infrastruktur, um Produkte schnell und sicher zur Küste zu bringen, nicht sehr ausgeprägt. Auch das nötige Startkapital fehlte. Zwei Ordner[107] mit etwa 400 Blatt im Kolonialarchiv in Potsdam - Schriftwechsel und Schreiben zur Bewirtschaftung und Finanzplanung - geben beredtes Zeugnis von seinen langwierigen Bemühungen, einen Kredit zu bekommen. Schließlich klappte es mit einem Ansiedlungsdarlehen über 400.000,- Ostafrikanische Schilling,[108] das in Tranchen, abhängig vom Aufbau der Farm, ausgezahlt werden sollte. Doch dazu kam es nicht mehr. Die einzige Verbindung zum früheren Leben in den Usambara-Bergen war ihr Koch Pesa mbili. Wie er herausgefunden hatte, dass Theodor von Hassel wieder zurückgekehrt war, und wo er sich aufhielt, blieb sein Geheimnis. Doch er kam nach Mahenge und bot seinem alten Herrn von Hassel wieder seine Dienste an. Die Tatsache, dass Pesa mbili zu seinem ehemaligen Herrn zurückkehrte, zeigt, dass dieser früher seine Angestellten im Haus und auf der Farm ordentlich und gerecht behandelt haben muss, was keine Selbstverständlichkeit war. Einem Dienstherrn stand damals zu „Erziehungszwecken ein Züchtigungsrecht seiner Bediensteten" zu, wie auch Lehrherren und Lehrer in Deutschland ein solches gegenüber Lehrlingen und Schülern ausübten. Überschreitungen wurden zwar seitens der Kolonialgerichte bestraft, doch nur selten schlugen die Bestraften den Rechtsweg ein.

Ob Vater und Sohn bei ihren Plänen ein wenig einem künstlich aufrechterhaltenen Kolonialenthusiasmus nachhingen, ist nicht bekannt, erscheint aber eher unwahrscheinlich. Ihre Träume waren bereits von der politischen Wirklichkeit eingeholt worden, die sich aber noch nicht an der Oberfläche des Alltagslebens in der nun britisch geprägten Kolonie zeigten. Und so kam der erste Einschnitt durch die Natur: Eine Pilzkrankheit ließ die empfindlichen

---

[107] Bericht über die Darlehenssache von Hassel in Afrika (1925-1940), Bestand R 1001 (Reichskolonialamt), Aktensignatur Nummer 9236 und 9245. R 1001/9238 und R 1001/9245

[108] Etwa 20.000 britische Pfund Sterling.

Kaffeepflanzen der ersten Ernte 1934, noch vor der Ankunft von Kai-Uwe, eingehen. Und auch die zweite, schmerzliche Zäsur hatte nichts mit Politik zu tun: Nur wenige Monate nach der Rückkehr des Sohnes starb Vater Theodor am 29. November 1935 mit siebenundsechzig Jahren an Gehirnmalaria. Sein Leichnam wurde auf dem Soldatenfriedhof von Mahenge beigesetzt. Die sterblichen Überreste Theodor von Hassels ruhen, fern von der Familie und von der Heimat, dort, wo er sich als Soldat am wohlsten gefühlt hatte: Unter seinen Askari.

Ende 1935, mit 22 Jahren, sah sich Kai-Uwe von Hassel einer Zukunft mit äußerst schwankendem Grund gegenüber. Der junge Mann musste von heute auf morgen seinen künftigen Lebensweg in der Fremde alleine gestalten - zwar mit einer landwirtschaftlichen Grundausbildung, aber nur geringer praktischer Erfahrung in den Tropen und vor allem ohne ein weitreichendes Finanzpolster. Zunächst versuchte er, die Kaffeeplantage in Mahenge weiterzuführen. Es war wohl ein Gemisch aus Trotzreaktion und dem Versuch, das verlöschende Erbe des Vaters wieder anzufachen. Doch die geschilderten Rahmenbedingungen änderten sich nicht. Hinzukamen die sich öffnende finanzielle Schere zwischen Bedarf und verfügbaren Mitteln und die rechtlichen Probleme mit der nun in britischen Händen liegenden Bürokratie und Verwaltung. Im Sommer 1936 warf der Sohn das Handtuch und gab die Pflanzung des verstorbenen Vaters an die britische Mandatsverwaltung zurück.

Kai-Uwe verließ Mahenge, lernte Kisuaheli und vertiefte seine Kenntnisse im tropischen Anbau von Baumwolle, Mais und Hirse. Ab Ende 1936 arbeitete er als Pflanzer bei der „Usagara Company", einer Tochtergesellschaft der Deutsch-Ostafrikanischen Gesellschaft, in Kitonga, südlich von Daressalam, wo er sich intensiv mit dem Anbau von Sisal beschäftigte. Seine Arbeit muss gut gewesen sein, denn man übertrug ihm die Leitung einer Kokosfarm. Durch die Beaufsichtigung der einheimischen Arbeiter bestand ein nicht unwesentlicher Teil seiner Arbeit in der eines Schiedsmannes; es war fast exakt jene Rolle, die bereits sein Vater als Stationsleiter hatte ausüben müssen. Im Sommer 1938 übernahm er vertretungsweise die Leitung einer Kokosplantage auf der Insel Mafia - etwa 100 Kilometer südlich von Daressalam. Anfang 1939 kehrte er nach Daressalam zurück und führte die kaufmännische Abteilung mehrerer Sisal- und Kokosplantagen. Doch nur wenige Monate später, am 1. September 1939, folgte mit dem deutschen Einmarsch in Polen eine weitere Zäsur: Drei Tage nach Ausbruch des neuen Krieges kam das endgültige Aus seiner Pflanzerträume und der zweite Zusammenbruch der beruflichen und privaten Existenz innerhalb der Familie. „Bwana" Kai-Uwe wurde von den Engländern in Daressalam interniert. Sein erster Aufenthalt in Ostafrika hatte sechs Jahre und der zweite nur vier gedauert. Anfang 1940 wurde er nach Deutschland abgeschoben. Der unter italienischer Flagge laufende Frachter „Urania"[109] brachte ihn nach Triest zurück. Von dort kehrte er per Bahn nach Glücksburg zu seiner Mutter, seiner Schwester Gisela und Freundin Elfriede zurück. Mit der Meldung bei der Auslandsorganisation der NSDAP unterlag er der Wehrpflicht, allerdings wurde er nicht sofort eingezogen, sondern erhielt eine viermonatige Erholungsphase nach seiner Zeit in den Tropen. Ein Vierteljahrhundert nach dem Tod des Vaters stand Kai-Uwe von Hassel, inzwischen Ministerpräsident von Schleswig-Holstein, ein zweites und letztes Mal am Grab seines Vaters, als er im Sommer 1960 sein Geburtsland im Rahmen einer Afrika-Reise besuchte. In der Rückschau war Ostafrika für die einzelnen Mitglieder der Familie von Hassel nur ein Intermezzo, ein zeitlich begrenztes, für jeden von ihnen gestaffeltes und unterbrochenes Zwischenspiel. Mit der Internierung des Sohnes Kai-Uwe im Jahre 1940 ging die regionale Bindung der Familie von Hassel an Ostafrika endgültig zu Ende. Doch diese Jahre hatten sie geprägt und vor allem den Lebenslauf Kai-Uwe von Hassels nachhaltig beeinflusst.

3.3 Im Zweiten Weltkrieg

Doch an einen Neuanfang war nicht zu denken, denn inzwischen war der Zweite Weltkrieg ausgebrochen. Am 1. Juli 1940 wurde Kai-Uwe zur Grundausbildung in die 1. Kompanie der Nachrichten-Ersatzabteilung 30[110] in die Waldersee-Kaserne nach Lübeck einberufen und wegen seiner Führerscheine zunächst als Militärkraftfahrer eingeplant. Allerdings hielt er dies für eine Verschwendung seiner Sprachkenntnisse und meldete sich bei seinem Kompaniechef. Daraufhin wurde die Einplanung geändert und Kai-Uwe zu den Nachrichtendolmetschern zunächst in die 9. und danach in die 10. Kompanie des Nachrichten-Lehrregiments Leipzig versetzt. Wahrscheinlich

---

[109] Im Jahre 1916 mit 7.077 BRT in Triest erbaut.
[110] Truppenangaben gem. Deutsche Dienststelle Berlin vom 19.11.2012.

rettete ihm diese Eigeninitiative das Leben, denn zu diesem Zeitpunkt liefen bereits die Vorbereitungen für den Russlandfeldzug, und die 30. Infanteriedivision, zu der seine alte Nachrichtenabteilung in Lübeck gehörte, kämpfte von 1941 bis Kriegsende durchgehend im Nordabschnitt der Ostfront.

Seine Sprachkenntnisse - Englisch und Suaheli - hingegen bedeuteten einen Einsatz an der West- oder der Afrika-Front. Während eines kurzen Urlaubs zu Weihnachten 1940 heirateten Kai-Uwe von Hassel und Elfriede Frölich. Die Hochzeitsanzeige des Paares in den Flensburger Nachrichten vom 19. Dezember 1940 liest sich nüchtern.

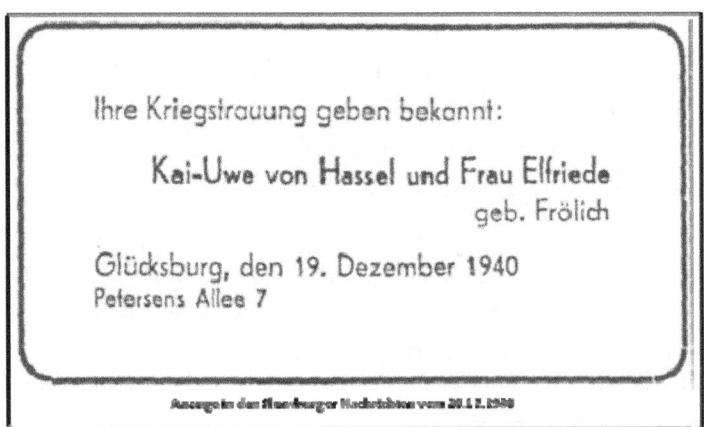

In einer Zeit, in der die Nachrufe auf gefallene Soldaten in den Zeitungen sprunghaft anstiegen, blieb für lyrische Ausflüge in traute Zweisamkeit wenig Raum.

Schloßkirche in Glücksburg

Nur die kirchliche Trauung in der Schlosskirche in Glücksburg schuf einen Rahmen, der für kurze Zeit den Krieg vergessen ließ. Im Krieg zu heiraten, war für Braut und Bräutigam ein Risiko, doch Kai-Uwe wollte seiner jungen, schwangeren Frau und dem ungeborenen Kind wenigstens die Sicherheit eines familiären Rahmens geben.

Die Flitterwochen fielen aus, denn der junge Ehemann musste seine Ausbildung an den Nachrichtenschulen in Halle, Leipzig und Meißen fortsetzen und war während dieser Zeit zur 2. Kompanie der Nachrichten-Dolmetscher-Ersatzabteilung Meißen kommandiert. Fünf Monate später, am 14. Mai 1941, kam Sohn Joachim zur Welt. Am Ende seiner Ausbildung wurde Kai-Uwe von Hassel an die Westfront versetzt: Als Nachrichtendolmetscher und Endauswerter bei der Horchkompanie (motorisiert) 613 mit der Feldpostnummer 11123 in St. Malo in der Bretagne, hatte der Funker von Hassel die Aufgabe, britische Funksprüche zu entschlüsseln und zu übersetzen.

Leutnant Kai-Uwe von Hassel

Dort vertiefte er zugleich seine Französisch-Kenntnisse. Im Spätsommer 1942 wurde er zur 3. Kompanie der Nachrichten-Dolmetscher-Ersatzabteilung Meißen an die Heeresnachrichten-Schule 1 nach Leipzig kommandiert. Am 10. Dezember 1941 war von Hassel zum Gefreiten, am 18. November 1942 zum Unteroffizier und nach Abschluss seiner Ausbildung zum Reserveoffizier bereits Anfang 1943 zum Leutnant befördert worden. Nach dem Weihnachtsurlaub erfolgte sein zweiter Einsatz an der Westfront - in Quimperlé in der Bretagne - etwa 100 km südostwärts von Brest, wo die in Stalingrad zerschlagene 94. Infanteriedivision unter dem General der Artillerie Georg Pfeiffer (1890-1944) neu aufgestellt wurde und dann vorübergehend die Sicherung eines Teils der Atlantikküste übernahm. Von Hassel wurde Zugführer in der 2. (Funk) Kompanie der Nachrichtenabteilung 194. Sein Verband war für die Fernmeldeverbindungen der 94. Infanteriedivision zuständig. Die Fernmeldetechnik hatte einen großen Sprung nach vorn gemacht: Sein Vater Theodor war noch weitgehend auf die Heliographen-Technik angewiesen gewesen.

Im Juni 1943 fuhr Leutnant Kai-Uwe von Hassel auf Heimaturlaub - gerade rechtzeitig, um die am 24. Juni geborene Tochter Barbara zum ersten Mal im Arm zu halten. Barbara von Hassel erlernte nach dem Abitur den Beruf einer Krankengymnastin und heiratete im November 1967 - zwei Jahre nach ihrem Bruder Joachim - den aus dem Erzgebirge stammenden Dirigenten und Komponisten Fritz Weisse (* 1934) in der Kapelle des Glücksburger Schlosses. Pastor Hans-Volker Herntrich, ein Vetter der Braut, traute das Paar, das später in Berlin und heute in Südtirol lebt. Weisse hatte an der Kirchenmusikschule Berlin-Spandau Musik studiert und sein Kapellmeister-Examen an der Hochschule für Musik in Berlin abgelegt. Er war 33 Jahre lang, bis 1994, künstlerischer Leiter des Berliner Konzert-Chores. 1966 rief er den Bundeswettbewerb Gesang für Oper, Operette und Konzert ins Leben und gründete 1989 das Deutsche Kammerorchester. Seit vielen Jahren ist Fritz Weisse in den berühmtesten Konzertsälen der Welt zu Gast. Am 3. Oktober 1990 dirigierte er beim Staatsakt der Wiedervereinigung der Bundesrepublik Deutschland vor dem Reichstag die deutsche Nationalhymne.

Anfang August 1943 wurde Hassels Division in den Raum Aix le Bains-Grenoble transportiert, um von dort nach Oberitalien verlegt zu werden. Doch wegen der Zuspitzung der Lage in Italien konnte kein Bahntransport bereitgestellt werden. Und so fiel der Entschluss, die Truppe im Fußmarsch in den neuen Einsatzraum zu bringen. Mitte August 1943 erfolgte der Aufstieg zum Bergmassiv des 2.083 m hohen Mont Cenis. Die Passhöhe war in der Geschichte schon häufig von Truppen überquert worden, u.a. von Konstantin I. im Jahre 312, von Karl dem Großen 773 und Heinrich IV. auf seinem Weg nach Canossa im Januar 1077. Die Straße, auf der die 94. Division marschierte, hatte Kaiser Napoleon 1803 ausbauen lassen. Das gesamte schwere Gerät - einschließlich der Geschütze - wurde über 80 Kilometer mit Zugmaschinen, sechsspännigen Pferdegespannen und Muskelkraft (Schiebekommandos) bewegt. Für den Abstieg wurden Holzschlitten gebaut. Nach einem mehrtägigen Biwak im Raum Susa, westlich von Turin bereits auf italienischem Boden, erfolgte der Weitertransport, diesmal jedoch per Bahn, in den Raum Alessandria-Novi-Torona, ostwärts von Turin.

Dort musste die Division italienische Verbände entwaffnen, Truppenteile mit denen sie noch wenige Monate zuvor in Russland Seite an Seite gekämpft hatte.

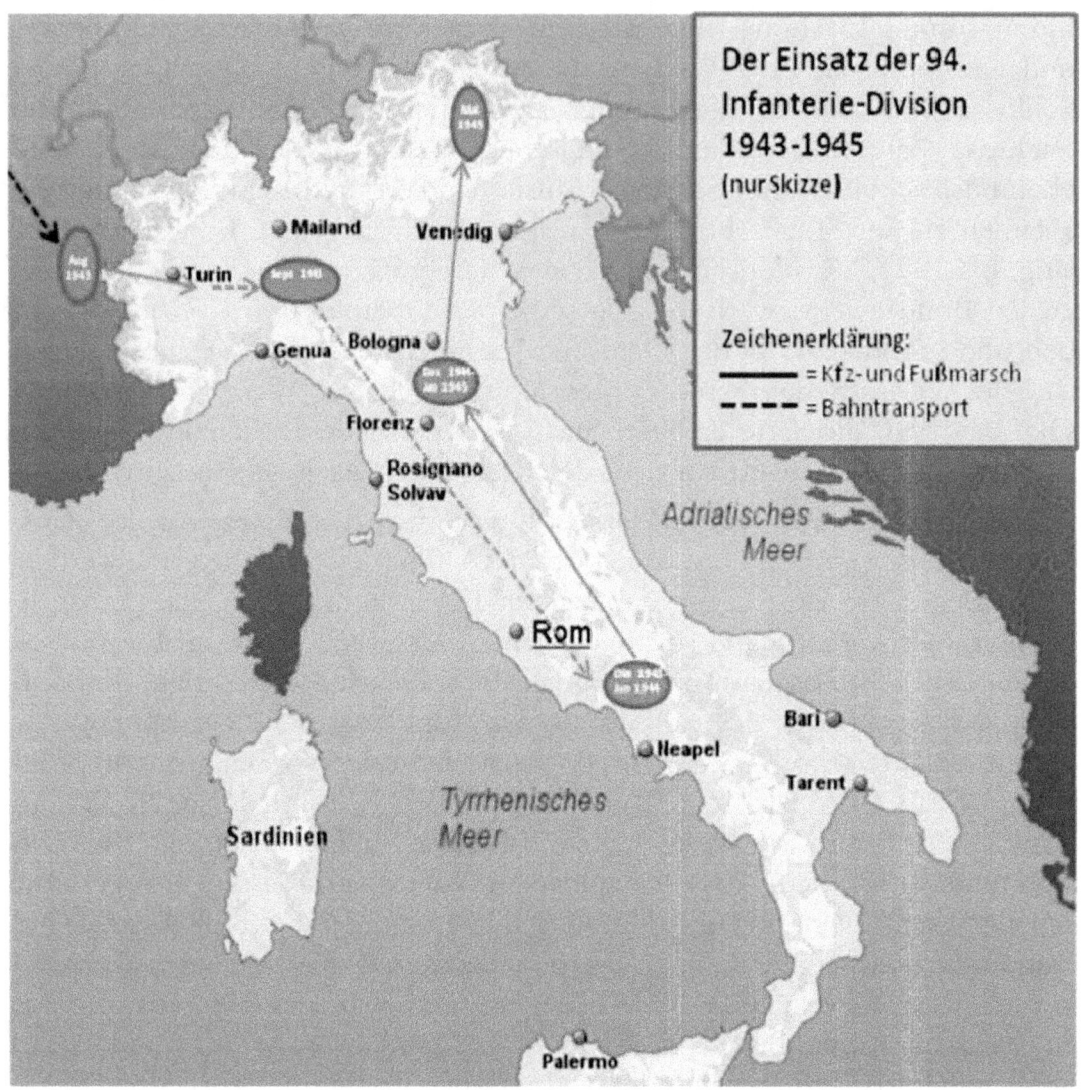

Wenige Wochen später, im Oktober 1943, wurde die Division an die süditalienische Front („Gustav-Linie") in den Raum nördlich von Neapel zwischen Gaeta, Scauri, Castelforte und Monte Cassino geworfen und verteidigte dort in einer mit 45 Kilometern weit überdehnten Hauptkampflinie (HKL) gegen die 46. Britische Infanteriedivision unter Major General John L. I. Hawkesworth (1893-1945).

Anfang Januar 1944 hatte Generalleutnant Bernhard Steinmetz (1896-1981) das Kommando über die 94. Division übernommen, und Leutnant von Hassel wurde am 5. Mai 3. Ordonanzoffizier (O 3) in dessen Stab.[111] Am 11. Mai 1944 gegen 23.00 Uhr begann der Großangriff der alliierten Truppen. Im Gefechtsstreifen der 94. Division griff die 85. US-Infanteriedivision unter Major General John B. Coulter (1891-1983) mit überlegenen Kräften und verheerender Luftunterstützung an. Hinhaltend kämpfend wichen die deutschen Truppen, die über keine Reserven mehr verfügten, über Perugia und Florenz nach Norden aus.

Generalleutnant Steinmetz

Im Winter 1944/45 verteidigte Hassels Division zunächst im Zuge der sog. „Goten-Stellung" am 900 Meter hohen Futa-Paß nördlich von Florenz und danach am Reno-Fluss, südlich von Bologna. Mitte April 1945 erfolgte der letzte Großangriff der Alliierten in Norditalien, und die Reste der fast völlig aufgeriebenen 94. Division zogen sich über den Po ins Etsch-Tal zurück. Von Hassel rückte zum 1. Ordonnanzoffizier auf. Kai-Uwe von Hassel gehörte als Fernmeldeoffizier nicht zu den Kampftruppen und war von daher kein Frontsoldat im eigentlichen Sinne. Auch während seiner Ausbildung und der Zeit im besetzten Frankreich war er in einem Gebiet im Einsatz, in

---

[111] „I a" der Division waren: Major i. G. Graf Strachwitz (1943-1944), Oberstleutnant i. G. Müller (1944-Anfang 1945) und Major i. G. Wimmer (bis Kriegsende).

dem kaum geschossen wurde, und in dem er nicht mit den Gräueln des Kampfes in Berührung kam. In den letzten zweiundzwanzig Monaten des Krieges jedoch stand er an der schwer umkämpften Italien-Front ununterbrochen in Lebensgefahr. Der Divisionsstab lag in diesen fast zwei Jahren immer nur wenige Kilometer hinter der Hauptkampflinie und war den Angriffen durch alliierte Boden- und Luftstreitkräfte, sowie italienische Partisanen ausgesetzt. Als mit dem Waffenstillstand am 2. Mai um 14.00 Uhr die Kampfhandlungen in Italien beendet wurden, lag von Hassel mit dem Divisionsgefechtsstand in Besenello, einer kleinen Ortschaft ostwärts des Gardasees zwischen Verona und Trento. Dort geriet er - mit dem Eisernen Kreuz II. Klasse ausgezeichnet - in amerikanische Gefangenschaft. Am 23. Mai 1945 transportierten die US-Truppen die Reste der 94. Division in ein Durchgangslager bei Bassano. Von Hassel hatte ihnen 4.000 Flaschen Grappa aus den Marketender-Beständen der Division übergeben und hoffte, dass sich damit die Aufnahme möglichst human gestalten würde. Die Divisionschronik vermerkt dies lobend mit den Worten:

> „Für die Verbindung zu den Engländern sorgte unser Lt. Kai-Uwe von Hassel von der 184. Nachrichten-Abteilung, der in seiner ruhigen, bestimmten Art viele Schwierigkeiten glätten und auch viele Erleichterungen für die Gefangenen aushandeln konnte."[112]

Doch die Geste half nichts: Da die amerikanischen Lager überfüllt waren, wurden seine Soldaten und er in das britische Lager 14 A bei Belaria nördlich von Rimini abgeschoben. Wie auch Helmut Schmidt (* 1918) es später schilderte, hätte die Zeit der Kriegsgefangenschaft von Hassels Interesse für Politik geweckt. Hatten ihn fünf Jahre zuvor seine Sprachkenntnisse möglicherweise vor einem Einsatz im Russlandfeldzug bewahrt, so rettete ihn 1945 seine Ausbildung als Landwirt: Die ursprüngliche Planung, ihn als Kriegsgefangenen in belgischen Kohlegruben einzusetzen, wurde gekippt, denn von Hassel wurde als Landwirt dringend benötigt. Im September 1945 wurde er per Bahn zurück in die Heimat verlegt und aus der Gefangenschaft entlassen.

---

[112] Erinnerungsbuch der 94. Infanterie-Division an die Kriegsjahre 1939-1945, Lieferung 4, S. 38

3.4 Kommunal- und Landespolitiker

Nun folgte der dritte Neuanfang, allerdings nicht, wie die US-Truppen dies bei dessen Entlassung aus der Gefangenschaft gedacht hatten, als Landwirt: Kai-Uwe von Hassel trat in Glücksburg der CDU bei und schlug die Politikerlaufbahn ein. Seine Verdienste auf kommunaler und landespolitischer Ebene sind in vielfältiger Weise in Biographien und Artikeln gewürdigt worden. Daher wird hier auf eine weitere Darstellung verzichtet. Von 1947 bis 1950 arbeitete von Hassel als Stadtvertreter, Bürgermeister und Bürgervorsteher in seiner Wahlheimat Glücksburg. 1986 setzte seine Schwiegertochter Elke von Hassel diese Tradition fort. Von 1946 bis 1951 war Friedrich Wilhelm Lübke (1887-1954), der ältere Bruder von Bundespräsident Heinrich Lübke (1894-1972) und frühere Windjammer-Kapitän, Landrat in Flensburg. Er wurde auf den jungen Politiker von Hassel aufmerksam und förderte ihn.

Friedrich Wilhelm Lübke
Ministerpräsident

Im Juli 1950, mit nur 37 Jahren, war von Hassel zum Stellvertretenden Landesvorsitzenden der CDU aufgestiegen, wurde Mitglied des schleswig-holsteinischen Landtages in Kiel und nahm letzteres Amt bis 1965 wahr. Parallel dazu war er von 1953 bis 1954 und von 1965 bis 1980 als direkt gewählter Abgeordneter Mitglied des Deutschen Bundestages. 1963 wurde Kai-Uwe von Hassel Ehrenbürger der Stadt Glücksburg.

Als Friedrich Wilhelm Lübke, der Landesvater in Kiel, 1954 an Krebs erkrankte und starb, wurde von Hassel am 11. Oktober 1954 zu seinem Nachfolger gewählt und zog mit nur 41 Jahren als sechster Ministerpräsident[113] des nördlichsten Bundeslandes in das Kieler Landeshaus, eine vormalige Kaiserliche Marineakademie, ein. Bei der heimatverbundenen, ländlich geprägten Bevölkerung Schleswig-Holsteins kam der ehemalige Tropenlandwirt gut an. Nach von Hassels Wechsel nach Bonn schrieb der „DER SPIEGEL" am 16. Januar 1963 über dessen Amtszeit:

> „Der Benjamin unter den deutschen Länderchefs hatte ein Armenhaus übernommen, das von Zuschüssen des Bundes lebte und in dem jeder zweite Einwohner ein Vertriebener war."[114]

In der Tat war es eine Mammutaufgabe: Schleswig-Holstein wies nach dem Zweiten Weltkrieg nicht nur die größte Flüchtlings-, sondern auch die höchste Arbeitslosenquote auf. Noch 1950 zählte es 178.000 Arbeitslose und 138.000 Barackenbewohner. Aber von Hassel war ein Stehaufmännchen im besten Sinne, ein Pionier und ein Farmer, geprägt von Rhythmus des Säens und Erntens, umrahmt von Pflicht, Ordnung und Fleiß, der selbst in dunkelsten Momenten von christlicher Hoffnung getragen wurde. Jahre später, in seiner Antrittsrede als Bundestagspräsident nach seiner Wahl am 20. Oktober 1969, übertrug er diese Pflicht zu permanentem Neubeginn auch auf das Staatswesen:

> „Unsere parlamentarische Demokratie hat an Selbstbewußtsein und innerer Kraft gewonnen. Dies darf uns aber nicht in Selbstzufriedenheit dazu verleiten, den Konflikten in unserer Gesellschaft auszuweichen. Im Gegenteil: Der Auftrag zu ständiger Erneuerung, zu Reformen und Verfestigung unseres sozialen und freien Rechtsstaates ist uns mit auf den Weg gegeben."

---

[113] Theodor Steltzer (1946/47; CDU), Hermann Lüdemann (1947-1949; SPD), Bruno Diekmann (1950/51; SPD), Walter Bartram (1950/51; CDU) und Friedrich-Wilhelm Lübke (CDU).

[114] Nr. 3/1963

Sohn Joachim, Elfriede und Kai-Uwe von Hassel, sowie Tochter Barbara und Boxerrüde „Gangster von der Eiderwiese"

Auch in seinem Privatleben hatte er diesen Grundsatz gelebt, musste er doch durch mehrere schicksalsbedingte Tragödien sein Leben wiederholt neu gestalten. Nach dem Ende der zweiten Amtszeit von Professor Theodor Heuss (1884-1963) im Jahre 1959 wurde sein Name auch als potentieller Nachfolger im höchsten Staatsamt genannt. Von Hassel war dazu bereit. Doch mit 46 Jahren schien er einigen CDU-Politikern dann doch zu jung, obwohl die Schwelle des Grundgesetzes für dieses Amt bei nur 40 Jahren liegt.

Bereits auf kommunaler Ebene pflegte von Hassel enge Beziehungen zum Flottenkommando, dem operativen Führungsstab der Bundesmarine, in seinem Wohnort Glücksburg. Später als Ministerpräsident dehnte er diese auf alle in seinem Bundesland stationierten Truppenteile der Bundeswehr aus. Besuchen jedoch konnte er sie nicht alle, denn die Truppendichte im nördlichsten Grenzland entlang des Eisernen Vorhanges war in der Zeit des

Kalten Krieges sehr hoch. Neben Niedersachsen war Schleswig-Holstein das einzige Bundesland, in dem alle drei Teilstreitkräfte - Heer, Luftwaffe und Marine - vertreten waren; exemplarisch sollen genannt werden: Die 6. Grenadierdivision (später 6. Panzergrenadierdivision) mit ihrem Stab in der Hindenburg-Kaserne in Neumünster war der kopfstärkste Großverband des Deutschen Heeres. Sie befehligte die Panzergrenadierbrigaden 16 (Hamburg) und 17 (bis 1970 in Flensburg-Weiche, danach in Hamburg), die Panzerbrigade 18 in Neumünster, und zahlreiche Divisionstruppen wie das Artillerieregiment 6 in Kellinghusen, die Heeresflieger in Itzehoe und die Panzeraufklärer in Eutin. Die Flugabwehrschule (später: Heeresflugabwehrschule) mit dem angeschlossenen Truppenübungs- und Flugabwehrschießplatz in Todendorf an der Ostsee, war bis 2009 in Rendsburg beheimatet.

Die Luftwaffe hatte u.a. das 5. Jagdbombergeschwader (später Jagdbombergeschwader 41), das Jagdbombergeschwader 35, das Lufttransportgeschwader 63, Verbände des Frühwarnsystems und der bodengebundenen NATO-Luftverteidigung, wie die Stellungen der Flugabwehr-Raketenbataillone 38 und 39 und das CRC (Control and Reporting Center; Radar Flugmelde- und Leitzentrale) in Brekendorf, sowie Logistiktruppen wie das Luftwaffenversorgungsregiment 7 in Schleswig-Holstein stationiert. Die Verbände der Deutschen Marine wurden vom Flottenkommando in Glücksburg befehligt, so u.a. das 5. und 7. Minensuchgeschwader in Neustadt/Holstein, die

Schnellbootflottille in Flensburg mit dem 1. Schnellbootgeschwader in Kiel und dem 2. Schnellbootgeschwader in Olpenitz, die U-Boot-Flottille und die Kampfschwimmer in Eckernförde, das 1. Zerstörergeschwader in Kiel (bis 1968), das 3. Zerstörergeschwader in Flensburg, das Amphibische Transport- und Umschlagbataillon 4 in Großenbrode, das Marinesicherungsbataillon in Glückstadt und das 1. Versorgungsgeschwader in Kiel. Zentrale Ausbildungsstätte für den Führungsnachwuchs sind die Marineschule in Mürwik, das Segelschulschiff „Gorch Fock", die Marine-Unteroffizierschule in Plön und die Unterwasser-Waffenschule in Eckernförde, sowie die Marineversorgungsschule auf Sylt. Dem Territorialkommando Schleswig-Holstein/ Wehrbereichskommando I (später: „Küste") in Kiel oblagen die Aufgaben der territorialen Verteidigung. Lange bevor der Begriff „multinational" in der Bundeswehr bekannt war, wurde er nördlich der Elbe bereits praktiziert: 1962 war in Rendsburg das mit deutschen und dänischen Soldaten, sowie einem britischen Offizier besetzte Hauptquartier der Alliierten Landstreitkräfte Schleswig-Holstein und Jütland (LANDJUT) entstanden, dem für den Verteidigungsfall die 6. Panzergrenadierdivision und die 1. dänische Jütland-Division unterstellt waren. Das zweite NATO-Hauptquartier in Schleswig-Holstein, das ebenfalls im letzten Jahr von Hassels Amtszeit in Kiel eingerichtet wurde, war der Stab des Marinekommandos NAVBALTAP (Naval Forces Baltic Approaches - Marinestreitkräfte Ostseezugänge) in Kiel-Holtenau. Es unterstand dem Befehlshaber des Kommandobereichs „Baltic Approaches" (Ostseezugänge; BALTAP) im dänischen Karup, der für die Sicherung der Ostseeausgänge in den Atlantik verantwortlich war.[115] Und so lernten Soldaten, die in das Bundesland zwischen Nord- und Ostsee versetzt wurden, nicht von ungefähr als erstes den Satz „In Schleswig-Holstein ist alles anders!" - sprich: Anders als sonst in der Bundeswehr.

Kai-Uwe von Hassel hatte sich bereits auf dem Stuttgarter Parteitag der CDU Ende April 1956 mit einer leidenschaftlichen Rede für die Wehrpflicht eingesetzt:

> „Sie macht endgültig ein Ende mit den dilettantischen und gefährlichen Versuchen, die darauf abzielen, die Begriffe >Zivilist< und >Soldat< in eine gegnerische Frontstellung zu bringen. ...Wir wehren uns gegen die Ges-

---

[115] Die NATO-Kommandobehörde BALTAP mit den nachgeordneten Hauptquartieren AIRBALTAP, NAVBALTAP und LANDJUT wurde nach 1989 aufgelöst bzw. in andere Strukturen überführt.

pensterseher, die da meinen, Angst vor den Soldaten ihres eigenen Volkes zu haben. Wir vertrauen darauf, daß Verteidigungsbeitrag und Wehrpflicht keineswegs Militarismus bedeuten."

In der Rückschau von fast 60 Jahren haben sich diese Worte bestätigt. Vom 7. September 1955 bis zum 6. September 1956 nahm Kai-Uwe von Hassel als damaliger Ministerpräsident von Schleswig-Holstein zugleich das rotierende, einjährige Amt des Präsidenten des Bundesrates war. Es war just zu dieser Zeit, als auch im Bundesrat die zum Teil heftigen Debatten über die Einführung der allgemeinen Wehrpflicht stattfanden. Die Front führte dabei quer durch die Parteien und war oft nicht allein durch sachliche, sondern auch durch persönliche Argumente und Vorurteile bestimmt. Vehement setzte sich von Hassel auch mit jenen Politikern in seiner eigenen Partei auseinander, die - wie z.B. sein niedersächsischer Amtskollege, Ministerpräsidenten Heinrich Hellwege (1908-1991) - gegen eine Wehrpflicht votierten.

Von Hassels Ja zur Wiederbewaffnung führte auch zu einem kritischen Dialog mit seiner evangelischen Kirche, der er bereits 1956 vorwarf, sie vermischte in ihrer Ablehnung theologische und politische Gesichtspunkte.[116] Später hat sich ihre ablehnende Haltung der Bundeswehr und der Sicherheitspolitik aller Bundesregierungen gegenüber sogar noch verstärkt. Als Landesvater musste sich von Hassel auch mit Fragen der problematischen Verteidigung des schmalen Landstreifens zwischen Nord- und Ostsee im Falle eines Angriffs des Warschauer Paktes auseinandersetzen. Die Zerschlagung des Aufstandes in der DDR am 17. Juni 1953 und des Ungarn-Aufstandes im Jahre 1956 durch sowjetische Panzer, verknüpft mit dem Ausbau ihrer militärischen Fähigkeiten, waren für von Hassel untrügliche Beispiele für das expansive Streben der Sowjetunion nach Vorherrschaft in Europa. Als Chef eines Bundeslandes, das eine 137 Kilometer lange, direkte Landgrenze[117] und eine völlig offene Seeflanke von 328 Kilometern[118] mit dem Warschauer Pakt in Mitteleuropa teilte, musste er sich zwangsläufig sehr intensiv auch mit Fragen der Verteidigung Schleswig-Holsteins beschäftigen. Von Hassel blickte mit Sorge auf die Probleme, die sich wegen der

---

[116] Siehe: Koop, Volker, Kai-Uwe von Hassel - Eine politische Biographie, S. 121 f.

[117] Davon sind allerdings etwa 40 km durch Wasserhindernisse (u.a. des Schaalsees und des Ratzeburger Sees und angrenzender Seen, sowie des Pötenitzer Wieks) gedeckt.

[118] Ohne die Insel Fehmarn und ohne die Schlei.

exponierten geographischen Lage seines Bundeslandes für die Landesverteidigung ergaben. Sein Bundesland war ein Eckpfeiler der NATO-Verteidigung in Mitteleuropa, bildete es doch den Landzugang zu den drei Ostseeausgängen - Kleiner Belt, Großer Belt und Öresund. Die Elbe als natürliche Grenze trennte die Landzunge von Mitteleuropa, und die NATO-Operationsplanung verstärkte dies durch die anfällige Grenzziehung zwischen den NATO-Kommandobereichen Europa Mitte (AFCENT) und Nordeuropa (AFNORTH). Die Landzunge Schleswig-Holstein wird von der NATO-Front in Mitteleuropa durch die Elbe abgeschnitten, die den NATO-Abschnitt Mitte vom NATO-Abschnitt Nord trennt. Die Möglichkeit von kombinierten See- und Luftlandungen stellte ein zusätzliches Risiko dar, zumal der Nord-Ostsee-Kanal als Wasserhindernis die Operationsfreiheit auch der eigenen Kräfte einschränkt. Doch neben der Bedrohung durch die Sowjetunion gab es schwerwiegende interne Probleme. In Dänemark bestanden - nur eineinhalb Jahrzehnte nach dem Zweiten Weltkrieg - erhebliche Vorbehalte gegen eine zu enge dänisch-deutsche militärische Zusammenarbeit. Behutsam versuchten die Militärs auf beiden Seiten, die Vorurteile ab- und die Kooperation auszubauen.

Konteradmiral Bernhard Rogge

Bei der NATO-Stabsrahmenübung „MAIN QUEST" vom 1. bis 3. Dezember 1959 wurde ein deutsch-dänisches Hauptquartier mit einem dänischen General und einem Deutschen als Stellvertreter eingerichtet. Im Mai 1960 schlugen deutsche und dänische Offiziere ein gemeinsames alliiertes Korps vor, das dem dänischen Befehlshaber der Landstreitkräfte unterstellt werden sollte, doch die Frage einer nuklearen Bewaffnung ließ das Projekt schnell scheitern. Nach einem Besuch der 6. US-Flotte im Mittelmeer im Jahre 1959 entwickelte von Hassel auch unorthodoxe Ideen. Wenige Monate später, am 6. Januar 1960, hob der Ministerpräsident in Pinneberg warnend den Finger: „Schleswig-Holstein ist bislang nicht ausreichend verteidigt." Mehr als ein Hinhalten eines Angreifers war nicht realistisch. Von Hassel beriet sich in dieser Frage mit Konteradmiral Bernhard Rogge (1899-1982; Vizeadmiral), dem hochdekorierten[119] Befehlshaber im Wehrbereich I in Kiel.

Fazit ihrer Überlegungen zur Verbesserung der Sicherheit Schleswig-Holsteins war:

- Die konventionellen Kräfte in Schleswig-Holstein müssen verstärkt werden. Von Hassel forderte die Stationierung einer zusätzlichen Division der US-Marine-Infanterie („Ledernacken"). Der Hintergedanke dabei war, weitere NATO-Partner in die Verteidigung seines Bundeslandes einzubinden. Der Vorschlag

---

[119] Rogge war u.a. Träger des Eichenlaubs zum Ritterkreuz des Eisernen Kreuzes.

konnte zwar nicht umgesetzt werden, spielte aber bei künftigen Planungen eine Rolle.

So nahm bei dem NATO-Manöver „BONDED ITEM" im Oktober 1976, lange Jahre nach von Hassels Amtszeit in Kiel, erstmals eine Brigade der US-Marines, die 4. Amphibische Brigade des Marines-Corps (Marine Amphibious Unit - MAU),[120] unter dem ruppigen US-Brigadegeneral Alfred M. Gray jun. (* 1928; General)[121] teil.

- In Schleswig-Holstein muss eine Heimatverteidigung auf freiwilliger Basis aufgestellt werden.

Eine Denkschrift des Wehrbereichskommandos I, die Ende 1959 von dessen damaligem Chef des Stabes, Oberst i.G. Hans-Adolf von Blumröder (1904-1992), verfasst und von Hassel gebilligt worden war, nannte Details dieser nordischen „Landeswehr". Die Struktur lehnte sich an skandinavischen Vorbildern an. Die Soldaten der Landeswehr sollten ihre Waffen und Ausrüstung zu Hause verwahren und auf Stichwort vor allem zur Objektsicherung (Industrieanlagen, Brücken und Versorgungsbetriebe) eingesetzt werden. Als Befehlshaber der „Landeswehr" hatte der Ministerpräsident seinen Duzfreund aus dem Wasserschloss und Landesvorsitzenden des „Verbands Deutscher Soldaten", Prinz Friedrich Ferdinand, ins Auge gefasst. Die Pläne für die „Landeswehr" blieben aber im Panzerschrank. „Strauß gegen Rogges freiwillige Landeswehr" titelten die „Kieler Nachrichten" im Januar 1960. Von Hassel ließ die Idee allerdings bei seinem Wechsel ins Verteidigungsressort 1963 mit der Schaffung der Heimatschutztruppe wiederbeleben. Ihr Erfolg war jedoch nur mäßig. Hassel hatte gehofft, bis 1965 ein Kader von etwa 25.000 Soldaten aufbauen zu können; tatsächlich jedoch meldeten sich nur etwas mehr als 8.000 Reservisten für diesen Dienst.

Noch Mitte der 1960er Jahre waren die operativen Bedingungen für eine Sicherung der dänischen Meerengen und den Schutz der offenen Ostsee-Flanke, sowie gegen sowjetische Luftlandungen in Schleswig-Holstein nicht sehr günstig. Eine - allerdings beträchtlich überdehnte - Verteidigung im

---

[120] Die Brigade war auf den Fregatten USS „W.S. Sims" (F-1059) und der USS Mount Whitney (LCC-20) eingeschifft.

[121] Er war von 1987 bis 1991 der 29. Commandant des US-Marine-Corps.

Zuge des Elbe-Trave-Kanals war nur durch die 6. Panzergrenadierdivision mit den beiden Brigaden 16 und 17 und der Panzerbrigade 18 als Divisionsreserve zu führen. Die dänische Jütland-Division würde erst so spät der NATO unterstellt, dass sie für die Anfangsoperationen nicht zur Verfügung stand.

Am 29. Mai 1956 wurden die Schnellboote „Silbermöwe", „Sturmmöwe" und „Wildschwan" im Beisein des schleswig-holsteinischen Ministerpräsidenten von Hassel als erste Einheiten dem Schnellboot-Lehrgeschwader (ab 16.09.1957: 1. Schnellbootgeschwader) unter Korvettenkapitän Hans-Helmut Klose (1916-2003; Vizeadmiral) als Geschwaderkommodore durch den Leiter der Abteilung Marine im Bundesministerium der Verteidigung, Vizeadmiral Prof. Friedrich Ruge (1894-1985), an der Bellevue-Brücke am Kieler Hindenburg-Ufer in Dienst gestellt. Bei der anschließenden Fahrt in See wurde zum ersten Male nach 1945 beim Passieren des Marine-Ehrenmals Laboe zu Ehren der auf See Gebliebenen, Front nach Steuerbord gepfiffen.

Am 1. Oktober 1956 hatte in Husum, Theodor Storms „grauer Stadt am Meer", der Aufbau der Heeresoffizierschule II (HOS II) begonnen. Oberst Werner Haag (1909-1985; Generalleutnant), der stellvertretende Schulkommandeur, begann mit den Vorbereitungen in der ehemaligen Marinekaserne an der Flensburger Chaussee (heute: Fliegerhorstkaserne). Die offizielle Eröffnung fand am 22. Januar 1957 in der Exerzierhalle der Kaserne statt. Brigadegeneral Ottomar Hansen (1904-1993; Generalmajor), der Schulkommandeur, begrüßte den schleswig-holsteinischen Ministerpräsidenten Kai-Uwe von Hassel als Ehrengast. Unter den Klängen des preußischen Präsentiermarsches schritten Schulkommandeur, Ministerpräsident, Landtagspräsident Dr. Walter Böttcher (1901-1983) und der Inspekteur des Heeres, Generalleutnant Hans Röttiger (1896-1960), die Front des angetretenen 3. Fahnenjunkerlehrgangs, des Lehrbataillons und eines Ausbilder-Teams des US-Heeres ab.[122] Doch nur eineinhalb Jahre später, am 21. Juni 1958, wurde die Heeresoffizierschule II nach Hamburg-Wandsbek verlegt. Mit einem Großen Zapfenstreich verabschiedeten sich die HOS II und der 6. Fahnenjun-

---

[122] Die beiden Lehrgruppen A und B wurden von den Obersten Haag und Hoheisel, das Lehrbataillon von Major Weithöner und ab 1957 von Major Krieg geführt. Schulkommandeur Hansen wurde zum 01.11.1957 nach Bonn versetzt. Sein Nachfolger wurde Oberst Willemer.

kerlehrgang von Husum und seinen Bürgern auf dem Sportplatz der Kaserne. Am 9. Mai 1958 nahm Ministerpräsident von Hassel an der Übergabe der neuen Kasernenanlage in Flensburg-Weiche teil. Um 12.00 Uhr meldete der Kommandeur der Kampfgruppe A 6 (später Panzergrenadierbrigade 16), Oberst Jürgen Bennecke (1912-2002; General), die angetretenen Grenadierbataillone 16 und 26 dem Befehlshaber im Wehrbereich I, Konteradmiral Bernhard Rogge.

Am 8. November 1956 fand die feierliche Eröffnung der Marineschule Mürwik (MSM) durch Vizeadmiral Ruge statt. Wenige Tage zuvor war die erste Crew von Seeoffizieranwärtern mit 81 Fähnrichen eingetroffen. Am 1. April 1956 besuchte Minister Franz Josef Strauß (1915-1988) die MSM und wurde im „Remter",[123] dem Speisesaal, zum „Obermaaten ehrenhalber (h.c.)" ernannt. Ministerpräsident von Hassel nahm als Ehrengast teil; als Schüler war er täglich zweimal an der Seefront der Schule vorbeigefahren. Im Mai 1958 reiste von Hassel zu einem Informationsbesuch ins NATO-Hauptquartier nach Paris, wo er auch mit dem US-Luftwaffengeneral Lauris Norstad (1907-1988), dem NATO-Oberbefehlshaber Europa (SACEUR), zusammentraf.

Am 16. Oktober 1959 stellte der damalige Luftwaffeninspekteur Generalleutnant Josef Kammhuber (1896-1986) in einer feierlichen Zeremonie in Anwesenheit von Ministerpräsident von Hassel und des Kommandierenden Generals der Luftwaffengruppe Nord, Generalmajor Martin Harlinghausen (1902-1986; Generalleutnant) das Jagdbombergeschwader 35 als 5. Geschwader der Luftwaffe in Husum in Dienst. Der Verband unter Kommodore Oberstleutnant Karl Henze (1916-1985; Oberst), dem früheren Stuka-Flieger und Träger des Eichenlaubs zum Ritterkreuz, war mit dem US-Flugzeugmuster F-84F ausgerüstet. In seiner Ansprache hob von Hassel hervor, dass die Anwesenheit deutscher Flugzeuge und Panzer in Schleswig Holstein verhindern werde, dass hier einmal sowjetische Truppen stünden. Wörtlich fügte er hinzu:

> „Wem der Fluglärm nicht gefällt, der muss bedenken, ob nicht der Lärm deutscher Flugzeuge über seinem Haus besser ist als der von sowjetischen Maschinen".

---

[123] Abgeleitet von „Refektorium", dem Speisesaal eines Klosters.

Von alliierter militärischer Seite nahmen der britische Vice Air Marshal, Herbert J. Kirkpatrick (1910-1977), der Chef des Stabes der 2. ATAF (Allied Tactical Air Force), und der Chef der Königlich-Dänischen Luftwaffe, Generalleutnant Kurt R. Ramberg (1908-1997) an der Feierstunde teil. Im Laufe der folgenden Jahre wechselten Einsatzrolle und Flugzeugtyp, damit auch der Name des Geschwaders. Von 1966 bis 1980 hieß es „Leichtes Kampfgeschwader 41" und war mit dem Kampfflugzeug „Fiat G-91" ausgerüstet. Zuletzt von 1980 bis 1993 führte der Verband die Bezeichnung „Jagdbombergeschwader 41". Sein Hauptwaffensystem war der aus deutsch-französischer Produktion stammende Flugzeugtyp „Alpha Jet". Mit der Zusammenführung von Bundeswehr und Nationaler Volksarmee im Zuge der Wiedervereinigung 1990 ergaben sich weitreichende Truppenreduzierungen. Eines der Geschwader, das Ende September 1993 aufgelöst wurde, war das Husumer Jagdbombergeschwader 41.

Mehrfach nahm von Hassel auch Termine bei der Bundeswehr wahr, wenn sich hohe Bonner Prominenz bei Truppenteilen in seinem Bundesland angesagt hatte, so zum Beispiel, als am 18. September 1960 Bundespräsident Heinrich Lübke das 1. Marinefliegergeschwader (MGF 1) auf dem Marinefliegerhorst Schleswig/ Jagel unter seinem Kommodore, Kapitän zur See Werner Klümper (1911-1989) besuchte. Es war Lübkes erster Truppenbesuch, bei dem er auch die Marineschule Mürwik unter Flottillenadmiral Hubert Freiherr von Wangenheim (1904-1973) und Flotteneinheiten in der westlichen Ostsee inspizierte.

Kapitän zur See
Werner Klümper

Am 5. November 1960 lief auf der Werft Nobiskrug in Rendsburg das Schulschiff „Deutschland", das mit 5.200 ts damals größte Schiff der Bundesmarine, in Anwesenheit von Bundespräsident Lübke und Ministerpräsident von Hassel vom Stapel.

Schulschiff Deutschland

Zuvor hatte Frau Wilhelmine Lübke, die Gattin des Staatsoberhauptes, die Ehre, das Schiff zu taufen. Erster Kommandant war Kapitän zur See Herwig Collmann (1915-2005; Flottillenadmiral). Ein knappes Jahr später, am 11. August 1961, beehrte auch Bundeskanzler Konrad Adenauer diesen Verband mit seiner Anwesenheit und ließ sich in Aufgaben und Einsätze der Marineflieger einweisen. Der dritte Besuch des Ministerpräsidenten beim MGF 1 folgte nur wenige Tage danach, am 27. August 1961, als sich das Geschwader bei seinem ersten Großflugtag den etwa 130.000 Besuchern vorstellte.

Ende September 1960 flog von Hassel zusammen mit Bundestagspräsident Dr. Eugen Gerstenmaier (1906-1986) für mehrere Wochen nach Afrika. Erstmals nach zwanzig Jahren betrat er auf dieser Reise wieder den Boden seines Geburtslandes, welches er 1940 verlassen und das inzwischen den Namen Tanganjika angenommen hatte. Von Hassel reiste auch nach Mahenge, wo er das Grab seines Vaters - ein Vierteljahrhundert nach dessen Tod - besuchte. Dort hatte sich die Natur ihre frühere Pflanzung zurückgeholt.

Auf dem Reit- und Turnierplatz in Neumünster fand am 16. Juni 1961 in Anwesenheit von Ministerpräsident von Hassel eine Großvereidigung von 450 Rekruten der 6. Panzergrenadierdivision unter Generalmajor Peter von der Groeben (1903-2002) statt, die mit dem Großen Zapfenstreich endete. Im selben Jahr 1961 - vier Jahre bevor Truppenfahnen an alle Verbände der Bundeswehr übergeben wurden - stiftete Ministerpräsident von Hassel eine Truppenfahne für seine „Hausdivision", die 6. Panzergrenadierdivision.

Bundeskanzler Adenauer und Ministerpräsident von Hassel am 11. August 1961 im schleswig-holsteinischen Jagel

Blicken die Medien nach über einem halben Jahrhundert auf die verheerende Sturmflut vom Februar 1962 zurück, stehen zumeist die Hansestadt Hamburg und ihr damaliger Innensenator Helmut Schmidt im Zentrum des Interesses. Dabei waren die nordfriesischen Inseln und Halligen, sowie das Binnenland entlang der Elbe und der Küste ebenso stark gefährdet: Allein in Nordfriesland wurden die Deiche auf 70 km Länge überflutet. Allerdings blieb es in Schleswig-Holstein nur bei Sachschäden, wohingegen die Hansestadt Hamburg 315 Menschleben zu beklagen hatte. Das Panzergrenadierbataillon 162, das damals in Husum stationiert war, wurde am Freitag, dem 16. Februar 1962, gegen 17.30 Uhr alarmiert und sofort an verschiedene Einsatzorte im Kampf gegen die Sturmflut verlegt. Viele Deiche brachen oder waren stark gefährdet. Das Bataillon kämpfte Seite an Seite mit der Bevölkerung, Feuerwehr, dem Technischen Hilfswerk und weiteren Kräften der Panzergrenadierbrigade 16 an den Husumer Deichen, um die Schäden in Grenzen zu halten und Leben zu retten. Von Hassel, der sich zufällig in Dithmarschen aufhielt, spielte eine beispielhafte Rolle. Von 22.00 bis 04.00 Uhr besuchte er die gefährdeten Deichabschnitte persönlich. In Flensburg unterhielt der Norddeutsche Rundfunk (NDR) damals sein einziges Studio im gesamten Land. Von dort aus bat der Ministerpräsident in einem Telefoninterview darum, die Helfer nicht zu behindern. Zwar wollten die Katastrophenschützer das abendliche Fernsehprogramm - es gab damals nur das Erste Programm - für die dringend notwendige Warnung unterbrechen, doch niemand wagte, die Nation, welche die beliebte Familienserie des Hessischen Rundfunks „Familie Hesselbach" anschaute, nur wegen regionaler Wettercapriolen an der Küste zu stören.[124] Die Serie - an diesem Abend lief die 27. Episode mit dem Titel „Telefonitis" - war mit einer Einschaltquote zwischen 70 und über 80 % ein Straßenfeger. Überdies konnten Sendungen damals noch nicht mit Untertiteln versehen werden. Seit 22 Uhr herrschte für die gesamte Westküste Schleswig-Holsteins Katastrophenalarm, doch erst um 22.35 Uhr lief endlich während der „Tagesschau" die Warnmeldung über das Fernsehen. Allerdings kam sie zu diesem Zeitpunkt zu spät, denn die meisten Menschen lagen bereits in ihren Betten. Der nächste Tag, ein Samstag, war damals noch ein normaler Arbeitstag.

---

[124] Das erste Mal unterbrach der NDR um 20.33 Uhr sein Mittelwellenprogramm und verlas in einer Pause des Symphoniekonzerts folgenden Text: „Für die gesamte deutsche Nordseeküste besteht die Gefahr einer sehr schweren Sturmflut."

Sturmflut 1962

Die Küstenregion an der Nordsee wurde zum Katastrophengebiet erklärt, für Zivilverkehr gesperrt und stand nur für Materialtransport und Helfer offen. Die Stromversorgung war zusammengebrochen, und die Menschen saßen bei Kerzenlicht in ihren Häusern und Wohnungen. 12 Ortschaften wurden evakuiert, davon ca. 5.000 Menschen in den Randgebieten von Husum. Am 18. Februar flog der Ministerpräsident - zusammen mit Bundespräsident Lübke - in zwei Alouette II-Hubschraubern der damaligen Heeresfliegerstaffel 6[125] vom Hungrigen Wolf („HuWo") in Itzehoe unter Oberstleutnant Langer die Nordseeküste ab. Einen Tag später, am Montag, dem 19. Februar, inspizierte der Landesvater erneut mit einem Hubschrauber der Einheit die Westküste Schleswig-Holsteins - von Flensburg aus ging der Flug nach Westerland, Amrum, Pellworm, Büsum, Itzehoe und Kiel. Die Halligen hatte es besonders hart getroffen, viele waren restlos zerstört. Doch mit ihrer Schutzwirkung im Küstenvorland retteten sie zahllosen Menschen auf dem Festland das Leben. Die Flut hatte von den etwa 560 Kilometern See- und Flussdeichen im Westen des Landes 70 Kilometer so stark zerstört, dass sie neu gebaut werden mussten. Weitere 80 Kilometer waren erheblich und zusätzliche 120 Deich-Kilometer leicht beschädigt. Insgesamt wurden 128 Deichbrüche gezählt. In seiner Rede vor dem Schleswig-Holsteinischen Landtag am 12. März drückte er seine Dankbarkeit für die Hilfe auch gegenüber der Bundeswehr aus. Als Anerkennung für ihren Einsatz zeichnete Ministerpräsident Kai-Uwe von Hassel 400 Soldaten des Grenadierbataillons

---

[125] 1962 zum Heeresfliegerbataillon umgegliedert, wurde 1980 daraus ein Regiment. 2004 wurde der Verband aufgelöst.

162 unter Oberstleutnant Gerhard Dammann mit der Gedenkmedaille des Landes aus.

Nachdem von Hassel den für die Gesamtverteidigung von Schleswig-Holstein verantwortlichen NATO-Oberbefehlshaber bei AFNORTH[126] in Kolsas bei Oslo einen Informationsbesuch abgestattet hatte, reiste er am 3. August 1962 ins norddänische Karup, wo er den regionalen NATO-Oberbefehlshaber, den Commander Baltic Approaches (BALTAP; Ostsee-Zugänge), den dänischen Luftwaffen-Generalleutnant T. Andersen, in Karup, besuchte. Das Kommando war erst wenige Monate zuvor gegründet worden. Auch später als Verteidigungsminister lag von Hassel die Lösung der Verteidigungsprobleme an der mitteleuropäischen Nordflanke am Herzen. Wiederholt traf er sich mit den für die Planung verantwortlichen Offizieren, so u.a. am 27. Juni 1963 in Kiel mit dem Oberbefehlshaber AFNORTH, General Sir Harold Pyman (1908-1971) und 1965 mit Generalleutnant Cord von Hobe[127] (1909-1991), dem Stellvertreter des Oberbefehlshaber der Ostseezugänge (BALTAP).

Von Hassel und Dr. Gerhard Stoltenberg (1928-2001) waren bisher die einzigen Ministerpräsidenten, die das Marine-Ehrenmal in Laboe besuchten. Am 9. Januar 1963 gab von Hassel das Amt des Ministerpräsidenten in Kiel an seinen Nachfolger Helmut Lemke (1907-1990).

3.5 Verteidigungsminister

Im Herbst 1962 war Franz Josef Strauß wegen seiner Verwicklung in die sog. „SPIEGEL-Affäre"[128] als Verteidigungsminister nicht mehr zu halten.

---

[126] Die NATO-Oberbefehlshaber AFNORTH während von Hassels Amtszeit in Kiel waren die britischen Generalleutnante Sir Cecil Sugden (1956-1958), Sir Horatius Murray (1958-1961 und Sir Harold Pyman (1961-1963). Das Hauptquartier (HQ) AFNORTH in Norwegen wurde am 30. Juni 1994 geschlossen und durch das HQ AFNORTHWEST im englischen High Wycombe ersetzt.

[127] Von Hobe war danach von 1965 bis 1968 Kommandierender General des in Rendsburg stationierten deutsch-dänischen Korps LANDJUT.

[128] Mitarbeitern des Hamburger Nachrichtenmagazin „SPIEGEL" war wegen einer kritischen Berichterstattung über das Manöver FALLEX 62 im Heft 41/1962 („Bedingt abwehrbereit") Landesverrat vorgeworfen worden. Der Ermittlungsrichter beim Bundesgerichtshof leitete wegen des Verdachts, Bundeswehrangehörige hätten Staatsgeheimnisse an

Nachdem bekannt geworden war, dass er auch noch das Parlament über seine Rolle bei der Verhaftung des SPIEGEL-Chefredakteurs falsch informiert und sich eigenmächtig in die Ermittlungen eingeschaltet hatte, traten am 19. November alle fünf FDP-Minister aus Protest zurück. Adenauers viertes Kabinett war zerbrochen, und der greise Kanzler musste seinen Verteidigungsminister entlassen. Verärgert über den Schritt der FDP, dachte Adenauer an eine Große Koalition. Doch diese war nach dem Abbruch der Gespräche mit der SPD am 6. Dezember endgültig gescheitert. Und so suchte der Kanzler nach einem geeigneten Nachfolger. Er wollte, so kolportierte „DER SPIEGEL", statt des „hemdsärmeligen Bayern Franz Josef Strauß" einen „ruhigen, guterzogenen, feinen Mann" auf diesem Posten haben. Zwei Kandidaten, Wohnungsbauminister Paul Lücke (1914-1976) und der Geschäftsführende CDU-Vorsitzende Hermann Dufhues (1908-1971) hatten das schwierige Amt bereits abgelehnt. Und so fiel die Wahl auf von Hassel. Dieser hielt sich gerade zu einem Besuch in einigen afrikanischen Staaten auf, als ihn am 2. Dezember ein Telegramm des Kanzlers erreichte: Adenauer rief seinen Stellvertretenden Parteivorsitzenden umgehend von der westafrikanischen Küste an den Rhein zurück. Der Bundeskanzler wies auf die schwierige Situation der Bundeswehr hin, auf ihre Einordnung in die NATO und die Verteidigungspolitik und bat von Hassel dringend, das Amt zu übernehmen. Dieser lehnte jedoch ab. Eine seine Begründungen war, dass er zuvor mehrfach geäußert hatte, dass ein Wechsel im Verteidigungsministerium notwendig wäre. Wenn er dieses Amt nun übernähme, sähe es so aus, als hätte er auf diesen Posten hingearbeitet. Von Hassel wollte den Eindruck vermeiden, es hätte ihn nach Bonn gezogen. Der erste Mann in der Staatskanzlei an der Kieler Förde besaß mehr Prestige und Einfluss als ein Kabinettsmitglied am Rhein. Überdies galt das Verteidigungsministerium schon damals als das wohl schwierigste Ressort, zumal keiner anderen obersten Bundesbehörde eine derartig große Anzahl von Menschen

---

den „SPIEGEL" verraten, ein Ermittlungsverfahren ein. Mehrere Redakteure wurden verhaftet, darunter Herausgeber Rudolf Augstein (1923-2002) und Chefredakteur Conrad Ahlers (1922-1980). Letzterer weilte zu jener Zeit in Spanien auf Urlaub und wurde auf Veranlassung von Verteidigungsminister Strauß und nach Einschaltung des deutschen Militärattachés in Madrid, Oberst i.G. Achim Oster (1914-1983), von der spanischen Polizei in Gewahrsam genommen.

unterstand. Dann drängte Bundespräsident Lübke, der jüngere Bruder von Hassels Mentor Friedrich Wilhelm Lübke, diesen in einem zweistündigen Vier-Augen-Gespräch, das Verteidigungsministerium zu übernehmen - ohne Erfolg. Wirtschaftsminister Prof. Ludwig Erhard (1897-1977) schaltete sich ein und nahm den Kandidaten eineinhalb Stunden in die Pflicht. Doch auch er konnte von Hassel nicht umstimmen. Schließlich bat der Kanzler am 10.Dezember noch einmal zu einem Gespräch und hatte letztlich Erfolg, denn auch die Wiederherstellung der Kleinen Koalition mit FDP und CSU war nur nach einer Neubesetzung des Verteidigungsministeriums möglich. Er appellierte an Hassels Pflichtbewusstsein, und dieser beugte sich schließlich. „Die Bundesebene ist wichtiger als das Land Schleswig-Holstein. Das Ganze ist wichtiger als seine Teile", soll er seine Entscheidung begründet haben. Die Zusage von Hassels befreite den Kanzler aus der wenig beneidenswerten Lage hinsichtlich der Kabinettsneubildung. Und so wurde der Ministerpräsident von Schleswig-Holstein der dritte Chef in der Bonner Ermekeil-Kaserne - auch regional ein Kontrast. Er löste Vorgänger Strauß am 11. Dezember 1962 ab, der die Geschäfte jedoch kommissarisch bis Anfang 1963 weiterführte.

Franz Joseph Strauß   Kai-Uwe von Hassel
Amtswechsel im Januar 1963

Elfriede von Hassel, seine Gattin, war über den Entschluss nicht begeistert, denn er brachte noch mehr Unruhe und Trennung in ihr Familienleben als die Jahre zuvor als Landeschef in Kiel. Oft musste sie ihren Mann aus protokollarischen Gründen begleiten und in der Öffentlichkeit auftreten, was die bescheidene, zurückhaltende Frau zwar auf sich nahm, was ihr aber zunehmend schwerfiel. Hinzukam, dass sie häufig ihr vertrautes, selbst gestaltetes und auf ihre Bedürfnisse zugeschnittenes Umfeld in Glücksburg verlassen und in dem abgeschirmten, unpersönlichen Dienstbungalow auf dem Bonner Hardtberg innerhalb des Verteidigungsministeriums wohnen musste - „umzingelt von der bedrückenden Kasernenlandschaft grauer Hochbauten der Kommiß-Bürokratie", schrieb „DER SPIEGEL" am 23. Januar 1967. Das Wohnzimmer umfasste 30 Quadratmeter und das Esszimmer 25. Neben Küche und mehreren Bädern standen ein kleines Arbeitszimmer, zwei Schlafzimmer, ein Kinderzimmer und zwei Fremdenzimmer zur Verfügung.

Mit nur 49 Jahren übernahm von Hassel am 9. Januar 1963 offiziell im fünften Kabinett Adenauers die neuen Amtsgeschäfte als Inhaber der Befehls- und Kommandogewalt.

4. Kabinett Adenauer 14.11.1961-13.12.1962		5. Kabinett Adenauer 14.12.1962 – 11.10.1963	
Kanzler (CDU) – 11 CDU-Minister		Kanzler (CDU) – 11 CDU-Minister	
CSU-Minister		**CSU-Minister**	
Inneres:	Höcherl	Inneres:	Höcherl
Verteidigung:	Strauß	Verteidigung:	an CDU: von Hassel
Post- und Fernmeldewesen:	Stücklen	Post- und Fernmeldewesen:	Stücklen
Atomkernenergie:	Balke	Atomkernenergie:	Balke
		neu: Angelegenheiten des Bundesrats	Niederalt
FDP-Minister		**FDP-Minister**	
Justiz:	Stammberger	Justiz:	Bucher
Finanzen:	Starke	Finanzen:	Dahlgrün
Vertriebene:	Mischnick	Vertriebene:	Mischnick
Schatzministerium:	Lenz	Schatzministerium:	an CSU: Dollinger
Wirtsch. Zusammenarbeit:	Scheel	Wirtsch. Zusammenarbeit:	Scheel
		neu: Wirtsch. Forschung:	Lenz

Am selben Tag eröffnete Kanzler Adenauer um 10.08 Uhr die 59. Kabinettssitzung und begrüßte das neue Kabinettsmitglied.

„Der adelige Herr mit dem schwarzen Ulster (Anmerk.: zweireihiger Mantel), dem makellosen Homburg (Anmerk.: hoher Herrenhut aus schwarzem Filz) und dem stets blütenweißen Cachenez (Anmerk.: weißer Seidenschal) wurde von Offizieren und Truppe mit hohen Erwartungen empfangen",

schrieb der „DER SPIEGEL" am 16. Januar 1963. Von Hassel war, als er ins Kabinett wechselte, ein Schwergewicht in der politischen Arena der jungen Bundesrepublik, konnte er doch auf neun erfolgreiche Jahre als Ministerpräsident zurückblicken. Diese Bilanz hat später nur der CDU-Politiker Dr. Gerhard Stoltenberg mit ebenfalls 9 Jahren als Landeschef von Schleswig-Holstein und mehreren Jahren als Bundesminister erreicht.

Politischer Erfahrungshintergrund der Verteidigungsminister

Von den 16 Verteidigungsministern zwischen 1955 und 2012 waren in ihren Vorverwendungen:

▸ Ministerpräsident & Bundesminister	1: Stoltenberg
▸ Ministerpräsident:	2: von Hassel, Scharping
▸ Bundesminister:	6: Strauß, Schröder, Leber, Apel, zu Guttenberg, de Maizière
▸ Bundespolitiker:	5: Blank, Schmidt, Wörner, Rühe, Struck
▸ Landespolitiker:	2: Scholz, Jung

Das Erbe, das er in der Bonner Ermekeil-Kaserne antrat, war schwer. Auf den neuen Minister warteten keine leichten Aufgaben: Nach innen musste er die in Misskredit geratene moralische Autorität der Bundeswehrführung wieder herstellen. Strauß hatte die Streitkräfte zumeist gegen alle politischen Angriffe abgeschirmt, sie aber zugleich als seine politische Hausmacht benutzt. Damit war die Armee indirekt in den Augen von Medien und Öffentlichkeit auch in einige Affären des Bayern verwickelt worden. So strebte Strauß z.B. eine gesetzlich bestimmte Sonderstellung des Verteidigungsministers an, die ihm in Notstandszeiten ein Veto-Recht über die Richtlinien der Bundespolitik eingeräumt hätte. Das Vorhaben wurde nicht umgesetzt.

Es war ein weitgehend neues Metier, in das sich von Hassel einarbeiten musste, und er tat es mit Sorgfalt, Umsicht und Klugheit, sowie beträchtlichem Arbeitsaufwand. Im Wissen um die Phase des Lernprozesses vermied er nach seinem Einzug in die Bonner Ermekeil-Kaserne überdies sechs Wochen lang öffentliche Äußerungen zu militärpolitischen und militärischen Themen. Dieses selbstverordnete „Schweigegelübde" bewahrte ihn vor vorschnellen Aussagen, die er mit fortschreitender Einarbeitung möglicherweise hätte korrigieren müssen. Spätere Amtsnachfolger haben sich bisweilen nicht an diesen Grundsatz gehalten und mussten Lehrgeld dafür zahlen.

Bei den Außenbeziehungen, d.h. vorrangig jenen im NATO-Bündnis, lag der Schwerpunkt von Hassels Arbeit darauf, die deutschen Sicherheitsinteressen zu wahren und zugleich die notwendige, jedoch verloren gegangene Übereinstimmung mit den USA, der Führungsmacht im Bündnis, wieder herzustellen.

König Konstantin II. von Griechenland und Minister von Hassel. Im Hintergrund: Generalinspekteur Foertsch

Bundeskanzler Prof. Erhard, Minister von Hassel und General de Maizière

Minister von Hassel mit Soldaten

Vorgänger Strauß war ein bedingungsloser Verfechter der atomaren Abschreckung gewesen, hatte sich gegen eine Erhöhung der deutschen Verteidigungsleistungen auf konventionellem Gebiet gesträubt und dafür eine verstärkte atomare Ausstattung, möglichst im Rahmen einer unabhängigen europäischen Atommacht gewünscht, in der die Bundesrepublik ein Mitspracherecht hätte. Auf jede Form eines militärischen Angriffs der Sowjetunion gegen Westeuropa sollte mit einem vernichtenden atomaren Gegenschlag geantwortet werden. Dieses Konzept wurde „Massive Vergeltung" (massive retaliation)[129] genannt und war zwischen Mitte der fünfziger Jahre bis 1967/68, d.h. auch während der Amtszeit des Ministers von Hassel, gültig.

---

[129] NATO-Dokument MC 14/2 vom 23. Mai 1957. Im Jahre 1967/68 wurde sie von der MC 14/3 (Flexible Response), der „Abgestuften Antwort", abgelöst, die bis 1991 gültig war.

Die konventionellen Waffen bildeten den Schutzschild vor den sowjetischen Panzerarmeen, die Nuklearwaffen hingegen das Schwert, die dann den Vergeltungsschlag führen sollten. Doch die atomare Überlegenheit der USA begann zu bröckeln, und schließlich zog die Sowjetunion bei der nuklearen Rüstung gleich. Die militärische Führung der Bundeswehr fürchtete die Risiken dieser Verteidigungskonzeption und wies auf die Glaubwürdigkeitslücke hin: Wegen der unzureichenden Stärke der konventionellen NATO-Streitkräfte für eine erfolgversprechende grenznahe Verteidigung wäre im Falle eines Angriffes der Sowjetunion und ihrer Verbündeten ein schneller Übergang zum nuklearen Schlagabtausch vorprogrammiert. Doch die bange Frage war, ob die USA bereit wären, wegen eines ggf. nur lokalen konventionellen Konflikts entlang der innerdeutschen Grenze einen nuklearen Weltkrieg zu führen, der das Risiko ihrer eigenen Vernichtung in sich barg. Die Wahl zwischen atomarem Schlachtfeld oder dem Überrollt-Werden war wie jene zwischen Pest und Cholera. Bereits während der Amtszeit des amerikanischen Präsidenten John F. Kennedy (1917-1963) zeichnete sich ab, dass die amerikanische Führungsmacht im NATO-Bündnis ihre bisherige Strategie der Massiven Vergeltung ändern wollte. So forderte der US-Präsident vor dem NATO-Militärausschuss am 10. Mai 1961 eine Verstärkung der konventionellen Kampfkraft. US-Verteidigungsminister Robert McNamara (1916-2009) hatte im Dezember 1962 - gerade als sich in Bonn der Wechsel an der Spitze der Bundeswehr von Strauß zu Hassel abzeichnete - in Paris die Umkehr der „Schwert-Schild-Theorie" verkündet: Wegen der gegenseitigen Neutralisierung des Atompotentials beider Seiten („Pattsituation") sollte fortan die nukleare Komponente von der Rolle des Schwertes zu der des Schutzschildes wechseln, und den konventionellen Kräften, die bisher als „Schild" fungierten, wurde die Aufgabe des Schwertes übertragen. Dazu wäre es erforderlich, dass die europäischen Staaten, allen voran die Bundesrepublik Deutschland, ihre konventionellen Rüstungsanstrengungen erhöhten. Die USA hingegen würden sich primär auf die atomare Abschreckung konzentrieren. Zugleich aber bot Washington den Europäern die Entwicklung einer gemeinsamen NATO-Atom-Macht an, in der diese Mitspracherecht genießen sollten. Sehr glücklich war man am Rhein über diese Entwicklung nicht. Bei der offiziellen Verabschiedung des scheidenden Ministers Strauß auf dem Flughafen Köln-Wahn am 19. Dezember wurden in den Ansprachen dann auch Töne des Misstrauens gegenüber den USA laut. Man drängte auf eine Beibehaltung der Strauß´ schen Linie und warnte vor einer Spaltung der NATO.

US-Außenminister Dean Rusk
US-Verteidigungsminister Robert McNamara
Stv. Verteidigungsminister Roswell L. Gilpatric
Paul Nitze
US-Generalstabschef Maxwell D. Taylor
US-General Thomas S. Power

Und so diente von Hassels erste USA-Reise im März 1963 vor allem dem Zweck, Missverständnisse und Dissonanzen diesseits und jenseits des Atlantiks zu klären und abzubauen. Der neue Minister flog nach Washington, „um zu hören und zu lernen". Keine zwanzig Jahre zuvor hatte er in Italien noch gegen amerikanische Truppen gekämpft. Die Thematik der Gespräche war kompliziert. Es ging um die Schaffung einer multilateralen Atomstreitmacht mit „mobilen" und „landgebundenen" Mittelstreckenraketen. Aus Kostengründen und wegen ihrer psychologischen Wirkung genoss der Vorschlag einer mit „Polaris-Raketen bestückten Frachterflotte von 25 Schiffen sowohl die amerikanische als auch von Hassels Sympathie. Jedes Schiff sollte 25 Raketen tragen. Mit rund 8 Milliarden Dollar wäre diese Lösung weit kostengünstiger als die ursprünglich vorgesehenen atomgetriebenen U-Boote.

Der Minister führte zahlreiche Gespräche, mit der politischen Spitzengarde, so u.a. mit Außenminister Dean Rusk (1909-1994), Verteidigungsminister Robert McNamara, dessen Stellvertreter Roswell Leavitt Gilpatric (1906-1996), dem US-Generalstabschef („Chairman Joint Chiefs of Staff"), General Maxwell D. Taylor (1901-1987) und US-Abrüstungsexperte Paul Nitze (1907-2004). Selbst Präsident John F. Kennedy empfing von Hassel zu einem einstündigen Meinungsaustausch. Anschließend führte ihn seine Reise an die Militärakademie Westpoint, wo er mit dem Marsch „Alte Kameraden" empfangen wurde, und danach zum Luftwaffenstützpunkt Offutt in der Nähe von Omaha (Nebraska), wo von Hassel das „Strategic Air Command" (SAC; heute: „US-Strategic Command"), die Zentrale der strategischen Bomberflotte der USA, unter General Thomas S. Power (1905-1970) besichtigte.

US-General Lyman L. Lemnitzer
NATO-Oberbefehlshaber Europa
1963-1969

Am Ende der Reise besuchte von Hassel noch seinen jüngeren Bruder Michael, der mit seiner Frau Dorothy in New York lebte und dort als Kaufmann arbeitete; vermutlich aus sprachlichen Gründen hatte das Ehepaar auf das „von" im Namen verzichtet.

Nahezu zeitgleich mit von Hassel fand routinemäßig auch ein Wechsel im Amt des NATO-Oberbefehlshabers Europa (Supreme Allied Commander Europe - SACEUR) statt. Auf den US-Luftwaffengeneral Lauris Norstad folgte Heeres-General Lyman L. Lemnitzer (1899-1988), der bereits am 6. Februar 1963 dem neuen Verteidigungsminister in Bonn seinen Antrittsbesuch abstattete. Er blieb bis Juli 1969, d.h. während der gesamten Amtszeit von Hassels, an der militärischen Spitze der NATO in Europa.

Die Osterfeiertage Mitte April 1963 verbrachte von Hassel mit seiner Gattin im Grand Hotel Bristol in Meran. Doch dort holte ihn die aktuelle Diskussion um die Polaris-Flotte ein, und er musste seinen Kurzurlaub abbrechen. Der Inspekteur der Marine, Vizeadmiral Karl-Adolf Zenker (1907-1998), wandte sich gegen den Vorschlag einer Frachterflotte. Die Vorstellung, diese Schiffe könnten unerkannt auf den Weltmeeren operieren, hielt er für unrealistisch. Raketentragende Frachter benötigten einen kostspieligen und aufwändigen Begleitschutz. Wirklich unverwundbar wären nur U-Boote. Alles in allem: Die Marineexperten wiesen nach, daß mit dem gleichen Kostenaufwand (US-Schätzung: 20 Milliarden Mark in zehn Jahren) eine militärisch wirksamere Streitmacht aufgestellt werden könne, wenn man sich für Atom-U-Boote entschiede. Kanzler Adenauer stimmte der Admiralität zu und entschied, in den NATO-Gremien die deutschen Vorbehalte gegen das amerikanische Projekt geltend zu machen. Schließlich wurde das Vorhaben dennoch zu den Akten gelegt, denn die amerikanische Führungsmacht forcierte ihre Planungen für eine interalliierte NATO-Atommacht. Dem NATO-Oberbefehlshaber in Europa sollten Atomwaffen unterstellt werden. Zusätzlich zu den US-Jagdbomber-Geschwadern wollten die USA drei im Mittelmeer kreuzende „Polaris" U-Boote stellen, Großbritannien sollte seine drei strahlgetriebenen strategischen Bomber („V-Flotte": Valiant, Victor und Vulcan) einbringen und die Bundesrepublik sich mit ihren „Starfighter"-Geschwadern daran beteiligen. Doch auch diese Variante änderte nichts an der Tatsache, dass die letzte Entscheidung für einen Einsatz nuklearer Waffen unverändert beim amerikanischen Präsidenten lag. Die Vorstellung, durch eine deutsche Teilhabe die Monopolstellung der USA aufzuweichen, war eine Utopie.

Auch in der Folgezeit musste sich von Hassel permanent um einen Ausgleich zwischen deutschen und amerikanischen Vorstellungen kümmern und traf sich dazu wiederholt mit US-Verteidigungsminister McNamara in

Deutschland und in den USA, so z.B. am 1. August 1963, zusammen mit Generalinspekteur Friedrich Foertsch (1900-1976), auf dem Truppenübungsplatz in Munster. Wenige Wochen nach seiner Rückkehr aus den USA feierte von Hassel seinen 50. Geburtstag. Zu Ehren des Jubilars spielte ein Marine-Musikkorps vor seinem Elternhaus in Glücksburg den Marsch „Gruß an Kiel"; er war - 99 Jahre zuvor - von dem sächsischen Musiker Friedrich Spohr (1830-1896) komponiert worden, in jenem Jahr, als Großvater Friedrich Julius Hassel als junger Offizier im Deutsch-Dänischen Krieg gekämpft hatte.

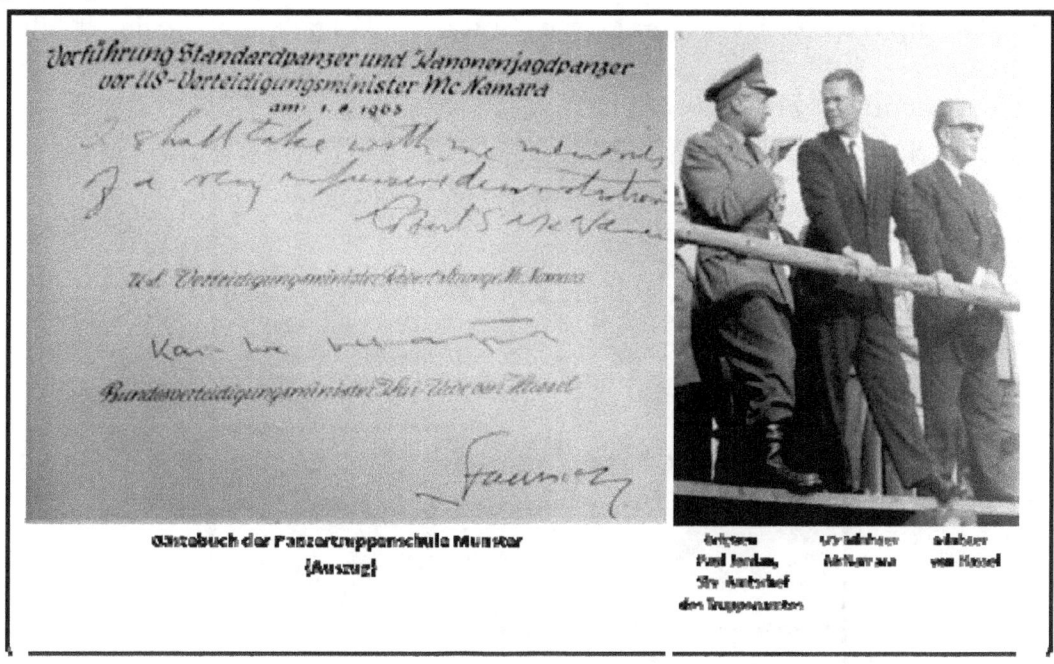

Der zweite Schwerpunkt zielt auf das Innenleben der Armee. Zwar war 1964 die Quote der Wehrdienstverweigerer mit 2.777 (davon nur 205 bereits eingezogene Soldaten) am niedrigsten,[130] doch nach der überstürzten Aufstellung der Armee musste dringend die Konsolidierung, die innere Festigung, der noch jungen Streitkräfte einsetzen. Dies gelang von Hassel weitgehend. Dennoch gab es Fehlschläge. Am 24. Juli 1963 war der 19-jährige Rekrut Gerd Trimborn (1944-1963) aus der in der Nagolder Eisberg-Kaserne stationierten Ausbildungskompanie 6/9 bei einem Gepäckmarsch in glühender

---

[130] BMVg Weißbuch 1970, S. 82

Hitze schikaniert und - obwohl sichtbar erschöpft - zum Weitermarsch angetrieben worden. Er war dann zusammengebrochen und eine Woche später gestorben. Der Kompaniechef **Oberleutnant Jürgen Schallwig**, der Kompanieoffizier Leutnant **Claus-Dieter Rölle**, sechs Unteroffiziere und fünf Gefreite mussten sich am 6. Dezember 1963 vor dem Schöffengericht in Calw u.a. wegen Misshandlung, entwürdigender Behandlung und Missbrauchs der Befehlsbefugnis verantworten.

Der Minister hatte die Nagolder Truppenteile nach dem Vorfall im Herbst 1963 inspiziert und wurde von Oberst Hans-Gotthard Pestke (1914-2001)[131], dem Kommandeur der vorgesetzten Luftlande-Brigade 25, begleitet. Die Ausbildungskompanie 6/9 unterstand dem Fallschirmjägerbataillon 252 unter Oberstleutnant Herbert Stobbe.

Oberst Pestke   Minister von Hassel
mit Oberstleutnant Stobbe
Truppenbesuch bei den Fallschirmjägern in Nagold

Am 22. Januar 1964 erhielt Schallwig eine Strafe von 6 und Rölle von 3 Monaten **Gefängnis ohne Bewährung**. Der Gefreite und Gruppenführer Hans-Dieter Raub wurde aus der Bundeswehr entlassen. Der Kommandierende General des II. Korps, Generalleutnant Leo Hepp (1907-1987), löste die Kompanie im Spätherbst 1963 auf. **Minister von Hassel ließ am 31. Januar**

---

[131] Pestke, Träger des Eichenlaubs zum Ritterkreuz und späterer Uhrmachermeister, war 1956 als G3-Stabsoffizier im Wehrbereichskommando I in Kiel tätig gewesen.

1964 alle Offiziere und Unteroffiziere der Bundeswehr über die Vorgänge unterrichten und nahm im Bulletin Nr. 24 am 6. Februar öffentlich dazu Stellung. Auch im Bundestag verurteilte er die Übergriffe scharf und erklärte:

> „Die Vorfälle lassen erkennen, dass das Rechtsbewusstsein gestärkt werden muss. Vorgesetzte haben die Pflicht, das Recht zu achten. Untergebene haben nicht nur das Recht, sondern auch die Pflicht, sich gegen das Unrecht zu wehren."

Am 30. Januar 1964 nahm von Hassel in der Stadthalle von Bad Godesberg vor Vertretern des Unteroffizierkorps und am 5. Juni am gleichen Ort vor jungen Offizieren zu den Schikane-Vorfällen in Nagold Stellung. Nur ein Jahr nach diesem Vorfall starb erneut ein Soldat während der Ausbildung. Allerdings waren diesmal keine Schikane und entwürdigende Behandlung im Spiel. Am 16. Juli 1964 waren drei Rekrutenzüge - die Soldaten waren erst zwei Wochen zuvor eingezogen worden - der Ausbildungskompanie 1/9 der 1. Luftlandedivision in Esslingen am frühen Morgen bei einer Temperatur von 20 Grad zu ihrem ersten Geländedienst ausgerückt. Als der Rekrut Anton Deigl (1944-1964) und einige andere Soldaten wegen der steigenden Hitze nicht mehr mithalten konnten, durften sie Pause machen. Deigl war ehrgeizig und meldete sich bald wieder einsatzbereit. Als die Rekruten um 15.00 Uhr in die Kaserne zurückmarschierten - mittlerweile waren es 33 Grad Celsius -, mussten sie den ins Tal stark abfallenden Weg, etwa 800 bis 1.000 Meter, im Laufschritt zurücklegen. Der Befehl, im Schritt zu gehen, wurde an der Spitze, bei der auch Deigl lief, jedoch nicht gehört. Als der Weg zur Kaserne wieder anstieg, brachen mehrere Soldaten, unter ihnen Deigl, wegen Erschöpfung zusammen. Für ihn kam jede Hilfe zu spät. Sein Tod war tragisch; ob er vermeidbar war, konnte auch vor Gericht nicht geklärt werden. Der Befehl zum Laufschritt hätte nicht gegeben werden dürfen, doch sein Zugführer, Leutnant Alexander Bergenthal (1941-1992; Brigadegeneral), ein überaus fürsorglicher Offizier, war erst seit kurzem in der Kompanie und kannte diese Weisung nicht. Seit 1957 war die Truppe mit zahlreichen Befehlen über Verhaltensmaßregeln bei der Ausbildung überschüttet worden. Eine konkrete Regelung bei Hitze aber fehlte. Es gab lediglich den Hinweis, bei Hitze anstrengende Übungen am frühen Morgen oder am Abend einzuplanen. Zudem dienten die Befehle eher der Absicherung der Vorgesetzten, denn dem Schutz der anvertrauten Soldaten. Manche Offiziere vertrauten darauf, eine Belehrung über die Befehle ersetze ihre Dienstaufsicht. Überdies stellten sich Fehler bei der Tauglichkeitsuntersuchung heraus: Bei zwei Soldaten, die den Marsch überstanden hatten, waren später angeborene Herzfehler erkannt worden. Dem Minister waren diese Unglücke nicht anzulasten. Ob er der unkontrolliert wuchernden Bürokratie möglicherweise hätte Einhalt gebieten können, erscheint fraglich.

Mit einem Bündel von Verbesserungen erhöhte von Hassel die Attraktivität der Bundeswehr und stärkte ihre inneres Gefüge. Viele von ihnen sind heute noch gültig. So erstritt er u.a. beim Finanzminister die alte deutsche Militärfahrkarte[132] und verbesserte damit das Budget der oft heimatfern einberufenen Soldaten. Es folgten einige „optische" Maßnahmen, die das Bild der Bundeswehr in der Öffentlichkeit, aber auch das Selbstwertgefühl der Soldaten beträchtlich steigerten: So wurde z.B. 1964 die nicht sonderlich kleidsame Uniform aufgebessert. Heer und Luftwaffe bekamen neue Ausgehuniformen. Doch zugleich wies von Hassel mit Recht darauf hin, dass das Ansehen der Armee in der Bevölkerung nicht von der Optik und Äußerlichkeiten abhinge.

> „Die Truppe muss begreifen, daß ihr ein solches Ansehen nicht geschenkt wird. Es beruht auf Leistung, Haltung, Auftreten, Takt und gutem Ton."[133]

Nachdem Bundespräsident Heinrich Lübke am 18. September 1964 mit Unterzeichnung eines Erlasses Truppenfahnen für die Bundeswehr gestiftet hatte, übergab er in Anwesenheit von Minister von Hassel die erste Truppenfahne, stellvertretend für die gesamte Bundeswehr, am 7. Januar 1965 an das Wachbataillon des Bundesministeriums der Verteidigung in Bonn. Am 23. April 1965 überreichte Minister von Hassel im Beisein von Marine-Inspekteur Zenker der Bundesmarine als erster Teilstreitkraft die neuen Truppenfahnen auf dem Gelände der Marineunteroffizierschule in Plön.

---

[132] Seit 01.10.1964 erhielten Wehrpflichtige und Soldaten auf Zeit bis zum Dienstgrad eines Feldwebels Militärfahrkarten. Sie konnten zu beliebigen, höchstens 200 Kilometer entfernten Fahrzielen beliebig oft gelöst werden.

[133] Rede auf dem verteidigungspolitischen Kongress der CDU am 09.10.1964 in Kassel in: Hassel, Kai-Uwe von Verantwortung für die Freiheit, S. 128 ff.

Verteidigungsminister von Hassel bei der Übergabe der Truppenfahnen an die Bundesmarine am 23. April 1965 in der Marineunteroffizierschule in Plön.
Im Vordergrund: Vizeadmiral Zenker, der Inspekteur der Marine

Einen Tag später, am 24. April 1965, erfolgte die Zeremonie für das Heer. Im Beisein von Generalinspekteur Heinz Trettner (1907-2007) und den Inspekteuren des Heeres und der Luftwaffe, Ulrich de Maizière (1912-2006) und Werner Panitzki (1911-2000), übergab Minister von Hassel im Preußenstadion in Münster[134] die neuen Truppenfahnen - „als äußeres Zeichen gemeinsamer Pflichterfüllung im Dienst für Volk und Staat" - an 319 Kommandeure des Heeres. Am Tag zuvor war das Zeremoniell unter Leitung von Oberst Dietrich Langèl (* 1913)[135] dreimal vorgeübt worden, denn das Zusammenspiel der angetretenen etwa 2.000 Soldaten musste reibungslos klappen. Jedes Bataillon des Heeres war mit dem Kommandeur, zwei Leutnanten oder Oberleutnanten als Fahnenbegleiter und einem Feldwebeldienstgrad als Fahnenträger vertreten.

---

[134] Der Inspekteur der Luftwaffe, Generalleutnant Panitzki, gab die Truppenfahnen danach in einer eigenen Zeremonie in München an die Verbände seiner Teilstreitkraft weiter.

[135] Oberst Langel, der vormalige Kommandeur der Panzerbrigade 6 im hessischen Neustadt, war Leiter des Organisationsstabes der Fahnenübergabe in Münster.

Als Minister und Generalinspekteur Trettner im ersten und der Inspekteur des Heeres, Generalleutnant de Maizière, im zweiten Jeep stehend die im Großen Dienstanzug mit Stahlhelm angetretenen Truppen im Schritt-Tempo abfuhren, musste so mancher rechte Ellbogen eines im Dauer-Gruß verkrampften Kommandeurs von hinten unauffällig gestützt werden. Zwei Heeresmusikkorps, sowie ein Fahnen-und ein Ehrenbataillon, waren zusätzlich aufmarschiert. Nach der Übergabe der Truppenfahnen[136] marschierten

---

[136] Bei Gründung der Bundeswehr hatte man auf die Einführung von Truppenfahnen verzichtet. Das erwies sich bald als unhaltbar, da die Bundeswehr auf Probleme im internationalen militärischen Zeremoniell stieß. Im Gegensatz zu den Fahnen der Kaiserzeit und der Wehrmacht sind jene der Bundeswehr einheitlich gestaltet. Sie bestehen aus einem quadratischen 1 x 1 m großem Tuch in den Farben Schwarz-Rot-Gold und dem Bundesadler. Der Rand ist mit goldfarbenen Borten eingefasst, und das Tuch ist an einem schwarz lackierten Fahnenstock aus Holz befestigt. An der Spitze des Stocks ist ein Eisernes Kreuz, eingefasst

die Abordnungen an Minister von Hassel vorbei. In eigenen Veranstaltungen wurden danach in jedem Standort die Truppenfahnen feierlich der Öffentlichkeit vorgestellt.

Das Heer erhielt u.a. das Gewehr G 3 und die Maschinenpistole (MP) Uzi, sowie den Kanonenjagdpanzer und die Panzerhaubitze M-109 als Großgerät. Am 9. September 1965 übernahm der Minister im Beisein von Heeresinspekteur Ulrich de Maizière bei der Krauss-Maffei AG in München den ersten serienmäßig hergestellten Kampfpanzer und übergab ihn an das Panzerlehrbataillon 93.

Übergabe des 1. Kampfpanzers „Leopard"
Vorn links: Minister von Hassel und Generalleutnant de Maiziere, der Inspekteur des Heeres

Die Entscheidung für die Entwicklung und den Bau des Panzers war vor Hassels Amtszeit gefallen. Bei einem Besuch in Munster im Februar 1963 hatte er sich von dessen Leistungsfähigkeit überzeugen können, und am 20. Mai 1963 lud er die Mitglieder des Verteidigungsausschusses zu einem In-

---

in einen Lorbeerkranz. Lediglich am Fahnenring, der unter dem Eisernen Kreuz befestigt ist, ist der Name der Einheit eingraviert und macht zusammen mit dem jeweiligen, truppenbezogenen Fahnenband die Fahne somit individuell.

formationsbesuch in die Heide ein, damit auch diese mit dem neuesten Waffensystem des Heeres vertraut würden. Im Juni 1966 stimmte von Hassel - gegen den Widerstand der Luftwaffe - der Beschaffung von 135 mittleren Transporthubschraubern des Typs Sikorsky S-65 (CH-53) zu, mit der die Beweglichkeit des Heeres maßgeblich verbessert wurde.[137]

Die Luftwaffe hatte im Februar 1962 - elf Monate vor Hassels Amtsantritt - die erste Maschine des Typs „Starfighter" (F-104G)[138] übernommen. Die bodengestützte Luftabwehr basierte auf zwei Boden-Luft-Raketen-Systemen: Dem aus festen Stellungen einzusetzenden System „Nike Hercules", das für einen Einsatz gegen Ziele in großen und mittleren Höhen vorgesehen war und dem ab 1963 eingeführten beweglichen System „Hawk" für den mittleren und unteren Bereich. Von den für 1963 vorgesehenen 67 Flugabwehrbataillonen der NATO - davon 54 im Bereich Mitteleuropa - sollte die Luftwaffe 28 Bataillone stellen.

Die Bundesmarine erhielt u.a. neue U-Boote der Klasse 205 und drei Raketen-Zerstörer (Klasse 103) - 200 Millionen Mark pro Schiff. Die erste Einheit wurde im März 1966 nach der modifizierten amerikanischen „Charles-F.-Adams"-Klasse erbaut. Ihre Indienststellung erfolgte jedoch erst nach dem Ende von Hassels Amtszeit.[139] Ihr Auftrag war, gemeinsam mit dänischen Verbänden eine Inbesitznahme der Ostseeausgänge durch Kräfte der sowjetischen Baltischen Flotte abzuwehren und deren Durchbruch in Nordsee und Atlantik zu verhindern. Des Weiteren oblag ihnen der Schutz der Ostküste Schleswig-Holsteins gegen amphibische Landungsunternehmen des Warschauer Paktes und die Sicherung der NATO-Nachschubwege von England über die Nordsee auf den mitteleuropäischen Kriegsschauplatz. Die Marineflieger wurden durch das U-Jagd- und Aufklärungsflugzeug „Bréguet Atlantic" verstärkt.

---

[137] Maizière, Ulrich de In der Pflicht, S. 263. Die Auslieferung erfolgte jedoch erst im Sommer 1972, d.h. nach der Amtszeit von Hassels.

[138] Der Buchstabe „G" ist die Kodierung für „Germany", d.h. für die deutsche Version der F-104.

[139] 1. Einheit: „Lütjens": Kiellegung: 01.03.1966; Stapellauf: 11.08.1967; Indienststellung: 22.03.1969; 1. Kommandant: Fregattenkapitän Ansgar Bethge (1924-2008; Vizeadmiral). 2. Einheit: „Mölders". Kiellegung: 12.04.1966; Stapellauf: 13.04.1968; Indienststellung: 20.09.1969; 1. Kommandant: Fregattenkapitän Günter Fromm (* 1924; Vizeadmiral). 3. Einheit: „Rommel". Kiellegung: 22.08.1967; Stapellauf: 01.02.1969; Indienststellung: 02.05.1970; 1. Kommandant: Fregattenkapitän Klaus-Karl Stange.

1963 erinnerte sich von Hassel an seine früheren Pläne zur Schaffung einer „Landeswehr" und rief die Reservisten der Bundeswehr zum freiwilligen Dienst in der Territorial-Reserve auf. Vielleicht hatte er sich auch an Erzählungen seines Vaters über das „Usambara-Schützen-Korps" in Deutsch-Ostafrika erinnert. Allerdings lag die Resonanz weit unter den Hasselschen Erwartungen. So hatte er gehofft, bis 1965 einen Stamm von 25.000 Reservisten aufbauen zu können. Tatsächlich aber ließ sich nur etwa ein Zehntel (8.384) der angeschriebenen 80.000 Reservisten für einen freiwilligen dreijährigen Dienst in der Territorial-Reserve, die vor allem den Schutz wichtiger Objekte wie Brücken und Depots übernehmen sollte, anwerben. Im selben Jahr wurde dieser Dienst zur Pflicht, und es erfolgte die Umbenennung in Heimatschutztruppe; der Minister hatte den Begriff „Nationalgarde" bevorzugt. Generalleutnant Friedrich A. Übelhack (1907-1979) stand von 1964 bis 1968 als Befehlshaber an der Spitze des Kommandos Territoriale Verteidigung.

Zwanzig Jahre nach dem Attentat auf Hitler nahm Bundesminister von Hassel am 20. Juli 1964 an der Einweihung eines Denkmals für Claus Schenk Graf von Stauffenberg in Sigmaringen teil. In seiner Gedenkrede sagte er:

> „Jedoch mit einem alljährlichen Gedenken und mit einem Versuch der Deutung dieses Geschehens darf es nicht sein Bewenden haben. In unserer schnelllebigen, rastlosen Zeit würde dieses Gedenken schon bald zu einer pietätvollen Feier verflachen. Wir müssen den Geist und das Pflichtbewusstsein jener Männer in uns spüren, wo immer wir mit Unmenschlichkeit, Unfreiheit und Menschenverachtung konfrontiert werden. ... Es darf in diesem Zusammenhang nicht unerwähnt bleiben, dass sich für die Mehrzahl der Soldaten - vom General bis zum Grenadier - die Frage des Widerstands aus der Sicht ihres überschaubaren Bereichs nicht stellen konnte. Auch sie, die im guten Glauben und in gutem Gewissen an allen Fronten kämpften, haben Anspruch auf die Achtung ihres Volkes, die sich mit der Trauer um alle Gefallenen verbinden muss, die glaubten, für eine gute Sache einzustehen. ... Kann die Widerstandshaltung des 20. Juli auch keine Norm setzen, weil eine geschichtliche Ausnahmesituation zu keiner Norm werden kann, so ist doch die Verweigerung sinnloser, unvollziehbarer oder ungesetzlicher Befehle gute deutsche Soldatentradition."

Als der Anschlag 1944 erfolgte, stand von Hassels Division in Italien in schweren Kämpfen gegen die angreifenden US-Truppen. Obwohl davon unterrichtet, hatte die Truppe in dieser Lage, in der es um ihr Überleben ging, keine Zeit, um über den Widerstand gegen ein Unrechtsregime zu diskutieren, was von Hassel mit dem Satz, diese Frage konnte sich für „die Mehrzahl der Soldaten nicht stellen", andeutete.

Die politische Leitung des Verteidigungsministeriums bestand damals aus nur zwei Personen - dem Minister und dem beamteten Staatssekretär. Volkmar Hopf (1906-1997) hatte im Jahre 1959 die Nachfolge von Dr. Josef Rust (1907-1997) als Staatssekretär im Verteidigungsministerium angetreten und übte dieses Amt - unter den Ministern Strauß und von Hassel - bis Juni 1964 aus. Von Hassel berief den Ministerialdirektor Karl Gumbel (1909-1984; Staatssekretär), der seit Oktober 1955 die Personalabteilung des Verteidigungsministeriums leitete, zu Hopfs Nachfolger.

Er blieb bis zum Ende von Hassels Amtszeit dessen engster Mitarbeiter und war zugleich Auslöser und Grund mehrerer Affären innerhalb der Bundeswehr und des Ministeriums, die auch das Ansehen des Ministers beschädigten; auf sie wird später noch eingegangen. An die Spitze der Personalabteilung und damit zum Nachfolger Gumbels wurde der bisherige Präsident der Wehrbereichsverwaltung I in Kiel, Heinz Wichmann (* 1908) berufen, den von Hassel bereits aus seiner Zeit als Ministerpräsident kannte.[140]

---

[140] Bundestagspräsident von Hassel wollte Wichmann 1969 zum Direktor des Bundestages berufen, doch dies scheiterte an einem Formfehler und am Wechsel der Mehrheitsverhältnisse im Bundestag.

Die Generalinspekteure der Bundeswehr während der Amtszeit Kai-Uwe von Hassels

General Friedrich Foertsch 1900–1976 Generalinspekteur vom 01.04.1961 bis 31.12.1963

General Heinz Trettner 1907–2006 Generalinspekteur vom 01.01.1964 bis 25.08.1966

General Ulrich de Maizière 1912–1976 Generalinspekteur vom 25.08.1966 bis 31.03.1972

Minister von Hassel arbeitete in seiner Amtszeit mit drei Generalinspekteuren zusammen: General Foertsch, der zweite Generalinspekteur, war bereits seit April 1961 im Amt, als von Hassel auf die Hardthöhe wechselte. Mit ihm arbeitete von Hassel nur ein knappes Jahr, denn dieser schied bereits am 31. Dezember 1963 altersgemäß aus dem aktiven Dienst. Nachfolger Trettner begleitete von Hassel mit 2 ½ Jahren am längsten. Trettner, sechs Jahr älter als von Hassel war bei Kriegsende Generalleutnant und Träger des Eichenlaubs zum Ritterkreuz, von Hassel hingegen Leutnant. Dieses „Dienstgrad-Gefälle" kehrte sich später um: Nun war von Hassel der Chef und Trettner der Untergebene. Dass solch persönliche Eitelkeiten sich möglicherweise auch unterschwellig auf die Beziehungen zwischen beiden Männern ausgewirkt haben, ist menschlich und daher nicht auszuschließen. Allerdings schreibt de Maizière, von Hassel, der ihn „zu regelmäßigen Vorträgen über den Zustand und die Probleme des Heeres empfing", hätte eine „langsame Entfremdung zum Generalinspekteur" angedeutet, was mit anderen Worten heißt, dass deren Verhältnis keineswegs von Anfang an schlecht war.[141]

---

[141] Maizière, Ulrich de In der Pflicht, S. 270

Die Inspekteure der Teilstreitkräfte während der Amtszeit Kai-Uwe von Hassels

Generalleutnant Alfred Zerbel
Inspekteur des Heeres
vom 16.04.1960 bis 30.09.1964

Generalleutnant Ulrich de Maizière
Inspekteur des Heeres
vom 01.10.1964 bis 25.08.1966

Generalleutnant Josef Moll
Inspekteur des Heeres
vom 25.08.1966 bis 30.09.1968

Generalleutnant Werner Panitzki
Inspekteur der Luftwaffe
vom 01.10.1962 bis 25.08.1966

Generalleutnant Johannes Steinhoff
Inspekteur der Luftwaffe
vom 02.09.1966 bis 31.12.1970

Vizeadmiral Adolf Zenker
Inspekteur der Marine
vom 01.08.1961 bis 30.09.1967

Generaloberstabsarzt Wilhelm Albrecht (1905-1993)
Inspekteur des Sanitäts- und Gesundheitswesens
vom 01.10.1962 bis 31.03.1967

De Maizière und von Hassel hingegen waren fast gleich alt, aber vor allem waren Beide eher zurückhaltend und konnten sich zurücknehmen. Überdies verdankte de Maizière ihm seinen schnellen Aufstieg an die Spitze der Bundeswehr, denn 1964 hatte von Hassel ihn als Inspekteur an die Spitze des Heeres berufen. Mit de Maizière als Generalinspekteur arbeitete von Hassel wegen des Wechsels an der Ressortspitze nur drei Monate.

Insgesamt sieben Inspekteure standen zwischen 1963 und 1966 an der Spitze der drei Teilstreitkräfte und des Sanitätsdienstes der Bundeswehr. Im Herbst 1963 mussten die beiden obersten Dienstposten der Bundeswehr nachbesetzt werden: General Foertsch, der Generalinspekteur und General Dr. Hans Speidel (1897-1984), der Oberbefehlshaber der Landstreitkräfte Europa Mitte (COMLANDCENT). Beide - inzwischen 63 Jahre - hatten die Altersgrenze ihrer Zurruhesetzung erreicht, wobei letzterer auf Drängen de

Gaulles abberufen wurde.¹⁴² Beim Heer galten die drei Kommandierenden Generale - Trettner (I. Korps), Hepp (II. Korps) mit jeweils 56 Jahren und Heinz Gaedcke (1905-1992; III. Korps) mit 58 Jahren - als „Kronprinzen".

Generalleutnant Hoffmann
Kommandierender General
Luftwaffengruppe Nord
in Münster
Okt 1963 bis März 1968

Generalleutnant Trautloft
Kommandierender General
Luftwaffengruppe Süd
in Karlsruhe
Jan 1962 bis Sept 1970

Vizeadmiral Gerlach
Befehlshaber der Flotte
in Glücksburg
Okt 1963 - Sept 1966

In der Luftwaffe war nur Panitzki - mit 52 Jahren gerade erst zum Inspekteur der Luftwaffe berufen - verfügbar, denn die beiden Kommandierenden General der Luftwaffengruppen Nord und Süd - die Generalleutnante Werner-Eugen Hoffmann (1910-1998) und Hans Trautloft (1912-1995) hatten ihre neue Dienstposten erst angetreten. in der Marine saß der 56-jährige Zenker seit 2 Jahren auf dem Chefsessel der Marine, und Vizeadmiral Heinrich Gerlach (1906-1988) war mit 57 Jahren eben gerade zum Befehlshaber der Flotte avanciert.

---

¹⁴² Eine ursprünglich geplante Verlängerung von dessen Dienstzeit bis Ende März 1964 scheiterte am Nein aus dem Elysée-Palast.

Die deutschen Offiziere im Amt des Oberbefehlshabers der Alliierten Landstreitkräfte Europa Mitte)* während der Amtszeit des Ministers von Hassel		Ständiger Deutscher Militärischer Vertreter (DMV) im NATO-Militärausschuss

General Dr. Hans Speidel 1957-1963	General Johann Graf von Kielmansegg 1963-1968	Generalleutnant Gerhard Wessel 1963-1968

Anmerkung
Die Dienststellung des Oberbefehlshabers der Landstreitkräfte Europa Mitte (CINCLANDCENT) wurde 1966 umbenannt und aufgewertet zu: Oberbefehlshaber der Alliierten Streitkräfte Europa Mitte »Commander-in-Chief Allied Forces Central Europe« CINCENT)

Minister von Hassel entschied sich für Trettner als Generalinspekteur. Als Nachfolger Speidels wurde der gleichaltrige, aber dienstgradjüngere Johann Adolf Graf von Kielmansegg (1906-2006) ausgewählt. Damit wurde dieser - an den dienstälteren Generalen des Heeres vorbei - innerhalb von nur zwei Monaten vom Zwei-Sterne- zum Vier-Sterne-General befördert,[143] trat seinen Posten in Fontainebleau am 1. September 1963 an und nahm ihn bis April 1968 wahr. Ständiger Deutscher Vertreter im NATO-Militärausschuss (DMV) war von 1963 bis 1968 der Heeres-Generalleutnant Gerhard Wessel (1913-2002), der spätere Präsident des Bundesnachrichtendienstes (BND).

Zu von Hassels engsten militärischen Mitarbeitern und Beratern - neben den erwähnten Spitzenmilitärs - gehörten sein erster Adjutant, Oberst i. G. Willi

---

[143] Graf von Kielmansegg wurde im Juli 1963 zum Generalleutnant und bereits zwei Monate später zum General befördert. Als Frankreich unter Präsident de Gaulle im Sommer 1966 aus der militärischen Organisation der NATO ausscherte, fiel die bisher stets von einem französischen General besetzte Stelle des Oberbefehlshaber der Alliierten Streitkräfte Europa Mitte (CINCENT) an die Bundesrepublik Deutschland und wurde von einem deutschen Offizier übernommen.

Wagenknecht (1912-1998; Generalmajor),[144] der noch unter Vorgänger Strauß dieses Amt bekleidet hatte und ab Oktober 1963 bis Januar 1966 dessen Nachfolger, Kapitän zur See Rolf Thomsen (1915-2003; Flottillenadmiral).[145] Der dritte Adjutant in der Amtszeit von Hassels wurde im Januar 1966 wieder ein Marineoffizier: Kapitän zur See Herbert Trebesch (1915-2007; Vizeadmiral).[146]

Die Adjutanten von Verteidigungsminister von Hassel

Heeres-Oberst Hasso Viebig (1914-1993; Brigadegeneral)[147] war Leiter seines Pressestabes. Nach dessen Versetzung im Oktober 1966 übernahm Oberst Lothar Domröse (* 1920; Generalleutnant) diesen Dienstposten.

---

[144] Wagenknecht wurde 1963 Kommandeur der Luftwaffen-Unteroffizierschule in Neubiberg. In seiner Endverwendung war er von 1969 bis 1972 als Generalmajor Befehlshaber im Wehrbereich III (Düsseldorf).

[145] Thomsen, im Zweiten Weltkrieg als U-Boot-Kommandant mit dem Ritterkreuz ausgezeichnet, war bereits 1952 in das damalige „Amt Blank" eingetreten und trat 1955 als Korvettenkapitän als einer der ersten Soldaten in die Bundeswehr ein. Von 1970 bis 1972 war er Kommandeur der Marinedivision Nordsee.

[146] Trebesch war von 1975 bis 1978 in seiner letzten aktiven Verwendung Deutscher Militärischer Vertreter (DMV) beim NATO-Militärausschuss in Brüssel.

[147] Viebig führte von Oktober 1966 bis Ende März - für nur 6 Monate - die Panzergrenadierbrigade 13 in Wetzlar.

Oberst i.G.
Hasso Viebig
Pressesprecher des BMVg
von 1963 bis Okt 1966
(hier als Brigadegeneral)

Oberst i.G.
Lothar Domröse
Pressesprecher des BMVg
ab Oktober 1966
(hier als Generalleutnant)

Sein Persönlicher Referent, der gebürtige Gleiwitzer Dr. Hans Siebe (1910-1998) und sein Fahrer Rolf Krugg, der ihn von 1964 bis 1976 sicher über deutsche und europäische Straßen gelenkt hat, sind ebenfalls zu von Hassels engeren Mitarbeitern in jener Zeit zu zählen.

Der Minister stellte sich unmissverständlich vor die Soldaten, wenn diese angegriffen wurden. Er warb um Vertrauen für die neue Armee und scheute sich nicht, seine eigenen Politiker-Kollegen und auch die Medien zu kritisieren:

> „Die Politiker, die dem Soldaten dauernd mit Mißtrauen begegnen, werden nur Mißtrauen ernten."[148]

Die Medien, so von Hassel nicht zu Unrecht, neigten per se zum Aufbauschen.

> „Ich darf die Herren Abgeordneten einmal auf folgendes hinweisen: Gehen Sie mal Ihren eigenen Wahlkreis durch! Er mag die Größe von 140.000, … 170.000 Wahlberechtigten haben. Die Bundeswehr ist, …, so groß wie drei, …, sogar fünf Wahlkreise zusammengenommen. Und was geschieht jeden Tag in jedem einzelnen Wahlkreis, auch in Ihrem! All das wird in einer Dreizeilenmeldung in der Zeitung notiert, nicht aber in der Form, wie es im

---

[148] Rede am 11.06.1963 an der Schule für Innere Führung in: Hassel, Kai-Uwe von Verantwortung für die Freiheit, S. 168

Falle Nagold geschehen ist, wo alles an die große Glocke gehängt wurde."[149]

Bei aller Kritik an negativen Vorfällen wie jenen in Nagold wies von Hassel stets darauf hin, dass diese „nicht symptomatisch für den Geist unserer Streitkräfte" wären. Per Fernschreiben verwahrte sich der Minister auch gegen einen angeblichen Ausspruch des SPD-Wehrexperte und Pfarrers a.D. Hans Merten (1908-1967). Dieser sollte bei einem Seminar der Wehrpolitischen Hochschulgruppe der Universität Frankfurt am Main im Haus Einsiedel bei Darmstadt am 25. Mai 1963 geäußert haben, „Eidbruch hat keine Folgen, ein Gelöbnis hat keinen Sinn."[150] Die Einordnung der Soldaten in den demokratischen Staat könne - so von Hassel - nicht gelöst werden, „wenn Sie ... durch (solche) Äußerungen ... den jungen Soldaten in seiner Pflichterfüllung gegenüber Volk und Staat unsicher machen."

Am 4. Oktober 1963 sprach der Minister in der Hamburger Michaelis-Kirche über das Thema „Christ und Wehrdienst". Er betonte zwar, dass „die Pervertierung des Krieges ... ihm den Charakter eines normalen Mittels der Politik genommen" hätte. Doch unter dem Hinweis auf die aggressiven und expansiven Ziele des kommunistischen Herrschaftssystems mit seinem Streben nach Weltherrschaft erteilte von Hassel all jenen eine Absage, die Träumen und Utopien nachhingen und betonte:

„Wehrdienst - das heißt zunächst einmal Dienst für die Abschreckung."

Jedes Nachlassen in den Verteidigungsanstrengungen wäre eine Ermutigung für einen potentiellen Angreifer. Käme es aber dennoch zum Krieg, sagte der gläubige Christ von Hassel, wüssten wir um unsere Verstrickung in Schuld und Sünde, und sollten uns klar sein, dass wir „vor die Schranken des Gerichtes Gottes" treten müssten. Trotz seiner berechtigten Warnungen vor der aggressiven kommunistischen Ideologie war von Hassel keinesfalls ein „kalter Krieger", was er mit den folgenden Worten untermauerte:

---

[149] Rede vor dem Plenum des Bundestages am 21.02.1964

[150] Merten dementierte später diese Aussage. Er hätte lediglich darauf hingewiesen, dass der im öffentlichen Dienst zu leistende Eid im Falle eines Bruches bisher keine strafrechtlichen Folgen hätte, und er dies für einen Fehler hielte.

> „Das Wissen um unsere Schuld, … läßt uns im Feind den Menschen, den Bruder sehen, der Gottes Ebenbild ist wie wir."

Dies muss als Hinweis auf die Anwendung christlichen Gedankengutes im politischen und soldatischen Alltag verstanden werden. Der Minister mahnte zugleich seine eigene evangelische Kirche, die in dieser Frage gespalten wäre, sie möge eine „Stätte des Friedens" bleiben.[151]

Von Hassel hielt sich Mitte Februar 1964 zur Kur in Oberstdorf auf. Doch in der 111. Kabinettsitzung am Mittwoch, dem 19. Februar, hatte Kanzler Erhard nach Vortrag durch Staatssekretär Hopf entschieden, dass der Minister wegen der Bedeutung der Debatte am 21. Februar im Bundestag die Kur unterbrechen und nach Bonn zurückkehren müsste. In der Aussprache wurde über den Bericht des Wehrbeauftragten, sowie über die Vorfälle in Nagold debattiert. Minister von Hassel hob in seiner Rede hinsichtlich des Falles Nagold erneut hervor, dass die Vorfälle kein Symptom für den inneren Zustand der Bundeswehr wären, und Pauschalurteile vermieden werden müssten. Dann zitierte er eine Passage aus einer Büttenrede von Generalleutnant Hans Trautloft, dem Befehlshaber der Luftwaffengruppe Süd in Karlsruhe:

> „Wer glaubt, es sei die Bundeswehr
> Ein Kindergarten, irrt sich sehr.
> Die Uniform ist unsere Sache,
> den Bürger müsst ihr selber mache!" (nur Auszug)

Seit seinem Amtsantritt bemühte sich von Hassel erfolgreich um ein besseres Verhältnis zu den Sozialdemokraten. Grund dafür war vermutlich, dass von Hassel die Bundeswehr aus dem Parteiengezänk heraushalten wollte. So lobte der SPD-Abgeordnete Fritz Erler (1913-1967) in der Bundestagsdebatte über den Verteidigungshaushalt Anfang Mai 1963 von Hassels „sachliche Art", sein neues Amt zu führen. Zum ersten Mal in der Geschichte der Bundesrepublik lehnte die SPD-Fraktion am 21. Juni 1963 bei der Verabschiedung des Verteidigungsetats diesen nicht ab, sondern enthielt sich lediglich der Stimme. Es wäre die „zahmste und leidenschaftsloseste Etat-

---

[151] Hassel, Kai-Uwe von Verantwortung für die Freiheit, S. 10 ff.

Debatte" seit Bestehen des Bundestages gewesen, schrieb die „ZEIT" am 17. Mai 1963 und fuhr fort:

> „Erler jedoch, der Oppositionssprecher zum Verteidigungsetat, entledigte sich seiner Aufgabe so sachlich und wohlwollend, daß der neue Verteidigungsminister, der es natürlich nicht mit seinem Vorgänger Strauß und dessen Hausmacht verderben mochte, kaum wußte, wie er die absichtsvolle Umarmung Erlers lockern sollte."

In einer dreiteiligen Artikelserie mit dem Titel „Aus Sorge um die Bundeswehr" hatte der Wehrbeauftragte und Vizeadmiral a.D. Hellmuth Heye (1895-1970) in der Münchner Illustrierten „Quick" im Sommer 1964 auch Minister von Hassel angegriffen und u.a. geschrieben:

> „Verteidigungsminister von Hassel ist nach meinem Eindruck von den Grundsätzen der Inneren Führung überzeugt; sonst würde er es nicht immer so außerordentlich betonen. Allerdings glaube ich, daß er, der noch kein Fachminister ist, im Grunde nicht genau darüber informiert ist, was die Methoden der Inneren Führung im einzelnen bedeuten … . Es ist Aufgabe seiner Berater, ihm die Grundsätze der Inneren Führung und deren Anwendung näherzubringen. Ich gebe allerdings zu, daß diese Aufgabe für einen Gegner der Inneren Führung nicht leicht ist."

Nach einem Gespräch mit von Hassel wollte Heye die Kritik entschärfen, doch die Illustrierte war bereits im Druck, und auch der Vorschlag, diese Stelle zu schwärzen, kam zu spät. Heye entschuldigte sich in einem Brief und betonte darin, er hätte „gern von Formulierungen abgesehen, die in mancher Hinsicht als überspitzt oder womöglich als persönlicher Angriff gewertet werden könnten."

Im Februar 1964 - fast drei Jahrzehnte vor den ersten Auslandseinsätzen der Bundeswehr - wurde diese erstmals mit der Möglichkeit eines NATO-Friedenseinsatzes konfrontiert: Der Zypern-Konflikt mit wachsenden Spannungen zwischen der griechisch- und türkischstämmigen Bevölkerung und zunehmender Gewalt auf der seit 1960 unabhängigen Mittelmeer-Insel schwappte nach Mitteleuropa. In der eineinhalbstündigen Sondersitzung des Bundeskabinetts unter Vorsitz von Bundeskanzler Erhard wurde am Vormittag des 3. Februars 1964 die Zypernfrage diskutiert. Erhard verwies auf die Bündnissolidarität, und Staatssekretär Prof. Dr. Karl Carstens (1914-1992; Bundespräsident), als Vertreter seines Außenministers Gerhard Schröder (1910-1989), erklärte, man könne sich „dem Wunsch unserer Verbündeten nach einem militärischen Beitrag kaum entziehen." Er warnte zugleich vor einer militärischen Eskalation zwischen den NATO-Partnern Griechenland und Türkei. Der „Atlantiker" von Hassel, der im Gegensatz zu seinem Kabinettskollegen Schröder seinen Urlaub wegen der Sitzung verschoben hatte, stimmte dieser Einschätzung zu. Für ihn waren die Bindungen zu den USA lebenswichtig. Zypern könnte schlimmstenfalls zu einem „Kuba im Mittelmeer" werden, was die NATO-Südflanke gefährdete. Überdies schwächte ein Einsatz britischer Truppen die Präsenzstärke der Rheinarmee in Mitteleuropa. Doch sein oberster Soldat, Generalinspekteur Trettner, lehnte eine Beteiligung kategorisch ab - nicht aus militärischen Gründen. Er wies darauf hin, dass die Ressentiments der Bevölkerung gegen deutsche Soldaten auf Zypern ähnlich wären wie jene auf Kreta, und dies unabsehbare Folgen für das deutsche Ansehen, aber auch für die Sicherheit der Soldaten im Einsatz hätte. Im Übrigen wäre die Rechtslage nicht eindeutig. Trettner war im Mai 1941 als „I a" des XI. Fliegerkorps[152] unter dem General der Flieger Kurt Student (1890-1978) an der Luftlandung auf Kreta („Operation Merkur") beteiligt gewesen. Zu einer Einigung kam es im Kabinett nicht. Auch als kurze Zeit danach Zyperns Garantiemacht Großbritannien und die USA durch ihre Botschafter in Bonn eine deutsche Beteiligung - etwa 1.000 Soldaten - an einem NATO-Friedenskorps forderten, bekamen sie keine Zusage. Als 1966 US-Präsident Lyndon B. Johnson (1908-1973) bei Kanzler Erhard um eine bescheidene militärische Unterstützung im Vietnam-Krieg nachsuchte, lehnte von Hassel jedoch - anders als Außenminister Schröder - in klarer Erkenntnis, dass dies auf massiven Widerstand in der Bevölkerung gestoßen wäre, ab.

Im Frühjahr 1964 jährte sich der 100. Jahrestag des Feldzugs gegen Dänemark, doch die Europäer hatten auch im Norden aus ihrer blutigen Geschichte gelernt: Nun planten im Wechsel ein dänischer und ein deutscher Generalleutnant mit dem Heeres-NATO-Stab LANDJUT[153] in Rendsburg

---

[152] Der „I a" (heute: G 3-Stabsoffizier) war der Erste Generalstabsoffizier in einem Stab. Trettner wurde 1942 als Nachfolger von Oberst i.G. Alfred Schlemm (1894-1986; General der Fallschirmtruppe) Chef des Stabes des XI. Fliegerkorps.

[153] Der Stab bestand von 1962 bis 1999 und wurde dann als Hauptquartier des Multinationalen Korps Nord-Ost (Dänemark, Deutschland und Polen) umgegliedert und ins polnische Szczecin (Stettin) verlegt.

den Einsatz deutscher und dänischer Truppen im Falle eines Konfliktes. Sicher knirschte es noch, und Kai-Uwe von Hassel stieß mit seinem Vorschlag nach gemeinsamen deutsch-dänischen Übungen beiderseits der Grenze noch auf ein „zu früh" aus Kopenhagen,[154] doch die militärpolitische Ampel in Dänemark hatte zum „Rot" bereits das „Gelb" zugeschaltet.

Bei einer Besprechung mit den Kommandierenden Generalen am 29. März 1965 gab der Verteidigungsminister die Maxime aus, mit „Mut an jüngere Geschichte anzuknüpfen,"[155] und am 1. Juli unterzeichnete von Hassel den ersten Traditionserlass der Bundeswehr. Es war zugleich der erste in der deutschen Militärgeschichte. Mit ihm sollte das unkontrollierte Ausufern der Pflege militärischen Brauchtums - de Maizière nannte es „Wildwuchs" - in geordnete, mit den demokratischen Grundsätzen in Einklang stehende Bahnen gelenkt werden. Der Erlass hatte fast zwanzig Jahre Bestand und wurde erst im Jahre 1981 durch eine überarbeitete Weisung von Minister Dr. Hans Apel (1932-2011) abgelöst. Am 1. Oktober 1965 übernahm mit Generalleutnant Werner Haag, dem vormaligen Kommandeur der 6. Panzergrenadierdivision in Neumünster, erstmals ein Soldat die Leitung der Personalabteilung des Verteidigungsministeriums, nachdem im Mai dieser Dienstposten vom Haushaltsausschuss des Bundestages in eine Wechselstelle - alterierend von einem Beamten und einem Offizier zu besetzen - umgewandelt worden war. General de Maizière nannte es „eine mutige Entscheidung des Verteidigungsministers von Hassel".[156] Der Minister hatte Haag zehn Jahre zuvor in Husum als Lehrgruppenkommandeur zum ersten Mal getroffen und war ihm später als Kommandeur der 6. Division in Neumünster häufig begegnet. Lange war diese Maßnahme innerhalb der CDU diskutiert worden. Einflussreiche Kreise unter Führung des - mit von Hassel gleichaltrigen - CSU-Abgeordneten Richard Jaeger (1913-1998) warnten den Kanzler vor dem vermeintlichen Machtgewinn der Generale. Die Opposition hingegen stimmte zu. Mit dem Satz

> „Wenn einer geeignet ist, zwei goldene Sterne zu tragen, muß er auch eine Personalabteilung leiten können",

---

[154] Thoß, Bruno NATO-Strategie und nationale Verteidigungsplanung, S. 274
[155] Bundesarchiv-Militärarchiv (BA-MA) BM 1/1411e
[156] Maizière. Ulrich de Führen im Frieden, S. 131.

soll der SPD-Abgeordnete Karl Wienand (1926-2011) die Entscheidung von Hassels kommentiert haben. Haag behielt diese Verwendung bis Ende September 1969 und übergab sie dann erneut an einen Soldaten, den Generalleutnant Dr. Konrad Stangl (1913-1993).

Von Hassel förderte den Bau neuer Kasernen, sowie von Offiziers- und Unteroffiziersheimen. So übergab er 1964 dem Raketenartilleriebataillon 62 unter Oberstleutnant Karl-Heinz Thiele die Liliencron-Kaserne in Kellinghusen. Am 23. Juli 1965 überreichte Verteidigungsminister Kai-Uwe von Hassel Oberstleutnant Kühne, dem Kommandeur des Raketenartilleriebataillons 150, symbolisch einen Schlüssel für die neue Schillkaserne in Wesel. Ende 1966 wurde das Soldatenheim, das „Haus Münsterland', als Begegnungsstätte zwischen Soldaten des Panzerbataillons 194 und Zivilbevölkerung, fertiggestellt. Von Hassel nahm an der Einweihung teil.

Ein Schwerpunkt seiner Arbeit galt der Verbesserung der Ausbildung der Unteroffiziere und Offiziere. Erstmals in der deutschen Militärgeschichte hatte der oberste Dienstherr - zusammen mit Generalinspekteur Trettner - über 500 Unteroffiziere aller drei Teilstreitkräfte zu einer Tagung gebeten; sie fand am 30. Januar 1964 in der Stadthalle von Bad Godesberg statt. Von Hassel betonte, dass die Qualität des Unteroffizierkorps, als Rückgrat der Armee und „Mitarbeiter seines Offiziers", die Leistung der Truppe bestimmt. Neben fachlichem Können wies er auch auf die Notwendigkeit politischer Bildung und sittlicher Haltung hin. Wenige Monate später, am 5. Juni 1964, fand - ebenfalls in Bad Godesberg - eine ähnliche Tagung mit Leutnanten, Kompanie- und Batteriechefs, sowie mit Staffelkapitänen statt. Von Hassel erläuterte ihnen seine Vorstellungen von Pflicht und Stellung des Offiziers, sowie den Aufgaben des Führerkorps in einer modernen Armee.[157] Mit Sorge blickte der Minister auf den nicht gefestigten inneren Zustand des Offizierkorps. Mit diesen Tagungen und dem Führungsinstrument „Diskussion" praktizierte von Hassel erstmals[158] einen bis dahin unüblichen, direkten Führungsstil zwischen Minister und Truppe, den sein Nach-Nachfolger Helmut Schmidt - dafür bis heute hochgelobt - übernahm. Von Hassel betonte den engen Kontakt als Mittel der Vertrauensbildung. Das Offizierkorps trüge Verantwortung für das Staatsganze. Er forderte es auf, auch

---

[157] Hassel, Kai-Uwe von in: Verantwortung für die Freiheit, S. 186 ff.
[158] Maizière, Ulrich de Führen im Frieden, S. 166

„politisch zu denken" und mahnte die Beachtung der Grundsätze der Inneren Führung an.

> „Nur dann wird sich die junge Generation der Wehrpflichtigen bei der Truppe auch >zu Hause< fühlen, wenn sie dank dieser Grundsätze (= jener der Inneren Führung) die Gewißheit hat, daß ihre Ausbildung den sachlichen Anforderungen angemessen ist und nichts enthält, was diesen widerspricht. ... Ich bejahe den harten, straffen Dienst; aber ich verlange, daß er sich an den Grundsätzen von Menschlichkeit und Menschenwürde orientiert."

Scharf wandte sich von Hassel dagegen, dass jene „Männer, die diese Grundlagen moderner Menschenführung erarbeiteten, als „Schwarmgeister der ersten Stunde" bezeichnet" würden. Dies war eine massive Rückendeckung für Generalleutnant Wolf Graf von Baudissin (1907-1993), den er im Januar 1964 zum Generalleutnant befördert hatte. Dieser saß zu jener Zeit allerdings bereits als Kommandeur des NATO-Defence College in Fontainebleau[159] und damit weit weg von den Schaltstellen der Bundeswehr.

Von Hassel warb bei den Soldaten um Verständnis dafür, die Kontrolle der Macht - und damit auch jene der Bundeswehr - als selbstverständliches Prinzip in einer Demokratie und nicht als Misstrauen zu verstehen. Korpsgeist ja, aber keine Abkapselung von der Gesellschaft. Der Minister schrieb den jungen Offizieren zuletzt auch dies ins Stammbuch:

> „Vergessen Sie nicht, daß gute Formen das Spiegelbild Ihrer inneren Haltung und Ihres Geistes sind, daß sich in der Sprache und im Umgangston Sicherheit und geistige Disziplin des Vorgesetzten widerspiegeln."

Worte, die - fast fünfzig Jahre später - nicht oft genug wiederholt werden können und in denen die herrenmäßige innere Haltung von Hassels deutlich wird, die er auch vorlebte. Ab 1965 sorgte er mit einem „Drei-Stufen-Plan" für eine Neukonzeption der Offizierausbildung: Offizierschule, Wehrakademie und Stabsakademie. Allerdings wurde diese Planung wegen personeller und finanzieller Engpässe nur langsam umgesetzt und kam später ganz zum Erliegen. Die Stabsakademie wurde 1966 in Hamburg-Osdorf unter

---

[159] Von 1963 bis 1965. Anschließend wurde er Stellvertretender Chef des Stabes für Planung und Operation (Deputy Chief of Staff Plans & Ops) im NATO-Oberkommando Europa (SHAPE) zunächst in Paris und ab Ende März 1967 im belgischen Casteau.

Oberst Dr. Günter Will (1916-1999) gegründet und nahm 1967 ihren Dienstbetrieb auf. Die Wehrakademie in Hilden öffnete - obwohl von Hassel die Weisung bereits am 12. November 1965 unterzeichnet hatte - erst am 7. Oktober 1969, d.h. drei Jahre nach von Hassels Ausscheiden aus dem Amt, ihre Pforten. Der Ritterkreuzträger Oberst Hellmut Reichel (1916-2004)[160] war der erste und einzige Kommandeur der Wehrakademie. Doch die neue Einrichtung kam über einen ersten Modell-Lehrgang, der vom 30.09. bis zum 19.12.1969 lief, nicht hinaus. Auf der Homepage der nordrheinwestfälischen Stadt fehlt der Hinweis auf diese kurze Episode. Zur Verbesserung der Unteroffizierausbildung im Heer wurden u.a. die beiden Unteroffizierschulen in Sonthofen (HUS I) und Aachen (HUS II) eingerichtet.

Kanzler Erhard, Minister von Hassel, General de Maizière und Oberst Bürger an der Heeresunteroffizierschule in Sonthofen

---

[160] Reichel trat 1935 als Offizieranwärter in das Infanterieregiment 26 ein. Bei Kriegsende war er Kommandeur der Infanterieregimenter 6 und 26 in Kurland. Es folgten 10 Jahre in sowjetischer Gefangenschaft. 1956 trat er als Oberstleutnant in die Bundeswehr ein, lehrte an der Heeresoffiziersschule II in Hamburg, war Kommandeur des Panzergrenadierbataillons 311 in Oldenburg, Lehrgruppenkommandeur der Heeresoffiziersschule II in Hamburg und Chef des Stabes in der Inspektion des Erziehungs- und Bildungswesens beim Truppenamt in Köln. Beim Tode von Kanzler Adenauer führte Reichel die aus 14 Stabsoffizieren bestehende Ehrenformation an und trug das Ordenskissen des verstorbenen Bundeskanzlers.

Am 30. Oktober 1964 nahm von Hassel an der Einweihung in Sonthofen teil. In seiner Rede wies er auf das mangelnde Sozialprestige des Unteroffizierkorps hin. Wegen der vielschichtigen Gründe dafür, die auch in Vorurteilen lägen, bot er - wie auch vor den Offizieren - als Lösung an, dieses Defizit durch Leistung in einem geachteten Fachberuf auszugleichen.

> „Noch nie sind in einer Armee den Unteroffizieren so umfangreiche Aufgaben gestellt worden wie heute."

Im folgenden Jahr, am 25. Juni, besuchte er gemeinsam mit Bundeskanzler Erhard und Generalinspekteur de Maizière die Schule unter Oberst Bürger (1914-+) in der Generaloberst-Beck-Kaserne ein zweites Mal. Hassels Ansätze zur Hebung des Niveaus der Ausbildung wurden nur wenige Jahre später durch die seines Nach-Nachfolgers Schmidt scheinbar obsolet, weil sie im Kern zwar richtig, aber nicht weitreichend genug waren. Zwar wurden die beiden Heeresunteroffizierschulen 1972/73 aufgelöst, was den Biographen Volker Koop (* 1945) zu der vorschnellen Feststellung veranlasste, „sie hätten sich nicht bewährt."[161] Doch Hassels Idee erlebte ab 1990 mit ihrer Neugründung, wenngleich in anderer Form, eine Renaissance. Auch von Hassels Ansätze[162] für einen erleichterten Auf- und Einstieg von der Unteroffizier- in die Offizierslaufbahn - anfangs auch in der Bundeswehr heftig kritisiert - haben sich bis heute als beständig und vorteilhaft erwiesen.

Während der Amtszeit von Hassels wurde das bisherige System der Rekrutenauswahl neu geregelt. Wegen der starken Geburtsjahrgänge standen zunächst wesentlich mehr Wehrpflichtige zur Verfügung als benötigt wurden: Der Jahrgang 1940 z.B. umfasste etwa 500.000 junge Männer, von denen aber nur 120.000 als Rekruten eingezogen werden konnten. Die Auswahl wurde durch ein Los-Verfahren getroffen. Doch diese seit 1960 praktizierte „Rekruten-Lotterie" wurde von vielen Wehrdiensttauglichen als unwürdig und Benachteiligung angesehen. Hinzukam, dass die Einberufungsjahrgänge schwächer wurden: So standen vom Geburtsjahrgang 1945 nur noch 270.000 Mann zur Verfügung. Eine große Zahl an Freistellungen verringerte das Angebot zusätzlich. Die Anforderungen an qualifiziertes Personal konn-

---

[161] Koop, Volker, a.a.O., S. 152
[162] Nicht wenige Offiziere fürchteten, dies führe zu einem „Ausbluten" des Unteroffizierkorps.

ten daher nicht mehr erfüllt werden. Die Parole hieß nunmehr: Auslese statt Auslosung. Durch neue körperliche und geistige Eignungstests wurde das neue Konzept umgesetzt.

Im Zentrum von Hassels Amtszeit stand die „Starfighter-Krise".[163] Vom Vorgänger Franz Josef Strauß übernommen, warf sie über Jahre düstere Schatten und kostete vielen Piloten das Leben. Ihre Ursachen waren nicht dem Flugzeugmuster anzulasten, sondern bestanden aus einem komplexen Bündel an Gründen. Die Entscheidung für die Einführung des US-Waffensystems „Starfighter" (F-104), eines auf nordamerikanische Wetterbedingungen zugeschnittenen Abfangjägers (Interceptor), war bereits unter General Josef Kammhuber, dem ersten Inspekteur der Luftwaffe, im Jahre 1958 gefallen. Ziel war es, die bisherigen vier verschiedenen Kampfflugzeugtypen durch ein einziges Mehrzweckmodell zu ersetzen. Minister Strauß hatte mehrfach versichert, er hätte sich - auch aus politischen Gründen - für das französische Muster „Mirage" entschieden, um die deutsch-französische Zusammenarbeit voranzutreiben, hätte sich aber gegen die geschlossene Phalanx der Luftwaffe nicht durchsetzen können. Für den Einsatz in der Luftwaffe wurde das Flugzeug dann zu einer anspruchsvollen, hochgezüchteten Mehrzweckwaffe (zusätzlich als Aufklärer, Jagdbomber und nuklearer Waffenträger) umkonstruiert. Anstatt der ursprünglich 250 geplanten Flugzeuge wurden 700 Maschinen in Auftrag gegeben und 364 Maschinen gekauft. Beim damaligen Stückpreis von über sechs Millionen DM war es das teuerste Waffensystem, das bislang in eine deutsche Armee eingeführt wurde. Von Februar bis April 1960 hatte bei Lockheed in Palmdale/Kalifornien der erste Umschulungslehrgang „Conversion Flight F-104F"[164] stattgefunden. Parallel dazu war die Ausbildung des technischen Personals in den USA und an der Technischen Schule der Luftwaffe (TSLw) 1 in Kaufbeuren forciert worden. In Kisten verpackt waren die neuen F-104-Maschinen ab Ende Mai 1960 in Nörvenich zerlegt angekommen und vor Ort vom Lockheed-Personal und deutschen Technikern zusammengebaut und für den Flugbe-

---

[163] Durch technische Überfrachtung und zusätzliche Einsatzrollen für die deutsche Version des US-Flugzeugmusters Lockheed F-104 stieg dessen Gesamtgewicht beträchtlich und verlangte höchstes fliegerisches Können.

[164] Lehrgangsteilnehmer waren: Oberstleutnant Günther Rall (1918-2009), Hauptmann Hans-Ulrich Flade, sowie die Oberleutnante Edmund Schultz, Berthold Klemm, Bernd Kuebart (+ 1962) und Wolfgang von Stürmer (+ 1962).

trieb bereitgestellt worden. Der Erstflug in Deutschland war am 22. Juli 1960 im Beisein von Minister Strauß und geladenen Gästen erfolgt;[165] er bedeutete für die Luftwaffe den Einstieg in das Überschall-Zeitalter.

Die Auslieferung der ersten Maschinen war also bereits mehr als zwei Jahre vor der Amtsübernahme von Hassels erfolgt. Der Bedarf an qualifizierten Piloten konnte jedoch nicht so schnell gedeckt werden, und so wurden als Ausweg die Anforderungen gesenkt. Dies führte zu einer Überforderung von Material, Personal und Organisationsstruktur. Der einzelne Pilot war oft überlastet und die Luftwaffe nur bedingt kampffähig. Bereits am 29. März 1961 ereignete sich über der Eifel der erste Flugunfall einer F-104G der Luftwaffe nach einem Triebwerkschaden. Die beiden Piloten[166] nutzten den Schleudersitz und überlebten. Ein knappes Jahr später, am 25. Januar 1962, kam der erste deutsche Pilot - Hauptmann Lutz Tyrkowski[167] von der Waffenschule der Luftwaffe 10 in Nörvenich - ums Leben. Es folgte eine beispiellose Absturzserie.[168] Trotz dieser hohen Verluste schwankt das Urteil über die Maschine und reicht von „Witwenmacher" bis „Traumflugzeug". In der Bundestagsdebatte vom 20. Januar 1965 wies von Hassel die Vorwürfe des SDP-Abgeordneten Karl Wienand („ganz große Verschwendung") entschieden zurück und nannte die F 104G ein „ausgezeichnetes Flugzeug". Am 24. März 1966 folgte eine weitere Bundestagsdebatte über den „Starfighter". Der SPD-Fraktionsvorsitzende Helmut Schmidt kritisierte die Organisationsstruktur. Ein Unternehmen mit 450.000 Soldaten und 200.000 zivilen Beschäftigten könne nicht von einem „alleinigen Vorstandsmitglied mit einem Stellvertreter" geleitet werden. Minister von Hassel hingegen verteidigte das Waffensystem: „Es gibt keinen typischen Starfighter-Unfall". Die um 50 % gestiegene Unfallrate jedoch machte ihm seine Verteidigung schwer. So entfielen 1965 auf 100.000 „Starfighter"-Flugstunden 87,7 Unfälle (Abstürze, Totalschaden, mittlere und leichte Schäden); im Jahr davor, 1964, waren es nur 55,9 gewesen. Einen Monat zuvor hatte von Hassel sich mehrfach -

---

[165] Tatsächlich fand der inoffizielle Erstflug bereits am 14. Juli 1960 statt: Pilot war Bob Falkner. Bei der offiziellen Feier acht Tage später flog Falkner mit General Kammhuber, dem Inspekteur der Luftwaffe.

[166] Hauptmann Hans-Ulrich Flade und Oberleutnant Wolfgang Strenkert.

[167] Der zweite Pilot, Oberleutnant Horst Völter, konnte sich mit dem Schleudersitz retten.

[168] Zwischen 1962 und der Ausmusterung am 22. Mai 1991 starben 108 Piloten der Luftwaffe und Marineflieger. Die Bundeswehr verlor insgesamt 292 Maschinen.

so in einem Fernseh-Interview, in einem Artikel in der WELT und in der Bundespressekonferenz - dagegen verwahrt, dass die SPD den „Starfighter" immer noch als „nicht einsatzfähig" bezeichnete. In einem Interview[169] antwortete der damalige Brigadegeneral Walter Krupinski (1920-2000: Generalleutnant) auf die Frage „Ist die deutsche Luftwaffe mit diesem besten oder fast besten System fertig geworden?":

> „Ich würde diese Frage anders stellen. Ich würde fragen: Ist das Verteidigungsressort, ist das deutsche Verteidigungsministerium mit diesem System fertig geworden?

Später zur Anschaffung des „Starfighter" befragt, gab von Hassel eine überaus faire, ausgewogene Antwort, in der er keineswegs seinem Amtsvorgänger die Schuld zuzuschieben versuchte:

> „Im Nachhinein ist eine solche Frage leicht gestellt. Man kann sie aber nur beantworten, wenn man einen Blick auf die Weltlage wirft und die Konsequenzen, die aus ihr die Politiker zu ziehen hatten. Die Entscheidung fiel zwei Jahre nach dem Ungarn-Aufstand und nach der Suez-Krise, zur Zeit des Berlin-Ultimatums vom Herbst 1958; als die Kritik am Starfighter hochkam, war von den Kritikern sogar die Kuba-Krise und der Bau der Mauer vergessen."[170]

Die ehrliche Feststellung von Hassels, auch in Friedenszeiten müsse mit gewissen Verlustraten gerechnet werden,[171] ist ein weiterer Beleg für seine Aufrichtigkeit, wenngleich er dafür heftig kritisiert wurde. Dass sich die Verluste fortsetzten, bestätigt seine Aussage. Doch Binsenweisheiten stören bisweilen politische Hoffnungen.

---

[169] „DER SPIEGEL" Nr. 37/66
[170] Koop, Volker, a.a.O., S. 147
[171] Koop, Volker, a.a.O., S. 147 f.

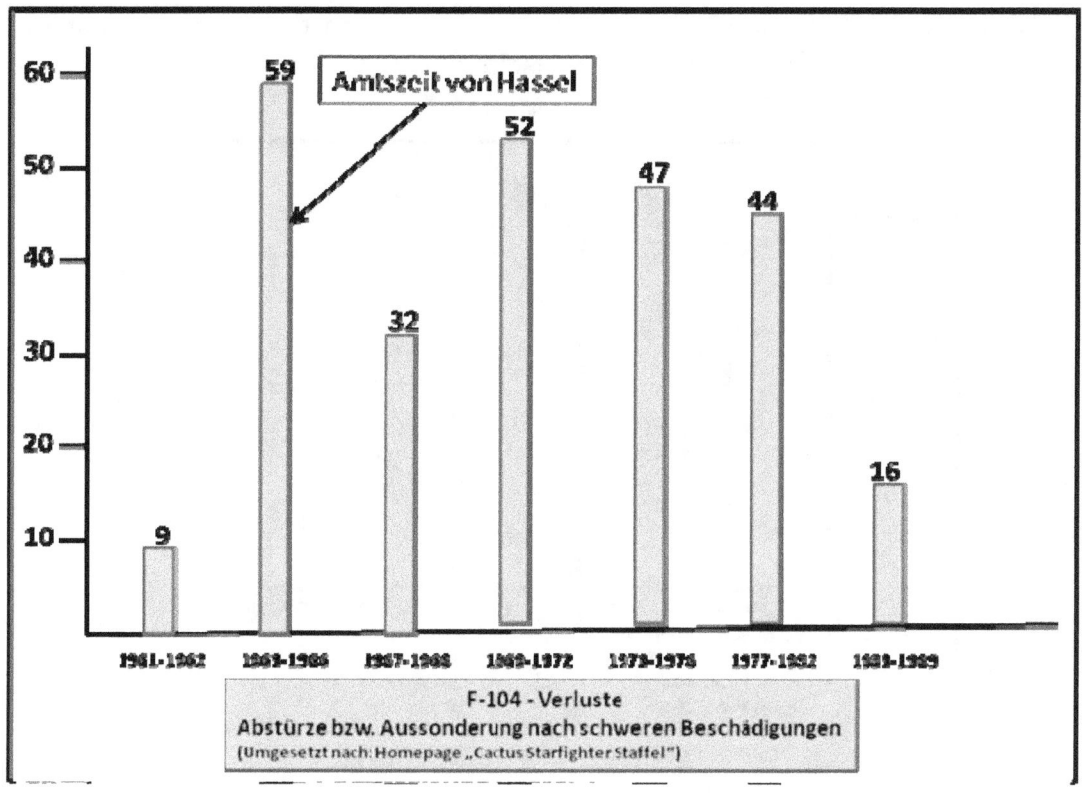

In der Rückschau ist die immer noch kolportierte mediale Verknüpfung von dessen Amtszeit mit der „Starfighter-Krise" falsch, denn diese ist statistisch nicht zu belegen. Von allen 292 F-104G-Verlusten ereigneten sich zwar mit 59 die höchste Anzahl unter Kai-Uwe von Hassel, doch es waren lediglich 20 %. Dieses Bild ändert sich auch nicht, wenn man die Zeitachse berücksichtigt: Von den 29 Jahren (1961 bis einschließlich 1989[172]) nimmt die Hasselsche Amtszeit mit 3 Jahren und 11 Monaten 13,6 % in Anspruch. Dies bedeutet, dass auch Amtsdauer (13,6 %) und Unfallanteil (20 %) in etwa gleich sind. Die leicht erhöhte Unfallzahl erklärt sich aus der Einführungsphase der F-104G, die unter von Hassel erst einsetzte.

Ableiten lässt sich auch, dass in der ersten Hälfte nach Einführung des Waffensystems F-104G die Verlustziffern mit 63 % weit höher waren als in der zweiten mit nur 37 %. Insgesamt wurden etwa 2.700 Piloten auf dem Muster

---

[172] Zum letzten tödlichen Unfall kam es am 11.12.1989, bei dem Major Hans-Dieter Kerstan vom Jagdbombergeschwader 34 in Memmingen ums Leben kam.

F-104G ausgebildet, darunter viele Zeitsoldaten, von denen manche später als Flugzeugführer zur Lufthansa wechselten.[173]

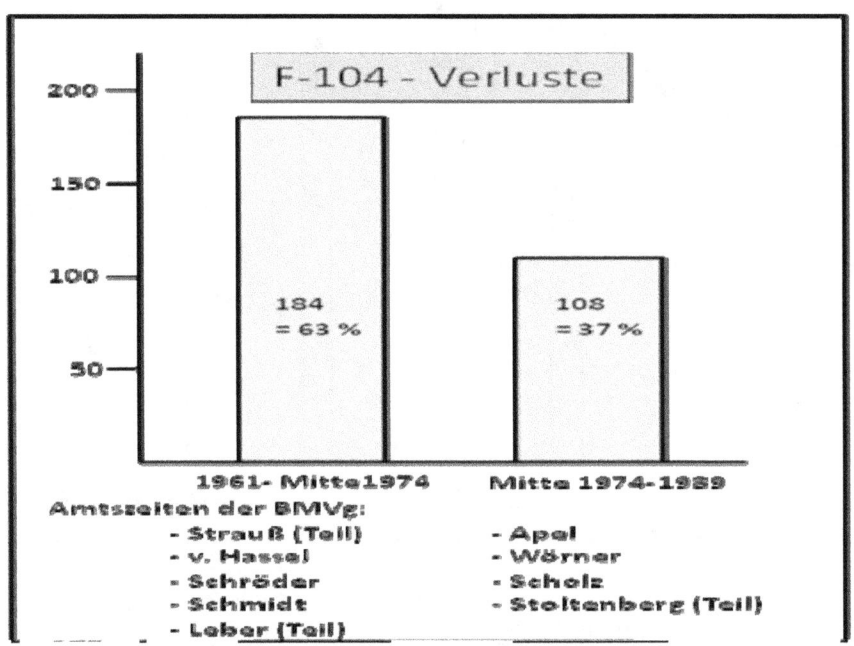

Am 12. August 1966 bat Luftwaffenchef Panitzki wegen der aus seiner Sicht mangelnden Unterstützung bei der Überwindung der „Starfighter-Krise" Minister von Hassel um vorzeitige Versetzung in den Ruhestand. Er beklagte, dass der Bericht des Führungsstabes der Luftwaffe zur Flugsicherheit und Unfallsituation vom 29. Oktober 1965 auf Weisung des Ministers aus politischen Gründen auf ein Viertel des Umfangs zusammengestrichen und auch die Forderung nach einer Änderung der Organisation nicht erfüllt worden wären. Zwar lehnte Minister von Hassel Panitzkis Rücktritt ab, warf dem Inspekteur der Luftwaffe aber zugleich vor, nicht genug getan zu haben, um die Krise in den Griff zu bekommen. Als von Hassel damit den „schwarzen Peter" an Panitzki zurückspielte, wandte sich dieser empört an die Presse. Tatsächlich sind aber auch der Luftwaffeninspekteur und die Arbeit seines

---

[173] Der bekannteste unter ihnen war Hauptmann Jürgen Schumann (1940-1977) vom Jagdbombergeschwader 33 in Büchel, der die Lufthansa-Boeing 737 „Landshut" flog, als diese im Oktober 1977 durch palästinensische Terroristen entführt wurde. Schumann wurde von diesen in Aden erschossen.

Führungsstabes nicht fehlerfrei gewesen. Brigadegeneral Johannes Steinhoff (1913-1994; General) hatte schon im April 1960 der Luftwaffenführung seine Sorge über die Entwicklung der Personalsituation gemeldet. Doch seinen Bedenken wurde nicht Rechnung getragen, weil andere Stellen innerhalb der Luftwaffe dies anders beurteilten. Es gab Pannen bei der Kommunikation innerhalb der Luftwaffenführung, zwischen dieser und der politischen Leitung, sowie mit nachgeordneten Kommandobehörden. Einen Bericht mit Verbesserungsvorschlägen zum Überleben von Piloten in Seenot aus der Feder von Generalmajor Steinhoff, der damals die 4. Luftwaffendivision in Aurich kommandierte, vom 22.12.1964 kannte Panitzki z.B. nicht und hatte ihn deswegen auch seinem Minister nicht vorlegen lassen. Zu lange glaubte die Luftwaffe, die Probleme mit dem „Starfighter" selbst in den Griff zu bekommen und stand der Einführung eines Sonderbeauftragten für das Waffensystem F-104G distanziert gegenüber. Panitzki besaß keine Erfahrung als Pilot von Düsenflugzeugen. 1941 war er als Bombenflieger bei Sarajewo abgestürzt und seitdem wegen einer Wirbelsäulenverletzung fluguntauglich. In einem Interview mit der Neuen Ruhr-Zeitung am 20. August 1966 stellte Panitzki fest, die Anschaffung des „Starfighter" sei eine „politische Entscheidung"[174] gewesen. Von Hassel missbilligte den Schritt Panitzkis:

> „Ich werde nicht mehr hinnehmen, daß Generale sich öffentlich äußern."[175]

Und so wurde Panitzki - in konsequenter Anwendung des Primats der Politik - am 25. August 1966 gemäß § 50 des Soldatengesetzes in den einstweiligen Ruhestand versetzt.

Seit geraumer Zeit war innerhalb der Bundeswehr die Frage gewerkschaftlicher Betätigung in den Kasernen diskutiert worden. Artikel 9 des Grundgesetzes und § 6 des Soldatengesetzes billigten auch den Soldaten die „Koalitionsfreiheit" zu. Überdies konnten sie als Einzelpersonen sowohl einer Gewerkschaft als auch einer politischen Partei beitreten. Bereits 1956, nach

---

[174] Tatsächlich stand das US-Modell u.a. in Konkurrenz zum französischen Muster „Mirage III" und war sowohl von Luftwaffeninspekteur Kammhuber, als auch vom Leiter der Erprobung, Walter Krupinski, einem erfahrenen, mit dem Eichenlaub zum Ritterkreuz dekorierten Jagdflieger, empfohlen worden. Minister Strauß hatte dem Votum zugestimmt, weil er sich dadurch u.a. die nukleare Teilhabe der Bundesrepublik erhoffte.
[175] Die „WELT" vom 1. Sept. 1966

dem „Iller-Unglück",[176] war der „Deutsche Bundeswehrverband" von Soldaten als deren alleinige Standesorganisation gegründet worden. Neun Jahre später, 1965, forderte auch die Gewerkschaft ÖTV („Öffentliche Dienste, Transport und Verkehr") nach eigener Werbung und Tätigkeit in den Kasernen. Dies führte zu einem öffentlichen Streit und zu Widerstand innerhalb der Bundeswehr. Überdies hatte Bundeskanzler Erhard auf dem 10. Jahrestag der Gründung des Bundeswehrverbandes im Juli 1966 erklärt, Soldaten seien nun einmal „keine Arbeitnehmer, für deren Vertretung je nach dienstlicher Funktion diese oder jene Gewerkschaft zuständig wäre."[177] Damit hatte er eine Art „militärischer Hallstein-Doktrin" sanktioniert, mit der das Alleinvertretungsrecht der Soldaten durch den Bundeswehrverband festgeschrieben schien. Die ÖTV versuchte, den zum „gewerkschaftlichen Platzhirsch" geadelten Bundeswehrverband als Nebenbuhler zu verdrängen und leitete am 5. August 1965 eine Beschwerde an das Bundesverfassungsgericht. Die wenigen Soldaten, wie die Generale Gerd Schmückle (* 1917) und Wolf Graf von Baudissin, die der ÖTV beigetreten waren, ernteten in der Truppe dafür fast durchweg scharfe Kritik. In diesen Jahren war das Verhältnis zwischen Gewerkschaften und den Streitkräften noch sehr belastet. Nicht wenige Berufssoldaten fürchteten einen zu großen parteipolitischen Einfluss in der Armee und eine Störung des dienstlichen Miteinanders. Sie sahen in der freien Betätigung der Gewerkschaft in den Kasernen einen fundamentalen Eingriff in das Prinzip jeder Armee, Befehl und Gehorsam, und sorgten sich um das Vertrauensverhältnis von Vorgesetzten und Untergebenen. Parteipolitischer Streit in den Kasernen, so glaubten sie, würde das innere Gefüge und Zusammenleben nachhaltig stören. In der Rückschau kann allerdings festgestellt werden, dass sich die Befürchtungen hinsichtlich einer Beeinträchtigung der militärischen Ordnung nicht bewahrheitet haben. Auch jene Kassandrarufe, die Schleusen für eine Politisierung der Bundeswehr wären damit weit geöffnet, und es könnte nun möglicherweise in absehbarer Zeit „ÖTV-Generale und IG-Metall-Obersten geben,

---

[176] Am 3. Juni 1957 waren - acht Wochen nach ihrer Einberufung - 15 Rekruten des IV. Zuges der 2. Kompanie unter Führung des Stabsunteroffiziers (Stabsoberjägers) Dieter Julitz des erst wenige Monate zuvor aufgestellten Luftlandejägerbataillons 19 aus dem Standort Kempten bei einer unzureichend gesicherten und überdies nicht angeordneten Überquerung der reißenden, etwa 50 m breiten Iller bei Hirschdorf ertrunken.
[177] zitiert bei: Hornung, Klaus Staat und Armee, S. 301

sowie Pioniere, die von >Bau, Steine, Erden< gelenkt werden", erfüllten sich nicht.

Ministerialdirektor Ernst Wirmer - Leiter der Abteilung Verwaltung und Recht im BMVg

Am 2. August 1966 gab Minister von Hassel auch für die ÖTV „grünes Licht" für deren Weg in die Kaserne und machte damit die Beschwerde der ÖTV vor dem Verfassungsgericht, die mit großer Wahrscheinlichkeit zugunsten der Gewerkschaft ausgegangen wäre, gegenstandslos. Handlungsspielraum hatte er wegen der Rechtsprechung nicht. Doch das Verfahren der Herausgabe des Erlasses war dubios. Denn im Vorfeld war ein Entwurf sowohl von Generalinspekteur Trettner und den Inspekteuren, als auch von Minister von Hassel selbst abgelehnt worden. Später erklärte Ministerialdirektor Ernst Wirmer (1910-1981),[178] der mächtige Leiter der Abteilung Verwaltung und Recht, der sich an Weisungen des Generalinspekteurs nicht gebunden fühlte und dabei die Rückendeckung von Staatssekretär Gumbel besaß, gegenüber dem Verteidigungsausschuss, er und seine Mitarbeiter hätten - im Wissen darum, dass die Generale ohnehin gegen den Erlass wären - diesen ohne sie herausgebracht. Das Umgehen der militärischen Spitze in einer wichtigen Frage war somit kein Versehen, sondern Vorsatz. Auch über Inhalt und Ergebnis eines Gespräches zwischen dem Ministers und dem ÖTV-Vorsitzenden Heinz Kluncker (1925-2005) am 1. Juni 1966 und die

---

[178] Ein Bruder des 1944 als Widerstandkämpfer hingerichteten Rechtsanwalts Josef Wirmer (1901-1944).

Folgeverhandlungen mit der ÖTV war der Generalinspekteur nicht unterrichtet worden. Offenbar unterschrieb der Minister den endgültigen Erlass - nach nur mündlichem Vortrag durch Staatssekretär Gumbel, - ohne ihn gelesen zu haben, obwohl dies nicht der Arbeitsweise von Hassels entsprach. Dieser Erlass vom 1. August 1966 bestätigte das Recht der Soldaten, zur Wahrung und Förderung ihrer Arbeits- und Wirtschaftbedingungen Berufs- und Fachverbände zu bilden, solchen beizutreten und in ihnen aktiv mitzuarbeiten. Trettner war zu diesem Zeitpunkt in Urlaub - ein Musterbeispiel für mangelhafte Zusammenarbeit und das offenbar vorsätzliche Fernhalten militärischen Sachverstandes - eine Verletzung des Primats der Politik durch die Beamtenhierarchie unter Gumbel. In diesem Zusammenhang ist ein weiterer Konflikt zwischen Staatssekretär und Generalinspekteur zu erwähnen. Dabei ging es - ebenfalls 1966 - um das Presse- und Informationswesen der Bundeswehr. Auch hier war Trettner erneut - wahrscheinlich absichtlich - von Gumbel unzureichend beteiligt worden.[179] General Trettner reichte am 15. August 1966 seinen Rücktritt ein. Bereits seit längerer Zeit war in Bonn über einen solchen Schritt gemunkelt worden.

Der August 1966 war kein guter Monat für den Minister: Innerhalb weniger Tage verlor er seinen Generalinspekteur und den obersten Luftwaffenchef. Allerdings haben die beiden Versetzungen in den einstweiligen Ruhestand - die von Trettner erbeten, die von Panitzki in gewisser Weise provoziert - nichts mit einander zu tun. Die zeitliche Nähe war zufällig. Trettner trat nicht wegen des Inhaltes des Gewerkschaftserlasses zurück, sondern weil ohne sein Mitwissen als oberster Soldat eine die innere Struktur der Streitkräfte betreffende wichtige Entscheidung durch die Ministerialbürokratie getroffen worden war. General de Maizière stellte dazu fest:

> „Für meinen Vorgänger ist der Streit um die Ministervertretung zwar nicht der unmittelbare Anlaß zu seinem Rücktritt ... gewesen, wohl aber Ausgangspunkt von sachlichen Meinungsverschiedenheiten zu Minister von Hassel und einer sich zunehmend verstärkenden Spannung mit dem damaligen Staatssekretär Gumbel, durch die der spätere Entschluß zum Rücktritt vorbereitet wurde."[180]

---

[179] Einzelheiten siehe : Hornung, Klaus Staat und Armee, S. 290 ff.
[180] Maizière, Ulrich de Führen im Frieden, S. 28

Und so war Trettners Schritt auch kein Affront gegen den Minister, sondern gegen den Amtsmissbrauch durch den beamteten Staatssekretär Gumbel. Unmittelbar danach trat Generalmajor Günther Pape (1907-1986), der Befehlshaber im Wehrbereich III in Düsseldorf, ebenfalls zurück. Er schloss sich Trettner aus kameradschaftlichen Gründen an, eine bisher einmalige, honorige Geste, wenngleich sie wirkungslos blieb. Auch sie war gegen die zivile Übermacht der Spitzenbeamten im Ministerium und nicht gegen die Politiker gerichtet. Der nahezu zeitgleiche Rücktritt dreier hoher Offiziere war bisher einmalig in der jungen Geschichte der Bundeswehr. Deshalb schlugen die Wellen in den Medien hoch. Am 31. August 1966 wurde Trettner durch Minister von Hassel mit einem Großen Zapfenstreich in allen Ehren aus dem aktiven Dienst verabschiedet.

Großer Zapfenstreich für General Trettner am 31. August 1966
Von links: Fackelträger, General Graf von Kielmansegg (verdeckt), General de Maizière, Minister von Hassel und der scheidende Generalinspekteur Trettner

Auch der geschasste Generalleutnant Panitzki wurde Ende August vor dem Offizierscasino in Köln-Wahn mit einem Großen Zapfenstreich geehrt. Der kleine protokollarische Unterschied bestand nur darin, dass - anders als bei jenem für General Trettner - bei Panitzkis Abschied Minister von Hassel nur als Gast anwesend war, nicht aber als Gastgeber fungierte. Panitzki wurde durch den neuen Generalinspekteur de Maizière verabschiedet. „DER

SPIEGEL" - damals auf Seiten der Soldaten und gegen den Minister - kommentierte bissig:

> „Der Edelmann aus dem Norden benahm sich weder gutgezogen noch fein, als den Streitkräften der Bundesrepublik ihre bisher schwerste Prüfung auferlegt wurde. Statt die ihm gegebene Verantwortung voll zu übernehmen, schob der Kriegsherr alle Schuld auf seine Untergebenen. Statt selbst seinen Rücktritt anzubieten oder auch nur in Erwägung zu ziehen, erteilte er zwei der höchsten deutschen Soldaten, dem General-Inspekteur Trettner und dem Luftwaffenchef Panitzki, einen schmählichen Abschied."

Die mediale Kritik lässt unberücksichtigt, dass es keineswegs „die schwerste Prüfung" der Bundeswehr war, und die Rücktritte unterschiedliche Gründe hatten. Doch folgt man der Argumentation des „DER SPIEGEL" für einen Augenblick, so stellt sich die Frage, ob ein Rücktritt des Ministers die ministeriellen Schwachstellen wirklich beseitigt hätte. Dass sich dadurch etwas an der Bevormundung durch die Beamtenhierarchie und in der Vertretungsfrage geändert hätte, erscheint unwahrscheinlich; letztere ist bis heute im Wesentlichen unverändert. Auch das „Starfighter"-Problem wäre durch diesen Schritt nicht gelöst worden. Der „SPIEGEL" irrte: Von Hassels Verbleiben im Amt war eine vernünftige, richtige Entscheidung. Und der Vorwurf eines „schmählichen Abschieds" trifft - wie geschildert - nicht zu. In späteren Jahren sind hohe Offiziere aus der Armee ausgeschieden, ohne dass ihnen die Ehre eines Großen Zapfenstreiches erwiesen wurde.

Die Herausgabe des Gewerkschaftserlasses war nicht der erste Streit mit und wegen Gumbel. Bereits im November 1963 hatte sich der Panzermajor Hans-Joachim Witte (* 1923) in einer Petition an den Verteidigungsausschuss gegen ein geplantes Bundeswehrbeamtengesetz, das den Staatssekretär zum Drei-Sterne -General gemacht hätte, Stellung bezogen. Die Karriere Wittes, der in der Personalabteilung[181] unter Ministerialdirektor Gumbel arbeitete, wurde ausgebremst, nachdem dieser Minister von Hassel geschrieben hatte, sein Staatssekretär neige zu „Willkür und Manipulationen"[182] - ein

---

[181] Als Personalbearbeiter für die Offiziere der Panzeraufklärungstruppe unter Oberst Helmut Heckel (+ 2005), dem Referenten für die Panzertruppe und dem Unterabteilungsleiter für die Offiziere des Heeres, Brigadegeneral Karl-Theodor Molinari (1915-1993).

[182] Nach Disziplinarverfahren und Strafversetzung zunächst an die Heeresoffizierschule I nach Hannover und danach an die Kampftruppenschule nach Munster folgte ein dreijähriger Rechtsstreit, in dem Witte allerdings unterlag.

schwerer Vorwurf. Gumbels „pedantisch genaue, aber oft auch undurchsichtige Arbeitsweise" hätte „die Stellung des Staatssekretärs ins Zwielicht gerückt",[183] schrieb General de Maizière, und Helmut Schmidt bezeichnete ihn sogar als „Krebsschaden der Bundeswehr".[184] Gumbel - Reserveleutnant der schweren Artillerie im Kriege - sah sich als direkter Vorgesetzter des Generalinspekteurs, obwohl die rechtliche Grundlage dafür fehlte. Dies äußerte sich im ministeriellen Dienstbetrieb z.B. darin, dass er dem Generalinspekteur sogar in dessen Funktion als Berater der Bundesregierung das unmittelbare Vortragsrecht beim Minister verweigerte - ein Affront gegen Minister und Kanzler und ein massiver Eingriff in deren Kompetenzen. Überdies hatten alle Ministervorlagen über seinen Tisch zu laufen, was de facto einer Zensur gleichkam. Im Kern ging es um zwei Fragen: Erstens: Wer vertritt den Verteidigungsminister in dessen Dreifach-Rolle als Regierungsmitglied, Ressortchef und Inhaber der Befehls- und Kommandogewalt? Und zweitens: Ist die Spitzengliederung des Ministeriums für Frieden und Verteidigungsfall geeignet? Zwei dieser Vertretungsaufgaben waren und sind unstrittig: Als Regierungsmitglied in seinen breit gefächerten politischen Aufgaben wurde der Minister von einem Kabinettskollegen und ab 1967 vom Parlamentarischen Staatssekretär, der Mitglied des Bundestages sein muss, vertreten, und als Chef einer obersten Bundesbehörde in deren Verwaltung durch den beamteten Staatssekretär. Unklar hingegen war die dritte Vertretungsrolle, als Inhaber der Befehls- und Kommandogewalt, sprich: als oberster militärischer Vorgesetzter der Soldaten der Bundeswehr. General de Maizière schreibt, dass nach seiner Auffassung als Vertreter in der verfassungsgemäß verbrieften Rolle als Inhaber der Befehls- und Kommandogewalt nur ein gewählter Politiker in Frage käme.[185] Heute wird die Leitung des Ministeriums vom Ressortchef, sowie zwei Parlamentarischen und zwei beamteten Staatssekretären gebildet. Mit dem Kabinettsbeschluss vom 28.10.1969 - d.h. nach der Amtszeit von Hassels als Verteidigungsminister - und seither mehrfach erneuert, wurde festgelegt, dass die Vertretung in der Rolle als Kabinettsmitglied auch die Befehls- und Kommandogewalt einschließt. Handelt es sich jedoch um innerministerielle Angelegenheiten dieser Gewalt, erfolgt die Vertretung durch einen beamteten Staatssekretär. Minister von Hassel

---

[183] Maizière, Ulrich de In der Pflicht, S. 287
[184] „DER SPIEGEL" - Nr. 36/66 vom 29.08.1966
[185] Maizière, Ulrich de Führen im Frieden, S. 31

hatte bereits kurz nach seinem Amtsantritt in einer Rede vor dem Beirat für Fragen der Inneren Führung im Juni 1963 auf die damalige Fehlinterpretation hingewiesen:

> „Civil control heißt nicht >zivile Kontrolle< der Soldaten, sondern verantwortliche Leitung durch Politik. Soldaten und Beamte arbeiten gemeinsam unter der politischen Leitung. Eine gegenseitige oder einseitige Kontrolle etwa der Soldaten durch den Zivilisten wäre ein durch nichts gerechtfertigtes Mißverständnis. Ohne gegenseitiges Vertrauen gibt es keine gemeinsame Leitung. Die Grundsätze der Inneren Führung müssen auch für das Verhältnis von Beamten und Soldaten gelten."[186]

Zur Frage der Spitzengliederung und der Organisation des Ministeriums hatte von Hassel ebenfalls 1963 - basierend auf den Erfahrungen der NATO-Stabsrahmenübung FALLEX - festgestellt, dass es hier beträchtliche Defizite gäbe und begonnen, diese - mit seinen, allerdings wegen zahlloser Vorbehalte in allen politischen Lagern begrenzten Möglichkeiten - abzubauen. Trotz mehrfacher Anpassungen ist dieses Ziel aber bis heute nicht erreicht.

Im August 1966 erholte sich Generalleutnant de Maizière, der Inspekteur des Heeres, im „Haus Dümling" in Braunlage im Harz, als ihn am 24. August der Anruf seines Stellvertreters, Generalmajor Josef Moll (1908-1989), erreichte, unverzüglich nach Bonn zurückzukehren: Auf dem Militärflugplatz in Hildesheim wartete bereits eine Do-27, die ihn nach Hangelar flog. Am Abend führte der Minister ein Gespräch mit ihm und bot ihm das Amt des Generalinspekteurs an. Bundespräsident und Bundeskanzler hatten bereits ihre Zustimmung erteilt. De Maizière schreibt, er hätte von Hassel seine Vorstellungen von dieser Aufgabe vorgetragen und um dessen Zustimmung zu bestimmten Voraussetzungen gebeten, die dieser „ohne Zögern" gebilligt hätte. Vor der endgültigen Zusage hätte er auch General Trettner um Rat gefragt, und dieser hätte ihn ermutigt: „Aber die Arbeit muß ja weitergehen. Sie müssen es machen!"[187] Am 25. August um 13.45 Uhr überreichte ihm Kai-Uwe von Hassel im Ministerflügel auf der Hardthöhe die Ernennungsurkunde des Bundespräsidenten zum Generalinspekteur und ließ ihm je einen weiteren goldenen Stern auf die Schulterklappen heften. Dann stellte der

---

[186] Zitiert bei: Speich, Mark, a.a.O., S. 289
[187] Maizière, Ulrich de In der Pflicht, S. 279

Minister seinen neuen obersten militärischen Berater den Medien vor. Unter Minister Strauß war de Maizière im April 1962 zum Kommandeur der Führungsakademie in Hamburg berufen und dort zum Generalmajor befördert worden. Doch bereits zweieinhalb Jahre später, am 1. Oktober 1964, hatte ihn Minister von Hassel zum Inspekteur des Heeres ernannt, obwohl er weder eine Division noch ein Korps befehligt hatte. Dies hatte - erneut nach 1963, als Graf von Kielmansegg überraschend schnell vom Generalmajor zum General avancierte - das Missfallen der dienstälteren Generale des Heeres - vor allem der Kommandierenden Generale der drei Korps, der Generalleutnante Wilhelm Meyer-Detring (1906-2002), Leo Hepp und Heinz Gaedcke erregt, die trotz uneingeschränkter Befähigung - zumindest was die Generale Meyer-Detring und Gaedcke betrifft - übergangen worden waren.

Generalleutnant Wilhelm Meyer-Detring Kommandierender General I. Korps in Münster

Generalleutnant Leo Hepp Kommandierender General II. Korps in Ulm

Generalleutnant Heinz Gaedcke Kommandierender General III. Korps in Koblenz

Zwei Tage später, am Freitag, dem 26. August 1966, trug Minister von Hassel in der 40. Kabinettssitzung unter Leitung von Kanzler Erhard „eingehend über die Vorgeschichte und die Umstände", die zum Ausscheiden der Generale Panitzki und Trettner, die inzwischen gemäß § 50 des Soldatengesetzes in den einstweiligen Ruhestand versetzt worden waren, geführt haben, vor. Gleichzeitig unterrichtete er das Kabinett über die Ernennung des Generalleutnants de Maizière zum Generalinspekteur und zu dessen Beförderung zum General, sowie des Generalmajors Josef Moll zum Inspekteur des Heeres und zum Generalleutnant.[188]

In der Truppe kursierten damals Hoffnungen, der neue Generalinspekteur würde seine Zusage, an die militärische Spitze der Bundeswehr zu treten, von Forderungen hinsichtlich eines Zuwachses seiner Kompetenzen abhängig machen. Als diese nicht erfüllt wurden, entlud sich deren Unmut nicht über den Minister, sondern über den obersten Soldaten.

> „Man hat mir anfangs in der Truppe vorgeworfen, ich hätte … allzu schnell das Amt des Generalinspekteurs angenommen, ohne …. die dadurch für die politische Leitung entstandene kritische Lage voll zugunsten der Soldaten genutzt zu haben."[189]

Um diese Vorwürfe zu entkräften, schrieb de Maizière später, er konnte „einiges durchsetzen, was bisher kaum erreichbar schien." Dabei hätte er sich aber bei seinen Forderungen bewusst sowohl im Rahmen des Grundgesetzes als auch des politisch Machbaren gehalten:

> „Eine Verfassungsänderung zugunsten der Militärischen Führung stand außerhalb meiner Überlegungen; … .Der Generalinspekteur erhielt jederzeitigen unmittelbaren Zutritt zum Minister und rangierte von nun ab unabhängig vom Dienstalter vor den beiden zivilen Hauptabteilungsleitern."[190]

In der Tat waren die Erwartungen in der Truppe zu hoch, und die Vorwürfe gegen de Maizière ungerechtfertigt, denn bis heute entspricht die Stellung des Generalinspekteurs trotz einiger wichtiger Verbesserungen nicht dem international üblichen Standard als Generalstabschef. De Maizière setzte - was eigentlich eine Selbstverständlichkeit sein sollte - das unmittelbare Vortragsrecht und die direkte, unzensierte und verzugslose Weiterleitung seiner schriftlichen Vorlagen beim Minister durch.

---

[188] Kabinettsprotokolle Online. Moll war von 1963 bis 1965 Kommandeur der 10. Panzerdivision in Sigmaringen gewesen und im Januar 1965 zum Stellvertretenden Inspekteur des Heeres ernannt worden. Er trat Ende September 1968 als Inspekteur des Heeres in den Ruhestand.

[189] Maizière, Ulrich de Führen im Frieden, S. 89

[190] Maizière, Ulrich de In der Pflicht, S. 282, sowie Führen im Frieden, S. 33. Sie auch: Zimmermann, John Ulrich de Maizière - General der Bonner Republik 1912-2006, S. 326 ff.

> „Ich musste aber auch ausdrücklich darauf dringen, daß schriftliche Vorlagen des Generalinspekteurs den Minister in angemessener Zeit im Original erreichten, auch wenn der Staatssekretär mit dem Inhalt der Vorlage nicht übereinstimmte."[191]

Aus diesen Worten wird deutlich, dass es Gumbel war, der die Zusammenarbeit zwischen von Hassel und der Generalität vergiftet hatte. Einschränkend ist festzustellen, dass die vermeintlich reibungslose Zusammenarbeit de Maizière-Gumbel nur drei Monate dauerte und dabei Gumbels Widerstand überwunden werden musste. Ob sie einer längeren Belastung standgehalten hätte, erscheint daher mehr als fraglich.[192] Von Hassel hielt seine Zusagen gegenüber de Maizière, denn „ sie widersprachen ... nicht seinen persönlichen Vorstellungen von der Rolle des ersten Soldaten im Ministerium."[193] Ob aber Generalinspekteur de Maizière - im Vergleich zu seinem Vorgänger - tatsächlich an Einfluss gewann, kann nicht beantwortet werden, da wenige Monate später der Regierungswechsel folgte, und sich die personelle Konstellation änderte. Helmut Schmidt verneint dies sowohl für de Maizières Zeit unter von Hassel als auch unter Nachfolger Gerhard Schröder.[194]

Gumbel hatte den neuen Generalinspekteur bereits früh gefördert. So hatte er während der 8. Kommandeurtagung der Bundeswehr im Juni 1963 in Dortmund dem damaligen Kommandeur der Führungsakademie, de Maizière, der sich zu dieser Zeit „noch nicht in der Rolle eines Kronprinzen sah", gesagt, er könnte sich „noch andere Verwendungen" für de Maizière vorstellen.[195] De Maizière bewahrte daher der „politische Gong" im Herbst 1966 vor einer weiteren Runde mit Gumbel, in der es wahrscheinlich zum Schwur hinsichtlich der Rollenverteilung und damit vielleicht zum Aus für den General gekommen wäre.

Nach dem Posten des Generalinspekteurs musste nun auch die Vakanz an der Spitze der Luftwaffe behoben werden. Der Minister favorisierte den

---

[191] Maizière, Ulrich de Führen im Frieden, S. 33 und 87.

[192] Auch Trettner besaß - zumindest seitens des Ministers - unmittelbares Vortragsrecht. Siehe dazu: Ebenda.

[193] Maizière, Ulrich de Führen im Frieden, S. 88

[194] Schmidt, Helmut Weggefährten, S. 474

[195] Maizière, Ulrich de, In der Pflicht, S. 249

erfahrenen Generalleutnant Johannes Steinhoff,[196] obwohl dieser erst im April 1965 als Chef des Stabes und Stellvertreter des Oberbefehlshabers der Alliierten Luftstreitkräfte Europa Mitte (AAFCE) nach Fontainebleau bei Paris versetzt worden war. Steinhoff ließ seinen Minister neun Tage lang auf eine Entscheidung warten. Doch dann folgte er dem Ruf und wohl auch seiner Verantwortung, kehrte nach Bonn zurück und übernahm das schwere „Starfighter"-Erbe von Panitzki. Mit einem Glas Sekt stieß der Minister - im Beisein von Staatssekretär Gumbel und Generalinspekteur de Maizière, sowie den Inspekteuren und Abteilungsleitern im Ministerium - am Freitag, dem 2. September 1966, im Ministerflügel auf der Hardthöhe mit seinem neuen Luftwaffen-Chef an. De Maizière räumt ein, Steinhoffs Taktik wäre „eine für Truppe und Öffentlichkeit wirksame Methode gewesen, seinem Amt mehr Gewicht zu geben."[197] Doch sie lag seiner Mentalität ebenso wenig wie von Hassel; auch in dieser Charaktereigenschaft waren sie sich ähnlich.

Steinhoff ließ auf die F-104G, die er oft selbst geflogen hatte, nichts kommen und ging davon aus, dass die Gründe für das Versagen nicht an der Maschine und deren Technik, sondern beim Management, in der Zuordnung der Verantwortung, bei der Ausbildung und Übung, sowie der Personalauswahl lägen. Wie Steinhoff schwärmten die meisten Piloten von diesem Flugzeug, das sie liebevoll „Gustav" nannten. Doch sie wussten auch, dass die Maschine keine Fehler verzieh. Luftwaffen-Oberst Peter Vogler (* 1941; Generalleutnant) und Staffelkapitän der „Cactus Starfighter Squadron" schrieb:

> „ Sie hat den schlechten Ruf nicht verdient. Sie stellt >nur< das Höchstmaß dessen dar, das ein sorgfältig ausgewählter und ausgebildeter, ... einzelner Mensch zu meistern vermag."[198]

Die Absturzserie könnte gestoppt werden, so war sich Steinhoff sicher, wenn es klare Kompetenzen gäbe, und er forderte diese von seinem Minister ein.

---

[196] Steinhoff war im Zweiten Weltkrieg mit 176 Abschüssen einer der erfolgreichsten Jagdflieger und dafür mit den Schwertern zum Eichenlaub des Ritterkreuzes ausgezeichnet worden.
[197] Maizière, Ulrich d Führen im Frieden, S,. 89
[198] Jarosch, Werner Immer im Einsatz - 50 Jahre Luftwaffe, S. 57

> „Der Minister antwortete ihm (= Steinhoff) zögerlich. Er befürchtete einen politischen Krach. Einem General nachgeben, hieß in Deutschland: politische Schwäche zeigen. Steinhoff zuckte mit den Schultern: Dann eben nicht! Der alte Konflikt zwischen Politiker und Soldat war aufgebrochen."[199]

Und so biss auch Steinhoff mit seinen Forderungen zunächst auf ministerialbürokratischen Granit und war bereits einen Monat nach seinem Amtsantritt am 2. September 1966 zum Rücktritt entschlossen. Dies wäre allerdings einem politischen Offenbarungseid für Minister von Hassel gleichgekommen, denn einen weiteren Rücktritt eines Generals hätte er sich nicht leisten können. Politik und Medien betrachteten diese berechtigte Art der Durchsetzung militärischer Forderungen mit Argwohn. Daraufhin erfüllte der Minister die Forderung Steinhoffs nach einem Systembeauftragten mit hinreichenden Vollmachten.[200] Basierend auf dem Einsatz des „Sonderbeauftragten für das Waffensystem F-104G", Generalmajor Dietrich Hrabak (1914-1995), und der Erfahrung und Durchsetzungskraft von Inspekteur Steinhoff, gelang es dann auch, die Krise Schritt für Schritt in den Griff zu bekommen. Gleichwohl kam es immer wieder zu Flugunfällen. Einer traf die Familie von Hassel bis ins Mark, als der Minister bereits fast vier Jahre aus dem Amte war.

Die Lücke an der Spitze des Wehrbereichs III in Düsseldorf hingegen zu schließen, war eine Routinemaßnahme: Auf Pape folgte der Luftwaffen-Generalmajor Wilhelm-Peter Sieber (1910-1996). Und so hatten sich bereits zwei Wochen später die Wogen, die von den Medien so hoch aufgepeitscht worden waren, wieder geglättet - von einer Generalskrise, geschweige denn einem Aufstand des Militärs keine Spur. Die mediale Blase zerplatzte.

---

[199] Schmückle, Gerd Ohne Pauken und Trompeten, S. 293

[200] Bereits am 12.09.1960 war unter Minister Strauß ein „Arbeitsstab Rall" eingerichtet worden, der sich mit dem Waffensystem F-104 befasste, allerdings nur koordinierende Kompetenz besaß. Am 24. Januar 1966 wurde ein Erlass herausgegeben, der die Einrichtung eines Systembeauftragten nach amerikanischem Vorbild vorsah, diesen jedoch nicht mit den notwendigen Vollmachten ausstattete. Überdies stieß der Vorschlag auf den erbitterten Widerstand der auf die GGO (Gemeinsame Geschäftsordnung der Bundesministerien) eingeschworenen zivilen Ministerialbürokratie.

Generalmajor Pape   Generalmajor Sieber
Befehlshaber im Wehrbereich III Düsseldorf

Der Personalwechsel indes war nur eine kosmetische Korrektur, die allein an den Symptomen ansetzte, die eigentliche Ursache des Unfriedens jedoch nicht beseitigte, sondern nur übertünchte, denn der umstrittene Staatssekretär Gumbel blieb bis zum Ende der Amtszeit von Hassels im Amt. Im Dezember 1966, nach Bildung der Großen Koalition, brachte Minister Gerhard Schröder (CDU), der als Hassels Nachfolger das Verteidigungsressort übernahm, seinen bewährten Staatssekretär Prof. Dr. Karl Carstens vom Außenamt als beamteten Staatssekretär auf die Hardthöhe mit. Danach entspannte sich die Lage in der Führungsetage schnell. General de Maizière schrieb:

> „Carstens gelang es innerhalb kurzer Zeit, im gesamten Haus wieder ein vertrauensvolles Arbeitsklima herzustellen." ... Alle atmeten auf."[201]

Dieser Wechsel und die anschließende Verbesserung der Zusammenarbeit innerhalb des Ministeriums zeigen deutlich, dass die Ursachen für die angebliche Generalskrise nicht beim Generalinspekteur, sondern in der Amtsanmaßung des Staatssekretärs gelegen hatten. Von Hassel wusste um die Querelen in seinem Hause:

---

[201] Maizière, Ulrich de In der Pflicht S. 287. Als Minister Schröder 1967 schwer erkrankte, übernahm Carstens, - wie es die Gemeinsame Geschäftsordnung (GGO) vorsah - nur die Vertretung des Ministers in den laufenden Angelegenheiten des Ministeriums. Die Befehls- und Kommandogewalt hingegen wurde von einem anderen Bundesminister wahrgenommen; von Kai-Uwe von Hassel, der in das Amt des Bundesministers für Vertriebene, Flüchtlinge und Kriegsgeschädigte gewechselt war.

> „Nun war mir bekannt, dass es ... eine latente Spannung zwischen Soldaten und Verteidigung gab. Sie resultierte daher, dass man bei Beginn der Bundeswehr den Primat der Politik begründet hatte, und eisern darüber wachte, dass kein Zivilist einem Soldaten unterstellt werden dürfe. Nach meinem Dafürhalten ist die Auslegung dieses Leitsatzes immer sehr problematisch gewesen. Unter dem Primat der Politik subsumierten die Verwaltungsleute ihre Übergeordnetheit gegenüber den Soldaten, und wenn die Soldaten - und nach meinem Dafürhalten völlig zu Recht - erklärten, der Primat der Politik bedeutet, dass der Minister und seine politischen Stellvertreter die Entscheidung zu treffen haben, dass es aber nirgendwo hieße, dass etwa ein Vier-Sterne-General einem Ministerialdirektor untergeordnet sein müsste. ... Es war für mein Gefühl völlig überflüssig, wurde aber von der Verwaltung sehr hochgespielt, zumal auch innerhalb des Bundestages Mitglieder des Verteidigungsausschusses diesen Leitsatz mit prägten."[202]

Diese Aussage zeigt, dass von Hassel den Begriff „Primat der Politik" richtig interpretierte und innerlich auf Seiten der Soldaten stand. Allerdings hatte er selbst Gumbel im Juni 1964 zu seinem Stellvertreter berufen.

> „Ich selbst konnte mit Gumbel ganz gut. Sein Problem war, daß er seitens der Soldaten auf das Tiefste abgelehnt wurde."[203]

Hier stellt sich die Frage, warum von Hassel als dessen Dienstherr nicht eingriff, um diese innerministeriellen Reibungsflächen, die selbst die Grenzen von Pflichtverletzungen überschritten, zu entschärfen? Der Minister vermied wahrscheinlich die Auseinandersetzung mit seinem, dem Beamtengesetz unterworfenen Staatssekretär, weil er wusste, dass dieser die Rückendeckung des Kanzlers besaß. Koop nennt Gumbel einen „Aufpasser aus dem Kanzleramt". Trotz des formalen Vorteils hätte von Hassel somit wegen des politischen Rückhaltes der Gegenseite keine Chance gehabt, das „Problem Gumbel" z.B. durch dessen Versetzung in den vorzeitigen Ruhestand nach § 36 des Bundesbeamtengesetzes zu lösen. Damit nahm er aus Loyalität gegenüber dem Kanzler in Kauf, von den Soldaten als Zauderer und als auf der anderen Seite stehend angesehen zu werden.

In der Rückschau ist festzustellen, dass sowohl Panitzkis Schritt als auch Steinhoffs Drängen und die Durchsetzung militärischen Fachwissens gegen-

---

[202] Koop, Volker, a.a.O., S. 132
[203] Ebenda

über politischen Vorgaben notwendig waren, denn sie hat - wenngleich mit beträchtlicher zeitlicher Verzögerung - die Krise beendet und damit Menschleben gerettet. Panitzkis Handeln in dieser Lage zeigte somit heilsame Katalysatorwirkung, weil erst dadurch Politik und Luftwaffenführung bereit waren, das Ursachenbündel „Starfighter" aufzuschnüren und neue Wege zu beschreiten. Es war - cum grano salis - auch kein Aufbegehren gegen politische Entscheidungen, sondern gegen die politische Lethargie und die Amtsanmaßung der zivilen Bürokratie im Verteidigungsministerium, d.h. gegen den Missbrauch des Primats der Politik durch die höchsten Beamten der Hardthöhe. Ein Jahr zuvor hatte von Hassel selbst zum Thema Spitzengliederung und militärische Beratung gesagt:

> „Die Entscheidung trifft allemal die Politik. Der Soldat aber muß aus seiner Sicht das Recht haben, auf militärische Erfordernisse hinzuweisen. Das erwarte ich von der militärischen Führung."[204]

Zugleich wehrte er sich gegen eine Verabsolutierung des Primats der Politik; so sollte z.B. die Frage des Kommandos „Marsch! Marsch!" beim Formaldienst nicht aus Sicht des Grundgesetzes beurteilt werden.[205]

Hinsichtlich der unter Vorgänger Strauß eingegangenen Verpflichtung zur Lieferung von Rüstungsgütern an Israel sah sich von Hassel in der Pflicht. Am 8. Juni 1963 traf er zum ersten Mal mit dem damaligen israelischen Stellvertretenden Verteidigungsminister Schimon Peres (* 1923) zusammen. Über die alten Zusagen hinaus wurden einige Lieferungen vorgezogen und neue Aufträge vereinbart. Von Hassel war sogar bereit, ein Dutzend Kampfpanzer Leopard zur Verfügung zu stellen, und bis Ende 1963 wurden einige geliefert. Israel wollte damit die Bewaffnung Ägyptens mit modernen sowjetischen Panzern der Muster T-34/85 und T-54 ausgleichen. Bei einem weiteren Treffen am 30. Januar 1964 stimmte Hassel weiteren israelischen Wünschen zwar zu, bestand aber auf der Unterscheidung zwischen Angriffs- und Verteidigungswaffen. Er erklärte nach Rücksprache mit Kanzler Adenauer, dass aus diesem Grunde deutsche U-Boote nicht geliefert würden, doch werde Bonn für zwei von Großbritannien gebaute Boote finanziell aufkommen - eine seltsame Logik. Auch weitere Kampfpanzer Leopard

---

[204] Hassel, Kai-Uwe Verantwortung für die Freiheit, S. 168
[205] Kai-Uwe von Hassel, a.a.O., S. 175

würden nicht geliefert, doch das Volumen der Lieferung auf etwa 300 Millionen ausgeweitet. Gerhard Schröder hatte die Lieferungen bereits als Außenminister 1963 scharf kritisiert und als von Hassels Nachfolger Ende 1966 nicht weiter unterstützt.[206] Er wollte weder mit Israel noch mit Ägypten militärische Beziehungen pflegen.

Die zahlreichen Truppenbesuche von Hassels in seiner fast vierjährigen Amtszeit als Verteidigungsminister sollen nur beispielhaft erwähnt werden. Der erste fand am 15. Februar 1963 statt und galt Truppenteilen der Panzerbrigade 8,[207] u.a. dem in Lüneburg stationierten Panzergrenadierbataillon 82 unter Major Wolfgang Müller und den Panzerbataillonen 83 unter Oberstleutnant Hans Briesemann und 84 unter Oberstleutnant Gerhard Fischer. Mit einer Feldjacke, blauer Zivilhose, Gummistiefeln und Schirmmütze mit silbernem Eichenlaub bekleidet, traf der Minister, der wegen Nebels verspätet auf dem Fliegerhorst Celle-Witzenbruch gelandet war, in großer Begleitung - Generalinspekteur, Inspekteur des Heeres und Kommandeur der vorgesetzten 3. Panzerdivision - im Mercedes mit dem Kennzeichen „Y-1", in der Lüneburger Schlieffen-Kaserne ein. Oberleutnant Ulfert Roggenbau (*1934; Oberst) kommandierte die Ehrenkompanie der 2. Kompanie des Panzerbataillons 84, die von Hassel zusammen mit Brigadekommandeur Walter Carganico (* 1913-2005; Generalmajor) abschritt. Nach einem kleinen gemeinsamen Mittagessen wurden dem Minister am Nachmittag auf dem schneebedeckten Standortübungsplatz Wendisch-Evern - drei Kilometer südöstlich von Lüneburg - Gefechtsausschnitte vorgeführt, dabei waren auch Teil des Panzeraufklärungsbataillons 3 und des Artilleriebataillons 31. In der Schlieffen-Kaserne sprach der Minister mit den Soldaten nicht nur über militärische Dinge, sondern erkundigte sich auch über deren private Sorgen, wie die angespannte Lage auf dem Wohnungsmarkt. Am nächsten Tag wurde dem neuen Chef auf der Bonner Hardthöhe bei der Panzertruppenschule in Munster unter Brigadegeneral Werner Drews (1914-1974; Generalmajor) der Standardpanzer (später: „Leopard 1") vorgeführt.

Am 25. Mai 1963 fand in Anwesenheit des Verteidigungsministers Kai-Uwe von Hassel die Indienststellung des Schulschiffs „Deutschland" durch den Inspekteur der Marine, Vizeadmiral Zenker, im Heimathafen Kiel statt.

---

[206] Hansen, Niels Geheimvorhaben „Frank/Kol" S. 245

[207] Die Brigade gehörte zur 3. Panzerdivision in Buxtehude unter Generalmajor Hans-Georg von Tempelhoff (1907-1985).

Meldung an Minister von Hassel

Von links: Oberst i.G. Wagenknecht, Minister von Hassel, Generalleutnart Zerbel (Inspekteur Heer) und Oberst Carganico

Erster Truppenbesuch des neuen Ministers am 15. Februar 1963 bei der Panzerbrigade 8 in Lüneburg

Minister von Hassel — Oberst Carganico Kommandeur der Panzerbrigade 8 — Oberst i.G. Wagenknecht,- Adjutant des BMVg
(auf dem Standortübungsplatz Wendisch-Evern)

Von links: Generalinspekteur Foertsch, Minister, Inspekteur Heer und Oberleutnant Roggenbau

Von Hassel hatte den Werdegang des Schiffes von Anfang an verfolgt, denn es war am 11. November 1959 auf der Werft Nobiskrug in Rendsburg auf Kiel gelegt und ein Jahr später in seinem Beisein von Frau Wilhelmine Lübke getauft worden und dann von Stapel gelaufen. Am 16. Juni 1963 besuchte von Hassel zusammen mit dem französischen Verteidigungsminister Pierre Messmer (1916-2007) das Panzerbataillon 83 unter Oberstleutnant Hans Briesemann auf dem Truppenübungsplatz Bergen-Hohne.

Die militärpolitischen Beziehungen zwischen von Hassel und seinem französischen Kollegen waren wegen Differenzen hinsichtlich der Zusammenarbeit auf dem Gebiet der gemeinsamen Rüstung und ungeklärter Fragen bei der Einsatzplanung französischer Nuklearwaffen im Falle eines Krieges nicht ungetrübt. Hassel setzte zum Missfallen der Franzosen und der „Gaullisten" in den eigenen Reihen zu stark auf die Kooperation mit den USA und wurde deshalb als „Atlantiker" bezeichnet.

Minister Messmer, Minister von Hassel, Oberst i.G. Wagenknecht

Am 11. Juni 1963 reiste Minister von Hassel zu einer Tagung des Beirats für Fragen der Inneren Führung an die Schule für Innere Führung (heute: Zentrum) unter dem Luftwaffen-Brigadegeneral Claus Hinkelbein (1909-1967; Generalmajor) nach Koblenz. Ein dreiviertel Jahr später, am 9. März 1964, weilte er - gemeinsam mit Generalinspekteur Trettner - zum zweiten Mal dort, um Bundespräsident Heinrich Lübke bei dessen Truppenbesuch an der Schule für Innere Führung zu begleiten. Beim Staatsbesuch[208] von John F. Kennedy in Deutschland gehörte Minister von Hassel zur Delegation von Bundeskanzler Adenauer, als dieser den US-Präsidenten auf dem Köln-Bonner-Flughafen am 23. Juni 1963 begrüßte. Im selben Jahr hielt Minister von Hassel u.a. eine Ansprache vor dem wissenschaftlichen Beirat für das Sanitätswesen an der Sanitätsschule in München und nahm bei der 11. Panzergrenadierdivision in Oldenburg unter Generalmajor Cord von Hobe an einem Feierlichen Gelöbnis von 2.600 Rekruten teil.

---

[208] Es war der dritte Besuch Kennedys in Deutschland. Das erste Mal war er im August 1939, kurz vor Kriegsbeginn, nach Deutschland gekommen, das zweite Mal am 29. Juli 1945.

Adenauer, von Hassel und Kennedy beim Abschreiten der Ehrenformation

hinten: von Hassel, General Foertsch
vorn: Kennedy, Dolmetscher, Adenauer

Staatsbesuch des US-Präsidenten John F. Kennedy in Deutschland 1963

Am 12. Oktober 1963, einem Samstag, trat von Hassel als Gastgeber bei der Abschiedsparade für Bundeskanzler Dr. Konrad Adenauer auf dem Fliegerhorst in Wunsdorf auf. Um 11.48 Uhr begrüßte er - gemeinsam mit Generalinspekteur Foertsch - den greisen Kanzler, der - mit dem Flugzeug aus Köln in Hannover Langenhagen angekommen - mit einem Hubschrauber nach Wunstorf geflogen war. Generalmajor Anton-Detlef von Plato (1910-2001; Generalleutnant), der die Panzergrenadierdivision in Hannover gerade erst als Kommandeur übernommen hatte und die Paradeaufstellung befehligte, meldete um 12.00 Uhr dem scheidenden Regierungschef. Danach fuhren Minister und Kanzler in einem Mercedes 300er-Cabriolet stehend, gefolgt vom Generalinspekteur in einem LKW 0,25 t, die Paradeaufstellung ab. Von 12.43 Uhr bis 13.14 Uhr dauerte der anschließende Vorbeimarsch der Verbände, sowie der Überflug diverser Hubschrauber und Flugzeugmuster, bei dem etwa 5.000 Soldaten, mehrere hundert Rad- und Kettenfahrzeuge und 150 Flugzeuge beteiligt waren. Etwa 100.000 Menschen verfolgten die Veranstaltung, die drei Wochen lang vorgeübt worden war. Anschließend flog von Hassel mit dem Kanzler nach Köln zurück, da dort am Abend auf dem Messegelände in Halle VIII eine CDU-Kundgebung stattfand, auf der auch von Hassel eine Rede hielt.

Generalmajor von Plato, Kommandeur der 1. Panzergrenadierdivision & Führer der Paradeaufstellung — Minister von Hassel und Kanzler Adenauer — General Foertsch, Generalinspekteur der Bundeswehr

Abschiedsparade für Bundeskanzler Adenauer auf dem Fliegerhorst Wunsdorf am 12.10.1963

Im Frühjahr 1963 zog die 4. Batterie des Flugabwehr-Raketenbataillons (FlaRakBtl) 21 nach Datteln, wo Verteidigungsminister von Hassel am 26. Oktober in der Haard-Kaserne sechs Flugabwehr-Raketenbataillone mit insgesamt 9.000 Soldaten der NATO unterstellte.

1963 und 1964 weilte Minister von Hassel als Ehrengast bei der Vereidigung und einem Großen Zapfenstreich in Neumünster. Im Jahre 1964 besuchte er u.a. die Technische Marineschule I (TMS I) in Kiel, am 27. April das Raketenartilleriebataillon 22 unter Oberstleutnant Scherer im nordhessischen Frankenberg und im Mai das Panzergrenadierbataillon 212 in Augustdorf unter Oberstleutnant Dr. Hans Gummersbach.

Von Hassel sprach auf der 10. Kommandeurtagung der Bundeswehr in München am 13. Oktober 1964; Gastgeber war Generalinspekteur Trettner. Im selben Jahr besuchte der Minister die Landesdelegiertenkonferenz des Verbandes der Reservisten der Bundeswehr in Kiel; der Verband war am 22. Januar 1960 gegründet worden.

Besuch bei Flugabwehr-Raketenbataillon 38 in Heide

Am 16. Juli 1965 war der Minister beim Transportbataillon 370 unter Oberstleutnant Rehberger und bei der leichten Transportkompanie 371 in der Hochwald-Kaserne in Hermeskeil zu Gast, und einen Monat später, am 10. August 1965, begleitete von Hassel Bundeskanzler Erhard, als dieser mit der Fregatte „Augsburg" (Köln-Klasse; Rufzeichen F-222) die Insel Helgoland besuchte.

Fregatte „Augsburg"
(1961-1989)

Überfahrt nach Helgoland 1965:

Von links: Vizeadmiral Gerlach,
der Befehlshaber der Flotte,
Minister von Hassel und Kanzler Erhard.
Zweite Reihe zwischen Hassel und Erhard:
Oberst Stamp, der Persönliche Referent
des Kanzlers

Die „Rote Insel" feierte ihre 75-jährige Zugehörigkeit zu Deutschland. 1965 besuchte Minister von Hassel den Stab des I. Belgischen Korps in Köln-Weiden und eine Aufklärungskompanie in der Eifel.

Am 26. Juni 1965 flog Minister von Hassel mit Bundeskanzler Erhard zum II. Korps nach Ulm, zum Artillerieregiment 10 unter Oberst Heinz Habicht und zum Raketenartilleriebataillon 102 unter Oberstleutnant Hans Holder nach Pfullendorf. Die beiden Politiker wurden von Generalleutnant de Maizière, dem Inspekteur des Heeres, Generalleutnant Leo Hepp, dem Kommandierenden General des II. Korps, und Generalmajor Kurt Gerber (1913-1984), dem Kommandeur der 10. Panzerdivision, begleitet.

Am 10. April 1965 wurde auf dem Schlossplatz in Würzburg die 12. Panzerdivision unter Generalmajor Peter von Butler (1913-2010; Generalleutnant) als letzte deutsche Heeresdivision der operativen Verantwortung der NATO

unterstellt, und im November desselben Jahres beging die Bundeswehr in aller Stille ihren 10. Geburtstag.

Im September 1965 ließ sich Minister von Hassel bei Hötensleben südlich von Helmstedt durch den Zollgrenzkommissar Hein in die Lage an der Zonengrenze einweisen. Damals war Deutschland noch geteilt, und der Mauerbau lag gerade erst vier Jahre zurück. Anfang Oktober beobachtete von Hassel, zusammen mit dem britischen und kanadischen Verteidigungsminister, die Großübung „DOUBLE DEAL" im Raum Hannover- Höxter, bei der die Zusammenarbeit deutscher und englischer Truppenteile erprobt wurde. Als Übungstruppen fungierten die Panzerbrigade 21 aus Augustdorf und Teile der 4. Britischen Division, sowie Korpstruppen des III. Deutschen und I. Britischen Korps.

Minister von Hassel und Elfriede von Hassel begrüßen Generale und Admirale. Vorn: General de Maizière und Generalleutnant Haag

Am 17. Mai 1966 inspizierte von Hassel eine Waffenschau des Panzerbataillons 213 unter Oberstleutnant Paul-Friedrich Strauß (* 1922; Brigadegeneral) in Augustdorf bei Detmold. Im selben Jahr nahm er an einer Vereidigung französischer Truppen in Zweibrücken teil.

Einer seiner letzten Besuche an der Kampftruppenschule in Munster fand am 7. Juni 1966 statt, als er mit dem Inspekteur des Heeres de Maizière den britischen Verteidigungsminister Denis Healy (* 1917), gegen dessen Royal Engineers Regiment von Hassel möglicherweise 1944 in Italien gekämpft hatte, zu einer Waffenschau begleitete.

Brit. VtgMin Denis Healy mit Minister von Hassel und dem Inspekteur des Heeres de Maizière 1966 in Munster

Am 28. Juli 1966 besuchte der Minister das auf der Burg der westfälischen Stadt Erwitte stationierte und mit dem Flugabwehr-Raketensystem „NIKE Hercules" ausgestattete Flugabwehr-Raketenbataillon 21 unter Oberstleutnant Gerd Schulz. Bei einem Besuch des Flugabwehr-Raketenbataillons 38 in Heide am 29. Juli 1966 ließ sich Minister von Hassel über den Stand des Neubaus der Wulf-Isebrand-Kaserne informieren. Der Verband - 1959 in Nörvenich bei Köln als Luftwaffen-Flugabwehr-Bataillon (LwFlaBtl) 46 aufgestellt - wurde im September 1965 in Flugabwehrraketenbataillon 38 umbenannt, nach Krummenort bei Rendsburg in Schleswig-Holstein verlegt und mit dem mobilen Flugabwehr-Raketensystem „HAWK" ausgerüstet. In Schleswig-Holstein entstanden jeweils 4 Stellungen für das Flugabwehr-Raketenbataillon (FlaRakBtl) 38 und für das FlaRakBtl 39. Die 1. Batterie des FlaRakBtl 38 war in der Julius-Leber-Kaserne in Husum stationiert. Sie betrieb ab Mai 1966 die Einsatzstellung Hude auf dem Glockenberg nordöstlich von Schwabstedt, die 2. Batterie die Stellung in Dellstedt, die 3. in Windbergen und die 4. in Deichhausen. Zusammen bildeten sie den westlichen Teil des HAWK-Gürtels, der sich quer durch Schleswig-Holstein zog; den östlichen Teil deckte das FlaRakBtl 39 ab. Beide Bataillone waren damals dem FlaRak-Regiment 3 unter Oberst Wolfgang Klose unterstellt. Nach Fertigstellung der Kaserne erfolgte 1967 die Verlegung nach Heide.

Ebenfalls im Juli 1966 besuchte Minister von Hassel das Jagdgeschwader 71 „Richthofen" in Wittmund unter Oberst Günter Josten (1921-2004). Wenige Tage zuvor, am 18. Juli, war ein Pilot des Geschwaders, Oberleutnant Siegfried Arndt (1933-1966), mit seinem „Starfighter" nördlich von Helgoland in die Nordsee gestürzt. Er konnte zwar noch den Schleudersitz betätigen, sich dann aber bei der Landung nicht mehr vom Fallschirm trennen und ertrank. Als in den Gesprächen des Ministers mit den Piloten die Frage nach dem Überleben in Seenot und der dazu notwendigen Ausrüstung[209] aufkam, äußerte sich von Hassel emotional: Er verstünde nicht, weshalb die Luftwaffe nicht die Ausrüstung von jenen Luftstreitkräften übernähme, die große Erfahrung in der Seenotrettung hätten. Deswegen hätte er einen „Rochus auf die ganze Luftwaffe".[210]

Im Januar 1965 hatte sich die Bundeswehr - zum zweiten Mal nach 1960, als den Opfern eines Erdbebens im marokkanischen Agadir geholfen wurde - an einer internationalen Hilfsaktion für die Opfer eines schweren Erdbebens beteiligt - diesmal in Algerien. Mit zwölf Flugzeugen des Typs „Noratlas" (Nord Aviation N-2501)[211] bildeten die Lufttransportgeschwader 62 und 63 eine Luftbrücke. Bereits während einer Besprechung im Juni 1964 vor Luftwaffenoffizieren in Köln-Wahn war die Frage nach seiner Haltung zu Auslandseinsätzen aufgekommen. Von Hassel lehnte diese mit dem Hinweis auf politische, technische und psychologische Hindernisse ab. Doch zugleich ließ er indirekt durchblicken, dass er anderer Meinung wäre, indem er hinzufügte:

> „Wir pochen immer wieder auf die Verpflichtungen unserer Verbündeten in Berlin. Können wir uns da dem Hilferuf eines anderen verschließen? Nicht nur wir müssen uns auf die anderen, die anderen müssen sich auch auf uns verlassen können. Meine Herren, die Verteidigung der freien Welt ist unteilbar."[212]

---

[209] Survival kit: Orangeroter Overall, Fallschirm, Schlauchboot und Seenotsender. Zusätzlich gehört die Zusammenarbeit zwischen dem in Seenot geratenen Piloten und der stationären und mobilen Seenot-Rettungsorganisation (SAR) dazu.

[210] Koop, Volker, a.a.O., S. 149 f.

[211] Die meisten der 186 Flugzeuge dieses Typs - angetrieben von zwei 14-Zylinder-Sternmotoren - wurden von einem deutschen Firmenkonsortium (HFB, Weserflug und Siebel ATG) in Lizenz gefertigt.

[212] Zitiert bei Koop, Volker, a.a.O., S. 157

Aktueller könnte man heute die Auslandseinsätze der Bundeswehr nicht begründen.

Während der Amtszeit Kai-Uwe von Hassels überschatteten zwei große Unglücke die Bundeswehr: Am 9. April 1964 fand auf dem Truppenübungsplatz Bergen-Hohne eine Lehrvorführung vor einem Generalstabslehrgang der Führungsakademie aus Hamburg statt. Die Zuschauer saßen auf LKW-Bühnen an der Schießbahn 20 auf dem Großen Dellberg, etwa 900 Meter seitlich vom Zielgebiet, im Nordosten des Übungsplatzes. Um 14.06 Uhr hatten vier 81 mm Mörser von Mörserträgern auf Schützenpanzern des Typs HS 30 das Feuer eröffnet. Plötzlich schlugen Granaten in der Nähe der Zuschauergruppe ein. Sie wurden zuerst als zusätzliche Übungs-Sprengkörper zur Dramatisierung des Gefechtsgeschehens gedeutet. Dann aber begriffen die Zuschauer plötzlich, dass es sich um scharfe Geschosse handelte. Einigen gelang es noch, von den LKW zu springen. Doch als der Befehl „Feuer einstellen" hastig über Funk befohlen wurde, war es bereits zu spät, denn es waren bereits vier weitere Granaten abgefeuert worden. Um 14.08 Uhr schlugen diese vier Geschosse in die Zuschauergruppe ein. Zehn Menschen[213] starben, zwei ausländische und acht Soldaten der Bundeswehr; zehn weitere Soldaten wurden zum Teil schwer verletzt. Einen Tag später reiste Minister von Hassel nach Bergen und informierte sich über die Hintergründe. Die Trauerfeier fand am 13. April in Munster in Anwesenheit des Ministers statt. Der Kommandeur der Führungsakademie, Generalmajor de Maizière, sagte, der Beruf des Soldaten bringe diesen „in engere Berührung mit dem Tod als die meisten anderen Berufe" und dadurch erwachse ihm „Würde und Achtung". Heute erinnert ein Kreuz mit einem Gedenkstein an die Opfer.

Zwei Jahre später, am 14. September 1966, war das Schul-U-Boot „Hai" unter Oberleutnant zur See Peter-Joachim Wiedersheim (1938-1966) gegen 19.00 Uhr etwa 138 Seemeilen nordwestlich von Helgoland auf der Dogger-

---

[213] Adler, Torsten - Fahnenjunker (Kampftruppenschule II-KTS II, Munster); Bartz, Hans - Kapitänleutnant (Führungsakademie, Hamburg); Grothe, Otto - Oberfeldwebel (Panzerjägerkompanie 70, Munster); Homann, Johann - Unteroffizier (Panzerjägerkompanie 70); Klapproth, Edwin A., indonesischer Oberstleutnant (Führungsakademie); Musall, Hans Georg - Unteroffizier (Panzerjägerkompanie 70); Speck, Lambertus van der - niederländischer Major i.G. (Führungsakademie); Siehl, Jürgen-Dietrich - Kapitänleutnant (Führungsakademie), Wiesner, Alfred - Hauptmann (Führungsakademie) und Züke, Joachim - Fahnenjunker (KTS II).

bank in einen schweren Sturm geraten und gesunken, als es - im Verband mit den Unterseebooten „Hecht" und „U 3" sowie dem Tender „Lech" und dem Sicherungsboot „Passat" - eine Übungsfahrt nach Aberdeen in Schottland unternahm. Nur der Obermaat Peter-Otto Silbernagel (+ 2013) überlebte und wurde - fast 14 Stunden im Wasser treibend - von einem britischen Frachter geborgen. Seine 19 Kameraden[214] verloren bei dem Untergang ihr Leben. Am 24. September 1966 fand in Neustadt, dem Heimathafen des verunglückten Bootes, die Trauerfeier statt. Die Fahnen wehten bundesweit auf halbmast. Der damalige Bundestagspräsident Eugen Gerstenmaier sagte in seiner Traueransprache, es wäre „auch eine Ehre für die Soldaten im Frieden zu sterben. Unter den Trauergästen waren neben Minister von Hassel der schleswig-holsteinische Ministerpräsident Helmut Lemke, Bundesminister Heinrich Krone (1895-1989) in Vertretung von Bundeskanzler Erhard, sowie Marineinspekteur Zenker und der Kommandeur der U-Boot-Flottille, Kapitän zu See Gustav-Adolf Janssen (1915-1978).

Am Freitag, dem 13. März 1964, fand in der Vicelinkirche von Pronsdorf bei Bad Segeberg die Trauerfeier für den verstorbenen General Paul von Lettow-Vorbeck mit anschließender Beisetzung statt. Der frühere Kommandeur der Kaiserlichen Schutztruppe für Ost-Afrika und Vorgesetzte von Kai-Uwes Vater Theodor von Hassel von 1915 bis 1917, war am 9. März kurz vor Vollendung seines 94. Lebensjahres in Hamburg verstorben. Sechs Stabsoffiziere der 6. Panzergrenadier-Division aus Neumünster hielten die Totenwache. Verteidigungsminister von Hassel hielt die Trauerrede und betonte darin, der Tote sei „wahrlich im Felde unbesiegt" gewesen. Es war ausgerechnet der Sohn eines Mannes, der zwar unter dem General in Deutsch-Ostafrika während des Ersten Weltkrieges gedient hatte, mit diesem aber nicht gerade in enger Kameradschaft oder gar Freundschaft verbunden gewesen war. Von der Bundeswehr nahmen hohe Offiziere an der Beisetzung teil - u.a. der Befehlshaber im Wehrbereich I, Konteradmiral

---

[214] Adamietz, Edwin - Maat; Bauer, Reinhold - Leutnant zur See; Bieling, Manfred - Oberbootsmann; Feld, Reiner - Obermaat; Gerdewischke, Klaus - Obergefreiter; Jungbeck, Erwin - Obergefreiter; Keske, Norbert - Obergefreiter; Kup, Egar - Maat; Lehnhardt, Marin - Gefreiter; Lindern, Rolf von - Oberbootsmann; Muth, Hans-Jürgen - Obermaat; Penth, Herbert - Gefreiter; Ramsauer, Gerhard - Gefreiter; Seemann, Hardmut - Leutnant zur See; Weise, Wilhelm - Oberleutnant zur See; Weiss, Wolfgang - Maat; Wiecek, Hans-Jürgen - Obermaat; Wiedersheim, Peter-Joachim - Oberleutnant zur See (Kommandant); Zigan, Hubert - Bootsmann.

Hans-Rudolf Rösing (1905-2004), der Kommandeur der 6. Panzergrenadier-Division, Generalmajor Werner Haag und der Kommandeur der Führungsakademie der Bundeswehr, Generalmajor Ulrich de Maizière. Die Bundesregierung hatte zwei ehemalige „Askari" als Staatsgäste einfliegen lassen, die „ihrem" General die letzte Ehre erwiesen.

Minister von Hassel bei der Beisetzung des Generald von Lettow-Vorbeck 1964

Der Schriftsteller und Dichter Hans Magnus Enzensberger (* 1929) schrieb am 1. Dezember 1965 (datiert im norwegische Tjöme) einen „Brief an den Bundesminister für Verteidigung, Herrn Kai-Uwe von Hassel".

> „Ein und dieselbe Sache, Herr Minister, bereitet Ihnen und mir, wenn gleich nicht aus denselben Gründen, allerhand Sorgen. Ich spreche von einer Gewalt, über die Sie bis zur Stunde nicht verfügen: der Verfügungsgewalt über die nukleare Rüstung der Bundeswehr. ... Am 28. August 1965 haben Sie Ihren Wählern in Husum versprochen, die Bundesrepublik werde binnen zwei Jahren, neben den Vereinigten Staaten von Amerika, >die bestausgerüstete Armee der Welt< ihr eigen nennen können."[215]

In dem er sich scheinbar auf die Seite von Hassels stellte, skizzierte er hypothetisch mögliche Wege des Verteidigungsministeriums, völkerrechtlich bindende Verträge in Bezug auf die nukleare Rüstung zu umgehen und unter-

---

[215] Enzensberger, Hans Magnus Deutschland, Deutschland unter anderm, S. 27

stellte ihm damit zugleich Großmachtstreben - eine Beleidigung für den überzeugten Europäer von Hassel. Ähnlich verzerrt war auch die Haltung der deutschen Linken zur Notstandsgesetzgebung, die zwar noch unter von Hassel angestoßen, aber erst mit der politischen Durchsetzungskraft einer Zwei-Drittel-Mehrheit der ersten Großen Koalition 1968 in Gesetzesform gegossen wurde. Möglicherweise wird einmal in der Rückschau die Weigerung der deutschen Intellektuellen, eine vorurteilsfreie Diskussion über Fragen der Landesverteidigung zu führen, als eines ihrer schwersten Versagen jener Zeit eingestuft werden, ist doch die Anzahl ihrer Fehlurteile beträchtlich. Ein Eingeständnis oder eine Kurskorrektur gab es bis heute nicht.

„Sturz auf Raten" überschrieb „DER SPIEGEL" seine Titelseite der Ausgabe 38/1966. In der dem Verteidigungsminister gewidmeten Titelgeschichte unter der Überschrift „Glanz ohne Gloria" äußerten die Journalisten aus Hamburg, die sich inzwischen auf von Hassel „eingeschossen", bzw. „eingeschrieben" hatten, mit seinem Amtsantritt wäre das „durch Hitlers Krieg und alliierte Re-education gestörte Verhältnis zwischen Staat, Gesellschaft und Armee" erst richtig zutage gekommen. Doch dafür indirekt dem Minister eine Schuld zuzuweisen, war unzutreffend und unfair. Von Hassel hatte dieses Dilemma erkannt und versucht, mit seinen verfügbaren Mitteln gegenzusteuern. Die engen Grenzen seines damaligen Handlungsspielraumes werden daran erkennbar, dass bis heute diese Kluft - trotz aller offiziellen Beschwörungsversuche und Dementis - nicht überwunden, sondern eher größer geworden ist. Auch mit der Menschenführung von Hassels ging das Hamburger Magazin hart ins Gericht:

> „Zu den führenden Militärs seines Hauses fand Hassel keinen Konnex. Sie halten zwar regelmäßig dienstlichen Vortrag, doch kommt es kaum zu Diskussionen mit dem Minister, die in Sachfragen eindringen. … Ansonsten hält Hassel, …, seinen Befehlsstand im schmucklosen Ministerbau besetzt - durch abhörsichere Sonderleitungen mit Kanzleramt und Nato-Zentralen verbunden, von seinem militärischen Adjutanten, der durch ein Extratürchen als einziger direkt zu ihm kann, ständig mit Lagemeldungen versorgt. Untergebene behandelt Hassel mit kühler Distanz. Wohl tut er ihnen keinen Arg an, doch setzt er sich auch für niemand ein, wenn ein Befehlshaber sich nach Preußen-Regel vor seine Männer zu stellen pflegt."

Auch diese Pauschal-Schelte war überzeichnet. In der Rückschau braucht Kai-Uwe von Hassel, was den Umgang mit Generalen und Admiralen anbetrifft, den Vergleich mit anderen Amtsinhabern nicht zu scheuen. Lediglich von Hassels Arbeitseifer fand Anerkennung beim „DER SPIEGEL":

> „Aktenlesen ist seine Haupt- und Lieblingsbeschäftigung bei Tag und Nacht. Bis zu 16 Stunden täglich büffelt er alles durch, was ihm vorgelegt wird. Er liest viel und schnell, Wesentliches ebenso wie weniger Wichtiges. Noch spät abends, auch am Sonntag, sitzt er in seinem … Dienstbungalow … . Zur Nachtzeit hält er sich dabei mit lautstark abgespielten Brahms-Symphonien munter - zum Kummer von Frau Elfi. Höchstens zweimal im Monat nimmt Hassel sich die Zeit, zu einem freien Weekend nach Glücksburg zu fliegen und sich dort seinem Hobby, der Blumenphotographie, zu widmen. … Noch auf dem Fluge von Bonn in die Freizeit arbeitet Hassel Unterschriften-Mappen auf; … . Er unterschreibt nichts, was er nicht durchgelesen hat."

Am 14. September 1966 stellte die SPD im Bundestag - was zum parlamentarischen Alltag politischer Auseinandersetzung gehört - einen Antrag auf Entlassung von Minister von Hassel. Er wurde zwar von der CDU/FDP-Regierungsmehrheit abgeschmettert, aber bitter war, dass Kanzler Erhard in seiner Regierungserklärung vom 21. September seinen Verteidigungsminister mit keinem Wort gegen die Angriffe in Schutz nahm. Ob von Hassel aus Verärgerung in der Kabinettssitzung am nächsten Tag fehlte, und auch sein Vertreter nicht daran teilnahm, ist nicht bekannt. Biograph Koop zitiert aus den unveröffentlichten Erinnerungen von Hassels, wonach dieser an jenem Abend ein Rücktrittsgesuch verfasst, dies aber dann nicht abgeschickt hätte.[216] Wenige Wochen später, im November 1966, endete nach fast vier Jahren von Hassels Amtszeit als Bundesminister der Verteidigung auf dem in einer Demokratie üblichen Weg: Ludwig Erhard scheiterte als Kanzler, und Kurt Georg Kiesinger (1904-1988) wurde zum neuen Kanzlerkandidaten der CDU gekürt. Im Rahmen der ersten Großen Koalition unter Kanzler Kiesinger musste das Kabinett neu gebildet werden. Von Hassel übernahm darin das Bundesministerium für Vertriebene, Flüchtlinge und Kriegsgeschädigte, und der bisherige Außenminister Gerhard Schröder wechselte am 5. Dezember 1966 in das Verteidigungsressort. Von Hassel wurde am 7. Dezember mit einem Großen Zapfenstreich geehrt und durch die Bundeswehr ver-

---

[216] Koop, Volker, a.a.O., S. 155

abschiedet. Das Urteil der Zeitgenossen und Mitstreiter über von Hassels Amtszeit als Verteidigungsminister ist geteilt. General de Maizière schreibt:

> „Durch seine persönliche Integrität hatte er im In- und Ausland Respekt erworben. Hassel war im besten Sinne des Wortes ein >Bundeswehrminister<; für die Soldaten und ihr Denken besaß er viel Verständnis."[217]

Sicher hatte der General, wie er selbst schreibt, von Hassel „die Berufung in die beiden höchsten Ämter meiner militärischen Laufbahn" zu verdanken. Doch daraus abzuleiten, dessen Urteil wäre aus diesem Grunde geschönt und milde, ist unzutreffend, weil dies der aufrechten Haltung de Maizières entgegenstünde. Strauß hingegen urteilt, von Hassel sei „militärhörig"[218] gewesen; worin dies zum Ausdruck gekommen sein soll, lässt er offen. Der polternde Bayer und der zurückhaltende Holsteiner waren sich - obwohl im gleichen politischen Lager - menschlich nicht allzu nahe. General Gerd Schmückle wird etwas konkreter:

> „Dabei war Hassel besten Willens. Allerdings: Durch Uniformierte, die goldene Sterne trugen, ließ er sich allzu sehr beeindrucken. Zu militärischen Vorschlägen konnte er nicht immer auf die nötige Distanz gehen. Diese Schwäche ließ ihn auch Ratschlägen folgen, die er hätte verwerfen müssen."[219]

Beide Aussagen sind nahezu identisch, was auch seinen Grund darin haben könnte, dass Schmückle ein enger Mitarbeiter von Strauß war. Um welche Vor- und Ratschläge es sich handelt, die von Hassel hätte ablehnen sollen, bleibt auch bei Schmückle im Dunkel. Hierzu ist anzumerken, dass einige Inhaber der Befehls- und Kommandogewalt arrogantes Benehmen und rüpelhaftes Auftreten gegenüber hohen Offizieren beinahe als Markenzeichen gepflegt und die Grundsätze der Inneren Führung nur in Anwesenheit von Kameras anbiedernd und Kameraderie vorspielend gegenüber einfachen Soldaten praktiziert haben. Mit solchem Verhalten wollten sie ausdrücken, dass sie selbst nicht „militärhörig" wären.

---

[217] Maizière, de Ulrich In der Pflicht, S. 285
[218] Strauß, Franz Josef a.a.O., S. 275
[219] Schmückle, Gerd Ohne Pauken und Trompeten, S. 294

Dabei hätten sie sich von Hassel durchaus zum Vorbild nehmen können. Helmut Schmidt hätte ihn „bemitleidet", schreibt Schmückle und fährt fort:

> „Kai Uwe von Hassel habe das Ministerium nicht im Griff. Zwei Probleme machten dem Minister besonders zu schaffen. Erstens die Absturzserie neu angeschaffter >Starfighter<, zweitens die strategische Problematik, von der er nichts verstehe. Hassel sei voll guten Willens, militärfromm und überzeugt, ein bedeutender Politiker zu sein."[220]

Sicher: Von Hassel hatte - anders als Schmidt - keine Bücher militärstrategischen Inhalts geschrieben und auch keine Wehrübung in der Bundeswehr geleistet, aber als schon Ministerpräsident hatte er sich - wie geschildert - intensiv mit den Aspekten der Landesverteidigung und der europäischen Sicherheitspolitik beschäftigt, und sich diesen Themen bis an sein Lebensende engagiert gewidmet. Das Verhältnis des Hamburgers Helmut Schmidt zu von Hassel, der während dessen Amtszeit auf der Hardthöhe stellvertretender Vorsitzender der SPD-Bundestagsfraktion und später dessen Nach-Nachfolger als Verteidigungsminister war, ist von Distanz und vielleicht auch von einer gewissen latenten Rivalität geprägt gewesen. In Temperament und Auftreten waren beide Politiker zu unterschiedlich, gemeinsam waren ihnen nur ihre Bodenhaftung und ihre bescheidene Lebensführung. Häufig war von Hassel vom scharfzüngigen politischen Gegenspieler „Schmidt-Schnauze" in Debatten des Bundestages heftig und nicht immer fair angegriffen worden. Auch an anderer Stelle kritisiert Schmückle von Hassel:

> „Den engen Grenzen seiner Landesprobleme verhaftet, war ihm die große Politik fremd geblieben."[221]

Diese Aussage Schmückles mutet fremd an. Zwar hatte von Hassel seine ersten politischen Sporen in der Kommunalpolitik erworben, doch sein Blick war durch die Jahre in Afrika geweitet, was er später auch durch sein breit gefächertes politisches Engagement auf europäischem Niveau deutlich zum Ausdruck gebracht hat. Die Aussage seines Biographen Koop „Als Verteidigungsminister wurde er zwischen Militärs und Zivilisten zerrieben, die Anfang der sechziger Jahre noch um ihre Vormachtstellung stritten",[222]

---

[220] Schmückle, Gerd a.a.O., S. 291. Schmückle gibt hier eine Aussage Schmidts wieder.
[221] Schmückle, Gerd a.a.O., S. 274
[222] Koop, Volker, a.a.O., S. 8

ist undifferenziert. Das Wort „zerrieben" bedeutet, dass nichts von ihm übrig geblieben wäre, doch genau dies ist unzutreffend.

Sicher: Als Inhaber der Befehls- und Kommandogewalt hätte von Hassel - wie geschildert - das Recht und die Befugnis gehabt, hier bestimmend einzugreifen und die Verletzung des Primats der Politik durch zivile Spitzenbeamte in seinem Ministerium zu unterbinden, doch nicht ohne die Unterstützung des Kanzlers. Hieraus kann man einen Vorwurf konstruieren, aber ob er sich, hätte er denn gehandelt, auf die Rückendeckung durch Adenauer und Erhard hätte verlassen können, erscheint - wie bereits skizziert - eher fraglich. Koop schreibt ferner:

> „Letztlich scheiterte Kai-Uwe von Hassel als Verteidigungsminister, was aber nicht unbedingt als Vorwurf verstanden werden muss. Man mag es sogar, so abwegig dies auf den ersten Blick erscheinen mag, für den Menschen von Hassel auffassen."[223]

Doch trifft dieses - halb negative, halb positive - Urteil zu? Von Hassel ist mitnichten gescheitert! Sein Erbe ist in vielen Bereichen der Streitkräfte noch heute vorhanden, nur leider verdeckt durch die langen Schatten jener Altlasten, die nicht auf das Konto seiner Amtsführung gehen, und auch verdeckt durch den einen oder anderen seiner Nachfolger, die Hassels Ideen übernahmen, ausbauten und dann als die ihren darstellten. Von Hassel war eben kein Selbstdarsteller. Zudem stehen die erwähnten geerbten Hypotheken seines Vorgängers, wie der überhastete Aufbau der Bundeswehr, im Vordergrund, und zu wenig werden die Erfolge, die er errungen hat, beleuchtet. Sicher gab es gute - vor allem politische - Gründe für das hohe Tempo: In erster Linie hatte sich die Bundesrepublik Deutschland vertraglich verpflichtet, die Streitkräfte innerhalb eines Zeitraumes von drei Jahren aufzustellen.[224] Überdies wurde dadurch möglicherweise das damals noch offene „Fenster der Verwundbarkeit" Westeuropas wenigstens provisorisch geschlossen. Die Kubakrise vom Herbst 1962, nur wenige Wochen vor Hassels Amtsantritt, und der Krieg im fernen Vietnam hatten drastisch gezeigt, wie zerbrechlich der „Nicht-Krieg-Friede" in jenen Jahren war. Doch es war von Hassel, der die damit verknüpften vielfältigen Probleme lösen und in der Öffentlichkeit dafür gerade stehen musste. So erscheint es in der Frage

---

[223] Koop, Volker, a.a.O., S. 158
[224] Siehe dazu u.a. 117. Kabinettsitzung vom 1. Februar 1956.

der Neuordnung der Spitzengliederung und der Beschneidung der Kompetenzen der Zivilbürokratie leicht, von Hassel mangelndes Durchgreifen vorzuwerfen. Erst sein Nach-Nachfolger Schmidt führte mit dem „Blankeneser Erlass" von 1972 eine vorsichtige Kurs-Korrektur durch. Und bis heute - fast fünfzig Jahre nach von Hassel - weist die Einordnung des Generalinspekteurs als oberstem Soldaten in der Hierarchie des Ministeriums - z.B. in seiner Unterordnung unter die beamteten Staatssekretäre - trotz mehrfacher Verbesserungen noch Mängel auf.

Hassel führte mit seinen Fünf-Jahres-Plänen die erste solide Finanzplanung und die Grundsätze und Verfahren moderner Streitkräfteplanung[225] in die Bundeswehr ein. Er war zudem einer der wenigen Verteidigungsminister, wenn nicht sogar der einzige, der während der alle zwei Jahre stattfindenden NATO-Übung FALLEX selbst als Minister fungierte.[226] Die meisten seiner Nachfolger hingegen haben sich durch einen Staatssekretär („Minister Üb") vertreten lassen. Dies ist ein weiterer Mosaikstein, der belegt, wie ernst er seine Aufgabe nahm, und wie tief er in die komplexen Fragen der Bündnisverteidigung einstieg. Auch bei der Einbindung von Frauen in die Streitkräfte war er ein Vorreiter. Nicht zuletzt an seiner Mutter Emma hatte er ein Beispiel, was Frauen auch in Extremsituationen zu leisten vermögen. Bei der Diskussion darüber wird häufig übersehen, dass diese bereits in den Anfangsjahren der Bundeswehr aus dem täglichen militärischen Dienstbetrieb nicht wegzudenken waren. Schon 1960 arbeiteten etwa 25.000 Frauen in den vielfältigen Bereichen der Armee - allerdings auf freiwilliger Basis - als Beamtinnen, Angestellte und Arbeiterinnen. So saßen z.B. 13.000 Frauen im Bonner Ministerium, in Büros der Bundeswehrverwaltung, halfen als Krankenschwestern in Bundeswehr-Krankenhäusern und wirkten als Dolmetscherinnen und als Lehrerinnen an den Bundeswehr-Fachschulen. Allerdings schränkte Artikel 12 des Grundgesetzes weitergehende Bestrebungen hinsichtlich ihrer freien Berufsausübung ein:

> „Frauen dürfen nicht zu einer Dienstleistung im Verband der Streitkräfte durch Gesetz verpflichtet werden. Zu einem Dienst mit der Waffe dürfen sie in keinem Fall verwendet werden."

---

[225] Maizière, Ulrich de In der Pflicht, S. 243 und 245, sowie Führen im Frieden, S. 256.
[226] Maizière, Ulrich de In der Pflicht, S. 283.

Bis 1964 stieg die Zahl der Frauen in der Bundeswehr auf knapp 37.000. Mit weiteren 45.000 bei diversen NATO-Dienststellen und -Einheiten, sowie bei den alliierten Stationierungstruppen arbeiteten insgesamt 82.000 Frauen beim Militär in der Bundesrepublik Deutschland. Minister von Hassel strebte eine Änderung des Grundgesetzes an, um Frauen auch zum Dienst in der Bundeswehr verpflichten zu können. Nach seiner Gesetzesvorlage („Gesetz über den Zivildienst im Verteidigungsfall") sollten alle Männer vom 18. bis zum vollendeten 65. und alle Frauen vom 18. bis zum 55. Lebensjahr verpflichtet werden, Zivildienst zu leisten, „wenn der Bedarf an Arbeitskräften auf andere Weise, insbesondere durch Freiwillige oder mit Hilfe des freien Arbeitsmarktes, nicht oder nicht rechtzeitig oder nur mit unverhältnismäßigen Mitteln" befriedigt werden könne. Schon kurz nach seinem Amtsantritt bezeichnete von Hassel die Bundeswehr ohne dienstverpflichtete Frauen als „nicht verteidigungsfähig". Mit der Verpflichtung jener 82.000 Frauen bereits im Frieden wollte der Minister sicherstellen, dass diese auch im Spannungs- und Kriegsfall zur Verfügung stünden. Lediglich den Nachsatz über den „Dienst mit der Waffe" wollte er in der Verfassung belassen. Doch trotz seiner Werbung - u.a. indem er die weiblichen Abgeordneten aller Bundestagsfraktionen und Delegierte von Frauenorganisationen - zu Kaffee und Kuchen einlud - scheiterte er damals mit seinem Vorhaben.

Von Hassel musste das Amt - anders als einige seiner Vorgänger und Nachfolger - nicht wegen größerer oder kleinerer Skandale oder persönlichen Fehlverhaltens aufgeben, sondern wegen des Wechsels der politischen Mehrheiten. Deshalb ist auch die erwähnte, in den Medien benutzte Formulierung „Sturz in Raten" falsch.

Im Zuge der Bildung der ersten Großen Koalition übernahm die SPD als Junior-Partner im Kabinett Kiesinger ein Schlüssel-Ressort - das Außenamt und übertrug es Willy Brandt (1913-1992). Doch damit musste Ersatz für Gerhard Schröder, den bisherigen Amtsinhaber, gefunden werden. Als dieser auf die Hardthöhe wechselte, kam das Aus für von Hassel. Wäre es um Kompetenz in diesem Ressort gegangen, hätte von Hassel den Vergleich mit Schröder fraglos um Längen gewonnen.

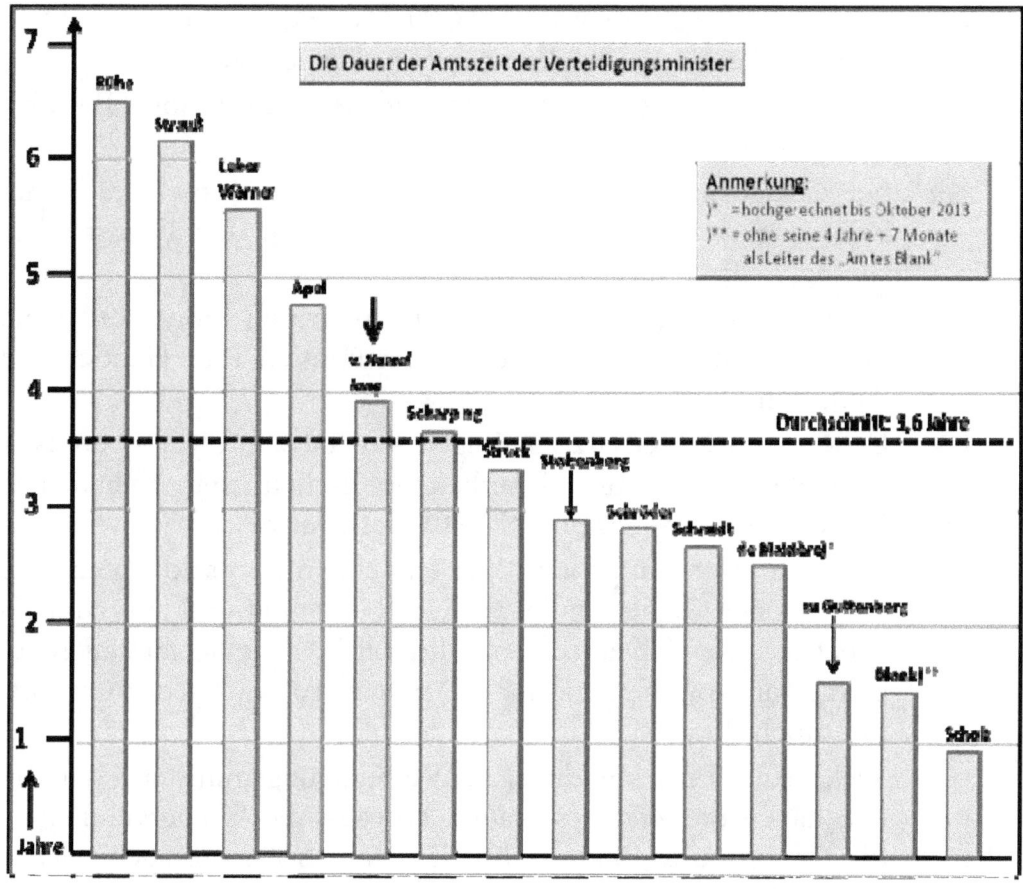

Die Amtszeit von Hassels kann nicht mit dem Attribut strahlend, aber mit erfolgreich bezeichnet werden. Im Übrigen kann keiner der bisherigen sechzehn Amtsinhaber seine Amtszeit „strahlend" nennen. Dies liegt aber nicht an den Personen an der Spitze, sondern daran, dass das Verteidigungsministerium - anders als z.B. das Außenamt - per se kein Ressort ist, mit dessen Führung man in die oberen Ränge der Skala öffentlicher Beliebtheit aufsteigen kann. Keine andere oberste Bundesbehörde war - wie zwischen 1955 und 1990 - für weit über eine halbe Million Menschen verantwortlich.

Die Amtszeit von Hassels als Verteidigungsminister zeichnet sich durch persönliche und fachliche Besonderheiten aus:

- Er hatte von allen bisherigen Amtsinhabern die engsten familiären Bindungen zum Militär und von daher auch einen emotionalen Bezug zu seinem Amte, der Armee und den Soldaten. Daher besaß er das Vertrauen der unter ihm Dienenden.

- Er war der einzige Verteidigungsminister, dessen Sohn Berufsoffizier wurde und
- der einzige hochrangige deutsche Politiker in mehr als einem halben Jahrhundert, der seinen Sohn durch den Dienst in der Bundeswehr verlor.
- Seine Erziehung und sein Denken waren von christlichen Grundsätzen geprägt und diese bestimmten sein Handeln und Auftreten.
- Er war - im Gegensatz zu einigen seiner Nachfolger - bereits bei Amtsübernahme mit sicherheitspolitischen und militärischen Fragen aus deutscher und NATO-Sicht vertraut.
- Er hatte seine Aufgaben - getreu seinem Amtseid - immer im Sinne seiner Gesamtverantwortung betrachtet und ausgeübt und dabei das Wohl Deutschlands im Blick. Es ging ihm nicht um private und parteipolitische Interessen. Er war weder Opportunist, noch Populist.
- Viele seiner Projekte, die er als Verteidigungsminister geschaffen hat, haben die Zeit des Kalten Krieges, die Wiedervereinigung, die Neuordnung Europas überlebt und bis heute auch nach einem halben Jahrhundert Bestand, auch wenn der Name ihres Schöpfers in Vergessenheit geraten sein mag. Gerade wegen der kurzen Haltbarkeitsdauer zahlloser militärischer Vorhaben ist dies ein besonderer Vorzug und Verdienst. Seine überdurchschnittlich lange Amtszeit war - zusammen mit Minister Jung - bisher die fünftlängste.

4. Ur-Enkel Joachim von Hassel

Joachim (gen. Jochen) von Hassel war am 14. Mai 1941 in Glücksburg zur Welt gekommen und an der Förde aufgewachsen. Besonders Großmutter Emma war ihrem ersten Enkel sehr zugetan, denn nicht zuletzt feierten sie am selben Tag Geburtstag. Zunächst besuchte er ab 1947 die Volksschule in Glücksburg bis zur 5. Klasse und trat - mit dem Beginn des neuen Schuljahres, der damals im Frühjahr erfolgte - zu Ostern 1952 in die Sexta der Goetheschule in Flensburg ein.

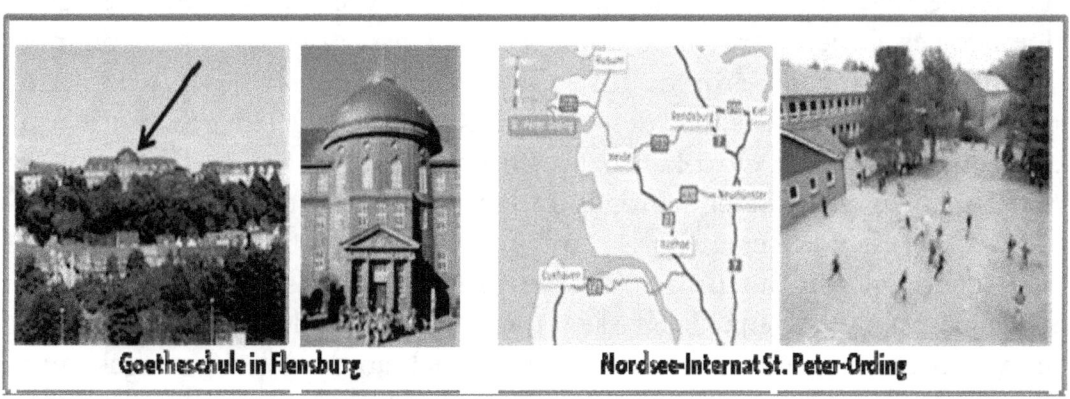

Goetheschule in Flensburg — Nordsee-Internat St. Peter-Ording

Im Juli 1953 wechselte Jochen in das Internat des Nordsee-Gymnasiums in St. Peter-Ording, wo er allerdings nur ein Jahr blieb. Vermutlich gehörte er zu jenen Kindern, die mit dem familienfernen Internatsleben nicht zurechtkommen, und so kehrte er 1955 zu den Eltern und an das Gymnasium in Flensburg zurück. Im September 1959, inzwischen achtzehn Jahre alt, folgte ein zweiter Versuch in einer, wenngleich nicht allzu weit entfernten Schule in der Nähe von Schleswig am Südufer der Schlei: Louisenlund.

Das Gymnasium mit angeschlossenem Internat zählt zu den bekanntesten Privatschulen Deutschlands. Der Reformpädagoge Kurt Hahn (1886-1974), der Begründer des Internats Schloss Salem, hatte im Jahre 1949 Herzog Friedrich zu Schleswig-Holstein beratend zur Seite gestanden, als dieser mit der Stiftung Louisenlund an der Schlei quasi das nordische Gegenstück zum Internat Schloss Salem in der Nähe des Bodensees gründete.

Das renommierte Gymnasium besitzt neben seinen hohen akademischen Ansprüchen auch einen besonderen Ruf als „Segler-Internat". Möglicherweise wurden die „Marine-Gene" seiner Großeltern hier verstärkt und ließen dort den Entschluss reifen, zur Marine zu gehen. In dem idyllisch gelegenen Herrenhaus beendete Jochen von Hassel seine Schulausbildung im Frühjahr 1963 mit dem Abitur. Nur vier Kilometer nordostwärts davon hatte 99 Jahre zuvor sein Urgroßvater Friedrich Julius bei Missunde als Premier-Leutnant zum ersten Mal im Kampf gestanden; ob sich der Oberprimaner Jochen bisweilen daran erinnerte, ist nicht überliefert. Schulleiter war Dr. Hans Lues und Jochen von Hassels Klassenlehrer Herbert Volk. In der Schule seines Heimatortes Glücksburg hatte Jochen von Hassel die am 24. September 1940 in Sindelfingen geborene Elke Ottens, eine Tochter des pensionierten Heeres-Obersten Ottens und dessen Frau Karin (1905 1983; geb. Wittekop), kennengelernt. Vater Otto-Hermann Ottens, geboren am 14. Juni 1898 in Hamburg, war als Achtzehnjähriger im Jahre 1916 - vermutlich im Ersatzbataillon des Infanterieregiments „Hamburg" (2. Hanseatisches) Nr. 76 unter Oberstleutnant von Burstin - Soldat geworden[227] und als Infanterie-Leutnant mit dem Eisernen Kreuz II. Klasse ausgezeichnet aus dem Ersten Weltkrieg heimgekehrt. Das Regiment hatte ausschließlich an der Westfront gekämpft. Vermutlich war Ottens bei Kriegsende als Ausbilder an der Unteroffizierschule in Northeim eingesetzt.

Louisenlund an der Schlei

---

[227] Am 9.9.1916 trafen 996 Ersatzmannschaften für das InfRgt 76 vom Truppenübungsplatz Beverloo ein. Siehe: Sydow, Herbert von Das Infanterie-Regiment Hamburg (2. Hanseatisches) Nr. 76 im Weltkriege 1914/18, S. 106

Nach dem verlorenen Krieg blieb er dort und arbeitete - wie der Vater seines späteren Schwiegersohnes - als Landwirt. Auf dem Rittergut Hachenburg, nahe der beschaulichen Kleinstadt Bad Gandersheim im Harz, lernte er Karin Wittekop, die Tochter des Gutsbesitzers Paul Wilhelm Hermann Wittekop, kennen und heiratete sie 1930. Fünf Jahre später trat Ottens in die Wehrmacht ein und wurde - rückdatiert auf den 1. April 1934 - zum Hauptmann befördert. Er ließ sich zur im Aufbau befindlichen, neuen Panzerwaffe versetzen und kam im Oktober 1935 ins Panzerregiment 5 unter Oberst Karl Zukertort (1889-1982; Generalmajor)[228] nach Wünsdorf. 1936 wurde Ottens Kompaniechef im neu aufgestellten Panzerregiment 8 unter Oberst Johann Haarde (1889-1945; Generalleutnant) in der Nachbargemeinde Zossen südlich von Berlin.

Im November 1938 wurde sein Verband in die neu erbauten Hindenburg- und Ludendorff-Kasernen nach Böblingen bei Stuttgart verlegt und auf dem Postplatz durch Bürgermeister Dr. Otto Röhm und Landrat Otto Meditsch

---

[228] Karl Zukertort wurde trotz Hitlers „Deutschblütigkeitserklärung" wegen seiner jüdischen Abstammung (sog. „Mischling 1. Grades" nach den Nürnberger Gesetzen von 1935) bereits Ende Juli 1941 aus der Wehrmacht entlassen. Sein älterer Bruder Johannes (1886-1969) blieb als ranghoher Artillerieoffizier und Generalleutnant bis Mai 1944 im aktiven Dienst.

offiziell begrüßt. Auch das Ehepaar Ottens zog mit den beiden Kindern Uwe und Wiebke nach Baden-Württemberg. Das Regiment gliederte sich in zwei Abteilungen zu je 3 Kompanien.[229]

Oberst Karl Zukertort, der 1. Kommandeur des Panzerregiments 3

Generalleutnant Ernst Feßmann (1881-1962), der Kommandeur der 3. Panzerdivision, und Oberstleutnant Karl Zukertort, der Regimentskommandeur (in schwarzer Panzer-Uniform), bei Abschreiten der Front des Panzerregiments 3 in Wünsdorf am 20. Oktober 1935.

Hauptmann Ottens führte die 5. Kompanie dieses Verbandes, die 1939 über einen Befehlswagen, 16 Panzer des Typs „Panzer I" und 5 des Typs „Panzer II"[230] verfügte. Seine Zugführer waren die Leutnante Eichberg, Schwarzhaupt und Jattkowski. Die Einheit gehörte zur II. Abteilung des Regiments unter Major Wilhelm Conze (1896-1976; Generalmajor). Regimentskommandeur Johann Haarde gab die Führung des Verbandes nach dem Umzug

---

[229] Darüber hinaus hatte das Regiment eine Staffel für die Wechselbesatzungen, eine leichte Kolonne und eine Werkstatt-Kompanie. Eigentlich hätte jede Abteilung über 4 Kompanien verfügen sollen, doch dies war wegen der knappen Materialausstattung nicht möglich.

[230] Pz I: nur 2 MG; Gewicht: 5,4 t; Besatzung: 2 Mann. Pz II: 1 x 2-cm-Kanone, 1 MG; Gewicht: 9-10 t; Besatzung: 3 Mann. Erst im September 1939 erhielt das Regiment die ersten Panzer III und IV.

im November 1938 an seinen Nachfolger Oberstleutnant Botho Henning Elster (1894-1952; Generalmajor)[231] ab.

Im April 1939 wurde das Regiment auf den Truppenübungsplatz Milowitz bei Prag verlegt und blieb dort stationiert, bis am 17. August der Befehl zum Herstellen der Marschbereitschaft eintraf. Die politischen Wolken über Europa verdüsterten sich schnell, und eine Woche später kam der Mobilmachungsbefehl. Bereits am 31. August wurde das Regiment per Bahn nach Hinterpommern verlegt, und am 3. September überschritt es die polnische Grenze. Mit Beginn des Feldzugs unterstand Ottens Panzerregiment - zusammen mit dem Panzerregiment 7 - der 10. Panzerdivision unter Generalleutnant Ferdinand Schaal (1889-1962; General der Panzertruppen) und zwischenzeitlich Generalmajor Horst Stumpff (1887-1958; General der Panzer-

---

[231] Wegen Tropenuntauglichkeit wurde Elster nicht zum Afrika-Korps versetzt. Am 16.09.1944 ergab sich Elster, inzwischen Generalmajor, mit über 19.000 Soldaten der 83. US-Infanterie-Division an der Westfront und wurde vom Reichskriegsgericht dafür in Abwesenheit zum Tode verurteilt. Es war die größte Kapitulation an der Westfront.

truppen) und diese wiederum dem im Nordabschnitt eingesetzten XIX. Armeekorps unter dem General der Panzertruppen Heinz Guderian (1888-1954; Generaloberst). Ottens hatte zwischenzeitlich die neu aufgestellte 7. Kompanie im Regiment übernommen und war an der Einnahme von Brest-Litowsk am 17. September 1939 beteiligt.

Hauptmann Ottens (rechts; PzRgt 8) während des Polen-Feldzugs im Gespräch mit einem sowjetischen Offizier 1939 am Bug bei Brest-Littowsk

Die offenbar distanzierte Haltung im Offizierkorps des Regiments zum Nationalsozialismus spiegelt folgende Begebenheit wider: Der damalige Kommandeur der I. Abteilung des Panzerregiments 8, Major Friedrich Haarde (+ 1966), der jüngere Bruder von Oberst Johann Haarde, rettete zusammen mit seinem Adjutanten, Leutnant Carl-Heinz Knorr, und einigen Soldaten in einem „kühnen Manöver" die polnische Familie Rudniewska aus den Fängen der Gestapo.[232] Am 17. Oktober 1939 kehrte das Regiment nach Böblingen zurück, doch bereits im Dezember wurde es zur Verfügung der 16. Armee zunächst in den Westerwald, von dort Ende Januar ins Moseltal und im April 1940 auf den rheinland-pfälzischen Truppenübungsplatz Baumholder verlegt. Mit Beginn des Frankreich-Feldzuges stieß die 10. Panzerdivision bei Sedan über die Maas vor und war an den Verfolgungskämpfen bis zur Kanalküste, der Einnahme von Calais und an der Einschließung britischer Truppen bei Dünkirchen beteiligt. Erneut Guderians XIX. Armeekorps unterstellt, hatte die Planung diesem Großverband den entscheidenden Durch-

---

[232] 2006 wurde Haarde dafür in Polen posthum mit Gedenktafeln geehrt; siehe Böblinger Kreiszeitung vom 9. September 2006.

stoß im Rahmen der Operation „Sichelschnitt" zugewiesen. Am 1. März 1941 wurde Ottens zum Major befördert: Die Chronik der 10. Panzerdivision erwähnt ihn am 26. Mai 1940 als „Straßenkommandant" in Calais. Nach der Evakuierung der Alliierten in Dünkirchen gab Ottens - vermutlich im Juni 1940 - seine Kompanie ab und wurde zur Vorbereitung auf seine nächste Verwendung kurzzeitig in den Stab seiner 10. Division versetzt.

Nach dem Waffenstillstand am 22. Juni 1940 übernahm Major Ottens die I. Abteilung des Panzerregiments 33 als Kommandeur. Sein neues Regiment unter Oberst Ewald Kraeber (1894-1969; Generalmajor) hatte zwei Abteilungen und gehörte zur 9. Panzerdivision unter Generalleutnant Dr. Alfred Ritter von Hubicki (1887-1971; General der Panzertruppen). Die II. Abteilung wurde von Oberstleutnant Franz-Josef Kohout (1908-1980) befehligt. Da Ottens neue, in Österreich beheimatete Division ebenfalls zum XIX. Armeekorps unter General Guderian gehörte, kann davon ausgegangen werden, dass dieser Major Ottens kannte und dessen Wechsel zum Abteilungskommandeur befürwortet hatte. Im September 1940 verlegte die Division zur Auffrischung zurück in den Friedensstandort Wien. Etwa zur selben Zeit kam am 24. September 1940 seine Tochter Elke in Böblingen zur Welt. Im Frühjahr 1941 wurde die Division erneut mobilisiert, nach Ungarn verlegt, nahm ab April am Balkan-Feldzug teil und kämpfte in Jugoslawien und Griechenland. In dieser Zeit bekam Ottens Karriere einen Knick. Auslöser war seine Beurteilung vom Juni 1941, in welcher der Satz steht:

> „Besitzt in Führung und Erziehung seiner Abteilung nicht die erforderliche Härte."

Was aber verbirgt sich hinter diesen Worten? Noch in der vorausgegangenen Beurteilungsnotiz vom März 1941 fand sich die überaus positive Bemerkung - das genaue Gegenteil:

> „Sehr gewandt; in Polen als Kompaniechef und im Westen beim Divisionsstab bewährt. Als Abteilungskommandeur gut eingearbeitet, Abteilung gut ausgebildet."[233]

Wie erklären sich der Leistungsabfall innerhalb von nur drei Monaten, diese vernichtende negative Wertung und dieser Widerspruch zur vorangegange-

---

[233] National Archives & Records Administration (NARA) Washington T 78-936 S. 1093-1094

nen Beurteilung? Betrachtet man die Aussage von „fehlender Härte" vor dem Hintergrund der bisweilen überaus grausamen Kriegführung auf dem Balkan auf beiden Seiten und auch jene gegen die Zivilbevölkerung, so kann sie nur in dem Sinne verstanden werden, dass Ottens sich wiederholt geweigert haben muss, ein Überschreiten der Regeln des Kriegsvölkerrechts durch seine Soldaten hinzunehmen. Im Konflikt zwischen Befolgung von Befehlen und seinem Gewissen entschied er sich für letzeres. Anderenfalls wäre er - wie sich am Beispiel seiner Jahrgangskameraden belegen lässt - wahrscheinlich mindestens bis zum Generalmajor aufgestiegen. Die 9. Panzerdivision wurde im Sommer 1941 vom Balkan abgezogen und nahm - der Heeresgruppe Süd unterstellt - am Russlandfeldzug teil. Sie stieß schnell in die Ukraine vor und kämpfte in den Schlachten am Dnjepr und um Kiew. Ottens hingegen erhielt trotz seiner Erfahrung kein Regiment, sondern übernahm im September 1941 die Aufgabe eines Stabsoffiziers für Marschüberwachung in der 9. Panzerdivision. Sie bestand darin, die Bewegungen der Verbände auf der Straße entsprechend ihrem erteilten Marschkredit zu kontrollieren, bei Friktionen vor Ort direkt einzugreifen und zu entscheiden; dies erforderte besonderes Durchsetzungsvermögen. Das Urteil über Ottens Einsatz auf diesem Posten vom Dezember 1941 lautete:

„Hat gutes Organisationstalent bewiesen; diensteifrig!"

Dennoch kam zu diesem Zeitpunkt das vorläufige Aus für Ottens militärische Laufbahn: Er wurde zwar am 1. April 1942 noch zum Oberstleutnant befördert, zugleich aber zur Führerreserve des Wehrkreises XVII (Wien) versetzt, wo er wieder eine Führungsverwendung erhielt: Der kriegserfahrene Offizier übernahm kurzzeitig als Kommandeur die in der Kopal-Kaserne im österreichischen St. Pölten stationierte Panzer-Ersatzabteilung 33, welche dem Kommando der Schnellen Truppen im Wehrkreis Wien unterstand. Ottens war dafür verantwortlich, dass die Soldaten seines Verbandes, die den Personalersatz für die 9. Division stellten, gut ausgebildet an die Front kamen.

Am 20. Juli 1942 wurde Ottens der Führerreserve des Oberkommandos des Heeres (OKH) zugeteilt; der Dienst wurde durch den Feldzeugmeister geregelt. Zwei Jahre später, am 1. Mai 1944, kehrte Ottens zur Führerreserve seines heimischen Wehrkreises V in Stuttgart zurück. Eine geplante Versetzung zum Heeres-Streifendienst kam nicht zustande. Kurze Zeit danach wurde er am 6. August 1944 - zwei Monate nach der Invasion der Alliierten in der Normandie („Operation Overlord") - zur Führerreserve des Oberbefehlshabers West, des Generalfeldmarschalls Gerd von Rundstedt (1875-1953), versetzt. Zum Oberst befördert, übernahm Ottens die Aufgabe eines Kampfkommandanten an der Westfront. An welchem Abschnitt oder in welcher Stadt er diese Aufgabe als oberster militärischer Führer ausübte, und ob er sie tatsächlich antrat, ist unbekannt. Gegen die Überlegenheit der alliierten Invasionstruppen, vor allem jener aus der Luft, standen die deutschen Truppen auf verlorenem Posten. Im August hatte die 7. Alliierte Armee in schnellem Vorstoß bereits die Linie Loire (Nantes, Tours) - westlich Chartres - Dreux - Le Havre genommen. Wenige Wochen später geriet Oberst Ottens - ausgezeichnet mit dem Eisernen Kreuz I. Klasse und dem Panzerkampfabzeichen in Silber - an der Westfront in amerikanische Kriegsgefangenschaft.

Karin Ottens und ihre vier Kinder[234] wohnten bis zum Herbst 1944 in Böblingen. Durch die beiden schweren Bombenangriffe auf die Stadt am 19. Juli und 9. August 1944 verloren sie ihre Wohnung und ihr Hab und Gut. Die Familie - zunächst noch ohne Vater - verschlug es an die Ostsee. Grund für diese mehrtägige Reise in den letzten Kriegsmonaten quer durch Deutschland war, dass Magdalene Ottens,[235] die in Glücksburg lebte, ihre ausgebombte Schwiegertochter und die Enkelkinder aus dem Schwäbischen zu sich holte. Fast vierzig Jahre zuvor, 1905, hatte Ottens Vater, der Fabrikant[236] und Hauptmann der Reserve Gustav Heinrich Ferdinand Ottens (1864-1926), das sog. „Prinzenpalais"[237] gekauft.

---

[234] Uwe (* 1931), Wiebke (* 1932), Elke (* 1940) und Antje (* 1943)

[235] Der Vater, Gustav Heinrich Ferdinand Ottens, war bereits am 26. April 1926 verstorben und auf dem Mühlenfriedhof in Flensburg beigesetzt worden.

[236] Er war Direktor der Cröllwitzer-Actien-Papier-Fabrik in Halle an der Saale gewesen.

[237] Das zunächst einstöckige Gebäude war 1801 neu errichtet und im Jahre 1883 vom Prinzen Julius von Schleswig-Holstein-Sonderburg-Glücksburg (1824-1903) und seiner Gattin, der Gräfin von Roest (1856-1887), gekauft und aufgestockt worden. Nach dem Tode des Prinzen hatte es Ferdinand Ottens erworben.

Das Prinzenpalais in Glücksburg gestern und heute

Magdalene Ottens, seine Frau, war die Tochter des Flensburger Reeders Brodersen, und so wurde das Anwesen in „Magdalenenhof" umbenannt, zum Wohnsitz der Familie und ist bis heute in deren Besitz. Oberst Ottens kehrte bereits 1946 aus der Gefangenschaft zu seiner Familie zurück. Ein Grund für seine frühe Entlassung dürfte gewesen sein, dass er seit 1942 zur Führerreserve gehört hatte und somit als „politisch unbelastet" eingestuft worden war.

Er starb 1982 und fand - zusammen mit seiner, nur ein Jahr später verstorbenen Gattin Karin - auf dem Glücksburger Friedhof, in unmittelbarer Nähe zum Familiengrab von Hassel, seine letzte Ruhe.

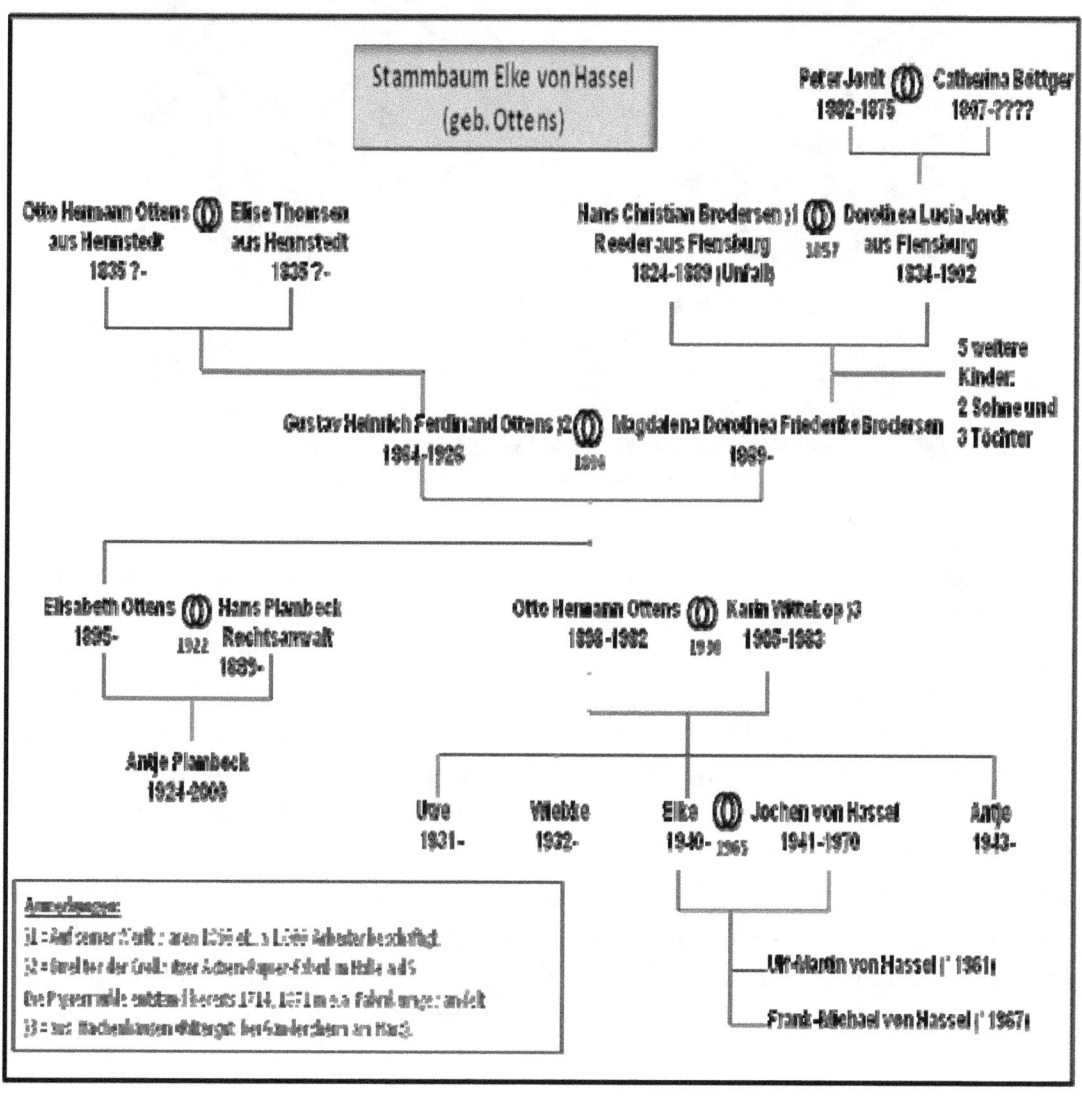

Familiengrab Ottens in Glücksburg

Im Frühjahr 1947 wurde Tochter Elke in der Glücksburger Volksschule eingeschult. Von 1952 bis 1958 besuchte sie die „Mädchen-Mittelschule" in Flensburg. Nach der Mittleren Reife wechselte sie an die Dr. Gillmeister Schule (heute Bildungszentrum des „Westküsten-Klinikums") in der westholsteinischen Stadt Heide, wo sie in drei Jahren zur Medizinisch-technischen Assistentin (MTA) ausgebildet wurde. Nach ihrem Abschluss zog Elke Ottens im Mai 1961 nach Biberach an der Riß in Württemberg, etwa 50 km nördlich des Bodensees, um dort im Forschungslabor des Pharma-Unternehmens Thomae zu arbeiten. 1961 kam ihr Sohn Ulf-Martin zur Welt. Er wurde später Rechtsanwalt und ein leidenschaftlicher Schachspieler.[238] Doch es war keine leichte Zeit für das junge Paar. Viel weiter hätten sie geographisch in Deutschland kaum getrennt sein können.

---

[238] So gewann er z.B. im November 2010 das 20. Politiker-Schachturnier im Berliner Hotel Maritim.

Gelände der Firma Thomae in Biberach

Trotz dieser widrigen Umstände obsiegten sie. In der Familie gab es immer starke Frauen, und Elke Ottens gehörte dazu. Joachim von Hassel bewarb sich als Marineoffizieranwärter, strebte aber nicht die seemännische, sondern die fliegerische Laufbahn an. Er wollte Pilot werden und meldete sich deshalb zu den Marinefliegern. Im Dezember 1962 durchlief er die strenge Aufnahmeprüfung bei der Offiziersbewerber-Prüfzentrale in Köln und erfüllte die hohen Anforderungen, die an einen künftigen Jet-Piloten gestellt werden. Im Frühjahr 1963 bestand er die Reifeprüfung in Louisenlund.

Jochen von Hassel ist bis heute nicht nur der einzige Sohn eines deutschen Verteidigungsministers, sondern auch der einzige eines ranghohen Politikers, der die Laufbahn eines Berufsoffiziers einschlug. Diese Entscheidung könnte man als eine Art Mittelweg bezeichnen, in der er die Ursprünge der Familie von Hassel mit ihrer militärischen Vergangenheit und ihrer Entdeckungssucht und jene der Seefahrer-Tradition der Jebsens zusammenführte. Am 1. April 1963, drei Monate nach dem Amtsantritt seines Vaters, trat Jochen - gemeinsam mit etwa 100 anderen Marineoffizieranwärtern der Crew IV/63 - in die Bundesmarine[239] ein und bekam die Personalkennziffer (PK) 140541-H-1091. Er war der erste aus seiner Familie, der nun das blaue Uniformtuch, als Offizieranwärter bereits mit dem Seeoffizierstern, trug - Vater, Großvater

---

[239] Erst 1995 erfolgte die Umbenennung in Deutsche Marine

und Ur-Großvater hatten beim Heer gedient. Crew-Ältester wurde der spätere Flottillenadmiral Götz Eberle (* 1941). Für den deutschen Marineoffizier bedeutet das Wort „Crew", sonst Besatzung, den Zusammenschluss all derjenigen, die zum gleichen Zeitpunkt als Offizieranwärter in die Marine eingetreten sind. Es ist daher kein von oben verordneter Zusammenschluss, sondern eine Sache der Tradition und des Gefühls. Die Wurzeln liegen in dem gemeinsamen Erleben und der Kameradschaft. Joachim von Hassels Eintritt in die Marine fand nur ein halbes Jahr nach der Kuba-Krise statt, die die Welt an den Rand eines globalen Krieges geführt hatte. Am 13. August 1961 hatte der Bau der Berliner Mauer die Teilung Deutschlands zementiert und den Ost-West-Gegensatz verhärtet.

Zunächst absolvierte Joachim von Hassel die dreimonatige Grundausbildung in der 5. Kompanie des 3. Marineausbildungsbataillons in Glückstadt an der Unterelbe, einer Kleinstadt von etwa 11.000 Einwohnern. Im Jahre 1617 vom dänischen König Christian IV., der zugleich Herzog von Schleswig und Holstein war, gegründet, ist sie eine typische, auf dem Reißbrett entworfene Residenz- und Festungsstadt. Ihr Zentrum wird von einem großen Marktplatz gebildet, von dem sternförmig zwölf Straßen zu den Festungswällen und zum Hafen führen.

Hauptwache des 3. Marineausbildungsbataillons in Glückstadt

Die alte Stadtkirche mit ihrem Barockturm, das im Stil der niederländischen Renaissance errichtete alte Rathaus, das Adelspalais im Hafen und die stolzen Bürgerhäuser zeugen davon, dass Glückstadt einst ein bedeutender Verwaltungsmittelpunkt war. Es sollte einen Gegenpol zum übermächtigen Hamburg bilden, konnte diese Rolle aber niemals antreten.

Die 5. Kompanie gliederte sich in drei Züge zu jeweils vier Gruppen. Die Gruppen waren ca. 10 Mann stark. Jeder Gruppe standen zwei Räume zur Verfügung, ein Schlafraum mit fünf doppelstöckigen Kojen und ein Aufenthaltsraum, in dem die Spinde, ein großer Tisch und zehn Stühle standen. Nach der allgemeinen Grundausbildung begann am 1. Juli 1963 die dreimonatige seemännische Ausbildung auf dem Segelschiff „Gorch Fock" unter Kapitän zur See Hans Engel (1910-2001), einem gebürtigen Kieler und Fregattenkapitän Ernst von Witzendorff[240] (1916-1999; Kapitän zur See) als Erstem Offizier (I O). Fast einhundert Jahre, nachdem Jochen von Hassels Ur-Großmutter Clara Jebsen 1869 auf der „Cephyrus" um die Welt gesegelt war, stand wieder ein Mitglied der Familie von Hassel auf den Planken einer Bark. Gemeinsam mit dem amerikanischen Verteidigungsminister McNamara besuchte Jochens Vater, Kai-Uwe von Hassel, im August 1963 das in Kiel vor Anker liegende Segelschiff.

Dann führte die 13. Ausbildungsreise die Kadetten von Kiel aus nach Harstad in Norwegen, über das Nordkap bis nach Spitzbergen, an der Bäreninsel und die Insel Jan Mayen vorbei nach Akuryri auf Island, nach Thorshavn auf den Faröer Inseln und von dort über Leith/ Edinburgh zurück nach Kiel. Die Enge des Bordlebens führte die unterschiedlichsten Charaktere zusammen. Die jungen Männer lernten, sich in die Bordgemeinschaft einzufügen, mit Mannschaften und Unteroffizieren umzugehen und wurden auf diese Weise an ihre spätere Vorgesetztenrolle herangeführt. Sie waren im sog. Kadettendeck an der Steuerbordseite untergebracht. Geschlafen wurde in Hängematten, zweistöckig übereinander; tagsüber waren die Hängematten verstaut. Der zur Verfügung stehende Raum für die persönliche Ausrüstung war spartanisch knapp, kein Vergleich zu den Spinden in der Kaserne. Die angehenden Marineoffiziere lernten das seemännische Handwerk von der Pike auf, u.a. die Segel- und Tampenkunde, aber auch das Packen und Spannen der Hängematten und das darin Schlafen, sowie die Bordorganisation und den Pflege- und Wartungsdienst, das beliebte „Rein Schiff!" Die praktische Segelausbildung begann mit dem Kommando: „En-

---

[240] Erster Offizier auf der Gorch Fock von 1962 bis 1964; von 1969 bis 1972 war er Kommandant auf dem Segelschulschiff.

ter auf! und „Leg aus!" Danach hieß es „Segel setzen!" Mit flauem Gefühl und Respekt vor der Höhe ging es bei fast jedem Wetter hinauf in die Takelage („Gehölz").

Kapitän zur See Hans Engel

Bordhund „Whisky"

Segelschulschiff „Gorch Fock"

Nach dem Segelsetzen wurden weitere wichtige Manöver gelernt, wie beispielsweise „Wende", „Halse" oder „Boje über Bord!" Die nächste Stufe war das Segelexerzieren bei Nacht. Bei der abendlichen Reinschiffrunde wurde oft das von dem damaligen Kapitänleutnant Hans Freiherr von Stackelberg (* 1924) gedichtete Lied „Weiß ist das Schiff, das wir lieben" - die Ode an Gorch Fock - gesungen. Terrier-Bordhund „Whisky" lauschte und jaulte bisweilen sogar mit. Reihum wurden die Kadetten ab und zu in die Offiziersmesse eingeladen, um ihnen gesellschaftlichen Schliff beizubringen und um verloren gegangene Manieren wieder in Erinnerung zu rufen.

Fregattenkapitän
Ernst von Witzendorff
Erster Offizier der Gorch Fock

In der Freizeit musste - nach genauen Anweisungen, die noch fast exakt jenen der Kaiserlichen Marine folgten - „Logbuch geschrieben" werden. Obwohl privat, galt es als „Dienstbuch", war gut leserlich mit Tinte zu verfassen und in gutem Zustand zu halten. Skizzen und Zeichnungen waren erwünscht, Fotografien erlaubt. Kritik in dienstlichen Angelegenheiten hingegen hatte zu unterbleiben. Die Logbücher wurden vom Divisionsleutnant und Kadettenoffizier kontrolliert. Ohne gutgeführtes Logbuch gab es keinen Landgang. Zur Crew gehörten u.a. auch Seekadett Bodo Panitzki, der Sohn des Luftwaffeninspekteurs.

Die nächste Station der Ausbildung fand von Oktober bis Dezember an der Technischen Marineschule 2 (TMS 2) in Bremerhaven statt. Die alte Kaserne in der Elbestraße lag an der Geeste, einem kleineren Nebenfluss der Weser und war nicht weit vom Stadtzentrum entfernt. Dort lernten die jungen Offizieranwärter in einer Mischung von Theorie und Praxis unter anderem alles über Schiffstechnik, sowie Dampf-, Motoren- und Elektrotechnik. Im Januar 1964 folgte das zweite Bordkommando, diesmal auf der Schulfregatte „Hipper" unter Fregattenkapitän Hubert Nordheimer (1917-1997; Kapitän zur See). Auf dieser Reise wurde Jochen von Hassel im April 1964 zum Seekadetten befördert.

Die „Hipper"[241] - an der britischen Werft Thornycroft erbaut - war im Juli 1945 vom Stapel gelaufen und stand danach im Dienst der Royal Navy, bis

---

[241] Benannt nach Admiral Franz Ritter von Hipper (1863 - 1932), der von 1913 bis 1918 Befehlshaber der Aufklärungsstreitkräfte war.

sie 1957 von der Bundesmarine übernommen wurde. Sie unterstand dem Kommando der Marineausbildung und diente der Marineschule Mürwik als Kadettenschulschiff. In diesem Teil der Ausbildung wurden die Seekadetten mit dem „System Kriegsschiff" vertraut gemacht, in die drei Hauptabschnitte Schiffsoperation, Schiffswaffen und Schifftechnik eingewiesen und übten sich unter Anleitung auch in der seemännischen und taktischen Führung der Boote, seemännischen Manövern und der Navigation. Überdies standen Schießausbildung und Gefechtsdienst, sowie theoretischer Unterricht, Wartungsdienst und Signaldienst ständig auf dem Dienstplan.

Die 27. Auslandsausbildungsreise (AAR), gemeinsam mit der Schulfregatte „Graf Spee", führte zunächst nach Messina, von dort durch den Suez-Kanal und durch das Rote Meer nach Massawa im damaligen Äthiopien (heute Eritrea). Zwischen 1903 und 1940 waren sowohl Jochens Großvater Theodor als auch sein Vater Kai-Uwe mehrfach auf dieser Route von und nach Ostafrika gefahren; nun war Jochen von Hassel der Dritte aus der Familie.

Anschließend führte die Reise quer durch den Indischen Ozean an die Südspitze Indiens, nach Cochin. In nahezu allen Auslandshäfen gab es interessante Ausflüge. An den zahlreichen Empfängen an Bord nahmen die Offizieranwärter teil und wurden auch zu Veranstaltungen eingeladen, die das Gastland und die deutsche Botschaft oder Kolonie gaben. Weiter ging die Reise des Schulgeschwaders über Chittagong, das damals in Ost-Pakistan (heute Bangladesch) lag, bis nach Bangkok. Auf der Rückreise wurden die Häfen im südostindischen Madras und im südjemenitischen Aden besucht. Danach wurde erneut der Suez-Kanal passiert. Über La Valetta auf Malta und die Straße von Gibraltar kehrten „Hipper" und „Graf Spee" im Juni 1964 nach Kiel zurück. Es war die letzte Reise der „Hipper": Einen Monat später, am 31. Juli 1964, wurde sie ausgesondert, danach ausgeschlachtet und 1967 schließlich verschrottet.

Die nächste Station des gutaussehenden angehenden Marineoffiziers war der Besuch des Lehrgangs an der Marineschule Mürwik, der „Alma Mater" der deutschen Marineoffiziere - für den aus dem nahen Glücksburg stammenden jungen Joachim von Hassel ein Heimspiel. Der Lehrgang dauerte von Juli 1964 bis Juni 1965.

Fregattenkapitän
Hubert Nordheimer
Kommandant

Schulfregatte „HIPPER"

Am 1. Oktober wurde von Hassel zum Fähnrich zur See befördert. Seit Gründung der deutschen Marine im Jahre 1848 war die MSM nach den Schulen in Stettin, Danzig, Berlin und Kiel die fünfte Institution dieser Art. Die denkmalgeschützte Marineschule - von dem Architekten und Geheimen Marineintendantur-Baurat Adalbert Kelm (1856-1939) mit ihrer Backsteingotik der ostpreußischen Marienburg nachempfunden und zwischen 1906 und 1910 erbaut - war am 21. November 1910 durch Kaiser Wilhelm II. eingeweiht worden und dem ersten Kommandeur - damals noch „Direktor bezeichnet - Kapitän zur See Herwarth Schmidt von Schwind (1866-1941) übergeben worden. Die innere Ausgestaltung der Schule, dem „roten Schloss am Meer", orientierte sich am damals populären Jugendstil. Es war der größte Profan-Bau in Schleswig-Holstein. Weder die Offizierschule des deutschen Heeres und schon gar nicht jene der jungen Teilstreitkraft Luftwaffe kann ihre künftigen Führungskräfte in solch traditionsreichen Mauern ausbilden und erziehen. Das „Allerheiligste" der Schule war der Säulengang, der in den zwanziger Jahren u.a. mit Flaggen, Galionsfiguren und Schiffsmodellen zur Ehrenhalle ausgestaltet worden war.[242] Der „Remter" genannte Speisesaal für Offiziere, Fähnriche und Kadetten wurde auch für Festlichkeiten genutzt. Jeweils vier Fähnrichen stand ein Wohn- und Schlafzimmer zur Verfügung - acht Fähnriche teilten sich ein gemeinsames Bad, das zwischen den Schlafräumen lag. Fünf „Fähnrichsquartiere" bildeten damals eine Inspektion, die im Durchschnitt 20 Fähnriche umfasste.

Marineschule Mürwik (MSM) - von Norden gesehen

Die Berufsoffizieranwärter - wie von Hassel - wurden, da sie etwas später an der MSM eintrafen, in Baracken untergebracht, dem sogenannten „Trampedachlager". Sie waren - benannt nach Fregattenkapitän Claus Trampedach - ein Provisorium, das bereits Ende der dreißiger Jahre errichtet worden war. Unmittelbar nach dem Krieg hatten sie Heimatvertriebenen als Unterkunft gedient.

Im Bootshafen lagen V-Boote, Kutter, Piraten, Folkeboote, 6,5-er und 12-er, mit denen die Bootsausbildung absolviert wurde, denn das Ablegen des Mo-

---

[242] Sie sind heute im Wehrgeschichtlichen Ausbildungszentrum (vormals Historische Sammlung) untergebracht.

torbootführerscheins und des Segelschein A waren obligatorisch. Segeln und Sport wurden an der Marineschule großgeschrieben. Vor allem waren die 12-er Rennyachten und Schwesternschiffe „Ostwind" und „Westwind" - 1938 und 1939 für den Norddeutschen Regatta Verein erbaut - der Stolz[243] der MSM.

Sportschule der Marineschule Mürwik

Von der Sportschule aus hatte Großadmiral Karl Dönitz (1891-1980), zum „Reichspräsidenten" ernannt, in den letzten Kriegstagen im Mai 1945 die Kapitulationsverhandlungen eingeleitet, bevor er am 23. Mai 1945 von englischen Truppen verhaftet wurde. Am 1. November 1956 war der Dienstbetrieb an der Marineschule durch die Bundesmarine (Crew I/56) mit einer feierlichen Flaggenparade wiederaufgenommen worden. Den Unterricht erteilten Offiziere und zivile Lehrer. Es gab Fächer 1., 2. und 3. Ordnung, und dementsprechend wurden die erzielten Punkte eines jeden Fachs mit einem Multiplikator versehen; die Punktzahlen wurden dem üblichen Notensystem zugeordnet. Die Seeoffizierprüfung bestand aus einem schriftlichen und einem mündlichen Teil und dauerte eine Woche. Neben dem Abschlusszeugnis gab es eine planmäßige Laufbahnbeurteilung.

---

[243] Sie wurden verkauft, da die MSM die Instandhaltungskosten nicht mehr tragen konnte. Die schlanken Yachten galten unter Seglern als Traumschiffe. Bei einer Länge von 21,50 Metern waren sie nur 3,60 Meter breit. Masthöhe: 28 Meter. Segelfläche: „Ostwind"-176,8 Quadratmeter; „Westwind"-192,7 Quadratmeter. Die maximale Segelfläche lag bei 310 Quadratmetern. Beide Yachten besaßen keinen Motor.

Flottillenadmiral
Dr. Schneider-Pungs

Kommandeur war Flottillenadmiral Dr. Karl Schneider-Pungs (1914-2001; Konteradmiral), der vor seinem Wechsel zur Bundeswehr im Jahre 1957 als Tierarzt praktiziert hatte. Im dritten Jahr ihrer Ausbildung trennten sich die Wege der angehenden Marineoffiziere: Seefahrer, Techniker und Flieger begannen ihre Spezialausbildung.

Aus der Crew IV/63 schlugen zunächst nur fünf Mann als zukünftige Jet-Flieger die fliegerische Laufbahn ein. Neben Joachim von Hassel waren dies Udo Fillinger, Heinz Forsmann (* 1943), Jörg Langenbeck und Jan Wiedemann. Weitere Crew-Kameraden wurden Hubschrauber-Flugzeugführer (FFO) im Marinefliegergeschwader 5 in Kiel-Holtenau, und andere Tactical Coordinator (TACO) auf dem Flugzeugmuster „Breguet Atlantic" des Marinefliegergeschwaders 3 in Nordholz bei Cuxhaven. Ihre fliegerische Grundausbildung erhielten sie auf dem Fliegerhorst Uetersen[244] nordwestlich von Hamburg auf den Flugzeugmustern Do-27 und Piaggio. Die anschließende fliegerische Ausbildung wurde in mehreren Abschnitten den USA durchgeführt, wobei die künftigen Flugzeugführer von Luftwaffe und Marine gemeinsam beim Training Command der US-Air Force geschult wurden.

---

[244] Der militärische Flugbetrieb wurde später eingestellt. Im Oktober 1975 wurde der Fliegerhorst in „Marseille-Kaserne" (nach dem Fliegerass Hans-Joachim Marseille) umbenannt. Heute befindet sich dort u.a. die Unteroffizierschule der Luftwaffe.

Da Fähnrich zur See Joachim von Hassel und Elke Ottens eine zweijährige Trennung nicht auf sich nehmen wollten, eine Mitnahme der Lebensgefährtin und ihres Sohnes in die Vereinigten Staaten aber ohne vorherige Heirat ausgeschlossen war, gaben sie sich vor der Versetzung in die USA 1965 in Glücksburg das Jawort. Einige Monate später, im Dezember, feierten Kai-Uwe und Elfriede von Hassel ihre Silberhochzeit.

Elke von Hassel und der vierjährige Ulf-Martin zogen zwar mit in die Vereinigten Staaten, aber wegen der wechselnden Ausbildungsorte teilte die junge Ehefrau das Schicksal aller Soldatenfrauen: Sie und Sohn Ulf-Martin sahen den Ehemann und Vater trotz des gemeinsamen Wohnortes nicht allzu oft.

Ehepaar von Hassel, Brautpaar, Brauteltern 1965

Jochen von Hassel erhielt ab dem 1. Oktober 1965 zunächst in einem mehrwöchigen Lehrgang im Oktober/November 1965 auf der Lackland Air Force Base bei San Antonio in Texas eine auf die Belange des Piloten ausgerichtete Sprachausbildung Englisch. Danach folgte von November 1965 bis Februar 1966 die Schulung auf der T-41 („Mescalero"), der militärischen Version der Cessna 172. Sie fand in Casa Grande, ca. 100 km nordwestlich von Tucson, einer Außenstelle der Williams Air Force Base im Bundesstaat Arizona, statt. Anfang 1966 wurde Jochen von Hassel zum Leutnant zur See befördert. Das Training war hart und führte an die körperlichen und geistigen Leistungsgrenzen. Neben den Flugstunden waren zahllose Theoriestunden in englischer Sprache zu bewältigen. Das Handbuch in DIN A4-Format, das jeder von ihnen auswendig können musste, war mehrere Zentimeter dick, und die Betriebsanleitung füllte weitere drei Aktenordner.

Die nächste Phase der Ausbildung bei der US-Air Force, das sog. „Undergraduate Pilot Training" (UPT), erfolgte ab März 1966 im Rahmen der Klasse „UPT class 67D". Sie fand auf der Williams Air Force Base (seit 1993 geschlossen) bei Mesa - ca. 20 km südostwärts von Phoenix - statt. Die Schulung wurden auf den Flugzeugmustern Cessna T-37 und T-38 durchgeführt. Die T-37 „DRAGONFLY" (= Libelle) ist ein "twin-engine" Jet

(Spitzname „TWEET"). Die zweistrahlige, zweisitzige Northrop „TALON" (= Klaue, Kralle) (T-38) war das erste Überschall-Schulungsflugzeug der Welt.

Joachim von Hassels Schulungsflugzeuge

Den Abschluss bildete die feierliche Zeremonie der „graduation" am 10. Dezember 1966. In diesen ersten drei Jahren als Soldat war Jochens Vater zugleich sein oberster Dienstherr - eine nicht immer leichte Konstellation für den jungen Offizier. Auch für seine Vorgesetzten war es eine Gratwanderung: Der eine oder andere mag sich durch Wohlwollen dem Sohn des Verteidigungsministers gegenüber insgeheim Karrierevorteile erhofft haben. Andere wiederum, die die Amtsführung des Ministers nicht mochten, mögen geneigt gewesen sein, dies an dessen Sohn auszulassen.[245]

---

[245] So haben sich die beiden Söhne von Bundeskanzler Helmut Kohl später darüber beklagt, dass sie während ihrer Dienstzeit in der Bundeswehr bisweilen sowohl mit serviler Aufmerksamkeit als auch mit Erschwernissen im Dienst seitens ihrer Kameraden und Vorgesetzten konfrontiert wurden.

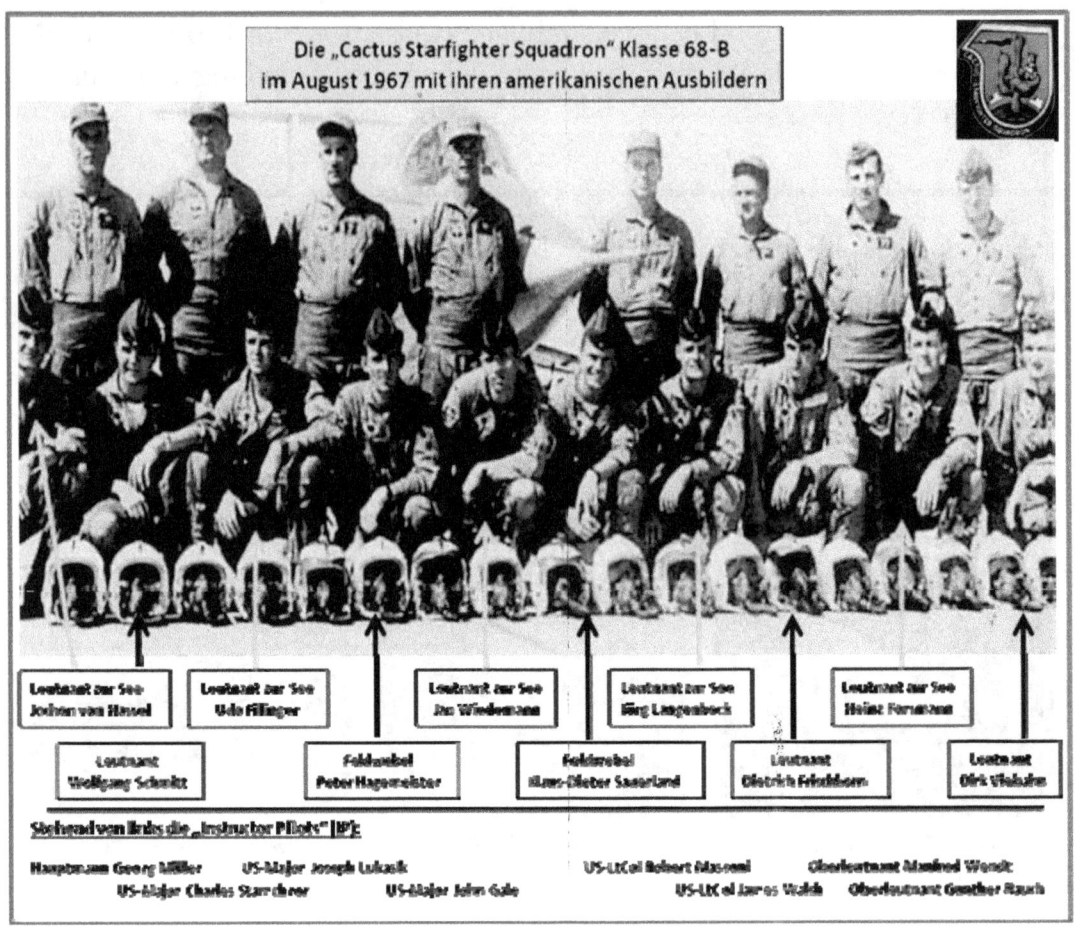

Doch von Vorteil war, dass Jochen sich während der in der Truppe heiß diskutierten Phase der Rücktritte der Generale Trettner und Panitzki in den USA - fern des Medienrummels - aufhielt. Hinzukam, dass bei der Beurteilung seiner Leistungen das Können als Flieger - objektiv messbar - ausschlaggebend war.

Vater Kai-Uwe vermied alles, was nach Protektion seines Sohnes aussah; so wurde das Marinefliegergeschwader 2 von ihm nie besucht. Allerdings weilte er - begleitet von Heeres-Generalmajor Robert A. Hewitt (1910-1999), dem Chef der amerikanischen „Military Assistance Advisory Group" (MAAG), Brigadegeneral Werner Boie (1913-2012), dem Verteidigungsattaché in Washington und seinem Adjutanten Trebesch - im Mai 1966 während einer Reise in die USA bei der Deutschen Ausbildungsstaffel in Luke.

Nur einmal, als er - wie erwähnt - mit McNamara die in Kiel liegende Gorch Fock besuchte, stellte er seinen Sohn dem amerikanischen Verteidigungsminister vor. Für Jochen von Hassel und seine Kameraden stand das Fliegen im Vordergrund. Er selbst umging es tunlichst, seinen Minister-Vater im dienstlichen Miteinander zu erwähnen, um auch nicht den Hauch des Erwerbs persönlicher Vorteile aufkommen zu lassen, was ihm die Achtung und Freundschaft seiner Kameraden einbrachte.

Der letzte Abschnitt von Januar bis zum Herbst 1967 - inzwischen war Gerhard Schröder als Minister seinem Vater nachgefolgt - galt, nunmehr als „class 68B", der vertieften fliegerischen Schulung und der Waffensystemausbildung auf dem Flugzeugmuster „Starfighter" bei der 2. Deutschen Luftwaffen-Ausbildungsstaffel in der Luke Air Force Base[246] in Arizona. Die deutschen Maschinen trugen damals US-Hoheitszeichen.[247] Staffelkapitän und damit nächster Disziplinarvorgesetzter der Flugschüler war Major Dietrich Peter Roga (* 1935).[248] Die Staffel unterstand dem Kommandeur des 1964 geschaffenen Luftwaffenausbildungskommandos USA/Kanada (später umbenannt in Luftwaffenkommando USA/Kanada) im Fort Bliss im texanischen El Paso, das von Brigadegeneral Walter Krupinski vom August 1966 bis September 1968 geführt wurde. Der ehemalige Chief Master Sergeant der US-Air Force, Thomas (Tom) Rhone, erfüllte als PR-Vertreter der Firma Lockheed mit Hingabe seine Aufgabe, den deutschen Soldaten und ihren Familien zu helfen, zu einem aktiven, integrierten Bestandteil des kommunalen und gesellschaftlichen Lebens im Raum Phoenix, im „Valley of the sun", zu werden und an den Wochenenden den „Arizona life style" - u.a. mit Reiten, und Barbecue - zu pflegen.

Während der Ausbildung in den USA, kam am 21. Mai 1967 der zweite Sohn Frank-Michael in den USA zur Welt; er wurde später Gymnasiallehrer in Flensburg. Am 31. August 1967 schloss die Klasse 68-B der „Cactus Starfighter Squadron" ihre Ausbildung in den USA ab.

Die „Arizona Cactus Squadron", seit 1964 so bezeichnet, war von Jack R. Williams (1909-1998), dem Gouverneur von Arizona, mit Urkunde vom 29. März 1967 offiziell ins Leben gerufen worden, „zu Ehren der jungen deutschen Männer, die nach der Pilotenausbildung zu Ehrenbürgern des Staates ernannt werden". Alle fünf Marineoffiziere der Crew IV/63 kehrten mit den

---

[246] Am 16. März 1983 endete das F-104-Ausbildungsprogramm in Luke A.F.B.; insgesamt 2.700 Flugzeugführer von Luftwaffe und Marine durchliefen die Ausbildung.

[247] Am Anfang der F-104G Fliegerei in den USA trugen sie noch deutsche Abzeichen, wurden aber sehr bald danach aus „versicherungstechnischen" Gründen bis zum Ende 1983 auf USAF-Kennzeichnung umgestellt.

[248] OTL Roga war von 1964 bis 1968 Staffelchef in den USA. Danach führte er bis 1970 die Fliegende Gruppe des Jagdgeschwaders 74 „Mölders" in Neuburg a.d.D. als Kommandeur. Am 31.05.1972 stürzte seine F-104G im Raum Herretsried ab. Oberstleutnant Roga konnte aber mit dem Martin-Baker-Schleudersitz aus der Maschine aussteigen und überlebte.

„wings" der Marine, einer flachen goldenen Schwinge, und dem silbernen Flugzeugführerabzeichen der US-Air Force an der Uniform nach Deutschland zurück. Joachim von Hassel wurde am Ende seiner Ausbildung gemeinsam mit seinem Freund und Kameraden Heinz Forsmann[249] zum Marinefliegergeschwader (MGF) 2[250] ins schleswig-holsteinische Eggebek versetzt, die anderen drei Offiziere kamen ins MFG 1.

Brigadegeneral Walter Krupinski Kommandeur Luftwaffenausbildungs-Kommando USA/Kanada

Major Dietrich Roga Staffelkapitän der 2. Deutschen Luftwaffenausbildungsstaffel Luke Air Force Base (Arizona)

US-Air Force Chief Master Sergeant (Rtd.) Tom Rhone

Der Flugplatz Eggebek war am 12. März 1965 mit der Landung der ersten F-104G offiziell von den Marinefliegern übernommen worden, nachdem zuvor das dort stationierte Aufklärungsgeschwader 52 der Luftwaffe nach Leck verlegt worden war.

Die junge Familie von Hassel bezog ein Reihenhaus im nahen Tarp, von dessen Balkon man bei schönem Wetter bis nach Glücksburg, seinem Ge-

---

[249] Fregattenkapitän Forsmann wurde am 12.09.1986 Stellvertretender Kommodore des MFG 2. Zu diesem Zeitpunkt begann das Geschwader mit dem Routine-Flugbetrieb auf dem neuen Flugzeugmuster „Tornado". Forsmann absolvierte allein auf dem „Starfighter" 2.956 Flugstunden.

[250] Am 1. April 1958 war - mit Befehl vom 26. Februar - die 2. Marinefliegergruppe in Kiel-Holtenau eingerichtet und im Februar 1959 nach Schleswig-Jagel verlegt worden. Am 16. Juli 1959 wurde sie in 2. Marinefliegergeschwader und am 1. Oktober 1963 in Marinefliegergeschwader 2 umbenannt. Das Geschwader war vom 17. Dezember 1962 bis 12. April 1963 in Nordholz, danach in Tarp/Eggebek stationiert.

burtsort, schauen konnte. Nun sollte Ruhe in das Familienleben einkehren. Als Marineflieger waren die möglichen Standorte in Norddeutschland überschaubar, und so erwarb das Ehepaar ein Grundstück auf der kleinen Halbinsel Holnis nordöstlich von seiner Geburtsstadt Glücksburg, um dort sesshaft zu werden. An ein geregeltes Familienleben war auch nach der Rückkehr nach Deutschland nicht zu denken, denn die jungen Flugzeugführer wurden von November 1967 bis Februar 1968 zur Waffenschule 10 der Luftwaffe (WaSLw 10) nach Jever kommandiert, wo die Anpassung („Europäisierung") der „eigenwilligen Hundertundvier" an die hiesigen Flug- und Wetterbedingungen erfolgte.

Leutnant zur See Jochen von Hassel

Jochen von Hassel - seit Anfang 1968 Oberleutnant zur See - diente in der 1. Staffel des Marinefliegergeschwaders 2. Nach der jahrelangen Ausbildung lautet nun in der Truppe das Motto: Fliegen, fliegen, fliegen, um Erfahrung zu gewinnen und das Waffensystem immer besser zu beherrschen. Sein Geschwaderkommodore war zunächst bis Ende September 1969 Kapitän zur See Rolf Lemp (* 1915), ein Haudegen mit fliegerischer Vergangenheit auf dem Jagdbomber „Sea Hawk". Nach Ende des zweiten Weltkrieges hatte er rund zehn Jahre unter Tage in einem Kohlebergwerk als Steiger gearbeitet. Sein Nachfolger, Kapitän zur See Helmuth Otto (1923-1987), hingegen war ein künstlerischer Typ, der bisweilen als Organist und Bach-Interpret auf der Neobarock-Orgel im Dom zu Schleswig brillierte. Er schied am 2. April 1987 aus dem Leben.

Der Flugplatz Eggebek in Schleswig-Holstein

Jochen von Hassels nächsthöherer Disziplinarvorgesetzter war der Kommandeur der Fliegenden Gruppe. Während der knapp dreijährigen Dienstzeit von Hassels im Geschwader wurde die Fliegende Gruppe von zwei Kommandeuren geführt: Bis zum 30. September 1968 von Fregattenkapitän Gerhard Reger (* 1932; Kapitän zur See) und ab 1. Oktober von Korvettenkapitän Kurt Ziebis (* 1935; Flottillenadmiral).

Von Hassels Staffelkapitän und damit sein nächster Disziplinarvorgesetzter war zunächst bis Ende Februar 1968 Korvettenkapitän Eberhard („Ebbi")

Feldes. Am 1. März 1968 trat Korvettenkapitän Helmut („Helle") Kröger (* 1935) an die Spitze der Einheit; er kam - wie Feldes - vom Marinefliegergeschwader 1. Kurz nach dem Wechsel an der Spitze der Staffel gab es auch - so berichtet es die Chronik - einen Wechsel an der Stelle des „Nesthäkchens": Oberleutnant zur See Klaus („Kläuschen") Pühl - geboren am 22. Januar 1940 - wurde durch den um 16 Monate jüngeren Jochen von Hassel abgelöst.

Jochen von Hassel war ein begeisterter, leidenschaftlicher und guter Pilot, der bereits zwischen 450 und 500 Flugstunden auf dem „Starfighter" absolviert hatte. Die NATO-Forderung an jährlichen Flugstunden pro Pilot betrug 240; das jährliche Ausbildungsprogramm („Tactical Combat Trainig Program" - TCTP) hingegen verlangte nur 180 Stunden. Diese Stundenzahl wurde nicht immer erreicht, gleichwohl von einigen auch überschritten.

Oberleutnant zur See von Hassel mit Geschwaderkameraden 1969

Er gehörte zu den handverlesenen Flugzeugführern seines Geschwaders, die an dem alle zwei Jahre stattfindenden NATO-Aufklärungswettbewerb „BIG CLICK 68" teilnahmen. Die Mannschaft der 1. Staffel des MFG 2 belegte einen beachtlichen dritten Platz in der Gesamtwertung. Jedes Team bestand aus neun Piloten und vier Bildauswertern, die in 60 Einsätzen Zielfotos aus der Luft in Norwegen, Dänemark und Schleswig-Holstein schießen mussten.

Anfang Dezember 1969 stattete der neue Bundesverteidigungsminister Helmut Schmidt dem Geschwader einen Besuch ab.

Der „Jahrhundert"-Schneewinter 1969/70 brachte Schleswig-Holstein eine geschlossene Schneedecke an mehr als 100 Tagen. Am 17. Februar 1970 hatte es wieder stark geschneit. Die Schneedecke war zum Teil über 35 cm dick. Starke Nordostwinde sorgten überdies für beträchtliche Schneeverwehungen. Das Geschwader hatte Schneesturmalarm. Auf dem Fliegerhorst in Eggebek musste der Flugbetrieb eingestellt werden, was aber die Einsatzbereitschaft gefährdete. Oberleutnant Claus Bittner (* 1943; Oberstleutnant), der Chef der 2. Kompanie des Nachschub-Bataillons 610 aus der Stapelholmer Kaserne im schleswig-holsteinischen Seeth, etwa 30 Kilometer von Eggebek entfernt, erhielt daher den Auftrag, die Start- und Landebahn des dortigen Einsatzflughafens mit sechs Frontschauflern, sog. Feldarbeitsgeräten, von den Schneemassen zu befreien. Oberleutnant von Hassel wurde vom Geschwader die fachliche Dienstaufsicht übertragen. Da die Fliegerhorstgruppe aber offenbar keinen Fahrer für ihn verfügbar hatte, fuhr Jochen von Hassel seinen olivfarbenen VW Käfer selbst. Es herrschte starkes Schneetreiben, und die Sicht war schlecht. Trotz der hohen Schneewehen waren die Feldarbeitsgeräte sehr erfolgreich beim Räumen. Doch plötzlich krachte es. Beim Rückwärtsfahren war von Hassel mit seinem VW gegen die scharfe Schaufel eines der mächtigen Feldarbeitsgeräte gefahren. Zum Glück war er unverletzt geblieben, aber aus seinem VW-Käfer war ein „Cabrio" geworden. Als die Nachschubkompanie den Unfall aufnehmen wollte, stellte sich heraus, dass Oberleutnant von Hassel zwar „Starfighter" fliegen durfte, aber kein Militär-Fahrzeug zu Lande hätte bewegen dürfen, da er keinen Bundeswehr-Führerschein besaß. Offenbar hatte man dies damals für nicht notwendig erachtet, war doch die Ausbildungszeit ohnehin knapp bemessen. Nun war guter Rat teuer. Zunächst tranken die beiden Oberleutnante Bittner und von Hassel am Abend im Casino in Eggebek einige Whisky auf den Schrecken. Der Geschwaderkommodore, Kapitän zur See Otto, regelte am nächsten Morgen die Angelegenheit pragmatisch: Er lud Heeres-Oberleutnant Bittner und seine Männer zu einem sommerlichen Rundflug über Schleswig-Holstein in einer Propeller-Maschine ein, und diese verzichteten auf die Erstellung eines formellen Unfallberichtes. Leider sollten die Soldaten des Nachschubbataillons Oberleutnant von Hassel nicht wiedersehen, denn kaum drei Wochen später stürzte er mit seiner Maschine ab. Der Rundflug im Sommer mit einer „Piaggo" war überschattet von Melancholie und Trauer.

Der 10. März 1970, ein Dienstag, war nach mehreren trüben Winterwochen der erste sonnige Tag. Vier Flugzeugführer des Geschwaders nutzten ihn zu einem 75-minütigem Übungsflug. Während die erste Rotte landete, drehte die zweite noch eine Warterunde im Uhrzeigersinn. Sie mussten dabei gegen die Sonne und eine Blendung durch ausgedehnte Schneefelder fliegen. Kurz vor der Landung und damit zu spät, um den Schleudersitz zu bedienen, stürzte Jochen von Hassel, der junge Marineflieger, der die Aufklärungsvariante des „Starfighter" RF 104G mit der Seitennummer „21+28" flog, im Obdruper Wald bei Satrup - etwa 15 Kilometer südlich von Glücksburg -

aus dem Gegenanflug einer radargeführten Platzrunde (Ground Control Approach - GCA- downwind leg) ab - zwei Monate vor seinem 29. Geburtstag. Der Landwirt Alfred Jensen aus dem nahen Bistoftholz war als erster an der Unfallstelle. „Es gab nichts mehr zu löschen und nichts mehr zu helfen", sagte Kuno Wiemann, der Bürgermeister von Obdrup. Die Ursache des Flugunfalls konnte, wie bei einigen anderen ebenfalls, nicht ermittelt werden.

Am Nachmittag fuhren der Kommandeur der Fliegenden Gruppe, Korvettenkapitän Ziebis, Staffelkapitän Kröger und der evangelische Militärgeistliche zu Elke von Hassel nach Tarp und überbrachten ihr die schlimme Nachricht. Etwa zeitgleich meldete Johann Christoph Besch (1937-2011),[251] der Büroleiter des Bundestagspräsidenten, seinem Chef Kai-Uwe von Hassel das Eintreffen zweier hochrangiger Besucher ohne Termin: Karl-Wilhelm („Willi") Berkhan (1915-1994), den Parlamentarischen Staatssekretär im Verteidigungsministerium, und der Generalinspekteur der Bundeswehr, Admiral Armin Zimmermann (1917-1976). Bei der engen Terminplanung auf dieser Ebene waren Überraschungsbesuche ungewöhnlich und verhießen selten Gutes. Als von Hassel in die versteinerten Gesichter seiner Gäste blickte, bedurfte es keiner Worte mehr. „Wie ist es geschehen?", war seine erste Frage. Gefühle nach außen zu kehren - selbst in dieser schweren Stunde - entsprach nicht seinem Naturell.

Die militärischen Trauerfeier, die von Kapitänleutnant Horst Dieter Maurer (* 1937; Kapitän zur See), dem S 1-Offizier des Geschwaders, organisiert wurde, fand am Vormittag des 13. März 1970 in einer Halle des Fliegerhorstes in Eggebek in Form eines Gedenkappells in Anwesenheit des Kommandeurs der Marinefliegerdivision, Flottillenadmiral Berthold Jung (1915-1992; Konteradmiral), statt. Geschwaderkommodore Otto würdigte in seiner Traueransprache den verstorbenen Fliegeroffizier als einen „Piloten aus Passion". Am Nachmittag desselben Tages nahmen Freunde, Kameraden und Bekannte in der Auferstehungskirche in Glücksburg während eines Trauergottesdienstes Abschied. Pastor Hans-Volker Herntrich, ein Vetter, der drei Jahre zuvor Jochen von Hassels Schwester Barbara getraut hatte, geleitete den von sechs Offizierskameraden des Geschwaders getragenen Sarg gemeinsam mit den Angehörigen zur letzten Ruhe. Nach dem Lied vom guten

---

[251] 1979/80 war Besch als CDU-Abgeordneter Mitglied des Deutschen Bundestages.

Kameraden überflog eine „Lost-man-Formation" (oder „missing-man-formation") den Friedhof. Es handelt sich dabei um einen alten Brauch, mit dem gefallenen Soldaten der Luftstreitkräfte die letzte Ehre erwiesen wird. Eine Formation von Flugzeugen, in der ein Platz leer bleibt, überfliegt den Ort der Trauerfeier.

Kai-Uwe von Hassel ist bisher der einzige Bundesminister und hochrangige Politiker, der - vier Jahre nach seinem Ausscheiden aus dem Amt des Verteidigungsministers - für den Dienst in der Bundeswehr innerhalb seiner Familie einen schweren Blutzoll zahlen musste. Die Teilnahme des schleswig-holsteinischen Ministerpräsidenten Dr. Helmut Lemke und des Innenministers Dr. Hartwig Schlegelberger (1913-1997) war allerdings nur der Tatsache geschuldet, dass Vater Kai-Uwe von Hassel zum Zeitpunkt des Unglücks seines Sohnes als Bundestagspräsident der protokollarisch zweithöchste Mann in der Bundesrepublik Deutschland war. Es war daher in erster Linie eine politische Geste der Anteilnahme, die weniger der Bundeswehr als der Familie galt. Weder davor, noch danach wurden im Dienst getötete Soldaten und abgestürzte Piloten vom Staat, dem sie ihr Leben geopfert hatten, oder auch der Bundeswehr selbst besonders gewürdigt. Bei individuellen Unglücken im Dienst waren nur die jeweiligen Einheit und der übergeordnete Verband beteiligt. Bundespräsident Dr. Gustav Heinemann (1899-1976) wurde am Tag der Beisetzung sogar „mit einem großen Zeremoniell" beim Schwesternverband, dem Marinefliegergeschwader 1 - so dessen Chronik - auf dem Fliegerhorst Jagel, nur etwa 20 Kilometer Luftlinie von Eggebek entfernt, begrüßt. Mit einer Ausnahme[252] hat - bis zu den Auslandseinsätzen der Bundeswehr - kein Verteidigungsminister, auch von Hassel nicht, jemals an der Trauerfeier für einen einzelnen, im Dienst verunglückten Soldaten teilgenommen.

---

[252] Minister Georg Leber nahm auf dem Fliegerhorst Hohn bei Rendsburg an der Trauerfeier für die 42 Soldaten teil, die am 09. Februar 1975 beim Absturz eines Transall-Transportflugzeugs der Bundeswehr auf der Insel Kreta ums Leben gekommen waren. (7 Offiziere, 25 Unteroffiziere, 9 Mannschaftsdienstgrade, und der Leiter der Fliegerhorst-Feuerwehr Hohn; 6 Soldaten und 1 Zivilist des Lufttransportgeschwaders 3 und 35 Soldaten der 1. Batterie des Flugabwehrraketenbataillons 39).

Eine öffentliche, überregionale Trauerkultur für die Bundeswehr gab es in der Zeit des Kalten Krieges nicht; sie begann erst im Laufe des Afghanistan-Einsatzes. Jochen von Hassel wurde im Familiengrab in Glücksburg zur letzten Ruhe gebettet; er verlor auf den Tag genau 55 Jahre nach seinem Onkel Friedrich das Leben.

Sein früher Tod lastete schwer auf der Familie. Am 29. April 1971, nur dreizehn Monate später, zerbrach seine Mutter Elfriede von Hassel mit 57 Jahren unter der unerträglichen Last. Bereits an der Beisetzung ihres Sohnes hatte die zierliche Frau aus gesundheitlichen Gründen nicht teilnehmen können. Fünf Jahre zuvor war ihr von der Frauenzeitschrift „Constanze" in einem Interview die unfaire und oberflächliche Frage gestellt worden, ob sie Angst um ihren Sohn, den „Starfighter"-Piloten, hätte. Jede Mutter hat Angst um ihren Sohn, bereits wenn dieser als kleiner Junge auf einem Dreirad einen kleinen Hügel hinunterfährt, und diese Sorge wird sie - ob sie will oder nicht - ein Leben lang begleiten. Was also hätte die Frau eines Verteidigungsministers und Mutter eines Fliegers antworten sollen? Mit einem „Ja" hätte sie ihren Mann und ihren Sohn brüskiert. Also wählte sie die diplomatische Version und antwortete: „Mein Sohn hat Vertrauen zum Starfighter und keine Angst. Warum soll ich denn Angst haben?" Elfriede von Hassel wurde ebenfalls im Familiengrab in Glücksburg beigesetzt.

Elke von Hassel, die Schwiegertochter, hatte im Alter von dreißig Jahren und nach nur fünf Ehejahren ihren Mann und die beiden Jungen - Ulf-Martin und Frank-Michael - im Alter von 9 und 3 Jahren ihren Vater verloren. Da die Ehe zum Zeitpunkt des Todes von Jochen von Hassel noch keine zehn Jahre bestanden hatte, erhielt Elke von Hassel damals keine Witwenrente; nur ihren beiden Söhne zahlte die Bundeswehr eine schmale Waisenrente. Der „Dank des Vaterlandes" war und ist eine zerbrechliche, hohle Floskel, die sich - kaum sind die hehren Worte über dem offenen Grab verklungen - schnell im bürokratischen Verordnungsdickicht verfängt. Der Wiedereinstieg in ihren Beruf war nicht möglich: Zum einen waren die Kinder noch zu klein, und zum anderen gab es im Flensburger Umland kein Pharma-Unternehmen, in dem sie hätte arbeiten können. Um ihrer Kinder Willen musste die junge Frau durchhalten. Die Familie half, diese schwere Zeit zu überbrücken, und die Übernahme neuer Aufgaben minderte den Schmerz ob des Verlustes zumindest oberflächlich. Elke von Hassels zahlreiche ehrenamtliche soziale Engagements[253] - hier ähnelte sie sehr Emma von Hassel, der Großmutter ihres Mannes - aufzuzählen, würde den Rahmen dieser Darstellung sprengen. Ihr Schwerpunkt lag auf der Unterstützung älterer Menschen und der Arbeit für Kinder; später kam auch das politische Wirken in ihrer Gemeinde hinzu. Nachdem sie zuvor seit 1982 der Glücksburger CDU-Stadtvertretung angehört hatte, wurde sie am 16. September 1986 - als erste Frau - zur Bürgervorsteherin gewählt und übte dieses Amt 16 ½ Jahre lang bis zum 8. April 2003 erfolg- und ideenreich mit großem Engagement aus.

Am 26. Mai 1987 wurde der Flugbetrieb mit dem Waffensystem „Starfighter" nach 22 Jahren in den fliegenden Verbänden der Bundesmarine eingestellt, und einen Tag später auf dem Fliegerhorst in Eggebek eine Gedenkta-

---

[253] Siehe dazu: Hamer, Berthold, Glücksburger Biografien S.131 ff.

fel enthüllt, die der Opfer gedenkt. Mit einem „Tag der offenen Tür" begingen die deutschen Marineflieger am 24. August 2003 ihr 90-jähriges Bestehen auf dem Fliegerhorst des Marinefliegergeschwaders 2 in Eggebek. Über 75.000 Gäste und Zuschauer folgten der Einladung. Es war zugleich ihre offizielle Abschiedsveranstaltung in Schleswig-Holstein, denn das MFG 2 wurde im Zuge der Umstrukturierung der Bundeswehr aufgelöst und der Fliegerhorst Eggebek am 9. August 2005 für immer geschlossen. Damit verlor die Marine nicht nur ihren letzten „Tornado"-Verband,[254] sondern auch ihre letzten Flugzeuge mit Jet-Triebwerken. Seit der ersten Landung einer F-104G „Starfighter" auf dem Flugplatz in Eggebek hatte das Marinefliegergeschwader 2 insgesamt 176.000 Flugstunden auf diesem Flugzeugmuster erflogen, bis zur Außerdienststellung des Verbandes im August 2005 waren es fast 353.510 Gesamtluftfahrzeugstunden. Die Jagdbombertradition in der Deutschen Marine hatte ihr Ende gefunden - schien es zumindest. Doch dann wurde 2012 im Zuge der Neuausrichtung der Bundeswehr erneut ein Marinefliegerkommando - mit Stab und den beiden Marinefliegergeschwadern 3 und 5 in Nordholz - aufgestellt. Der Gedenkstein wurde in einen Ehrenhain an der Hauptstraße vor dem Friedhof von Eggebek verlegt.

Im 2009 eingeweihten Ehrenmal der Bundeswehr am Bendler-Block in Berlin wird Jochen von Hassels Name - nach seinem Todesjahr 1970, jedoch ohne Sterbedatum, alphabetisch geordnet zwischen Jürgen Visser und Gerhard Wagner - in einer Endlosschleife an die Wand gestrahlt. Die Darstellung wird aus einem LED-Display gespeichert, das hinter lichtdurchlässigem Beton in die Deckenplatte integriert ist. Der Name erscheint scheinbar schwerelos im Raum. Da aber - im Gegensatz zu vielen anderen Kriegerdenkmälern - bei keinem Namen der Dienstgrad genannt wird, verbreiten sie eine eigenartige „Anonymität", verbunden mit nüchterner Kühle und Distanz. Sie erwecken in ihrer Ein-Dimensionalität zugleich den Eindruck, als hätten sie keinen Bezug zur Bundeswehr. Am 10. März 2012 jährte sich der 40. Todestag von Joachim von Hassel. Er war der 57. „Starfighter"-Pilot, der den Fliegertod starb und der fünfte Soldat[255] seines Geschwaders. Insgesamt

---

[254] Das MFG 2 war 1986 auf das Waffensystem „Tornado" umgerüstet worden.

[255] Die vier vor Jochen von Hassel abgestürzten F-104-Piloten des MFG 2 waren: Korv-Kapt Groh (+ 04/1965) und KapLtn Sander (+ 05/1968), sowie die Oberleutnante zur See Mildenberger (+ 09/1968) und Bruhns (+ 12/1968). In den vierzehn Jahren danach fanden

verloren zwischen 1965 und 1987 dreizehn F-104G-Piloten[256] des Marinefliegergeschwaders 2 ihr Leben bei Abstürzen.

Gedenkstein im Ehrenhain am Friedhof von Eggebek

noch neun weitere „Starfighter"-Piloten des Geschwaders bis 1984 den Fliegertod. Das MFG 2 verlor zwischen 1959 und 1998 insgesamt 24 Piloten.

[256] Korvettenkapitän Helmuth Groh, Kapitänleutnant Helmuth Sander, Oberleutnant zur See Christoph Mildenberger, Oberleutnant zur See Gerd-Dieter Bruns, Oberleutnant zur See Joachim von Hassel, Korvettenkapitän Hans-Reiner Ramm, Oberleutnant zur See Norbert Lehmkuhl, Oberleutnant zur See Gerhard Lorenz, Korvettenkapitän Klaus Beeker, Kapitänleutnant Holger Schmidt, Oberleutnant zur See Joachim Bukowski, Korvettenkapitän Karsten Wichert und Korvettenkapitän Reinhard Rademacher.

5. Epilog

Die achtzehn Jahre in der aktiven Politik nach Kai-Uwe von Hassels Ausscheiden aus dem Amt des Verteidigungsministers - d.h. die Zeitspanne von 1966 und 1984 -und dessen Wirken sind bereits ausführlich in seinen Biographien dargestellt und werden, obwohl sie den Höhepunkt seiner politischen Karriere darstellen, hier nicht beschrieben, weil in dieser Lebensphase der Schwerpunkt seiner Arbeit nicht mehr auf dem Feld der Sicherheits- und Militärpolitik lag. Von Hassel wechselte im Jahre 1966 unter Kanzler Kiesinger als Minister in das Bundesministerium für Vertriebene, Flüchtlinge und Kriegsgeschädigte. Doch auch in dieser Funktion blieb er der Bundeswehr verbunden, denn die „Gemeinsame Geschäftsordnung der Bundesregierung", in der u.a. auch die Vertretung der Bundesminister geregelt ist, war 1966 geändert worden. Bislang hatten sich Außen- und Verteidigungsminister gegenseitig vertreten. Doch nach der neuen Regelung übernahm nun der Vertriebenenminister diese Aufgabe. Dies war zum einen auf von Hassel zugeschnitten, und zum anderen wollte man den neuen Außenminister Willy Brandt vermutlich von allzu geheimen militärischen Fragen fernhalten. Als Verteidigungsminister Gerhard Schröder 1967 schwer erkrankte und für längere Zeit ausfiel, führte von Hassel das soeben aufgegebene Ressort erneut in dessen Vertretung. Im November 1967 nahm er als Ehrengast an einem Empfang „Hundert Jahre Kreis Steinburg" beim Grenadierbataillon 171 unter Oberstleutnant Fink in der Freiherr von Fritsch-Kaserne in Breitenburg-Nordoe teil, und wird in der Chronik des Verbandes mit Recht als „Verteidigungsminister" erwähnt. In der dritten Januarwoche 1971 begrüßte Oberstleutnant Michael Schenk, der Kommandeur des Heeresfliegerbataillons 6, den Präsidenten des Deutschen Bundestages in Itzehoe. Am 13. Januar 1972 besuchte von Hassel das ABC-Abwehrbataillon 610 im Standort Albersdorf in Schleswig-Holstein.

Das Ehepaar hatte zwar leichten Herzens die eher triste Dienstvilla auf der Hardthöhe für Nachfolger Schröder und dessen Gattin Brigitte geräumt, doch ihr neues Domizil in Bonn-Plittersdorf trieb Elfriede von Hassel keine Freudentränen in die Augen, denn es war ein nur 108 Quadratmeter großes Vierzimmer-Appartement in der Europastraße 14/1. Drei Jahre später, 1969, erklomm von Hassel mit 56 Jahren die höchste Sprosse seines beruflichen Werdeganges und übernahm das protokollarisch zweithöchste

Staatsamt der Bundesrepublik Deutschland, das des Präsidenten des Deutschen Bundestages und bekleidete es bis 1972.

Mit dem Tod seines Sohnes und seiner Frau Elfriede, mit der er über dreißig Jahre verheiratet gewesen war, hatte er - noch keine sechzig Jahre alt - innerhalb kurzer Zeit die beiden Menschen verloren, die ihm - neben seiner verheirateten Tochter Barbara - am nächsten standen. Jeder Mensch geht bekanntlich mit Trauer und Abschied anders um. Viele wären daran zerbrochen. Kai-Uwe von Hassel schaffte - ähnlich wie sein Vater - einen Neuanfang. Ende Juni 1972 heiratete er die Historikerin Dr. Monika Weichert, und im Oktober 1974 wurde Sohn Jan Friedrich geboren. Er arbeitet heute als Rechtsanwalt, ist - als Erbe der musikalischen Gene der Familie - ein Virtuose auf der Orgel, und engagiert sich in zahlreichen Projekten[257] ehrenamtlich.

Naturgemäß wurden Kai-Uwe von Hassels offizielle Bindungen zur Bundeswehr schwächer, doch bisweilen ließ er es sich nicht nehmen, an militärischen Veranstaltungen teilzunehmen, so z.B. am Sommerbiwak „seiner" 6. Panzergrenadierdivision unter Generalmajor Johannes Poeppel (1921-2007) im Jahre 1976 auf dem Standortübungsplatz in Boostedt bei Neumünster oder bei Truppenteilen in der Oberpfalz. Auch von Hassels Kritik an der Haltung der evangelischen Kirche zur Sicherheitspolitik blieb unverändert:

> „Meine eigene evangelische Kirche trägt viel Verantwortung an der Verwirrung der Geister. Sie wurde nicht müde, die nukleare Katastrophe an die Wand zu malen."[258]

Sein Enkel Frank-Michael, der jüngere Sohn von Joachim von Hassel, leistete nach dem Abitur vom Sommer 1987 bis zum Herbst 1988 seinen fünfzehnmonatigen Grundwehrdienst in der 3. Kompanie des Jägerbataillons 512[259], bei den „Oldenburger Jägern", in der Wagrien-Kaserne in Putlos an

---

[257] So z.B. als Stellvertretender Vorsitzender des Kirchenbauvereins und Projektleiter der Renovierung der Neupfarrkirche in Regensburg, sowie als Vorsitzender der „Kai-Uwe von Hassel-Stiftung". Diese Stiftung unterstützt seit 2004 Abiturienten des Musikgymnasiums der Regensburger Domspatzen, die sich durch überdurchschnittliche und besondere Leistungen ausgezeichnet haben, mit Förderpreisen.

[258] Koop, Volker, a.a.O., S. 122

[259] Der Verband war einer der ältesten der Bundeswehr. 1956 in Lübeck aufgestellt, wurde mehrfach umgegliedert, verlegt (u.a. nach Itzehoe, Hamburg-Wandsbek, Buxtehude) und umbenannt (u.a. in GrenBtl 31, JgBtl 171 und 391). Er gehörte später zur Heimatschutzbrigade 51 in Eutin. Das JgBtl 512 wurde 1993 aufgelöst.

der Ostsee und schied als Gefreiter der Reserve aus. Sein Bataillonskommandeur war Oberstleutnant Thomas. Frank war damit der sechste von Hassel, der als Soldat diente. Zugleich kehrte Frank von Hassel als Infanterist zur Truppengattung seines Ur- und Ur-Ur-Großvaters zurück.

In den letzten Jahren seines politischen Wirkens wandte sich Kai-Uwe von Hassel vor allem der europäischen Politik zu. 1977 wurde er zum Vizepräsidenten der Parlamentarischen Versammlung des Europarates gewählt, von 1977 bis 1980 war von Hassel Präsident der Versammlung der Westeuropäischen Union (WEU) und von Juli 1979 bis Juli 1984 schließlich als Europa-Abgeordneter Mitglied des ersten direkt gewählten Europa-Parlaments.

Nachdem sich das zusammenwachsende Europa seit vielen Jahren ohne Erfolg um eine gemeinsame Flagge bemüht hatte, beauftragte das Europäische Parlament Ende 1979 den Abgeordneten von Hassel, die uneinheitliche Flaggenfrage in einem Parlamentsbericht zu lösen. 1983 entschied das Europa-Parlament, die 1955 vom Europarat eingeführte azurblaue Flagge mit einem Kranz von zwölf fünfzackigen Sternen für die Europäische Gemeinschaft zu übernehmen. Nach Zustimmung aller Gremien wurde die Flagge am 29. Mai 1986 erstmals als gemeinsames Symbol Europas gehisst. Hinsichtlich einer deutschen Wiedervereinigung hatte von Hassel bereits auf dem Bundestreffen der Landsmannschaft der Ostpreußen am 16. Juni 1963 in Düsseldorf weitblickend gesagt, diese hinge sowohl von einer Verständigung mit Polen als auch mit der Sowjetunion und dem „Werden eines einigen Europas" zusammen.

> „Eine solche Entwicklung, die nicht nur in Europa, sondern in der ganzen Welt erhofft wird, mag heute noch in weiter Ferne zu liegen scheinen. Jedoch lehrt die Geschichte, daß sehr wohl auch überraschend die Vernunft und das beiderseitige Streben nach guter Nachbarschaft sich Bahn brechen können, wenn die Zeit geschlagene Wunden geheilt hat."[260]

Im Jahre 1984 schied er aus der aktiven Politik, doch auch in den Jahren danach mischte er sich immer wieder engagiert in die sicherheitspolitische Diskussion ein, die er stets in die christliche Verantwortung eingebunden wissen wollte. So übernahm er den Vorsitz der „High Frontier Europe", einer regionalen Tochter der amerikanischen Nicht-Regierungsorganisation

---

[260] Hassel, Kai-Uwe von Verantwortung für die Freiheit, S. 387

„High Frontier",[261] die unter der Leitung des pensionierten US-Air Force Generals Daniel O. Graham (1925-1995) von der „Heritage Foundation" finanziell gefördert wurde. Von Hassel profilierte sich zu einem der energischsten Anhänger des von ihm geprägten Begriffs einer „Europäischen Verteidigungsinitiative" (EVI). Auf einem gemeinsamen Symposium von „High Frontier Europe" und dem „Europäischen Institut für Sicherheitspolitik" (EIS) am 21./22. Juni 1985 in Rotterdam stellte von Hassel die strategische Zielsetzung vor. Im Rahmen des vom US-Präsidenten Ronald Reagan (1911-2004) im Jahre 1983 initiierten Projekts eines Abwehrschirms gegen interkontinentale Raketen („Strategic Defense Initiative"-SDI) sollten die Europäer eine eigene „European Defense Initiative" (EDI) entwickeln, mit dem Ziel, die Strategie der nuklearen Abschreckung durch eine Strategie der Zurückhaltung auf konventioneller Ebene abzulösen. Bevor allerdings die nur grob skizzierte Idee mit planerischem Leben erfüllt werden konnte, wurde sie durch den Wandel der Weltlage nach dem Fall der Mauer und dem Zusammenbruch der Sowjetunion obsolet. Auch dies zeigt von Hassels lebenslange, intensive Beschäftigung mit sicherheitspolitischen und militärischen Fragen und widerlegt seine Kritiker, die ihm diese absprachen.

Am 8. Mai 1997 - knappe zwei Monate vor ihrer Silberhochzeit - wollte Dr. h.c. Kai-Uwe von Hassel gemeinsam mit seiner Gattin an der Verleihung des Karlspreises der Stadt Aachen an Bundespräsident Prof. Roman Herzog (* 1934) teilnehmen. Doch nach dem Pontifikalamt im Aachener Dom brach er auf dem Fußweg zum Kaisersaal im Rathaus, wo der Festakt stattfinden sollte, zusammen und starb kurze Zeit später an Herzversagen. Bei der Begrüßung der Festgäste - kurze Zeit später - durch den Aachener Oberbürgermeister Dr. Jürgen Linden (* 1947) wurde von Hassels Name nicht erwähnt: Ganz in seinem Sinne hatte seine Gattin entschieden, die Feier nicht durch die Bekanntgabe des tragisches Geschehens zu trüben. Auch in dieser letzten Geste drückte sich die erwähnte Grundhaltung von Hassels aus, seine eigene Person stets hinter die Sache zu stellen. Am 16. Mai 1997 fand der Trauerstaatsakt für Kai-Uwe von Hassel in Bonn statt. Acht Offiziere im Range eines Brigadegenerals bzw. Flottillenadmirals stellten die Totenwache

---

[261] „High Frontier" ist eine amerikanische Nicht-Regierungsorganisation, die sich mit Fragen der Raketenabwehr befasst. Ihr Gründer, General Graham, hatte 1982 einen Artikel mit dem Titel „High Frontier: A New National Strategy?" verfasst, der die konzeptionelle Grundlage für Reagans SDI-Pläne ein Jahr später bildete.

am Katafalk. Auf dem Friedhof St. Martin in Bonn-Muffendorf fand er im Rahmen eines Staatsbegräbnisses mit Großem militärischen Ehrengeleit seine letzte Ruhe. Wie sein Vater Theodor so hatte auch Kai-Uwe von Hassel seine Bindungen zu Glücksburg, dessen Ehrenbürger er war, weitgehend abgebrochen. Bereits mit dem Wechsel von Kiel nach Bonn im Jahre 1963 war neben der räumlichen offenbar auch eine innerliche Distanz zu der Stadt seiner Jugend und seiner politischen Anfangsjahre gewachsen.

Von Hassels Haltung und Handeln war zeitlebens patriotisch geprägt - was damals vor allem gemeinnützig bedeutete. Er war ein Mann mit Grundsätzen, nicht von Beliebigkeit. In seiner Ausgabe 8/69 vom 1. Februar 1969 schrieb der „DER SPIEGEL" über Kai-Uwe von Hassel:

> „Kai-Uwe von Hassel ist ersichtlich ein Mann von Überzeugungen. ... Es sind gewachsene Überzeugungen - so wie Bäume gewachsen sind. Sie wurzeln im Boden des Vaterlandes und im Blut der Väter; sie entstammen der Umwelt weit mehr als dem Intellekt, der Erziehung weit mehr als der Reflexion. Hassel unterhält zu diesen Überzeugungen ein gänzlich ungebrochenes Verhältnis, und alles andere wäre ihm wohl auch suspekt. Überzeugungen, wenn sie so gewachsen sind, kann man nämlich nicht einfach ändern, weil die Zeiten sich ändern oder die Erkenntnisse. Solche Überzeugungen wandeln sie nicht, sie addieren sich vielmehr zur Gesinnung, sie werden sozusagen habituell. ... Um diese Überzeugungen richtig placieren zu können, muß man also die Umwelt bedenken, der sie entstammen. Es ist eine doppelte Umwelt, ein zwiefaches Milieu: preußischer Dienstadel, meerumschlungen, plus koloniales Pioniertum in Deutsch-Ostafrika."

Diese Sätze waren damals kritisch gemeint. Doch vor dem Hintergrund einer wachsenden Distanz der Bevölkerung zur heutigen Politikergeneration - oft vorschnell und falsch als „Politikverdrossenheit" bezeichnet - wären mehr Männer und Frauen in hohen öffentlichen Ämtern mit von Hassels Bodenhaftung, innerer Überzeugung, persönlichem Maßhalten, christlichem Glauben und ethischer Standfestigkeit wünschenswert und als Vorbilder wichtig. Der vormalige Wehrbeauftragte Willi Weißkirch (1923-1996) hatte zum 80. Geburtstag Kai-Uwe von Hassel 1993 für die Zeitschrift „Das Parlament" geschrieben:

> „Wenn Prädikate für besonders noble, über kleinlichen Parteihader und pures Machtstreben erhabene Politiker zu vergeben wären, dann stünde in dieser Liste ein Name ganz oben an: Kai-Uwe von Hassel".

Von Hassel war zu einem der ranghöchsten deutschen und europäischen Politiker der Nachkriegsära aufgestiegen und stand damit protokollarisch höher als alle seine Vorväter. Die Liste der Ehrungen, die ihm entgegengebracht wurden, ist lang. Darunter ist u.a. das bereits 1956 durch Bundespräsident Prof. Heuss verliehene Großkreuz des Verdienstordens der Bundesrepublik Deutschland, der „Order of the British Empire" (= MBE) durch die englische Königin Elizabeth II. (* 1926) am 18. Mai 1965, die am 6. März 1985 verliehene Ehrendoktorwürde in Philosophie der Middle East Technical University Ankara, und die Ernennung zum Kommandeur der französischen Ehrenlegion am 26. April 1989 durch Staatspräsident Francois Mitterand (1916-1996), sowie die Verleihung des Komturkreuzes des Silvesterordens durch Papst Johannes Paul II. (1920-2005) am 27. Februar 1997.

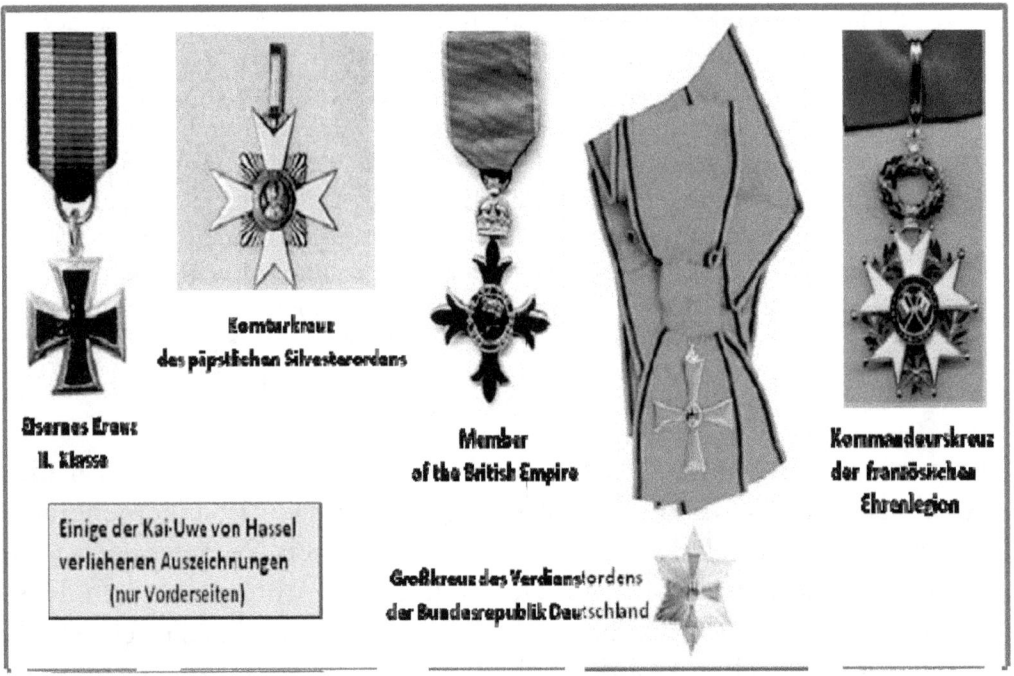

Im Jahre 1997 fragte Minister Volker Rühe (* 1942) bei Familie von Hassel an, ob diese einverstanden wäre, die Luftwaffen-Kaserne in Kropp (Schleswig-Holstein) nach dem Namen des dritten Verteidigungsministers zu benennen. Seit 1992 ist dort das taktische Luftwaffengeschwader 51 „Immelmann" stationiert. Der Verband verfügt - mit 46 Flugzeugen des Typs „Tornado" ausgerüstet - über die Fähigkeit zur bemannten und unbemannten taktischen Luftaufklärung. Er nimmt überdies die Aufgaben des aufgelösten Marinefliegergeschwaders 2 zur Seekriegführung aus der Luft wahr. Die Familie stimmte der Namensgebung zu. Sie wurde am 16. September 1997 im Beisein von Minister Rühe vollzogen.

Im Offizierheim, in dessen Foyer eine Büste des Namensgebers steht, wurde ein „Von-Hassel-Zimmer" mit Bildern und persönlichen Gegenständen eingerichtet. Es sind verdiente Ehrungen eines vorbildlichen Politikers, doch sie allein reichen wegen ihrer begrenzten, kaum in die Öffentlichkeit dringenden Wirkung nicht, um dessen Erbe langfristig und traditionsbildend wachzuhalten. Zwar gibt es einen „Kai-Uwe von Hassel-Förderpreis"[262] und eine „Kai-Uwe von Hassel-Stiftung", doch beide haben nichts mit der Bundeswehr zu

---

[262] Er wird seit 1975 jährlich von der Hermann-Ehlers-Stiftung an Bürger verliehen, die sich um die Ausgestaltung der freiheitlichen demokratischen Grundordnung verdient gemacht haben. Im Jahre 1986 wurde das Lufttransportgeschwader 61 in Landsberg mit dem Preis ausgezeichnet.

tun. Und so „brennt" in der Namensgebung der Luftwaffen-Kaserne eine, wenngleich nur kleine Flamme der Erinnerung an Kai-Uwe von Hassel. Dabei war er einer der wenigen Bundesminister der Verteidigung, die im persönlichen Auftreten, ihrer Pflichterfüllung und ihrem emotionalen Zugang zum Militär auch beispielgebend für die Soldaten waren.

Hier stellt sich die Frage, weshalb von Hassels Name als Vater vieler Errungenschaften, die den einzelnen Soldaten, der Bundeswehr insgesamt und damit auch der Sicherheit unseres Landes dienten, verblasst und in den Hintergrund gerückt ist. Zwei der Gründe, die Medien, die ihn nicht allzu freundlich behandelten und das übernommene schwere Erbe, sind bereits genannt worden. Der Hauptgrund aber dürfte vermutlich darin zu suchen sein, dass ihm die Neigung zur Selbstvermarktung zuwider war, und er sich der medialen Welt und ihrem oft marktschreierischen, oberflächlichen Auftreten bewusst entzog.

Die Verbindung der Familie von Hassel zum Militär nahm - aus zeitlicher Perspektive betrachtet - Schritt für Schritt ab und ging - nach über 130 Jahren und fünf Generationen zu Ende.

Fünf Generationen der Familie von Hassel und deren Dienstzeit beim Militär

Jan von Hassel, der jüngste Sohn und Ulf-Martin von Hassel, der Enkel Kai-Uwe von Hassels, studierten Jura und kehrten damit zu jenem Metier zurück, das einst ihre Vorfahren, Ur-Ur-Ur-Großvater Heinrich Wilhelm Hassel und dessen Vater, Anfang des 19. Jahrhunderts in Hamm ausgeübt hatten. Damit wurde - beruflicher Mobilität geschuldet - auch die regionale Bindung an den Ostseeraum in großen Teilen aufgegeben.

Beim Staatsakt für den verstorbenen Kai-Uwe von Hassel sagte Bundeskanzler Helmut Kohl am 16. Mai 1997:

> „Kai-Uwe von Hassel hat sich um unser Vaterland verdient gemacht. ... Es war bestimmt von großem Engagement, von Pflichtbewußtsein, von der Bereitschaft, Verantwortung zu übernehmen, wo immer man ihn in Verantwortung gestellt hat. Es war im besten Sinne des Wortes ein Leben im Dienst für unser Vaterland. Vaterland, das waren für Kai-Uwe von Hassel immer die engere Heimat, das deutsche Vaterland und Europa. ... Er hat sich bis zuletzt ein tiefes Interesse, ja eine Zuneigung für Afrika, für diesen großen Kontinent bewahrt. ... Kai-Uwe von Hassel war in seiner Menschlichkeit, seiner Würde - ich sage eigentlich viel lieber: in seiner Noblesse - ein Vorbild für uns, und er bleibt es über den Tod hinaus. ... Er war ein deutscher Patriot. Er war zugleich ein leidenschaftlicher Vorkämpfer für die europäische Einigung."[263]

In der Rückschau auf das Leben Kai-Uwe von Hassels und das seiner Familie fühlt man sich unwillkürlich an das Gedicht „Stufen" von Hermann Hesse (1877-1962) erinnert:

> „Es muss das Herz bei jedem Lebensrufe bereit zum Abschied sein und Neubeginne, um sich in Tapferkeit und ohne Trauern in andre, neue Bindungen zu geben. Und jedem Anfang wohnt ein Zauber inne, der uns beschützt und der uns hilft, zu leben. ... Nur wer bereit zu Aufbruch ist und Reise, mag lähmender Gewöhnung sich entraffen." (nur Auszug)

---

[263] Bulletin der Bundesregierung. Nr. 39 vom 21. Mai 1997.

Danksagung

Ohne die Unterstützung zahlreicher Menschen wäre dieses Buch nicht entstanden. Mein Dank geht an die Damen Anneliese Albrecht (Stadtarchiv Flensburg), Dipl.-Bibliothekarin Melanie Fechner, Clarissa Holzer und Ilse Standky (Stadtbücherei Nortorf), Gisela Grigull (Truppenübungsplatz Kommandantur Bergen), Martina Kock (Internat Louisenlund), sowie Annemarie Schäfer von der Medienzentrale der Bundeswehr St. Augustin sowie an die Herren Robert-C. Balsam (Historiker), Detlef E. M. Belbe („Hawkies"- Reservisten und Ehemalige der Flugabwehr-Raketengruppen 38 und 14), Bürgermeister Reinhard Breidenbach (Eggebek), Flottillenadmiral a.D. Götz Eberle, Eberhard Friedrichs (Vorsitzender des Traditionsvereins PzBtl 83), Xaver Habermeier (Jagdgeschwader 74), Berthold Hamer (Autor), Helmut Kästel (Stadtarchiv Flensburg), Dr. Ernst Latz (Glücksburg), Helmut Martensen (Historiker; Flensburg), Kapitän zur See a.D. Horst Dieter Maurer, Carl-Ludwig von Pappritz, Oberstleutnant a.D. Dietrich Peter Roga, Archivassistent Joachim Scherneck-Czech (Wehrgeschichtliches Ausbildungszentrum der Marineschule Mürwik), Hans-Heinrich Steyreiff (Fachbibliothek der Führungsakademie der Bundeswehr) Stefan Struck (Traditionsverband des ehemaligen Marinefliegergeschwaders 2), Generalleutnant a.D. Peter Vogler und Hans-Peter Voß, Archivpfleger (Kirchenkreisbuchamt Rendsburg).

Besonderer Dank gilt Frau Elke von Hassel für ihre Genehmigung zur Verwendung der Bilder aus ihrem Privatarchiv und Fregattenkapitän a.D. Heinz Forsmann (Handewitt), dem ehemaligen „Starfighter"-Piloten, für seine Unterstützung und seinen vielfältigen, sachkundigen Rat. Mein jüngster Sohn Dennis, der mir das Buch „Glücksburger Biografien" geschenkt hatte, war der Auslöser dieses Projektes. Meine Frau Lydia hat mich bei den Archiv-Recherchen und beim Korrekturlesen unterstützt.

Dieter E. Kilian
Februar 2013

Literatur

Ahlmann, Joh. Theodor Thormann Ein Lebensbild Heinrich Möller Söhne Rendsburg 1936

Basse J. von Stammliste des Infanterie-Regiments Herwarth von Bittenfeld (1. Westfälisches) Nr. 13, Münster, Westfälische Vereinsdruckerei, 1900

Bataillons- und Regimentschroniken der Bundeswehr, diverse

Becher, Jürgen Dar es Salaam, Tanga und Tabora Stadtentwicklung in Tansania unter deutscher Kolonialherrschaft (1885-1914) Franz Steiner Verlag Stuttgart 1997

Blume, von Geschichte des Infanterie - Regiments Herwarth von Bittenfeld (1. Westfälisches) Nr. 13 im 19. Jahrhundert, Berlin, Mittler und Sohn, 1910

Bührer, Tanja Die Kaiserliche Schutztruppe für Deutsch Ostafrika Koloniale Sicherheitspolitik und transkulturelle Kriegführung 1885-1918 Schriftenreihe des Militärgeschichtlichen Forschungsamtes Oldenbourg Wissenschaftsverlag München 2011

Cramer, Alfred Geschichte des Infanterie-Regiments Prinz Friedrich der Niederlande (2. Westfälisches) Nr. 15 Verlag von R. Eisenschmidt Berlin 1910

Dalitz, Reinhold Das Füsilier-Regiment Generalfeldmarschall Graf Blumenthal (Magdeburgisches) Nr.36 seit seiner Entstehung bis zum Jahre 1886" - fortgesetzt bis 1905 Ernst Siegfried Mittler & Sohn Berlin 1906

Deutsch-Ostafrikanische Zeitung (DOA-Zeitung) Daressalam 1903-1916

Deutsches Kolonial-Lexikon 1920

Egmont, Geschwaderzeitung MFG 2 Eggebek

Enzensberger, Hans Magnus Brief an den Bundesminister für Verteidigung, Herrn Kai-Uwe von Hassel Deutschland in: Deutschland unter anderm, Edition Suhrkamp 3313, Frankfurt am Main ,1967

Erinnerungsbuch der 94. Infanterie-Division an die Kriegsjahre 1939-1945 Lieferung 4 B. Steinmetz Hannover 1973

Flensburger Tageblatt, diverse Ausgaben

Frorath, Gerd; Matthei, Dieter; Worringer, Hans W. Die Crew X/62 im Spiegel der Zeit Internet

Funck, Hans und Feldmann, Max von Offizier-Stammliste des vormaligen Königlich Hannoverschen 3.Infanterie-Regiments und des 1.Hannoverschen Infanterie-Regiments Nr.74 1813-1913, Hannover 1913.

Funk, Erwin Böblingen - Fliegerstadt und Garnison Stadt Böblingen 1974

Hamer, Berthold Glücksburger Biografien Lexikon Husum 2010

Hansen, Niels Geheimvorhaben „Frank/Kol" Zur deutsch-israelischen Rüstungszusammenarbeit 1957 bis 1965 - Internet

Hassel, Emma von Michael Jebsen Das Leben des Schiffsreeders und die Chronik seiner Vorfahren Selbstverlag, Apenrade 1953

Hassel, Gertrud von Meine Kindheit in Afrika Westholsteinische Verlagsanstalt Boyens & Co. 1994

Hassel, Friedrich Julius v., Generalsbiographie aus Brandenburg-Preußen (16.-19.Jahrhundert), SOL, Band X, S.445, Nr.3319

Hassel, Kai-Uwe von Verantwortung für die Freiheit Auszüge aus Reden und Veröffentlichungen in den Jahren 1963/64 Harald Boldt Verlag Boppard a. R. 1965

Hassel, Kai-Uwe Der Christ und der Wehrdienst Agentur des rauhen Hauses 1964

Hassel, Theodor von Der Militärbezirk Mahenge im Aufstand 1905 (Maschinegeschriebenes Tagebuch - Archiv der Benediktiner-Erzabtei St. Ottilien 1929 (Anmerkung: Nach Auskunft der Erzabtei befindet sich dieses Dokument nicht mehr in deren Besitz)

Hirsch, Rudolf von Briefe eines Kolonialoffiziers aus Deutsch-Ostafrika 1905-1907, veröffentlicht von Thomas Morlang

Jarosch, Werner (Hrsg.) Immer im Einsatz 50 Jahre Luftwaffe Verlag Mittler und Sohn Hamburg 2005

Jet Journal Mai 1966

Jürgensen, Dr. Wilhelm Das Füsilier-Regiment „Königin" Nr. 86 im Weltkriege Erinnerungsblätter deutscher Regimenter Verlag Gerhard Stalling Oldenburg i.O./ Berlin 1925

Kieler Nachrichten, diverse Ausgaben

Königin-Füsiliere Geschichte des Füsilier-Regiments Königin (Schleswig-Holsteinischen) Nr. 86 Verlag von Carl Jacobsen Leipzig 1906

Koop, Volker Kai-Uwe von Hassel - Eine politische Biographie Böhlau Verlag Köln 2007

Kraehe, Konrad: Das Füsilier-Regiment Königin Victoria von Schweden (Pommersches) Nr. 34 im Weltkriege mit Überblick über die Zeit 1720-1914. Nach amtlichen Unterlagen und Berichten von Mitkämpfern bearbeitet von Angehörigen des Regiments.

Lettow-Vorbeck, Gerd von Am Fuße des Meru. Das Leben von Margarete Trappe, Afrikas großer Jägerin. Verlag Paul Parey, Hamburg 1958

Lettow-Vorbeck, Paul von Meine Erinnerungen aus Ostafrika. Koehler Verlag Leipzig 1926

Maillard, Wolfgang-Eisenhardt und Schröder, Jürgen Das Offizierkorps der Schutztruppe für Deutsch-Ostafrika im Weltkrieg 1914-1918 Beiträge zur deutschen Kolonialgeschichte Band 10 Traditionsverband ehemaliger Schutz- und Überseetruppen e.V. 2003

Maizière, Ulrich de Führen im Frieden 20 Jahre Dienst für Bundeswehr und Staat, Bernard & Graefe, München 1974

Maizière, Ulrich de In der Pflicht Lebensbericht eines deutschen Soldaten im 20. Jahrhundert Verlag E. S. Mittler & Sohn Herford Bonn 1989

Nedden, August von Geschichte des 1. Hannoverschen Infanterie-Regiments Nr. 74 Ernst Siegfried Mittler & Sohn Berlin 1903

Nigmann, Ernst Geschichte der kaiserlichen Schutztruppe für Deutsch-Ostafrika Verlag Ernst Siegfried Mittler & Sohn Berlin 1911

Nuhn, Walter Flammen über Deutschost Bernard & Graefe Verlag Bonn 1998

Paasche, Hans Im Morgenlicht Kriegs- und Jagderlebnisse in Ostafrika Verlag J. Neumann Neudamm 3. Aufl. 1925

Patera, Herbert Der weiße Herr Ohnefurcht Im Deutschen Verlag Berlin 1939

Priesdorff, Kurt von Soldatisches Führertum 10 Bände Hamburg ohne Datum (1937-1942).

Pust, Hans-Christian Höhere Mädchenbildung in der Kaiserzeit: Zur Geschichte der Auguste-Viktoria-Schule Flensburg 1886-1918. Gesellschaft für Flensburger Stadtgeschichte 2000

Redden zur, Infanterie-Regiment Nr. 74, Geschichte von 1866 bis 1903, Verlag E. S. Mittler & Sohn, Berlin 1903

Schick, Albert Die 10. Panzer-Division 1939-1943 J. Pohle Köln 1993

Schmidt, Helmut Weggefährten Erinnerungen und Reflexionen Jobst Siedler Verlag Berlin 1996

Schneider, Reinhard Neuste Nachrichten aus unseren Kolonien in Afrika Pressemeldungen von den Aufständen in Deutsch-Ostafrika und Deutsch Südwest-Afrika 1905-1906 Miles Verlag Berlin 2010

Schoene, Heinrich Unter dem Siegesbanner der Dreizehner Das Infanterieregiment Herwarth von Bittenfeld (1. Westfälisches) Nr. 13 in den Kriegen 1813-1871 Münster 1913

Speich, Mark Kai-Uwe von Hassel Eine politische Biographie Inaugural-Dissertation der Philosophischen Fakultät der Universität Bonn 2001

SPIEGEL, DER Das Hamburger Wochenmagazin, diverse Ausgaben

Sydow, Herbert von Das Infanterie-Regiment Hamburg (2. Hanseatisches) Nr. 76 im Weltkriege 1914 Verlag Gerhard Stalling Oldenburg i.O. 1922

Thoß, Bruno NATO-Strategie und nationale Verteidigungsplanung Oldenbourg Wissenschaftsverlag München 2006

Usamabara Post , diverse Jahrgänge

Vogel, Winfried Entscheidung 1864 Bernard & Graefe Verlag Koblenz 1987

Westphal, Walter von Bornhöved bis zur Erstürmung der Düppeler Schanzen Hamburg 2001

Zimmermann, John Ulrich de Maizière - General der Bonner Republik 1912-2006 Oldenbourg Verlag München 2012

Bildnachweis

Archiv List (Auguste-Viktoria-Schule Flensburg)
Belbe, Detlef E.M. - Hawkies Community
Breidenbach, Reinhard
Bundesarchiv Bundesbildstelle
Deutscher Marinebund
Deutsch-Ostafrikanische Zeitung
Dietrich (Sammlung)
Dirschoweit, Helge (Marine-Flottenkommando Meierwik, Blick vom Wasser- Aufnahme ca. Mitte der 50er Jahre)
Cactus Starfighter Squadron
Crew IV/1963 der Deutschen Marine
Eckenbrecher, Karl Paul Themistokles von (Daressalam Stadtansicht)
Führungsakademie der Bundeswehr Hamburg - Fachbibliothek
Habermeier, Xaver Bildstelle des Jagdgeschwaders 74 (Neuburg a.d.D.)
Hassel, Elke von (Privatarchiv) Familienbilder von Hassel
Hassel, Emma von Das Leben des Schiffsreeders Michael Jebsen (Familienbilder Jebsen)
Hassel, Gertrud von (Familienbilder aus Ostafrika)
Jagdgeschwader 74 Bildstelle Neuburg a.d.D.
Jebsen, Familienchronik
Kirchenkreisbuchamt Rendsburg (Hochzeitsanzeige Friedrich Julius Hassel)
Latz, Dr. Ernst, Glücksburg
Marinefliegergeschwader 2 (diverse Bilder aus der Chronik)
Marineschule Mürwik - Wehrgeschichtliches Ausbildungszentrum
Medienzentrale der Bundeswehr (Bilder der Generale und Admirale der Bundeswehr, sowie der Adjutanten BMVg)
Militärgeschichtliches Forschungsamt (Operationen in DOA)
Nigmann, Ernst (Bilder militärischer Anlagen in DOA)
Panzergrenadierbataillon 82 (Traditionsverein - Chronik)

Panzertruppenschule Munster (Gästebücher)

Pappritz, Carl-Ludwig von

Regimentschroniken (Bilder Friedrich Julius Hassel & Friedrich von Hassel, Kommandeure)

Roga, Dietrich Peter

Stadtarchiv Böblingen (PzRgt 8)

Stadtarchiv Flensburg

Stadtarchiv Glücksburg

Traditionsverband ehemaliger Schutz- und Überseetruppen e.V. (Kolonie und Schutztruppe DOA)

Traditionsverein Panzerbataillon 83 Lüneburg

Usambara Post, diverse Ausgaben bis 1915

Vereinsarchiv Schulschiff Deutschland

Verfasser (Privatarchiv - Grabstellen, Grafiken)

Personenregister

Abel, Johannes, Hauptmann	54, 70
Adenauer, Dr. Konrad, Bundeskanzler	162, 197, 202, 204f., 210, 256, 259f., 274
Alvensleben, Constantin von, Oberst	13
Andersen, Dr. Eduard	161
Andersen, Gisela, geb. von Hassel	161
Andersen, T., dänischer Generalleutnant	201
Apel, Dr. Hans, Minister	231
Arndt, Siegfried, Oberleutnant	266
Athenstaedt, Hermann Major	33
Auguste Viktoria, deutsche Kaiserin	154, 169
Back, Otto, Korvettenkapitän	78
Baess, Arnold	160
Baess, Marga, verh. von Hassel	159f.
Baess, Margarethe	160
Bakari, Mtoro Bin Mwinyi, Dolmetscher	51
Bargash Ibn Said - siehe Said	56f.
Barnekow, Christof Gottlieb Albert Freiherr von, Generalleutnant	25, 31f.
Barsewisch, Theodor von, Major	45
Baudissin, Graf von, Generalleutnant	233, 242
Bayern, Konrad Prinz von	137
Bayern, Leopold Prinz von	137
Beez, Musikdirektor	43
Bennecke, Jürgen, General	195
Bergenthal, Alexander, Brigadegeneral	213
Berger, Oberst	45
Berkhan, Karl-Wilhelm, Staatssekretär	313
Besch, Johann Christoph, MdB	313
Betzing, Oskar, Unteroffizier	50
Bismarck, Otto Fürst von	58
Bittenfeld, Karl Eberhard Herwarth von, Generalfeldmarschall	21, 24f.
Bittner, Claus, Oberstleutnant	311
Bleyl, Familie	153
Blixen, Karen, geb. Dinesen	132f.
Blixen-Finecke, Bror Baron von	132
Blume, Wilhelm Hermann von, General	32, 35
Blumenthal, Karl Konstantin Graf von, Generalfeldmarschall	21, 33ff.
Blumröder, Hans-Adolf von, Oberst i.G.	193
Bober, Oberst	43
Bock, Heinrich Freiherr von, Oberstleutnant a.D.	134
Böttcher, Dr. Walter, Landtagspräsident	194
Boie, Werner, Brigadegeneral	304
Bourwieg, Bothilde -siehe: Jebsen, Bothilde	
Bourwieg, Ernst Bruno, Jurist	90
Brandt, Willy, Bundeskanzler	276, 319
Briesemann, Hans, Oberstleutnant	257f.
Brodersen, Hans Christian, Reeder	288
Bronsart von Schellendorf, Walther, General der Infanterie	35
Büchner, Bruno, Pilot	139f.
Büchsel, Wolfgang, Oberleutnant z. S. a. D.	106
Bürger, Oberst	235
Buff, Georg, Major	33
Burstin, von, Oberstleutnant	280

Butler, Peter von, Generalleutnant	263
Carganico, Walter, Generalmajor	257
Carstens, Kapitän	119
Carstens, Prof. Dr. Karl, Bundespräsident	229, 254
Christian IV., dän. König	292
Claer, Eberhard von, General	43 f.
Collmann, Herwig, Flottillenadmiral	197
Conze, Wihelm, Generalmajor	282
Coulter, John B., US-Major General	183
Dammann, Gerhard, Oberstleutnant	201
Debschitz, Wolf von, Oberleutnant	99
Deigl, Anton, Rekrut	213
Delius, Dr. Walther von, Oberst	42
Diersburg, Egenolph Freiherr Röder von, Major	42
Dinesen, Wilhelm	133
Dingeldey & Werres, Hoflieferanten	52
Ditfurth, Friedrich August von, Generalleutnant	43
Dobbeler, Theodor von, Leutnant	101
Dönitz, Karl, Großadmiral	299
Doering, Robert Oberleutnant	101
Doherr, Kapitän	86
Domröse, Lothar, Generalleutnant	225
Drews, Werner, Generalmajor	257
Dufhues, Hermann, Politiker	202
Eberle, Götz, Flottillenadmiral	292
Eichberg, Leutnant	282
Elisabeth II., von England, britische Königin	324
Elster, Botho Henning, Generalmajor	283
Engel, Hans, Kapitän zur See	293
Enzensberger, Hans Magnus, Schriftsteller	269f.
Erhard, Prof. Ludwig, Bundeskanzler	203, 228f., 235, 242, 249, 262f., 269, 271
Erler, Fritz, Politiker	228f.
Etzel, Friedrich August von, General der Infanterie	11
Falckenstein, Eduard Vogel von, Generalleutnant	14
Feldes, Eberhard, Korvettenkapitän	309f.
Fillinger, Udo, Leutnant zur See	300
Fink, Oberstleutnant	319
Fischer, Erich, Major	74, 142
Fischer-Benzon, von	90
Fischer-Benzon, Clara siehe: Jebsen, Clara	
Fischer, Gerhard, Oberstleutnant	257
Foertsch, Friedrich, General	211, 221, 223, 260
Fonck, Heinrich, Hauptmann	70
Fontane, Theodor	16
Forsmann, Heinz, Fregattenkapitän	300, 307
Francois, von, Oberst	16
Franke, Victor, Oberstleutnant	145
Frankenberg und Ludwigsdorf, von, Major	42
Freydank, Oberst	11
Freyen-Seyboltsdorff, Hugo Graf von, Oberleutnant	85
Friebe, Unteroffizier	80
Friedrich III., deutscher Kaiser	34
Friedrich Ferdinand Herzog von Schleswig-Holstein-Sonderburg-Glücksburg	154, 193, 279
Friedrich Karl, Prinz von Preußen, General	14f., 21

Frölich, Maria Babette, geb. Schmidt	169	Graeff, Ernst, Kapitänleutnant	151
Frölich, Christian, Hafenkapitän	169	Graham, Daniel O., US-General	322
Frölich, Christian August, Pastor	169	Grawert, Gideon von, Oberstleutnant	74
Frölich, Elfriede siehe: Hassel, Elfriede von	169f., 172, 174	Gray, Alfred M., US-General	193
Frölich, Hertha	172	Groeben, Peter von der, Generalmajor	198
Frölich, Johann Friedrich Nikolaus	169	Grotjahn, Johannes	
Frölich, Ottilie	172	Guderian, Heinz, Generaloberst	284f.
Gablenz, Ludwig Karl Wilhelm, Freiherr von, Feldmarschall-Leutnant	14	Gumbel, Karl, Staatssekretär	220, 244ff., 245ff., 251f., 255
Gaedcke, Heinz, Generalleutnant	223, 249	Gummersbach, Dr. Hans Oberstleutnant	261
Gerber, Kurt, Generalmajor	263	Haag, Werner, Generalleutnant	194, 231, 269
Gerlach, Georg Daniel, dän. General	16	Haarde, Friedrich, Major	284
Gerlach, Heinrich, Vizeadmiral	223f.	Haarde, Johann, Generalleutnant	281 f., 284
Gerstenmaier, Dr. Eugen, Bundestagspräsident	197, 268	Habicht, Oberst	263
Gerth, Hotelier	126	Haeseler, Gottlieb von, Generalfeldmarschall	35
Giese, Leutnant	18	Hahn, Kurt, Pädagoge	279
Gilpatric, Roswell Leavitt, US-Politiker	209	Hansen, Ottomar, Generalmajor	194
Glasenapp, Franz Georg von, Generalmajor	62, 149	Harlinghausen, Martin, Generalleutnant	195
Glatzel, Ludwig, Konteradmiral	78	Hartmann, von, Oberstleutnant	14
Glatzel, Sergeant	101	Hassel, Barbara von, verh. Weisse	180 f., 313
Gleiß, Pastor	124		
Goeben, August Karl, General der Infanterie	13, 20f., 30f.	Hassel, Daniel	8
Göring, Hermann, Reichsmarschall	109	Hassel, Dorothy, geb. Johnson	160, 210
Göring, Karl Ernst, Hauptmann	109	Hassel, Elfriede von, geb. Frölich	169f., 172., 174, 177f., 204, 271, 301, 315f., 319f.
Götzen, Adolf Graf von, Gouverneur	54, 57, 69, 78, 96	Hassel, Elise - geb. Thormann	24, 27, 38, 91
Gordon, Franz Adolf Theobald Julius von	38, 87	Hassel, Elke von	185, 290f., 301, 313, 316f.
Gordon, Magdalene von - siehe: Hassel, Magdalene von	29, 38, 87, 120, 125, 157	Hassel, Emma von, geb. Jebsen	23,43, **88ff.**, 102ff., 105, 107, 109, 116,
Gottberg, von, Major	43		

337

	119, 123, 125, 127, 132f., 144f., 150, 152, 154, 156, 158, 161ff., 176, 275, 279, 316	Hassel, Marga von, geb. Baess	159f.
		Hassel, Marianne Friederike von, geb. von Rappard	9, 24, 31
		Hassel, Michael von	142, 145, 154, 160, 210
Hassel, Frank-Michael von	170, 306, 316, 320f.	Hassel, Michael von, (jun.), Sohn von Gertrud	159
Hassel, Friedrich von (jun.)	118ff., 123ff., 126, 129, 152f., 159f.	Hassel, Dr. Monika von - siehe: Weichert, Dr. Monika	320, 322
Hassel, Friedrich Julius (von)	7, **8ff.**, 41, 45f., 62, 88, 91, 98, 106, 157, 211, 280, 292, 321	Hassel, Theodor Berthold Paul von, Hauptmann der Schutztruppe	23, 29, 38f., 44, **45ff.**, **88ff.**, **131ff.**, 94ff., **116ff.** 153ff., 156, 173, 175ff., 180, 197, 219, 268, 292, 296, 321, 323
Hassel, Friedrich Theodor Emil von, Oberstleutnant	28f., **38ff.**, 45ff., 48, 87, 105, 133, 143f., 150, 157, 315
Hassel, Gertrud von	8, 102f., 105, 107ff., 110, 113, 115ff., 118ff., 123ff., 126 f., 129, 153, 156, 158f., 161, 169, 173, 156, 161, 177	Hassel, Ulf-Martin von	290, 301, 316, 327
		Hawkesworth, John L. I., brit. Major General	182
		Healy, Denis, britischer Politiker	264
Hassel, Gisela von, verh. Andersen		Hein, Zollgrenzkommissar	264
		Heinemann, Dr. Dr. Gustav, Bundespräsident	314
Hassel, Heinrich	8, 321, 327
Hassel, Heinrich Wilhelm, Geheimer Justizrat	9f., 16, 24, 321, 327	Heinrich IV., deutscher Kaiser	181
Hassel, Jan Friedrich von	161, 320, 327	Hellwege, Heinrich, Ministerpräsident	190
Hassel, Joachim (Jochen) von, Oberleutnant zur See	9, 16, 164, 179, 181, **279ff.**, **291ff.**, 317, 320	Henneberger, Erich, Oberleutnant und Pilot	140
Hassel, Kai-Uwe von	7, 64, 89, 107f., 116, 124, 126, 147, 152, 157, 159, 162, **163ff.**, **174ff.**, **177ff.**, **185ff.**, 292f., 296, 301, 303ff., 314, 319, 321	Henze, Karl, Oberst	195
		Hepp, Leo, Generalleutnant	213, 223, 249, 263
		Herbsleb, Feldwebel	52
		Herntrich, Hans Volker, Pastor	181, 313
		Herwarth von Bittenfeld, Karl Eberhard, Generalfeldmarschall	20, 23
Hassel, Karl-Heinz von	8f.	Herzog, Prof. Roman, Bundespräsident	322
Hassel, Magdalene von siehe: Gordon, Magdal.		Hesse, Hermann, Schriftsteller	327

Heuss, Prof. Theodor, Bundespräsident	187, 324	Jebsen, Friedrich	151
		Jebsen, Heinrich	150f.
Hewitt, Robert A., US-Generalmajor	304	Jebsen, Jacob Friedrich	88, 92, 94, 160
		Jebsen, Johanne, verh. Jessen	90, 102f.
Heye, Hellmuth, Wehrbeauftragter	229		
		Jebsen, Marie Mathilde	94
Hilske, Berta	51	Jebsen, Michael, Reeder und Senator	88ff., 91ff., 94, 110, 145
Hinkelbein, Claus, Generalmajor	259		
		Jebsen, Michael, jun.	151
Hirsch, Rudolf von, Hauptmann	47, 50, 55, 63f., 70, 73, 78, 106	Jehle, Carl, Rösterei	122
		Jensen, Alfred, Landwirt	313
Hitler, Adolf, Reichskanzler	174, 270	Jessen, Johanne, siehe: Jebsen, Johanne	
Hobe, Cord von, Generalleutnant	201, 259	Jessen, Heinrich Jördens, Hauptmann	90, 160
Hoffmann, Otto von, Leutnant der Landwehr	142	Johannes, Kurt, Oberstleutnant	52, 70, 156f.
Hoffmann, Werner-Eugen, Generalleutnant	223	Johannes Paul II., Papst	324
		Johnson, Dorothy - siehe: Hassel, Dorothy	160, 209
Hoffmüller, von Hauptmann	19ff.		
		Johnson, Lyndon B., US-Präsident	230
Holder, Hans, Oberstleutnant	263		
		Jones, Hauptmann	69
Hopf, Volkmar, Staatssekretär	220, 228	Josten, Günter, Oberst	266
		Jung, Berthold, Konteradmiral	313
Horst, Freiherr von der, Major	17		
		Kalbacher, von, Oberst	
Horst, Magdalene Catharine, verh. Thormann	26	Kammhuber, Josef, General	195, 236
Hrabak, Dietrich, Generalmajor	253	Kapp, Dr. Friedrich, Schuldirektor	10
Hubicki, Dr. Alfred Ritter von, General der Panzertruppen	285	Karl der Große, dt. Kaiser	181
		Kaweczynski, von Hauptmann	16
Ibn Said, Bargash, Sultan	55f.	Kelm, Adalbert, Architekt	297
Issendorf, von, Kapitän	95	Kennedy, John F., US-Präsident	207, 209, 259
Jaeger, Dr. Richard, Politiker	231		
		Kielmansegg, Johann Adolf Graf von, General	224, 249
Janssen, Gustav-Adolf, Kapitän zur See	268		
		Kiesinger, Kurt Georg, Bundeskanzler	271, 278, 319
Jattkowski, Leutnant	282		
Jebsen, Bothilde, verh. Bourwieg	90, 150, 152f.	Kirkpatrick, Herbert J., brit. Vice Air Marshal	196
Jebsen, Clara, verh. Fischer-Benzon	89, 152	Klaus, Gebrüder	167
			145
Jebsen, Clara Anna, geb. Offersen	89, 92ff., 124, 152, 293	Klein, Walter, Vize-Feldwebel	
Jebsen, Emma - siehe Hassel, Emma von	23, 44, **88ff.**	Kley, Kapitän	132

Klose, Hans-Helmut, Vizeadmiral	194
Klose, Wolfgang, Oberst	265
Klümper, Werner, Kapitän zur See	196
Kluncker, Heinz, ÖTV-Vorsitzender	243
Knispel, Sanitätsunteroffizier	80, 86
Knoch, Maximilian, Major	33
Knorr, Eduard von, Admiral	57
Knorr, Carl-Heinz, Leutnant	284
Kohl, Dr. Helmut, Bundeskanzler	327
Kohlermann, Oberleutnant	50
Kohout, Franz-Josef, Oberstleutnant	285
Konrad von Bayern, Prinz	136
Konstantin I., röm. Kaiser	181
Koop, Volker, Biograph	235, 255, 273f.
Kopp, Georg Kardinal von, Fürstbischof	138
Kraeber, Ewald, Generalmajor	285
Kraehe, Bernhard, Oberst	33
Kriebel, Pfarrer	103
Kröger, Helmut, Korvettenkapitän	310, 313
Krone, Heinrich, Bundesminister	268
Krugg, Rolf Fahrer	226
Krupinski, Walter, Generalleutnant	238, 306
Krupp, Alfred, Unternehmer	89, 98
Kühne, Oberstleutnant	232
Kuhnert, Tiermaler	86
Kusserow, von, Oberst	45
Langèl, Dietrich, Oberst	215
Langenbeck, Joerg, Leutnant zur See	300
Langer, Oberstleutnant	200
Langheld, Wilhelm	101, 106, 134, 142
Ledebur, Karl Freiherr von, Hauptmann d. R.	
Lemke, Helmut, Ministerpräsident	201, 268, 314
Lemnitzer, Lyman L., US-General	210
Lemp, Rolf, Kapitän zur See	308
Leopold von Bayern, Prinz	136
Lerch, Ludwig Edler von, Oberst	27f.
Lerch, Theodor Edler von, Oberst	27f.
Lettow-Vorbeck, Gerd von	107
Lettow-Vorbeck, Paul von, General	68, 131ff., 134, 139f., 143f., 146f., 152, 156, 268
Lettow-Vorbeck, Paul Karl von, General	133
Linden, Dr. Jürgen, Oberbürgermeister	322
Lübke, Friedrich Wilhelm, Ministerpräsident	185f., 203
Lübke, Heinrich, Bundespräsident	185, 196f., 200, 203, 214, 259
Lübke, Wilhelmine	197, 258
Lücke, Paul, Bundesminister	202
Lues, Dr. Hans, Schulleiter	280
Madai, Cuno von, Major	45
Maizière, Ulrich de, General	215ff., 221f., 231, 235, 245ff., 248f., 250ff., 254, 263, 265, 267, 269, 272f.
Margrethe II., Königin von Dänemark	24
Marquardsen, Dr. Hugo, Hauptmann	67
Mascher, Paul, Hotelier	116
Massow, von, Familie	153
Matuschka, Berhard Graf, Leutnant d. R.	106
Maurer, Horst Dieter, Kapitän zur See	313
McNamara, Robert, US-Minister	207, 209, 211, 293, 305
Meditsch, Otto, Landrat	281

Mendelsohn Bartholdy, Felix, Komponist	49	Ottens, Elke siehe: Hassel, Elke von	280, 285, 290f., 301
Merker, Moritz, Hauptmann	69, 105	Ottens, Gustav Heinrich Ferdinand, Fabrikant	287
Merten, Hans, Pfarrer	227	Ottens, Karin, geb. Wittekop	280f., 287, 289
Mertner, Dr. Max, Schulleiter	169	Ottens, Magdalene	287f., 289
Messmer, Pierre, französ. Politiker	258	Ottens, Otto Hermann, Oberst	**280ff.**
Meyer-Detring, Wilhelm, Generalleutnant	249	Ottens, Uwe	282
		Ottens, Wiebke	282
Meza, Christian Julius de, dän. General	14, 16	Otto, Helmuth Kapitän zur See	308, 312, 314
Michelsen, Julius, Kaufmann	58	Paasche, Hans, Kapitänleutnant	78, 87, 106, 173
Mishehe, Hausboy	127	Pabst von Ohain, Leutnant	101
Mitterand, Francois, französ. Staatspräsident	324	Panitzki, Bodo, Seekadett	295
		Panitzki, Werner, Generalleutnant	215, 223, 240f., 244f., 249, 252, 255f., 304
Moll, Josef, Generalleutnant	248, 250		
Moltke, Hellmuth Graf von, Generalfeldmarschall	31, 36	Pape, Günther, Generalmajor	245, 253
Moreitis, Bäcker	129	Pappritz, Barbara von, geb. von Rosenstiel	125
Mtoro Bin Mwinyi Bakari, Dolmetscher	51	Pappritz, Fritz-Maximilian von, Generalleutnant	153
Müller, Korvettenkapitän	78	Pappritz, Gertrud von	124, 129f., 144, 153f.,
Müller, Wolfgang, Major	257		
Münzner, Feldwebel	75, 82	Pappritz, Rudolf von, Hauptmann	124f.
Napoleon	8, 9, 181		
Nerée, Hans von, Hauptmann	44	Paschen, Karl, Admiral	57
		Peres, Schimon, israel. Politiker	256
Neubert, Dr., Oberarzt	99		
Niemeyer, Herbert, Kapitänleutnant a. D.	106, 134	Pesa mbili, Koch	127, 175
		Pestke, Hans-Gotthard, Oberst	212
Nigmann, Ernst, Oberst	70, 83, 100f.		
Nikolaus II., Zar	46	Petersen, Jens Peter, Lehrer	163
Nitze, Paul, US-Politiker	209		
Nösel, Kapitän	124	Peucker, Eduard von, General der Infanterie	11
Nordeck zur Rabenau, Hugo Freiherr von, Oberleutnant	85		
		Pfeiffer, Georg, General der Artillerie	180
Nordheimer, Hubert, Fregattenkapitän	295	Pfennigstorf, Hans	122
		Plato, Anton-Detlef, Generalleutnant	260
Norstad, Lauris, US-General	195, 210		
			320
Offersen, Clara Anna siehe: Jebsen, Clara Anna		Poeppel, Johannes, Generalleutnant	
Offersen, Friedrich	93f.		

Power, Thomas S., US-General	209	Rogge, Bernhard, Vizeadmiral	192f.., 195
Prince, Magdalene von	102, 115	Roggenbau, Ulfert, Oberst	257
Prince, Tom von, Hauptmann	101, 115, 106f, 134f., 141f.	Rohmer, Missionspater	135
Pühl, Klaus, Oberleutnant zur See	310	Rommel, Erwin, Generalfeldmarschall	146
Pyman, Sir Harold, brit. General	201	Rosenstiel, Barbara von; siehe Pappritz, von	124
Quade, von, Oberstleutnant	62	Roy, Frau von	49
Raddatz, Hugo	70	Roy, Willy von, Verleger	49
Ramberg, Kurt R., dän. Generalleutnant	196	Rudniewska, pol. Familie	284
Rappard, Caspar von	9	Rühe, Volker, Bundesminister	324f.
Rappard, Konrad Gerhard von, Justizdirektor	9	Ruge, Prof. Friedrich, Vizeadmiral	194f.
Rappard, Marianne von	8	Rundstedt, Gerd von, Generalfeldmarschall	287
Rappard, Ottilie von	9	Rusk, Dean, US-Politiker	209
Raub, Hans-Dieter, Gefreiter	213	Rust, Dr. Josef Staatssekretär	220
Reagan, Ronald, US-Präsident	322	Sahr, Sophie	27
Rechenberg, Dr. Albrecht Freiherr von, Gouverneur	96ff., 99, 131	Said, Bargash Ibn, Sultan	56f.
		Saldern, Caspar von	169
Reer, Andreas Nicolaus, Spediteur	26	Schaal, Ferdinand, General der Panzertruppen	283
Reer, Magdalene Catharine, geb. Horst	26	Schallwig, Jürgen, Oberleutnant	212
Reger, Gerhard, Fregattenkapitän	309	Scharfe, Kapitän	118
		Schedel, Unteroffizier	85
Rehberger, Oberstleutnant	262	Schellendorf, Walther Bronsart von, General der Infanterie	35
Reichel, Hellmut, Oberst	234		
Rhone, Thomas, US-Chief Master Sergeant	306	Schenk, Michael, Oberstleutnant	319
Rick, Unteroffizier	85	Scherer, Oberstleutnant	261
Riemer, Maler	50	Schlegelberger, Dr. Hartwig, Innenminister	314
Röder von Diersburg, Egenolph Freiherr, Major	42	Schleinitz, Kurt Freiherr von, Generalmajor	54, 98f., 131f.
Röhm, Dr. Otto, Bürgermeister	281	Schlichting, von, Hauptmann	78
Rölle, Claus-Dieter, Leutnant	212	Schmidt, Helmut, Bundeskanzler	184, 199, 232, 235, 237, 247, 251, 273ff., 311
Rösing, Hans-Rudolf, Konteradmiral	268f.		
Röttiger, Hans, Generalleutnant	194	Schmidt, Maria Babette, verh. Frölich	169
Roga, Dietrich (Peter), Oberstleutnant	306	Schmidt von Schwind, Herwarth, Vizeadmiral	297

Schmückle, Gerd, General	242, 272f.
Schnee, Dr. Albert, Gouverneur	131, 140
Schneider-Pungs, Dr. Karl, Konteradmiral	300
Schöneweg, Hermann, Leutnant	145
Schönfeld, Werner, Korvettenkapitän a. D.	106, 134
Schönfeldt, Hilmar von, Major	33
Schröder, Brigitte	319
Schröder, Gerhard (CDU), Bundesminister	229f., 251, 254, 257, 271, 276, 306, 319
Schrödter, Carl Friedrich, Hauptpastor	28
Schroeter, Horst von, Vizeadmiral	151
Schroetter, Louis Freiherr von, Oberleutnant	106
Schulz, Gerd, Oberstleutnant	265
Schuster, Hans	
Schwarzhaupt, Leutnant	282
Sehm, Paul, Farmer	114
Seitz, Karl, Leutnant	101
Seitz, Theodor, Gouverneur DSWA	145
Seyfried, Egon, Hauptmann	74
Siebe, Dr. Hans, Ministerialrat	226
Sieber, Wilhelm-Peter, Generalmajor	253
Silbernagel, Peter-Otto, Obermaat	268
Singer, Cleo, Wirt	58
Smuts, Jan Christiaan südafrikan. General	150
Sparr, Eberhard Graf von, Hauptmann	132
Speidel, Dr. Hans, General	223f.
Spiß, Anton Kassian Bischof	54, 81
Spohr, Friedrich, Komponist	211
Stackelberg, Hans Freiherr von, Kapitän zur See	294
Stangl, Dr. Konrad, Generalleutnant	232
Stauffenberg, Claus Schenk Graf von, Oberst i.G.	219
Steinhoff, Johannes, General	241, 252f., 255
Steinmetz, Bernhard, Generalleutnant	183
Stephan, Ludwig, Arzt	37
Stephan, Paul, Arzt	37
Stietencron, Georg-Eduard von, Leutnant a.D.	145
Stobbe, Herbert, Oberstleutnant	212
Stoltenberg, Dr. Gerhard, Ministerpräsident	201, 205,
Storm, Theodor, Schriftsteller	194
Strauß, Franz Josef, Bundesminister und Ministerpräsident	193, 195, 201ff., 205f., 208, 225, 229, 236f., 238, 249, 256, 272
Strauß, Paul-Friedrich, Oberstleutnant	264
Student, Kurt, Generaloberst	230
Stumpff, Horst, General der Panzertruppen	283
Styx, Eugen, Oberleutnant	101
Swane, Dr., Schulleiter	165
Taylor, Maxwell D., US-General	209
Thiele, Karl-Heinz, Oberstleutnant	232
Thomas, Oberstleutnant	321
Thomsen, Rolf, Flottilenadmiral	225
Thormann, Clara	26f.
Thormann, Elise Helene Christiane - siehe: Hassel, Elise	24ff., 28,
Thormann, Elisa Johanna Christina, geb. Reer	25f.
Thormann, Theodor, sen. Kaufmann	25f.
Thormann, Theodor, jun.	26
Trampedach, Claus, Fregattenkapitän	298

Trappe, Margarete	106ff., 137	Weichert, Dr. Monika siehe: Hassel, Dr. Monika von	320, 322
Trappe, Rolf	107		
Trappe, Ulrich	106f., 137		
Trautloft, Hans, Generalleutnant	223, 228	Weinzierl, Metzger	129
		Weisse, Barbara - siehe: Hassel, Barbara von	
Trebesch, Herbert, Vizeadmiral	225, 304		
		Weisse, Fritz, Dirigent	181
Trettner, Heinz, General	215f., 221, 223, 230, 232, 243ff., 248f., 259, 261, 304	Weißkirch, Willi, Wehrbeauftragter	323
		Wendland, Arnold, Hauptmann	106
Trimborn, Gerd, Rekrut	212	Wendland, Else	106
Tyrkowski, Lutz, Hauptmann	237	West, Kapitän	54
		Wessel, Gerhard, Generalleutnant	224
Übelhack, Friedrich A., Generalleutnant	219		
		Wibel, von	169
Verdy du Vernois, Julius von, Generalmajor	31	Wichmann, Heinz, Chef Pers-Abteilung BMVg	221
		Wied, Wilhelm Fürst zu	168
Versen, Maximilian von, Generalleutnant	34	Wiedemann, Jan, Leutnant zur See	300
Viebig, Hasso, Brigadegeneral	225	Wiedersheim, Peter-Joachim, Oberleutnant zur See	267
Vietinghoff, Baron von, Oberst	45		
		Wiemann, Kuno, Bürgermeister	313
Visser, Jürgen	317		
Vogel von Falckenstein, Eduard, Generalleutnant	14	Wienand, Karl, Politiker	232, 237
		Wilhelm I. König von Preußen	24, 33f., 39, 58
Vogler, Peter, Generalleutnant	252		
		Wilhelm II., deutscher Kaiser	42, 45, 97, 130, 136, 297
Voigt, Unterzahlmeister	80		
Volk, Herbert, Lehrer	280		
Volkertsen, Kapitän	119	Will, Dr. Günter, Oberst	234
Wagenknecht, Willi, Generalmajor	225f.	Williams, Jack R., Gouverneur Arizona	306
Wagner, Edmund, Oberleutnant	101, 109	Wintzigerode, Adolph von, Generalleutnant	13
Wagner, Gerhard	317	Wirmer, Ernst, Ministerialdirektor	243
Wahle, Kurt, Generalmajor a. D.	144	Witte, Hans-Joachim, Major	246
Waldersee, Alfred Graf von, Generalfeldmarschall	36	Wittekop, Karin - siehe: Ottens, Karin	280f.
Wangenheim, Curt Freiherr von, Hauptmann	54, 85f.	Wittekop, Paul Wilhelm Hermann, Gutsbesitzer	281
Wangenheim, Hubert Freiherr von, Flottillenadmiral	196	Witzendorff, Ernst von, Fregattenkapitän	293
	52		53
Weber, Rudolf, Hoflieferant		Woermann, Adolph Reeder	

Wrangel, Friedrich Freiherr von, Generalfeldmarschall	14, 24	Ziemann, Unteroffizier	101
Wunderlich, Hauptmann	85	Zimmermann, Armin, Admiral	313
Zenker, Adolf, Vizeadmiral	210, 215, 257, 268	Zukertort, Karl, Generalmajor	281
Ziebis, Kurt, Korvettenkapitän	309, 313		
Ziegler, Friedrich August, Generalmajor	36		

Carola Hartmann Miles-Verlag

Politik, Gesellschaft, Militär

Dietrich Ungerer, *Der militärische Einsatz. Bedrohung – Führung – Ausbildung,* Potsdam 2003.

Jens Bargmann, *Ethik in der Offizierausbildung,* Münster 2004.

Silvio Gödickmeier, Martin Schlossmacher, *Soldatenfamilien im Einsatz,* Berlin 2006.

Hans-Günter Fröhling, *Innere Führung und Multinationalität,* Berlin 2006.

Christian Walther, *Im Auftrag für Freiheit und Frieden. Versuch einer Ethik für Soldaten der Bundeswehr,* Berlin 2006.

Rüdiger Schönrade, *General Joachim von Stülpnagel und die Politik,* Berlin 2007.

Uwe Hartmann, *Innere Führung. Erfolge und Defizite der Führungsphilosophie für die Bundeswehr,* Berlin 2007.

Dietrich Ungerer, *Militärische Lagen. Analysen – Bedrohungen – Herausforderungen,* Berlin 2007.

Klaus M. Brust, *Söldner – Ausverkauf der Exekutive,* Berlin 2007.

Uwe Hartmann (ed.), *Connecting NATO. NCSA under the leadership of Lieutenant General Ulrich H. Wolf,* Berlin 2009.

Ingo Werners, *Fahren, Funken, Feuern. Hinweise für die Einsatzvorbereitung,* Berlin 2010.

Peter Heinze, *Bundeswehr „erobert" Deutschlands Osten,* Berlin 2010.

Reinhard Schneider, *Neuste Nachrichten aus unseren Kolonien. Pressemeldungen von den Aufständen in Deutsch-Ostafrika und Deutsch-Südwestafrika 1905-1906,* Berlin 2010.

Dieter E. Kilian, *Politik und Militär in Deutschland. Die Bundespräsidenten und Bundeskanzler und ihre Beziehung zu Soldatentum und Bundeswehr,* Berlin 2011.

Hans Joachim Reeb, *Sicherheitskultur als kommunikative und pädagogische Herausforderung – Der Umgang in Politik, Medien und Gesellschaft,* Berlin 2011.

Reiner Pommerin (ed.), *Clausewitz goes global. Carl von Clausewitz in the 21st Century,* Berlin 2011.

Hans-Christian Beck, Christian Singer (Hrsg.), *Entscheiden – Führen – Verantworten. Soldatsein im 21. Jahrhundert,* Berlin 2011.

Dieter E. Kilian, *Adenauers vergessener Retter – Major Fritz Schliebusch,* Berlin 2011.

Ingo Pfeiffer, *Gegner wider Willen. Konfrontation von Volksmarine und Bundesmarine auf See,* Berlin 2012.

Eberhard Birk, Heiner Möllers, Wolfgang Schmidt (Hrsg.), *Die Luftwaffe zwischen Politik und Technik. Schriften zur Geschichte der Deutschen Luftwaffe, Bd. 2,* Berlin 2012.

Eberhard Birk, Winfried Heinemann, Sven Lange (Hrsg.), *Tradition für die Bundeswehr. Neue Aspekte einer alten Debatte,* Berlin 2012.

Jahrbuch Innere Führung

Helmut R. Hammerich, Uwe Hartmann, Claus von Rosen (Hrsg.), *Jahrbuch Innere Führung 2010. Die Grenzen des Militärischen,* Berlin 2010.

Uwe Hartmann, Claus von Rosen, Christian Walther (Hrsg.), *Jahrbuch Innere Führung 2011. Ethik als geistige Rüstung für Soldaten,* Berlin 2011.

Uwe Hartmann, Claus von Rosen, Christian Walther (Hrsg.), *Jahrbuch Innere Führung 2012. Der Soldatenberuf im Spagat zwischen gesellschaftlicher Integration und sui generis-Ansprüchen,* Berlin 2012.

Einsatzerfahrungen

Kay Kuhlen, *Um des lieben Friedens willen. Als Peacekeeper im Kosovo,* Eschede 2009.

Sascha Brinkmann, Joachim Hoppe (Hrsg.), *Generation Einsatz, Fallschirmjäger berichten ihre Erfahrungen aus Afghanistan,* Berlin 2010.

Schwitalla, Artur, *Afghanistan, jetzt weiß ich erst… Gedanken aus meiner Zeit als Kommandeur des Provincial Reconstruction Team FEYZABAD,* Berlin 2010.

Erinnerungen

Blue Braun, *Erinnerungen an die Marine 1956-1996,* Berlin 2012.

Harald Volkmar Schlieder, *Kommando zurück!,* Berlin 2012.

Harald Volkmar Schlieder, *Opa Willy. 1891 Dresden – 1958 Miltenberg. Von einem, der aufsteigen wollte. Eine sächsisch-deutsche Lebensgeschichte in Frieden und Krieg,* Berlin 2012.

Reinhart Lunderstädt, *Aus dem Leben eines Hochschullehrers. Persönlicher Bericht,* Berlin 2012.

Monterey Studies

Uwe Hartmann, *Carl von Clausewitz and the Making of Modern Strategy,* Potsdam 2002.

Zeljko Cepanec, *Croatia and NATO. The Stony Road to Membership,* Potsdam 2002.

Ekkehard Stemmer, *Demography and European Armed Forces,* Berlin 2006.

Sven Lange, *Revolt against the West. A Comparison of the Current War on Terror with the Boxer Rebellion in 1900-01,* Berlin 2007.

Klaus M. Brust, *Culture and the Transformation of the Bundeswehr,* Berlin 2007.

Donald Abenheim, *Soldier and Politics Transformed,* Berlin 2007.

Michael Stolzke, *The Conflict Aftermath. A Chance for Democracy: Norm Diffusion in Post-Conflict Peace Building,* Berlin 2007.

Frank Reimers, *Security Culture in Times of War. How did the Balkan War affect the Security Cultures in Germany and the United States?,* Berlin 2007.

Michael G. Lux, *Innere Führung – A Superior Concept of Leadership?,* Berlin 2009.

Marc A. Walther, *HAMAS between Violence and Pragmatism,* Berlin 2010.

Frank Hagemann, *Strategy Making in the European Union,* Berlin 2010.

Ralf Hammerstein, *Deliberalization in Jordan: the Roles of Islamists and U.S.-EU Assistance in stalled Democratization,* Berlin 2011.

Ingo Wittmann, *Auftragstaktik,* Berlin 2012.

www.miles-verlag.jimdo.com

www.ingramcontent.com/pod-product-compliance
Lightning Source LLC
Chambersburg PA
CBHW080934300426
44115CB00017B/2812